LORIS MALAGUZZI
UMA BIOGRAFIA PEDAGÓGICA

INSTITUTO PHORTE EDUCAÇÃO
PHORTE EDITORA

Diretor-Presidente
Fabio Mazzonetto

Diretora Administrativa
Elizabeth Toscanelli

Editor-Executivo
Fabio Mazzonetto

Conselho Editorial
Cristiano Rogério Alcântara
Luiz Carlos Carnevali Jr.
Maria Carmen Silveira Barbosa
Reury Frank Bacurau
Roberto Simão
Tais Romero

Alfredo Hoyuelos

LORIS MALAGUZZI
UMA BIOGRAFIA PEDAGÓGICA

Tradução: Phorte Editora

São Paulo, 2023

Título do original: *Loris Malaguzzi:* una biografía pedagógica
Copyright © 2020 by Alfredo Hoyuelos
Loris Malaguzzi: uma biografia pedagógica
Copyright © 2023 by Phorte Editora

Rua Rui Barbosa, 408
CEP: 01326-010
Bela Vista – São Paulo – SP
Tel.: (11) 3141-1033
Site: www.phorte.com.br
E-mail: phorte@phorte.com.br

Nenhuma parte deste livro pode ser reproduzida ou transmitida de qualquer forma, sem autorização prévia por escrito da Phorte Editora Ltda.

CIP-BRASIL. CATALOGAÇÃO NA PUBLICAÇÃO
SINDICATO NACIONAL DOS EDITORES DE LIVROS, RJ

H849L

Hoyuelos, Alfredo
  Loris Malaguzzi : uma biografia pedagógica / Alfredo Hoyuelos ; tradução Phorte Editora. - 1. ed. - São Paulo : Phorte, 2023.
  21 cm.

  Tradução de: Loris Malaguzzi : una biografía pedagógica
  Inclui bibliografia
  ISBN 978-65-88868-35-5

  1. Malaguzzi, Loris, 1920-1994. 2. Reggio Emília, Abordagem (Educação de crianças). 3. Educadores - Itália - Biografia. I. Phorte Editora. II. Título.

23-84458   CDD: 370.92
              CDU: 929:37.011.3-051

Meri Gleice Rodrigues de Souza - Bibliotecária - CRB-7/6439
ph2507.1

Este livro foi avaliado e aprovado pelo Conselho Editorial da Phorte Editora.

Impresso no Brasil
Printed in Brazil

A Loris Malaguzzi e à cidade de Reggio Emilia,
por seu trabalho constante em favor dos direitos universais
concretos de todos os meninos e meninas do mundo.

Posso entrare con la giraffa?

La giraffa
ha il cuore lontano dai pensieri
si è innamorata ieri
...e ancora non lo sa...
Non essendo una giraffa
non avendo il cuore lontano dai pensieri,
non essendo innamorato
so perfettamente
quale forza di amore stringe

le cose, le parole, i fatti, le fatiche
e le intelligenze
che vi hanno presi in questi giorni
fabbricando giornate de grande
godimento e cultura
attorno ad una impresa che ci onora.
Adesso anche la giraffa
si è accorta di essere innamorata
rimettendo il cuore vicino ai pensieri.
Ed è con voi. Ed è con me.

Loris Malaguzzi

Posso entrar com a girafa?

A girafa
tem o coração longe dos pensamentos,
apaixonou-se ontem
...e ainda não sabe...
Não sendo uma girafa,
não tendo o coração longe dos pensamentos,
não estando apaixonado,
sei perfeitamente
que força de amor aperta

as coisas, as palavras, os fatos, os problemas
e as inteligências
que nos levaram nestes dias
a criar dias de grande prazer e cultura
ao redor de algo que nos honra.
Agora, até a girafa
percebeu estar apaixonada,
trazendo o coração de volta aos pensamentos.
E está com vocês. E está comigo.

Loris Malaguzzi

Agradecimentos

A Bea, por todo o seu carinho, o seu tempo e o seu apoio para a realização deste trabalho.

A Asier e Julen, por todo o tempo que lhes roubei e pela sorte de tê-los por perto.

A Pilar, por sua incondicional companhia afetuosa.

A Isabel Cabanellas, por tudo, mas especialmente pela paixão, pela amizade, pelo rigor e pela criatividade com que viveu este trabalho.

A Imanol Aguirre, sempre, pela sua disponibilidade, pelas suas correções e críticas constantes à pesquisa e à redação deste texto.

A minha família e amigos, por lhes dar tantas preocupações com este trabalho.

A Orazio, Rosanna e Samuele, minha família em Reggio.

A Maddalena Tedeschi, por sua ajuda constante, em Reggio Emilia, para coordenar este trabalho.

A Pusi, Silvia, Beatriz e Teresa, que me presenteiam com tantos desafios e tanto carinho.

A Carla Rinaldi, por suas ideias e por seu trabalho.

A Marina Castagnetti, Gino Ferri e Mariano Dolci, por sua ajuda em encontrar material documental e por suas contribuições a este trabalho.

A Sergio Spaggiari e a toda a *Équipe* de Reggio, pela sua atenção.

A Sandra Piccinini, pelo seu apoio institucional.

A Antonio Malaguzzi, pela ajuda e atenção fornecidas.

A todas as pessoas que trabalham no Centro Documentazione e na Reggio Children, pela ajuda prestada.

A Vea Vecchi, Mara Davoli, Giovanni Piazza, Mirella Ruozzi e Antonia Ferrari, pela constante troca de ideias.

A Eletta Bertani, Franco Boiardi, Renzo Bonazzi, Magda Bondaballi, Simona Bonilauri, Sonia Cipolla, Renza Cristofori, Liliano Famigli, Tiziana Filippini, Amelia Gambetti, Sofia Gandolfi, Carla Gherpelli, Loretta

Giaroni, Martina Lusuardi, Laila Marani, Carla Nironi, Evelina Reverberi e Laura Rubizzi, pelas entrevistas concedidas com tanto entusiasmo.

A Laura Artioli, Adriana Bigi, Idilio Bonaccini, Ferruccio Cremaschi, Walter Fornasa, Aldo Fortunati, Alberto Ghidini, Sergio Masini, Marta Montanini, Sandro Panizzi, Stella Previdi, Lucia Selmi, Francesco Tonucci, por poder ter compartilhado com todos vocês algumas lembranças emocionantes de Loris Malaguzzi.

Às Escolas da Infância e Creches de Reggio Emilia e aos seus trabalhadores, por sua acolhida e gentileza.

Ao Istoreco (Instituto pela História da Resistência e da Sociedade Contemporânea na Província de Reggio Emilia), pelo serviço realizado e prestado.

Ao Departamento de Ensino Universitário e Pesquisa do Governo de Navarra e à Fundação Santa María, pelas bolsas concedidas para realizar este trabalho.

Aos companheiros, às companheiras, aos meninos e às meninas das Escolas de Educação Infantil Municipais de Pamplona, por permitirem e possibilitarem a realização de algumas das ideias contidas neste trabalho.

Ao Organismo Autônomo das Escolas de Educação Infantil da Prefeitura de Pamplona,[1] pelas permissões concedidas para realizar esta pesquisa.

A Irene Balaguer, Francesca Majò e Enric Batiste e a toda a Revista Infância de maneira geral, por sua ajuda prestada.

À Associação de Mestres Rosa Sensat, pela amável oferta de publicar este trabalho.

À Biblioteca Panizzi, de Reggio Emilia, por sua ajuda documental prestada.

A Ana, pela leitura apaixonada e crítica do texto.

A Nerea e Alicia, por sua ajuda com as traduções do inglês e seu apoio para desenvolver esta tese.

---

[1] N. do E.: Organismo Autónomo de las Escuelas Infantiles del Ayuntamiento de Pamplona, no original. *Ayuntamiento* é um tipo de órgão político-administrativo de uma municipalidade.

A Belén, Susana e Alicia, por sua ajuda e seu trabalho de edição e correção.

A Paulo Cosín, por este presente e esta oportunidade de ver este texto publicado em espanhol na Ediciones Morata.

E, sobretudo, a Loris Malaguzzi, por dar tanto sentido à minha profissão e à minha vida, e por me permitir sonhar algumas noites com ele.

Algumas reflexões

Carta a Loris Malaguzzi

Pamplona, 15 de fevereiro de 2020.

Querido Loris,

Você se lembra do dia em que veio pela primeira vez a Pamplona? Era uma madrugada de abril de 1986, muito fria, bastante típica de Pamplona, e você, com um sorriso inocente e sábio, da criança[2] grande que é.

– Isabella, como é que eu estou em Pamplona? O que você fez?

Estocolmo, Nova York, Barcelona, Pamplona...

Nós precisávamos de você. Não tínhamos caminhos abertos para chegar à infância ou, pior ainda, tínhamos muitos caminhos que nos levavam a nós mesmos.

Muitas vezes, repetimos conceitos sobre o que deve ser a maturidade, olhar para o mundo do ponto de vista do outro, saindo de nós mesmos, no entanto, vemos a infância, a nossa, a dos outros, do nosso próprio ponto de vista, sem nos movermos nem um pouquinho.

"*É fácil*", você me disse.

– É ver o mundo com os olhos de uma criança, entender suas cem linguagens.

E seu pensamento pegou, semeando em Pamplona a força de sua segurança, de sua clareza, de sua potência, da confiança que você nos oferecia...

Agora, entendo seu sorriso sob o frio daquela madrugada. Você sabia sair de si mesmo, pensar em Pamplona, encontrar uma Pamplona vista de Pamplona. E você a viu do nosso ponto de vista. Com sua presença, entendemos o que é nos vermos com consciência de nossas atitudes, da necessidade de dar vida a nossos conhecimentos, de nossos próprios saberes e dúvidas.

---

[2] Sempre desejamos evitar o sexismo verbal, mas também queremos nos afastar da repetição que implica preencher todo o livro com referências a ambos os sexos. Portanto, às vezes, além de *crianças*, são incluídas expressões como *meninos e meninas, alunos e alunas*, e, outras vezes, são usados termos mais genéricos como professores/professorado e alunos/alunado.

Sair de si e estar em si mesmo; não há manuais para isso. As programações rígidas, as metodologias e os modelos pré-fabricados não servem; é preciso deixar de lado os estereótipos culturais e nos aproximar limpa e honestamente da infância. Como fazê-lo? E sua resposta residia em um sorriso.

Toda a sua vida em um sorriso. Na sua sabedoria, em um olhar limpo, do qual você sempre viveu os olhares da infância.

E veio a imprensa para entrevistá-lo:

— Senhor Malaguzzi, fale-nos sobre sua "metodologia de ensino", sobre seu "modelo educacional"...

— Isabella, conte-lhes você mesma, conte tudo o que estávamos conversando: como vivemos a educação com base na incerteza, na aceitação da contradição, na necessidade de uma busca contínua. As crises que envolvem as explicações simples. Conte a eles sobre como vivemos a infância, as infâncias e as formas de pensamento nascidas da sensibilidade, da poesia, da arte, da sabedoria oculta de sua cultura; fale sobre deixá-las sentir seu mundo, sobre deixá-las viver o espanto diante das coisas, e que elas apareçam como se nunca tivessem sido vistas antes, como um retorno ao olhar de um recém-nascido, à sua primeira luz.

Na antiga Escola de Magistério, naquele edifício na praça do centro histórico, assistimos à sua apresentação das escolas "reggianas", mostradas em documentações em que se tornavam vivas: estética, ética e políticas educacionais.

Pudemos constatar a importância da documentação realizada sobre os processos infantis. Todas as educadoras das Escolas de Educação Infantil Municipais de Pamplona e estagiários da Escola do Magistério estavam presentes, atentos, interessados em colocar em prática tudo o que se vivia nesses documentos: imagens, palavras das crianças, papel das famílias, dos cozinheiros, dos auxiliares de limpeza... A cotidianidade na Educação Infantil.

A presença das famílias se materializou no jantar nas escolas. Os refeitórios convertidos em lugares sociais de encontro das famílias com os educadores, encarregados da cozinha e, também, os entusiastas em viver essa experiência integradora que apresentavam as escolas infantis municipais de Pamplona seguindo inspirações reggianas. Você, Loris, transportou-nos para um lugar em que o mundo mágico e o real podiam conviver.

Com sua alegria e vitalidade, cada dia, você desejava viver a cidade de dentro:

– Quero visitar um mercado e um estúdio de arte, mas também estar com os políticos...

Você visitou o estúdio de um artista de Pamplona, Antonio Eslava, e, também, seu ateliê de pintura, vivendo o impulso vital da infância em relação às coisas e com todos os sentidos. Os pincéis também têm "cem linguagens" e mil e mais, e plasmam o olhar viajante que, surpreendido, percorre o imediato, detém-se nele ou fica suspenso; cai no labirinto interior e dedica-se a recrear-se em cada chamada de luz e de cor, em cada forma, em cada brecha.

Nas escolas, pudemos fazer a correspondência de cada olhar infantil com as suas possíveis perguntas: *"O que é isso?"*; *"O que tem aqui?"*; *"O que posso pegar e guardar no meu arquivo recém-criado?"*. E é porque as coisas falam à vista, ao tato, ao próprio corpo, e nos dizem: *"Olhe, sinta e pare comigo"*.

Com você, Loris, a Educação e a Ciência, assim como a Arte, não levam etiquetas. Pudemos falar muito de tudo isso, como de conseguir que, em cada criança, surja um jogo expressivo que respire autenticidade e nasça de uma intenção de se dirigir até algo. Nós não sabemos com clareza o que é esse algo, que, apesar disso, devemos respeitar. Algo do interior de seu pensamento infantil.

Sentimos, naqueles momentos compartilhados, a vivência da arte no cotidiano, a aceitação da dúvida, da ambiguidade em diálogo com o desejo de construção, força e ordem. Encontramos a atitude estética da infância entendida como forma de vida: na vivência de uma situação harmônica, na descoberta das mãos infantis capazes de transgredir, transformar, aproveitar com o gratuito, viver tanto o encontro consciente de sua ação como o resultado, separado de si.

Você nos prometeu voltar, e a promessa foi amplamente cumprida.

Em janeiro de 1989, recebemos novamente suas palavras: "Querido Antonio, espero voltar a Pamplona: o desejo é grande, em especial, por aquelas amizades que tive a sorte de encontrar...".

Seu encontro com as crianças, com seus sonhos. Quanto a Alfredo, você soube captá-lo tão rapidamente!

– Mande-o para a Itália, Isabella. Faça-o ir!

E ele foi a Reggio, e você o ensinou a "encher os bolsinhos das crianças".

Vamos tentar fazê-lo, Loris, e, quando estivermos perdidos, vamos ligar para você novamente, e você virá, e continuará vindo, mesmo que, como da primeira vez, mal tenhamos dinheiro para pagar sua passagem. Mas você vai me dizer novamente: "*Não importa! A Espanha está pobre, e eu vou mesmo assim!*".

Isabel Cabanellas
Doutora em Belas Artes. Professora emérita
da Universidade Pública de Navarra.

Prólogo

Na escuridão da noite, no complexo panorama educacional, sempre há uma estrela que ilumina, que brilha. E a estrela que brilhou com luz própria no século XX foi Loris Malaguzzi (1920-1994).

Uma história de vida

Um homem bom, pensador, sábio: um mestre. Profundamente conhecedor da Primeira Infância: os meninos e as meninas pequenos, com seus valores e suas capacidades. Ele acreditou na educação das pessoas desde o nascimento e nos revelou o grande potencial das crianças e suas cem linguagens; confiou na capacidade de serem construtoras de sua própria identidade e protagonistas de sua vida; desenvolveu várias iniciativas e programas como resposta real às necessidades das crianças, lutando para tornar realidade a cultura da infância; promoveu e criou como serviço público municipal na cidade de Reggio Emilia (na região da Emilia Romagna, Itália), as Creches para crianças de 0 a 3 anos (*Asili Nido*) e as Escolas da Infância para as de 3 a 6 anos (*Scuole dell'Infanzia*); inventou "ateliês" para incorporar à educação, com criatividade, a expressão e a arte. Escolas inovadoras, ativas e democráticas, distintas de todas as outras, com um projeto educacional singular, fundamentado no amor pelas crianças, no respeito e na confiança, na pedagogia da escuta, no reconhecimento da Primeira Infância como cidadã, com plenos direitos. Loris acreditava no saber e na responsabilidade dos educadores organizados em equipes educativas para compartilhar a observação, a reflexão, a pesquisa e o trabalho, adotando a documentação como meio de conhecimento e ação, integrando e comprometendo as famílias no projeto educacional e na gestão social das escolas. Um projeto de idealismo e esperança, uma pedagogia profética, aberta ao futuro, acreditando na educação como meio para melhorar e mudar o mundo. Um projeto fruto de uma mente criativa e comprometida.

A perseverança, a potência e a luta de Loris, com uma valiosa equipe educativa e o apoio municipal, forjaram e tornaram realidade uma linha pedagógica, conhecida e divulgada como abordagem educacional de Reggio Emilia. Por suas projetações e sua realidade pedagógica, tornou a cidade uma referência mundial. O bom trabalho logo transcendeu a própria cidade, atingindo uma dimensão nacional e internacional, conhecida como Reggio Approach, que tornou possível a Red Solare na América Latina, entre outras redes internacionais, como um canal de orientação e consultoria.

Este não é o espaço mais adequado para expor a projeção social que Reggio foi adquirindo ao longo dos anos no mundo, pois, por sua riqueza e sua trajetória, merece um conhecimento e análise minuciosos. Em resumo, vale destacar que, por volta dos anos 1970, Reggio começou a receber delegações de profissionais de muitos países, que fizeram diversas visitas, promoveram jornadas e seminários de trabalho. Também não podemos não tratar da primeira e maravilhosa exposição *L'occhio se salta il muro* ("Quando o olho salta o muro"), da qual, como em outros países, pudemos desfrutar e com a qual pudemos aprender nas cidades de Maiorca, Barcelona, Madri, entre outras. Do mesmo modo, ocorreu com *I cento linguaggi dei bambini* ("As cem linguagens das crianças"). As exposições e as atividades que se realizaram em torno delas facilitaram a abertura dos olhos para a Educação Infantil, para descobrir um conceito de infância e de educação diferente. Além disso, isso serviu como estímulo para as administrações públicas que começaram a entrever a importância de educar desde o berço e a pensar que o sistema educativo deveria ser seriamente redefinido. A força de sua mensagem deixou uma marca que ainda está presente e viva em muitos professores e nas escolas.

Reações semelhantes também aconteceram em outros países dos cinco continentes, interessados em conhecer de perto e aprofundar a linha reggiana. Assim, surgiu a Reggio Children, com o objetivo de acolher profissionais, aconselhar e orientar melhor a qualidade e os planos das escolas para as crianças pequenas.

Há quase cinquenta anos, a Espanha tem experimentado um constante ir e vir de Reggio de profissionais, professores, estudantes, com o intuito de visitar e conhecer de perto suas escolas, recebendo aqui seus pedagogos, professores e Loris, para aprofundar sua linha educativa, analisando experiências práticas de professores e nossas escolas, enriquecendo-as com as contínuas reflexões e contribuições reggianas.

O valor da amizade

E, na universalidade da busca, do conhecimento e do estudo, na comunicação e no intercâmbio, um jovem professor de Pamplona, Alfredo Hoyuelos, conheceu Loris, com o brilho em seus olhos e a força de suas palavras, e descobriu sua estrela. Ele teve a sorte de passar muito tempo em formação, como atelierista, nas escolas de Reggio, onde completou e enriqueceu sua formação, vivenciando de perto, colocando em prática a pedagogia reggiana com as crianças e integrando-se à equipe de profissionais. No dia a dia, com o tempo, forjou-se um vínculo de conhecimento, reflexão, troca e debate com Loris, sentindo por ele grande admiração e respeito. Acima de tudo, cresceu entre eles profunda amizade e afeto.

A estadia em Reggio marcou o "antes" e o "depois" na trajetória pessoal e profissional de Alfredo. As descobertas, os valores e as experiências vividas foram, lentamente, aplicados às Escolas Infantis Municipais de Pamplona, nas quais ele trabalha como "atelierista": com as crianças, ele realiza, diariamente, a valiosa montagem de suas emoções, suas vivências, seus sentimentos com suas aquisições, seus progressos e sua arte. Desde 2016, ele é o gestor das Escolas Municipais. Desde sempre, Alfredo tem compartilhado sua atividade pedagógica, suas experiências, suas dúvidas, seus progressos, suas reflexões, suas ações e suas descobertas com os professores comprometidos na luta por mudar a Educação. Ele comunicou isso por meio de entrevistas, palestras, artigos, jornadas, encontros, visitas, e, disso, surgiram inúmeras publicações que refletem seu conhecimento, sua qualidade pedagógica e sua bondade em compartilhá-los com os outros.

A mudança significativa nas escolas de Pamplona começou a ser um ponto de referência para escolas inovadoras que, compartilhando propostas e experiências com as Escolas Municipais de Barcelona, iniciaram uma evolução positiva na Educação Infantil em nossa região: escolas públicas, democráticas, que tornaram realidade um novo conceito de criança, de educação e de organização, além de impulsionarem o início da mudança que era – e ainda é – urgente em nosso país.

Esse trabalho não foi suficiente para Alfredo, que quis buscar, crescer, estudar e aprofundar-se mais, muito mais. Como doutor em Ciências da Educação, escreveu uma tese maravilhosa: *O pensamento e a obra pedagógica de Loris Malaguzzi e sua repercussão na Educação Infantil* (disponível na biblioteca da Universidade de Navarra), título que é a síntese perfeita de seu conteúdo, exposto com paixão de amigo e impecável rigor científico, e a experiência positiva acumulada de um professor reflexivo, criativo e insatisfeito, um profissional maduro e competente.

Até seus últimos dias, Loris encontrou em Alfredo um amigo de verdade, um discípulo privilegiado, respeitoso e fiel, porta-voz de sua criatividade, cúmplice de suas aventuras e transgressões, confidente em suas lutas e desânimos, o homem com quem questionou tantas coisas, fazendo-se mil perguntas, chegando, juntos, a encontrar – ou não – respostas de vida. Para Alfredo, Loris foi seu grande mestre.

Legado pedagógico

Alfredo teve a coragem e o mérito de estruturar, organizar e sintetizar conteúdos e propostas – reflexões e pensamentos – que surgiram ao longo dos anos de Loris, com sua mente lúcida, viva e dispersa por sua grande riqueza. Disso, vem o grande valor documental que transmite a força de seu pensamento e nos revela a linha pedagógica, os fundamentos e a realidade viva das Escolas de Educação Infantil. Dessa forma, podemos desfrutar e aprender com seu legado pedagógico.

Neste livro que temos em mãos, Alfredo nos oferece um novo tesouro, que surge da pesquisa que ele apresentou em sua tese, a qual tem orientado o trabalho de muitas escolas de Educação Infantil ao longo dos anos, um importante apoio para os professores e um meio de formação para os estudantes.

O livro apresenta novamente, por meio da biografia pedagógica de Loris Malaguzzi, a síntese original e inédita da pedagogia reggiana, os seus fundamentos, os princípios teórico-práticos enriquecidos pela experiência, transmitindo, como em sua origem, a força e o ideal de um projeto de futuro em um mundo em constante mudança.

A obra é estruturada em seções curtas, que, seguindo o passo dos anos, descrevem os momentos mais significativos da trajetória e da vida de Loris, compondo, assim, sua rica biografia. Também é anexada uma seleção bibliográfica que facilitará um melhor conhecimento e aprofundamento acerca de seu pensamento e sua obra.

Este é um livro esplêndido, que ajudará os profissionais que, como nós, tiveram a sorte de conhecê-lo pessoalmente, a compartilhar e aprender com ele, a reviver os momentos mágicos de nosso relacionamento. Poderemos ler e reler, refletir mais profundamente, analisar, projetar, contrastar, sentir o regozijo do bom trabalho realizado e a alegria de compartilhá-lo, tentando tornar realidade um projeto de esperança nas escolas, transformando a Educação.

Com este livro, as novas gerações e os professores que não puderam desfrutar de um encontro pessoal e próximo com Loris poderão conhecer, com rigor, a sua mensagem, a sua filosofia, a sua linha pedagógica, as suas inquietações e as suas vivências. Eles encontrarão nele o seu conhecimento e o seu amor pela Primeira Infância. Decerto, será uma experiência agradável e prazerosa. Esta obra pode ser um guia de referência para recuperar o sentido da Educação e estimular a busca por uma compreensão e um trabalho melhor nas salas de aula.

Para os estudantes, que vivem e desfrutam dessa maravilhosa etapa de curiosidade e busca, do desejo de conhecer, saber e fazer o melhor, este livro será um guia preciso, que, de mãos dadas com o grande pedagogo, irá guiá-los pela aventura e pelo mistério de educar.

A estrela segue iluminando

Gostaria de acrescentar, como encerramento, um fato do meu último encontro com Loris. Ele chegava de Pamplona a Madri, e eu o acompanhei ao aeroporto de Barajas. Esperávamos o voo para Reggio e conversamos tranquilamente por mais de duas horas. Ele estava preocupado, às vezes, um pouco distante, como se pensasse mais além. De repente, interrompeu vigorosamente, perguntando: *"Ei, na Espanha, quando se dorme?"*. Vinha de Pamplona, ficou em silêncio... Esperou... Depois, acrescentou: *"Porque, se não se dorme, não se pensa..."*.

Talvez, hoje, ele nos dissesse: *"Descansem, mas com os olhos bem abertos, para ver, lutar, trabalhar melhor, conquistar com força este mundo em mudança e tornar realidade uma vida mais feliz para os meninos e as meninas, porque o mundo pode ser melhor, e eles merecem e precisam disso"*.

Obrigada, Loris, pelo testemunho da sua vida e pelo seu valioso legado, por captar no olhar das crianças suas múltiplas capacidades, por ser a estrela que, ao longo dos anos, continua impulsionando e brilhando, com mais força, entre nós.

Obrigada, Alfredo, por ser seu amigo fiel de Loris e nos transmitir vivências tão profundas, pela sua generosidade e pelo seu esforço em compartilhar sempre, por ser seu legado vivo e atuante, ajudando-nos a sermos pessoas e educadores melhores, fazendo crescer o amor pelas crianças e a confiança na boa educação.

A estrela de Loris não se apaga, porque continua viva em cada um de nós. Obrigada, amigos!

Francisca Majó i Clavell
Psicopedagoga

Prefácio à edição brasileira

Olhar Loris Malaguzzi aos olhos de Alfredo Hoyuelos

> O que dá o verdadeiro sentido ao encontro é a busca,
> e é preciso andar muito para se alcançar o que está perto.
>
> *José Saramago*

Eu fico imaginando o quanto andou Alfredo Hoyuelos para chegar até aqui... São 74 anos de um Loris Malaguzzi narrado, contado, olhado, escutado.

Aliás, tenho para mim que este livro é sobre escuta. Escuta? Pois, sim, não há engano.

É, também, uma biografia pedagógica, tão profunda, mas tão profunda, que só um bom escutador seria capaz de escutar. E Hoyuelos é um bom escutador, claro que é.

Certa vez, Nelson Rodrigues disse que todo homem deveria ouvir, mais do que ver, e a prova está neste livro.

O autor escuta o que vê, com tanta rigorosidade e respeito, que nos aproxima de Loris Malaguzzi como se estivéssemos tomando um café com ele na Praça do Leão, em Reggio Emilia.

Trata-se da declaração de uma escuta atenta, consciente, direcionada e generosa.

Um homem que se constituiu educador atravessado pela poesia, pelo teatro, pelo esporte, pelo cinema, e, brilhantemente, convocou-nos a pensar nas cem linguagens, nas cem, nas cem linguagens das crianças.

A *biografia pedagógica*, escrita por Alfredo Hoyuelos, é uma viagem às cem, às cem, e mais cem, linguagens de Loris Malaguzzi.

Uma oportunidade e um privilégio olhar Loris Malaguzzi aos olhos de Alfredo Hoyuelos...

Tais Romero
Pedagoga, escritora e mestra em Formação de Formadores pela Pontifícia Universidade Católica de São Paulo (PUC-SP). Ministra cursos e palestras, além de dar consultoria para professores em todo o Brasil.

Sumário

Introdução 27
1. Contexto histórico italiano (1919-1945) 29
2. Infância e juventude de Loris Malaguzzi 33
    A importante experiência de Sologno 40
    O fim da carreira como professor... 44
3. 1945: A Libertação 47
    As escolas da UDI... 47
    Malaguzzi e a escola de Cella 50
    A difícil sobrevivência das escolas da UDI 55
    Loris Malaguzzi até 1963... 60
        O fim da carreira como professor e os estudos universitários.... 60
        Afiliação ao partido comunista 62
        Malaguzzi, jornalista... 66
        O teatro e Malaguzzi 68
        Algumas experiências pedagógicas 72
        Das colônias às Case di Vacanze... 87
        Os encontros e as amizades 93
4. Os anos 1963-1972: o início das escolas municipais 95
    Contexto histórico-político italiano a partir de 1963................ 95
    Contexto educativo italiano dos anos 1960 97
    Loris Malaguzzi e as Escolas Municipais da Infância 110
        Precedentes e gestão política das Escolas Municipais............ 110
        Simpósio de Psiquiatria, Psicologia e Pedagogia................... 113
        A abertura da primeira Escola Municipal 118
        Primeiras relações internacionais.. 125
        A identidade da escola de Reggio Emilia 127
        A amizade e a inspiração de Bruno Ciari 130
        Outras experiências educativas: a origem do atelierista
        e a municipalização de algumas escolas................................ 132
        Loris Malaguzzi e Módena: um tandem inacabado. Os diários 138
        Novas lutas sociais em Reggio Emilia para o nascimento de novas escolas 146
        A emblemática Diana: as primeiras documentações 150
        A consolidação de um debate cultural na cidade e a chegada
        de congressos nacionais e regionais..................................... 153
        A primeira Creche e a posterior evolução dessa instituição de ensino ... 161
5. Os anos 1972-1975.. 171
    Loris Malaguzzi e Gianni Rodari: uma dupla fantástica 173
    A pedra angular do projeto: a regulamentação de 1972.......... 182
    Novas iniciativas inusitadas. O trem de S. Polo e outras histórias.......... 188
6. Os anos 1976-1980.. 203
    Breve panorama do contexto sociopolítico italiano............... 203
    O difícil ano de 1976: crise e consolidação da experiência 204

As revistas *Zerosei* e, posteriormente, *Bambini* 208
Novos projetos em Reggio 216
O leão e seu retrato 222
Malaguzzi, reformas políticas e outras iniciativas culturais 226
Os testes da Gestalt 228
O Gruppo Nazionale Asili Nido 234

7. Aqueles anos felizes de 1981 a 1985 237
Sobre as leis e os decretos 237
Projetações culturais e formativas 240
A forja de *L'occhio se salta il muro* e o nascimento itinerante
de *I cento linguaggi* 242
De volta à Itália e a Reggio 255
A autoidentificação 260
Experiências sociais e culturais: encontros 262
Il salto in lungo 267
Outras atuações públicas nacionais e internacionais 275

8. Os anos 1986-1994: a saudade do futuro 285
Contexto sociopolítico até os dias atuais 285
Malaguzzi e a questão religiosa 289
Malaguzzi: expansão das relações internacionais e amizades 293
La città e la pioggia 297
As inúmeras conferências, seminários e outros eventos 299
L'ombra 304
L'arcobaleno 307
I Piccolissimi del Cinema Muto 312
Fóruns transdisciplinares 315
Contra a Estatização 318
A internacionalização dos direitos da infância 322
As novas orientações para as Escolas da Infância 323
Novos temas e encontros de aprofundamento 333
I Cavalli 336
El Centro Documentazione e Ricerca Educativa 337
Chi Sono Dunque Io 338
Novos cursos e ampliação de contatos internacionais 344
Scarpa e Metro 346
Boas notícias: reconhecimento da *Newsweek* 354
Il Luna Park Per Gli Uccelini 356
Projetações e, sempre, análises críticas da realidade social 361
O prêmio Lego 374
Sempre a guerra 376
Projetos até o fim 378

9. As referências culturais 389
10. A personalidade de Loris Malaguzzi 399
11. Loris Malaguzzi e Reggio Emilia: ontem, hoje e amanhã 405
Referências 423
Sobre o autor 439

INTRODUÇÃO

Para compreender profundamente o pensamento e a obra pedagógica de Loris Malaguzzi, considero necessário entender o contexto histórico geral e a situação particular, familiar, social, cultural e política em que ele viveu, alguns dados da sua biografia e da sua personalidade.

Todos esses elementos, suas amizades, suas paixões, suas inquietações intelectuais e políticas etc., compõem uma rede de significados que podem nos ajudar a refletir mais sobre a forma como promovia seu pensamento e sua obra pedagógica.

O que apresentamos a seguir não é, de maneira nenhuma, a biografia completa de Loris Malaguzzi. Algumas lacunas são impossíveis de preencher, outras – avaliamos – devem ficar no domínio privado. No entanto, as páginas a seguir mostram alguns eventos e episódios da vida de Malaguzzi que, acreditamos, ajudam a entender seu extenso e complexo pensamento e sua obra pedagógica.

Em 2020, celebração do centenário do pedagogo reggiano, ao retornar da região de Correggio e Reggio Emilia, onde recordamos e revisitamos suas palavras e suas ações, percebi-me cada vez mais consciente e surpreendido com a precisa atualidade de suas contribuições para o mundo da Educação e para o universo da cultura.

Esta obra faz parte de uma tese de doutorado, defendida em 2001, na Universidade Pública de Navarra, na Espanha, sobre seu pensamento e sua obra. A pesquisa é o resultado de uma longa e paciente investigação que durou seis anos, consistindo na coleta, na catalogação e na interpretação de uma quantidade imensa de material documental (em papel e em gravações de áudio ou de vídeo) e, também, de entrevistas realizadas com diferentes pessoas que tiveram relação pessoal ou profissional com Malaguzzi. Esta biografia pedagógica faz parte de uma pesquisa mais ampla. Na verdade, a tese é dividida em três volumes e foi desenvolvida com o uso de um banco de dados. O primeiro volume interpreta o pensamento e a obra pedagógica de Loris Malaguzzi com base nos princípios da ética, da estética, da política e da complexidade.[1] Por sua vez, o segundo volume diz respeito à biografia pedagógica de Loris Malaguzzi (cuja reescrita e cuja revisão compõem este livro). Por fim, o terceiro volume, assim como o banco de dados, classifica e cataloga o material, construindo um inventário da própria tese.

O autor conheceu pessoalmente o pedagogo de Reggio Emilia, com quem estabeleceu uma amizade, além de ter vivido na cidade durante diversos períodos, participando da vida pedagógica das Escolas Municipais da Infância, a fim de se aprofundar no enfoque pedagógico original e de coletar o material necessário para realizar sua tese.

---

[1] Desse volume, surgiram três publicações: *A ética no pensamento e na obra pedagógica de Loris Malaguzzi*, *A estética no pensamento e na obra pedagógica de Loris Malaguzzi* [ambos publicados pela Phorte Editora] e *A complexidade no pensamento e na obra pedagógica de Loris Malaguzzi*.

1.

CONTEXTO HISTÓRICO ITALIANO (1919-1945)

Loris Malaguzzi nasceu em 23 de fevereiro de 1920, na Itália, em Correggio, uma cidade na província de Reggio Emilia, famosa, sobretudo, por dar nome a um dos pintores mais prestigiosos do Renascimento clássico italiano do século XVI, Antonio Allegri, conhecido como "Correggio".

Com três anos, mudou-se para Reggio Emilia, em virtude do trabalho de seu pai, que era ferroviário na cidade. Viveria aqui até sua morte, em 30 de janeiro de 1994.

Agora, recordemos de alguns dados significativos dos anos 1920-1940 na Itália, com a finalidade de ajudar a entender o contexto histórico[1] da infância e da juventude de Malaguzzi.

---

[1] Para elaborar esse contexto, baseamo-nos nas obras: Hermann Kinder e Werner Hilgemann, *Atlas histórico mundial*, 9. ed. (Madrid: Istmo, 1980), v. 2; *Gran Enciclopedia Larousse*, 3. ed. (Barcelona: Planeta, 1990), v. 13.

Em 1918, terminou a Primeira Guerra Mundial e começou o período chamado de *entreguerras*. Foi um momento de grande pobreza, alta inflação e enorme número de trabalhadores desempregados. Cresceu a força dos partidários da esquerda (o partido socialista passou de 45 mil membros, em 1913, para 216 mil, em 1920). O recente triunfo da Revolução Soviética e a agitação revolucionária na Alemanha fizeram a burguesia nacionalista temer uma vitória proletária na Itália. Assim, o terreno ficou pronto para o desenvolvimento do fascismo, que uniu vários grupos que, da direita, opunham-se ao regime democrático e ofereciam-se como uma contenção ao perigo bolchevique. Dessa forma, em 23 de março de 1919, Benito Mussolini, futuro *Duce*[2] da Itália, fundou os *Fasci Italiani di Combattimento*[3] e os *squadre d'azione*.[4]

Em 21 de janeiro de 1921, Gramsci e Togliatti fundaram o Partido Comunista Italiano, após a cisão do Partido Socialista no Congresso de Livorno. Em novembro desse ano, foi fundado o Partido Nacional Fascista, que organizou, em 27 de outubro de 1922, a famosa Marcha sobre Roma, a qual permitiu a Mussolini formar o governo fascista que, com certa descontinuidade, duraria até que os *partisans*[5] impusessem aos alemães a capitulação na Segunda Guerra Mundial, em 25 de abril de 1945, na qual a Itália havia entrado em 1940, após declarar guerra contra a França e a Inglaterra. No dia anterior, Mussolini havia sido executado.

---

[2] N. do E.: em italiano, "líder". Esse termo tornou-se equivalente ao título alemão "*Führer*", adotado por Adolf Hitler durante seu governo nazista.

[3] N. do E.: organização formada por ex-soldados, desempregados e jovens da classe média italiana.

[4] N. do E.: esquadrões paramilitares que agiam para reprimir adversários políticos de maneira violenta. Também conhecido como *Squadrismo*.

[5] N. do E.: grupos de guerrilha de resistência apoiados por soviéticos que atuavam contra nazistas e fascistas.

Em 18 de junho de 1946, foi proclamada a República Italiana. Desse momento em diante, sucederam-se diversos governos que, a partir de 1948, foram os unipartidários da Democracia Cristã. Em 1947, alguns socialistas, liderados por Saragat, fundaram o Partido Socialista dos Trabalhadores Italianos (PSLI), que se transformaria mais tarde no Partido Socialista dos Trabalhadores Italianos (PSDI). Em julho de 1948, uma greve geral marcou a ruptura sindical. Da Confederação Geral Italiana do Trabalho (CGIL), de predominância comunista, fundada em 1906, surgiu a Confederação Italiana de Sindicatos de Trabalhadores (CISL), um sindicato de inspiração cristã.

2.

INFÂNCIA
E JUVENTUDE DE
LORIS MALAGUZZI

Em 1923, os Malaguzzi viviam em uma casa na Piazza Fiume, em Reggio Emilia. Malaguzzi lembra dessa praça como um lugar importante em sua infância, sua formação e sua consciência de felicidade, do permitido e do proibido.

> *Esta foi a minha casa dos anos 1920 aos anos 1930. Quase dez anos.*
>
> *Aqui, vivi toda a minha infância. Uma infância muito bonita, muito feliz. Feliz, sobretudo, por essa praça, em que não havia carros. Era uma praça vazia. Era uma praça de milagres, uma espécie de praça proibida, por onde passavam os funerais, que paravam ali, e sempre havia alguém que fazia um discurso para honrar o falecido. E, depois, o espetáculo mais desejado era o da tarde, quando os jovens chegavam.*

[...] Porque eram muito habilidosos para andar de bicicleta e para pedalar ao contrário. Sentavam-se sobre o guidão e, por isso, dirigiam sem ver a rua à frente, e conseguiam mover os pedais fazendo acrobacias de circo. [...]

Lá estavam, em contraste, as crianças menos afortunadas do que eu, do que nós. Os órfãos viviam ali, por quem, desde pequenos, sentíamos uma imensa compaixão, um grande enternecimento, que se reforçava quando íamos para a Escola Primária. E a chegada deles se anunciava, porque, em vez dos sapatos, usavam tamancos de madeira. E me lembro de que, com os órfãos – que não eram poucos –, havia uma grande solidariedade. A todos nós, foi absolutamente proibido ultrapassar o limite da cerca e entrar na praça. E essa cerca permaneceu, tornou-se um objeto muito rígido, fixo em minha memória, como um símbolo proibido.

Essa é uma parte da infância muito, muito bem vivida: muitos amigos, muitas brincadeiras, muitas atividades. Depois, com a crise de 1929, quando eu tinha 10 anos, todos nos mudamos para a área pobre, operária, dos escritórios de Reggio Emilia.[1]

Durante esses anos, Loris estudou na Escola Primária até o ano letivo de 1929-1930.[2] Ele não se destacou como um grande estudante. Seu interesse permaneceu ligado a essa praça especial e ao que acontecia nela. Durante esse período, ocorreu um evento importante para o futuro pedagogo: um incidente relacionado à crise de 1929 e às dificuldades econômicas familiares, do qual Malaguzzi se lembra com dor.

---

[1] Testemunho de Loris Malaguzzi, *in* Carlo Barsotti, *L'uomo di Reggio Emilia* ["O homem de Reggio Emilia", em tradução livre] (vídeo), 1994. (Transcrição de Alfredo Hoyuelos.)
[2] Para uma reconstrução do currículo escolar de Malaguzzi, *vide* Laura Artioli (1999), *in* ISTORECO, *La cultura dell'infanzia e l'esperienza delle scuole materne comunali a Reggio Emilia* ["A cultura da infância e a experiência dos jardins de infância comunitários em Reggio Emilia", em tradução livre] (1999). Documento n. 611 (BT-630).

> *Tive de sair de lá. Eu era uma criança de 10 anos, mas com a crise de 1929, houve uma redução das possibilidades familiares.*
>
> *E lembro-me de ter sido espectador de uma cena que nunca esquecerei. Lembro-me de ter me levantado da cama e ouvido minha mãe e meu pai brigando, gritando em outro quarto. Fui devagar. A discussão era a respeito de que minha mãe tinha dois brincos de ouro muito velhos, e meu pai dizia que, para pagar o aluguel e continuar lá, era necessário vendê-los.*
>
> *Minha mãe, coitada, chorava. Meu pai dizia que não havia outra possibilidade, não havia alternativa. E, então, os brincos foram tomados de minha mãe e levados para Zanini.*[3]

Então, a família Malaguzzi (formada por pai, mãe e dois filhos) mudou-se para o bairro operário de Santa Croce, um lugar com cerca de 10 a 15 mil trabalhadores. Sergio Masini,[4] amigo de Loris desde a infância e que morava no mesmo bairro, narra a importância dessas experiências na formação da personalidade, dos valores e dos posteriores pensamento e obra pedagógica de Loris Malaguzzi. Este, como filho de um chefe de estação,[5] morava em uma área um pouco mais confortável do que a operária. Masini recorda-se da família de Loris e, em particular, de sua mãe, uma pessoa sensível, afável, delicada e bonita.

Naquela época, os operários passavam o dia inteiro trabalhando. Eles só voltavam às suas casas para comer e dormir. O dinheiro era administrado pelas mulheres. Tratava-se de uma cultura, de uma sociedade em que a honra, a moralidade, a limpeza e o vestir-se bem eram os valores dominantes.

---

[3] Carlo Barsotti, *op. cit.*
[4] Entrevista realizada com Sergio Masini em 12 de abril de 2000 (Documento n. 658-TA-226).
[5] N. do E.: responsável pela estação ferroviária.

Malaguzzi começou seus estudos no instituto de magistério Principessa di Napoli no ano letivo de 1930-1931. A duração total do curso era de sete anos, sendo quatro anos de um grau inferior e três anos de um grau superior. A escolha da carreira foi uma imposição da família.

> *Meu pai já havia decidido que eu seguiria o caminho do ensino e me tornaria um professor da Escola Primária. Ele fez a mesma coisa com meu irmão.*
>
> *A escolha dele não tinha a ver com nenhuma vocação para essa carreira. Ele apenas via isso como a maneira mais rápida de ganharmos um salário para que pudéssemos nos manter na universidade.[6]*

Mais uma vez, ressalta-se que Malaguzzi não demonstrava muito interesse pelos estudos.

> *Não me lembro de nada do que aprendi. Nem quando iniciei na carreira e tinha uma necessidade urgente disso.*
>
> *Contudo, eu me recordo perfeitamente do rosto e da aparência de meus colegas de classe. [...]*
>
> *Apesar disso, a verdade é que, por causa do idealismo gentiliano,[7] do espiritualismo católico e do obscurantismo que subjaz à cultura fascista, os estudos no magistério não inspiravam nem reforçavam nada. Sequer tinham vocação.[8]*

Durante sua época de estudante, como nos contou Masini, Malaguzzi era um jovem charmoso, com carisma especial, admirado por sua aparência, beleza, elegância e capacidade intelectual. Por isso, sua companhia era desejada por diversas pessoas de

---

[6] Loris Malaguzzi, "Che io infilassi la strada dell'insegnare" ["Que eu adentre o caminho do ensino", em tradução livre], com a organização de Laura Artioli, *Ricerche Storiche* ["Pesquisa Histórica", em tradução livre], n. 84 (maio 1998), p. 44. Devemos a Laura Artioli a reconstrução das, provavelmente, únicas páginas autobiográficas existentes de Loris Malaguzzi.

[7] N. do E.: referente a Giovanni Gentile, educador e filósofo político italiano, que foi um expoente do neoidealismo filosófico, base para a doutrina fascista.

[8] Loris Malaguzzi, "Che io infilassi la strada dell'insegnare", *op. cit.*

diferentes classes sociais. Loris morava em um bairro mais humilde, e, ao lado, havia uma propriedade burguesa. Malaguzzi era particularmente convidado por algumas garotas para festas e eventos sociais que eram realizados nesse local. Desse modo, tinha amizades e relações sociais com pessoas tanto do mundo operário quanto do mais abastado.

Além disso, ele praticava alguns esportes considerados de elite, como tênis de quadra e de mesa, basquete e salto com vara (no qual se tornou campeão regional). Todos esses elementos contribuíram para formar uma personalidade cheia de relações e interações diversas, com um caráter moral e político.

> Outro mundo que aprendi a apreciar rapidamente. Conhecia as ruas, as vielas e os pátios, os lugares proibidos da Piazza Fiume. Mais espaços, mais liberdade, mais crianças, mais conhecimentos e descobertas. A convivência e a mistura de idades e gerações era mais um motivo de aventura: os eventos mais populares, como jogos de boliche, o clube recreativo da fábrica Reggiane e o pátio dos trens. As palavras dos mais velhos, uma linguagem adulta, com novos sentidos e novas informações, ao alcance de todos.
>
> A minha adolescência e os meus estudos de magistério foram marcados por esse contexto.[9]

Após concluir seus estudos, começou a trabalhar como professor em uma Escola Primária, em uma pequena vila, chamada Reggiolo. Malaguzzi, dessa primeira experiência de trabalho, lembrava-se de algo importante, que se manteria como espírito durante toda a sua vida.

---

[9] *Ibidem*, p. 51.

> Nem eles nem eu sabíamos nada. Entendi que aquela era uma sedução irresponsável que me estava abrindo as portas da profissão.[10]

Posteriormente, aos 19 anos, a guerra havia começado, e Loris foi enviado como professor para Sologno, na região de Villa Minozzo, uma pequena vila nos Apeninos da província de Reggio Emilia. Sobre essa experiência, Antonio Canovi (1998) refletiu sobre a importância dos lugares na formação de Malaguzzi e sobre como ele encontrou, naquela localidade, sentido para sua profissão de educador.

> Pierre Nora, com base em suas próprias pesquisas dedicadas à construção da identidade nacional francesa, difundiu entre os historiadores o conceito de *lugar da memória*. Trata-se, precisamente, de espaços que atuam como *depósito* das memórias coletivas que *habitam* em nosso presente. [...] Lembrar, como observou recentemente Maurice Aymard, significa, também, expressar a capacidade de esquecer: o "lugar da memória" denuncia, no entanto, um sentimento de perda e caducidade. (Canovi, 1998, p. 50-1)

O próprio Malaguzzi reconhece três lugares (ou, melhor, quatro) importantes em sua vida, presentes em momentos que o fazem, conscientemente, reconhecer as possibilidades abertas pela Educação, à qual dedicaria toda a sua vida.

---

[10] *Ibidem*, p. 45.

INFÂNCIA E JUVENTUDE DE LORIS MALAGUZZI **39**

> Se for verdade o que [Ludwig] Wittgenstein[11]
> diz sobre a importância de conhecer os lugares de
> onde se fala, são três os lugares em que aprendi a falar
> e a viver. [...]
> Guardo, com firmeza, esses três lugares: Sologno,
> Villa Cella e A Libertação.[12,13]

Pela lembrança desses três espaços geográficos e formativos, Malaguzzi explicou sua dedicação ao mundo da Educação. Além desses três, é preciso acrescentar o momento da Segunda Guerra, que Malaguzzi viveu de forma trágica. Ele viu a necessidade de sondar uma esperança de futuro para as novas gerações, a fim de evitar que as tragédias bélicas se repetissem inevitavelmente caso houvesse outra forma de Educação.

> Não sei se é a guerra que, juntamente com os
> outros acontecimentos conspiratórios de antes e de
> depois, em sua trágica absurdidade, possa ser a expe-
> riência que impulsione a escolher a profissão de edu-
> cador como um recomeço, para viver e trabalhar pelo
> futuro. Sobretudo, quando ela termina, e os símbolos
> da vida reaparecem, mas com uma violência compará-
> vel à dos tempos de destruição.
> Não tenho certeza, mas acho que é nesse ponto
> em que devemos procurar.[14]

---

[11] N. do E.: filósofo austríaco, um dos principais autores da virada linguística, ocorrida no século XX, cujo trabalho exerceu influência no positivismo lógico e na filosofia da linguagem comum (também conhecida como filosofia da linguagem ordinária).

[12] N. do E.: refere-se à Libertação ou Liberação, sobretudo dos territórios franceses, do poder do Eixo.

[13] Loris Malaguzzi *in* Laura Artioli (organizadora), "Che io infilassi la strada dell'insegnare", *op. cit.*, p. 51-2.

[14] *Ibidem*, p. 53.

A importante experiência de Sologno

Vamos começar com a experiência de Sologno. Nesse povoado, ele permaneceu por dois anos. Malaguzzi lembrava-se por imagens, como sempre, das coisas que aprendeu e do prazer de tê-las feito. Parecia desfrutar das coisas cotidianas que a vida nos oferece a cada momento – a natureza, os problemas, as relações –, surpreendendo-se com as possibilidades de se cultivar em cada lugar, das tradições.[15] Ele aprendeu a aprender e a buscar, talvez, sentido profissional para sua vida. São lembranças intensas, que nos dão uma imagem de sua humanidade aberta e profunda. Evocações narradas por um Loris de quase 70 anos, com a alma, como as vivências de uma criança curiosa.

> Lá em cima, a 800 metros, durante dois anos seguidos, aprendi milhares coisas: a arte de caminhar, de me orientar pelas árvores e rochas, de distinguir as trilhas falsas das verdadeiras, de atravessar riachos, de descobrir a generosidade das castanheiras, a cordialidade dos silêncios. [...]
>
> Aprendi a criar uma amizade profunda com os 15 meninos das tamancas de madeira. [...]
>
> A fazer funcionar uma escola em um estábulo recém-desocupado, acendendo e reacendendo o aquecedor todas as manhãs. [...]
>
> A amar com gratidão o burro de Fortunato. [...]
>
> Atender com paixão as peculiaridades da alegria cortês e, depois, barulhenta e relaxada do domingo, que misturava missa e taberna. [...]

---

[15] Sobre este tema, *vide* Loris Malaguzzi, "La Madunina d'la Muntagna" ["A Madoninna da montanha", em tradução livre; uma provável referência a uma imagem da Virgem Maria que há em Milão e ao povoado de Sologno, que fica em uma região montanhosa], *in Il solco Fascista* ["O sulco fascista", em tradução livre], 28 jun. 1942.

INFÂNCIA E JUVENTUDE DE LORIS MALAGUZZI **41**

> Suportar longas conversas nas casas de pedra com mulheres e homens. [...] E, finalmente, jogar, como era obrigatório para o Senhor Professor, jogar cartas, *briscola* e *busche*,[16] em que a coisa mais enigmática, temível e cômica era ver como um novato como eu e a sábia astúcia dos velhos montanheses conseguiam encontrar sinais secretos.[17]

Enquanto Malaguzzi estava em Sologno, a Segunda Guerra começou, e, em 10 de dezembro de 1940, ele se matriculou na Faculdade de Educação da Universidade de Urbino, a única que permitia fazer estudos não presenciais, apresentando-se apenas para os exames, aos quais ia acompanhado por Sergio Masini, por dois ou três dias, com uma mala cheia de embutidos preparados pela família. Uma decisão, novamente, não por vocação, mas, provavelmente, pela necessidade de obter um diploma universitário para novas funções que, talvez, tivesse em mente ou buscasse naquela época.

> A partir daí, escola, universidade e guerra correriam em paralelo. [...]
> A guerra estava longe, rejeitava-a, estava distante da cidade. Encontrei um jeito de fazer seis exames na Universidade. Um ritual sem sentido, com notas aceitáveis expressas em sexagésimos.[18]

Em Sologno, Loris encontra tranquilidade para ler e estudar. Destacam-se, sobretudo, as leituras de romances, poesias e peças de teatro, como se, na literatura, encontrasse uma forma de se encontrar, de se identificar e de se formar como escritor. As leituras didáticas e a falta de apreço pelas grandes teorias também chamam a

---

[16] Jogos de cartas italianos. A *briscola* é um jogo similar à bisca. [N. do E.: jogado com baralhos francês, espanhol e italiano, com o objetivo de acumular mais pontos.]

[17] Loris Malaguzzi *in* Laura Artioli (organizadora), "Che io infilassi la strada dell'insegnare", *op. cit.*, p. 45-6.

[18] *Ibidem*, p. 45-6.

atenção. Malaguzzi demonstrou aprender com a própria experiência e com a cultura entendida na acepção mais ampla possível. Essa é a sua grande teoria.

> Os tempos longos me deixaram tanto tempo para ler quanto eu quisesse. Devorava Tolstói... e, também, muitos manuais de didática. Não me interessavam grandes lições nem grandes teorias. Não entendia nada da *Estética* de [Benedetto] Croce.[19] E [Jean-Jacques] Rousseau, lá em cima, onde eu estava, era bastante ridículo.[20]

Antonio Canovi (1998) fala desses primeiros momentos de Loris como um jovem um tanto atordoado, em busca da própria vocação. Em Sologno, Malaguzzi encontrou a forma de se relacionar com as pessoas do povoado, de tornar-se público e sociável. Essas pessoas ainda se lembram dele hoje como alguém heterodoxo e inconformista,[21] que gostava de estar com as pessoas e desfrutar da alegria festiva que as próprias pessoas lhe ofereciam.

> Em vez de fazer uma cara feia, ele se deixava levar pelos estados de espírito desse ambiente, caracterizado pela proximidade: jogava cartas, tocava acordeão, bebia vinho com os locais, aprendia a esquiar. Ele se integrava à vida cotidiana do vilarejo, convertendo o papel tradicionalmente autoritário do professor em uma função social: enquanto a batalha de Cerrè e o massacre de Cervarolo[22] aconteciam ao seu redor, ele organizava um "teatrinho" do qual os habitantes do povoado participavam... (Canovi, 1998, p. 49)

---

[19] N. do E.: filósofo, historiador, crítico literário, escritor e político liberal italiano.

[20] Loris Malaguzzi *in* Laura Artioli (organizadora), "Che io infilassi la strada dell'insegnare", *op. cit.*, p. 46.

[21] Em 22 de agosto de 1998, foi realizado um encontro para descobrir a relação entre Sologno e Malaguzzi. Essa referência está em Antonio Canovi, "Sologno e poi Parigi. Per una topologia della formazione malaguzziana" ["Sologno e, depois, Paris. Para uma topologia da formação malaguzziana", em tradução livre], *Ricerche Storiche*, n. 86 (dezembro de 1998), p. 31-51.

[22] N. do E.: Cerrè e Cervarolo são cidades do norte da Itália, assim como Sologno e Reggio Emilia.

Assim, desde suas primeiras experiências como professor, ele se revelou como alguém diferente – e atraente por essa diversidade –, com as ideias que recolhia e aplicava às diversas pessoas do lugar. Aspectos que permaneceram, em essência, como elementos de seu próprio pensamento, de sua obra pedagógica.

> Lembro-me perfeitamente da maneira como ele gerenciava a escola. Era diferente de todos os professores da época. [...]
> Ele tinha coisas diferentes de todos os outros professores. Era excepcional, e ficou gravado em minha memória o modo como ele ensinava. [...] Malaguzzi havia criado um clima realmente diferente dos outros professores. [...] Ele continuava sendo uma pessoa com grande magnetismo, porque era diferente e tinha algo de extraordinário.[23]

Ao trabalhar em Sologno, Malaguzzi percebeu sua adequada autoformação, longe da banal formação inicial que teve no instituto de magistério. Ele tomou consciência da virtude de estar com as crianças, do prazer que encontra em sua presença, do gosto por uma profissão que, inicialmente, não havia escolhido. Loris aprendeu a importância de sair do academicismo escolar, a necessidade de alegria e humor para aprender, a importância do estudo contínuo, da motivação e do prazer que as crianças demonstram em aprender.

> Em última análise, tinha passado três anos como professor. Se eu os relatei intencionalmente, em todos os detalhes, é porque sinto que foram anos decisivos para mim. [...]

---

[23] Coletado de uma entrevista com Arrigo Belli, ex-aluno de Malaguzzi em Sologno *apud* Antonio Canovi, *op. cit.*, p. 49-50.

> Senti, em várias ocasiões, que sabia estar com as crianças e que eu gostava da profissão. [...] E descobri que era bom estabelecer um pacto de tolerância, em uma brincadeira divertida, recorrendo ao humor e, também, afastando-me do meu papel profissional, se eu quisesse que tudo fosse mais leve e produtivo: a única maneira, aliás, de separar o trabalho escolar da sobrecarga formal e intolerante e poder manter um diálogo com aqueles jovens que se destacavam mais por suas histórias penosas e cruéis.[24]

O fim da carreira como professor

Depois da extraordinária experiência em Sologno até a primavera de 1944, quando volta como professor a Sologno até o final do ano letivo, ele é destinado, primeiro, à Escola Primária de Via Guasco, em Reggio Emilia, na qual ele havia sido aluno e, posteriormente, é obrigado a ir – por pouco tempo – a um quartel em Bolonha. Em Reggio, Malaguzzi descobre o horror da guerra, a destruição da cidade pelos bombardeios, o medo das pessoas, a fome, a morte, os repetitivos funerais, as crianças mutiladas e órfãs. Imagens terríveis que, como dissemos, marcaram ou determinaram o sentido de sua profissão e de sua vida.

> Foi difícil a vida clandestina entre bombardeios, o medo dos alemães, o toque de recolher, a fuga dos abrigos, as noites sem dormir em porões, os escombros, a fome. [...]
> Casei-me no último dia do ano de 1944. Tinha 24 anos. Marcamos o casamento para depois das orações vespertinas, entre uma pausa de sirenes e a seguinte. Havia toque de recolher. [...]

---

[24] Loris Malaguzzi, "Che io infilassi la strada dell'insegnare", *op. cit.*, p. 47-8.

> Perto de nós, já havia uma história terrível. A cidade se movia entre destruições, matanças, heroísmos, mortes, desaparecidos, sobreviventes. Soube da morte de meus colegas de escola, amigos, pessoas que conhecia.[25]

De 1944 até 1947, data em que abandonou em definitivo a escola estatal, continuou trabalhando como professor, dessa vez, de Escola Média, na instituição escolar que há na Via Guastalla, em Reggio Emilia. No entanto, não há nenhuma lembrança especial, e é possível que não se trate de um acontecimento importante em sua vida. A escolha, provavelmente, já era outra.

---

[25] *Ibidem*, p. 48-9.

3.

1945: A LIBERTAÇÃO

As escolas da UDI

Em 25 de abril de 1945, terminou a Segunda Guerra Mundial, e foi o momento histórico da Libertação. Algo extraordinário ocorreu. No ano da Libertação, surgiu uma clara divisão entre o norte e o sul na Itália. A transição da ditadura para a democracia não foi fácil e não estava livre de responsabilidades políticas. O sul não tinha grande autonomia, já que estava sob controle das forças aliadas. Trata-se de uma situação política que reproduz institucionalmente a situação do passado, consolidando antigas estruturas do Estado pré-fascista. Essas estruturas, por sua vez, são apoiadas pela Igreja. Dessa forma, a transição para a democracia pretendia estar sob o controle dos países aliados e distante das influências comunistas da Iugoslávia e da União Soviética (Rossi, 1991).

A política educacional não estava fora desse jogo. Uma comissão formada naquele momento para a instrução do país regulava a educação, mantendo a ordem estabelecida e satisfazendo a Igreja.

> Ele pretendia que os professores passassem por um exame prévio do ponto de vista político e, em Palermo, foram criados "arquivos pessoais", para separar os poucos bons que restavam da maioria que havia militado nas linhas fascistas e que ainda manifestava clara simpatia pelo regime deposto.[1]

Embora a renovação escolar tenha sido confiada a C. W. Washburne, pedagogo deweyano sensível às questões sociais e reconhecido por suas experiências ativistas em Winnetka,[2] que acreditavam nas capacidades auto-organizativas dos meninos e das meninas, a escola italiana não conseguiu escapar de sua tradição fascista e católica. As reformas tornaram-se impossíveis.

Todavia, observemos o que acontece no norte da Itália. Durante a guerra, os fascistas haviam montado a chamada República de Salò,[3] com seus métodos pedagógicos tradicionais, e, enquanto isso, a Resistência, quase clandestinamente, formou uma nova organização da cultura na conquista da liberdade nacional, em clara luta antifascista. Assim, surgiu, em 1943, a Associazione Degli Insegnanti Italiani (AIDI),[4] formada, principalmente, por profissionais de orientação política de esquerda. Além disso, novos

---

[1] *Resoconto delle attività svolte dal governo militare alleato e dalla commissione alleata di controllo* ["Relatório das atividades realizadas pelo governo militar aliado e pela comissão aliada de controle", em tradução livre], (maio 1945), Roma, Città Universitaria, p. 22 *apud* Lino Rossi, *Infanzia e scuola a Reggio Emilia* ["Infância e escola em Reggio Emilia", em tradução livre], *Ricerche Pedagogiche* ["Pesquisas pedagógicas", em tradução livre], n. 91 (abr./jun. 1991), p. 11. Suplemento.

[2] N. do E.: aldeia localizada em Illinois, Estados Unidos.

[3] N. do E.: também conhecida como República Social Italiana (RSI). Recebeu esse nome em razão da cidade de Salò, na qual Mussolini passou a residir, que se tornou a sede do governo fascista.

[4] N. do E.: Associação dos Educadores Italianos, em tradução livre.

movimentos sociais, e, sobretudo, femininos, buscariam, também, uma libertação da própria escola.

> Este é o resultado de um complexo sistema de fenômenos: o singular estado psicológico vivido coletivamente, caracterizado pela certeza do fim do regime fascista e pelo firme propósito de construção de um futuro percebido como produto da própria vontade; a conscientização, sobretudo por parte das mulheres, de uma nova identidade, de um novo papel pelo qual realizar uma redefinição de todas as relações sociais e, em especial, das relacionadas com a mãe, os filhos e as instituições públicas. (Rossi, 1991, p. 18)

O problema da Educação Infantil bate em cheio, dessa forma, na sensibilidade política das mulheres e do movimento feminino, sobretudo da Unione Donne Italiane (UDI),[5] de tendência à esquerda. Em novembro de 1943, em Milão, foram fundados os Gruppi di Difesa della Donna,[6] antecedentes à UDI.

> A Itália adentrou-se no caminho da reconstrução e da democracia. Aquela vitória foi possível também graças ao fato de que, com sacrifícios e riscos, um heroico grupo de combatentes, homens e mulheres, mantiveram vivo o espírito antifascista; graças ao encontro e à união, em uma ação comum, dos protagonistas das diferentes correntes políticas e sociais, que já haviam construído, desde o início do movimento operário, um precioso patrimônio de valores, ideais e espírito combativo; graças ao movimento dos Grupos de Defesa da Mulher (Gruppi di Difesa della Donna) saber interpretar e transformar em fatos esses argumentos que, para além dos diferentes princípios ideológicos, uniam as mulheres com uma crença única em alcançar a emancipação feminina.[7]

---

[5] N. do E.: União das Mulheres Italianas, em tradução livre.

[6] N. do E.: Grupos de Defesa da Mulher, em tradução livre.

[7] Vallini, *La donna reggiana nella resistenza* ["As mulheres reggianas na resistência", em tradução livre] *apud* Mario Mazzaperlini, *Storia delle scuole materne reggiane* ["História das escolas maternais reggianas", em tradução livre] (Reggio Emilia: Futugraf, 1977), p. 175-6.

A UDI foi fundada em Roma, em 15 de setembro de 1944, e, desde o início de sua constituição,[8] defende a organização de escolas de Educação Infantil (chamadas de *asili* na época), as conferências, as atividades culturais, os concertos, entre outros.

Malaguzzi e a escola de Cella

Em Reggio Emilia, assim como em outros lugares, as instituições de Educação Infantil eram praticamente inexistentes, e as poucas que existiam eram de propriedade privada da igreja católica. A maioria das crianças de 3 a 6 anos não tinha acesso, naquela época, às chamadas *scuole materne* (escolas maternais). As mulheres e suas organizações laicas se organizaram para construir os primeiros *asili*. Nesse sentido, é emblemática a história dos habitantes de Cella, localidade pertencente à área de Reggio Emilia. Apenas cinco dias depois do término da Segunda Guerra, em 1º de maio de 1945, com o dinheiro do Comitato di Liberazione Nazionale (CLN),[9] referente à venda de um tanque de guerra e de alguns cavalos que os alemães haviam abandonado em sua retirada, a construção dessa escola começou, recuperando tijolos e materiais de casas e edifícios bombardeados durante o conflito.

> Foi um *insight* admirável exigir que o direito à educação estivesse ao alcance de todos os filhos do povo. [...] Nossos filhos terão que ser diferentes e ter mais fome de liberdade do que nós [...], e construir casas, tijolo a tijolo, um domingo após o outro, com a ajuda de toda a família (Barazzoni, 1985).

---

[8] *Noi Donne* ["Nós, mulheres", em tradução livre], 1 dic. 1944.
[9] N. do E.: Comitê de Libertação Nacional (CLN). Trata-se de organização política multipartidária italiana, de caráter antifascista.

1945: A LIBERTAÇÃO **51**

> Estava claro que o sonho só poderia ser reali-
> zado com o trabalho da população: aos sábados e aos
> domingos, o maior número de pessoas se reunia, e a
> casa ia crescendo após a comoção, o orgulho e a festa
> de todo um país. Havia homens, mulheres, idosos: cada
> um fazia o que sabia e podia. Os camponeses coleta-
> vam a areia e a cascalho no rio Enza[10] com suas car-
> roças, e as mulheres e os idosos recuperavam os tijolos
> das casas destruídas e bombardeadas, para, depois, lim-
> pá-los um a um, removendo o cimento velho.[11]

Os primeiros materiais e móveis foram adquiridos com a
venda dos ovos que os meninos e as meninas levavam para a escola,
um ovo por dia, ou com a venda do macarrão feito pelas mulheres.

Resolvemos contar essa história porque ela tem imensa relação com a história e as escolhas de vida de Loris Malaguzzi. Ele
tinha ouvido a notícia – como um rumor – de que, a poucos qui-
lômetros da cidade, a comunidade decidiu construir e administrar
uma escola para crianças. Malaguzzi lembrava-se de que sentira um
sentimento premonitório, pegara sua bicicleta e fora até o local.

> Fui de bicicleta. Tudo era simples e real, e as
> mulheres já estavam lá limpando os tijolos. As pessoas
> haviam decidido. [...]
> – Sou professor.
> – Muito bem. Se for verdade, venha nos ensi-
> nar – disseram-me. [...]
> Mulheres, homens, crianças, todos de origem
> camponesa e trabalhadora, pessoas especiais e sobre-
> viventes a milhares de atrocidades da guerra, trabalha-
> vam arduamente. Em oito meses, a escola e a nossa
> amizade formaram raízes.[12]

---

[10] N. do E.: localizado ao norte da Itália. É um afluente do rio Pó, o mais importante do país.
[11] Comitato Scuola Città della S.C.I. XXV Aprile – Cella ["Comitê Escolar Municipal XXV de Abril, em Cella", em tradução livre] –, *Come è nato l'asilo del popolo di Cella* ["Como nasceu o jardim de infância da cidade de Cella", em tradução livre] (maio 1974), p. 2.
[12] Entrevista a Loris Malaguzzi *in* C. Edwards, L. Gandini e G. Forman, *I cento linguaggi dei bambini* ["As cem linguagens das crianças"] (Bergamo: Edizioni Junior, 1995), p. 49.

A amizade e a relação especial entre Loris e Cella continuariam durante toda a vida do pedagogo.[13]

O importante dessa história, reconhecia Malaguzzi, é que sua antiga esquematização de aulas entrou em crise. A realidade em que ele se encontrou tornou-se difícil de interpretar com sua cultura escolar. O que ele não acreditava, sequer imaginava, era o fato de que a comunidade havia tomado a decisão de construir uma escola. Ele sempre havia visto a escola como uma determinação, quase uma imposição, das instituições governamentais. Isso era diferente, e, como ele mesmo comentou em palavras e lembranças emocionadas, marcaria uma iniciativa ao lado das pessoas do povoado. O fato de que as pessoas, uma população exausta da guerra, pobre, cansada, tenham decidido construir uma escola para crianças era algo extraordinário. Se, até então, Loris havia percebido a escola como uma instituição essencialmente governamental, com uma conotação cultural rígida, centralizada e desconectada das diferentes realidades locais, agora, ele se encontrava diante de uma situação totalmente diferente, como ele mesmo comenta com palavras e lembranças cheias de emoção, que marcariam sua decisão de se posicionar ao lado do povo.

> Meus sentimentos eram de insegurança, medo. Minhas ferramentas lógicas, as de um jovem professor da Escola Primária devastado pelos eventos que ocorreram, levavam-me à conclusão de que, se fosse verdade (e eu esperava por isso com todas as minhas forças!), era mais do que estranho e inverossímil: era algo de outro mundo. [...]
>
> Eu era um professor da Escola Primária, com cinco anos de experiência e três anos na universidade: talvez fosse a profissão que estivesse me bloqueando.

---

[13] *Vide* a carta que Loris Malaguzzi endereça à escola em 11 de dezembro de 1992, em agradecimento a uma máquina de pensamentos e de sonhos que os meninos e as meninas que frequentaram a escola lhe deram.

Meus pobres esquemas didáticos estavam completamente abalados: o fato de que a ideia de construir uma escola pudesse ocorrer às pessoas da comunidade, às mulheres, aos operários, aos camponeses era, em si, algo incrível, um fato surpreendente; o fato de que essa gente sem dinheiro, sem formação técnica, sem autorização nem conselhos de diretores, sem inspetores escolares nem cozinheiros, trabalhasse com esforço, colocando tijolo por tijolo para construir um prédio, era outro paradoxo.

Mas, apesar de ser um choque ou um paradoxo, o fato é que era completamente real, e eu gostava, entusiasmava-me, derrubava lógicas e preconceitos, velhas regras da Pedagogia, da cultura, convidava-me às origens, abria-me a mente para perspectivas completamente novas.

Eu entendia que o impossível era uma categoria que precisava de revisão. Tínhamos que levar em conta o fim da guerra, a luta partidária, a Libertação, a Primavera de Maio, as consciências renovadas, a esperança. Eu até gostava de rir com a sabedoria de Marx: "O homem constrói sua própria história, mas não o faz de acordo com sua vontade".

Para mim – e este era o sentimento mais forte –, a ideia e a vontade de torná-la realidade haviam nascido verdadeiramente em Cella entre os camponeses e os operários. Eu percebia que era uma lição humana e cultural incrível, que poderia ter sido o germe de outras coisas extraordinárias. Só precisávamos seguir o mesmo caminho.

Uma escola autogerenciada, dedicada às crianças, projetada e realizada naquele lugar e daquela maneira, não pertencia precisamente aos esquemas nem às filosofias convencionais. Era uma raridade entusiasmante, uma invenção que me encantava. Um fato que, depois, acarretaria muitos acontecimentos em minha vida.[14]

---

[14] Loris Malaguzzi, "Che io infilassi la strada dell'insegnare", *op. cit.*, p. 50.

Depois de uma grande festa coletiva, no final de 1946, a escola foi concluída, e, em 13 de janeiro de 1947, o *Provveditorato*[15] autorizou a abertura.

Acreditamos que Malaguzzi descobriu, nessa experiência, elementos extremamente importantes, que fizeram parte de sua formação, de seu pensamento e de sua obra pedagógica.

Por um lado, ele percebeu que o povo, as pessoas podem construir e administrar uma escola diferente,[16] fora dos cânones institucionais; que o essencial é a convicção e a união ideológica de diversos indivíduos, sobretudo, das mulheres. Ele também tentaria construir, com a abertura das primeiras escolas municipais, uma escola diferente, sempre unida à participação e à gestão social cidadã e de todas as forças políticas e sociais; uma escola que não precisa ser institucionalizada e *imposta* "de cima para baixo", mas, sim, criada pelo povo. E é o povo que pode transformar a realidade.

Por outro lado, Malaguzzi deu-se conta do que se tornaria um valor de sua vida: quando uma coisa, por mais utópica, sonhada ou anômala que pareça, se for desejada de verdade, sempre se pode conseguir.[17] Em terceiro lugar, Malaguzzi descobriu que a escola, e, em particular, a *scuola materna*/a escola maternal era algo que ia além de um lugar para ensinar e aprender. Tratava-se de um ambiente socioideológico, no qual se poderia criar relacionamentos, construir uma coletividade, praticar a democracia e viver a humanidade.

As escolas da UDI e do CLN representam, a partir de um movimento feminino (e Malaguzzi compreendeu isso imediatamente), a possibilidade de envolver todo um povo

---

[15] N. do E.: órgão administrativo italiano.
[16] Na entrada da escola de Cella, há uma placa com os seguintes dizeres: "Homens e mulheres, juntos, construímos as paredes desta escola, porque a queríamos nova e diferente para nossos filhos. – Testemunho de maio de 1945".
[17] Isso fica evidente no testemunho de Carla Gherpelli.

em um projeto de futuro comum, que precisava tornar seus sonhos realidade.

> E, mais uma vez, foi uma lição completa, sem interrupções, de mulheres e homens cujos ideais permaneciam intactos, que haviam entendido, antes de mim, que a história poderia ser mudada, e que isso se dava ao apropriar-se do destino das crianças, começando por ele.[18]

Essa ideia seria uma constante, algo invariável em seu pensamento e em sua obra. Os meninos e as meninas, os próprios filhos oferecem uma razão suficientemente poderosa para pensar em um futuro que não repita as atrocidades realizadas pela humanidade no passado, que adquira valores distantes da tradição fascista. Dessa forma, cria-se um propósito, que se torna força e tecido social: o espírito coletivo. Esse espírito pode modificar e transformar a história, indicar sua direção e seu *destino*. Uma ideia revolucionária, difícil de assimilar pelos esquemas didáticos e pedagógicos reducionistas de um professor.

A difícil sobrevivência das escolas da UDI

As escolas da UDI e do CLN são, portanto, um terreno fértil para um novo ideal humano democrático, um novo sentido de vida e o fermento de uma nova pedagogia relacional, da qual Malaguzzi tanto falaria e a qual praticaria.

---

[18] Loris Malaguzzi, "Quando la notizia arrivò" ["Quando a notícia chegou", em tradução livre], *in* Renzo Barazzoni, *Mattone su mattone. Storia della scuola per bambini "XXV Aprile"* ["Tijolo por tijolo. História da escola infantil 'XXV de Abril'", em tradução livre] (Reggio Emilia: Assessorato alle scuole dell'infanzia e nidi comunali di Reggio Emilia ["Departamento de escolas municipais da infância e creches de Reggio Emilia", em tradução livre], 1985), p. 14-5.

> Não se trata, simplesmente, de construir uma escola de Educação Infantil para permitir que as crianças tenham acesso a ela; também não se trata de permitir que as mulheres trabalhem. Nisso tudo, o mais importante é o espírito de colaboração, a necessidade de se aprofundar em um processo morfológico, no qual adquiria importância o sentido de pertencer a uma comunidade com objetivos programados de autoprodução bastante claros do ponto de vista axiológico. Queremos destacar que o elemento de grande novidade dessa experiência educativa voltada à Primeira Infância, germinada em Reggio Emilia a partir dos movimentos democráticos, reside no fato de que não só se vota predominantemente com objetivos educacionais para a criança, mas, também, para responder a ideais pedagógicos mais elevados. Trata-se de um processo que visa a um número indefinido de protagonistas, que emerge do social e dá vida a uma "autoeducação coletiva". A escola de Educação Infantil constitui o núcleo desse processo, em torno do qual se inscreve um número cada vez maior de interesses, como um torvelinho, que incorpora muito do que encontra pela frente. (Rossi, 1991, p. 32-3)

A história da escola em Cella se repetiu em outros lugares e, entre 1945 e 1947, várias creches da UDI foram abertas. Entre elas, podemos lembrar S. Maurizio, S. Croce, Massenzatico, Villa Masoni, Vailla Sesso e Bainsizza. No início, em razão das dificuldades econômicas, o interesse era apenas em alimentar as crianças e em atender às suas necessidades básicas. Vários cidadãos e cidadãs[19] faziam voluntariamente tudo o que podiam para conseguir dinheiro, manter a escola e, se possível, pagar as professoras.

---

[19] Recolhemos pessoalmente o testemunho de Anselmo Bertacchini, da escola de Prato Fontana, e de Sofia Gandolfi, da escola de Cella. Outros testemunhos podem ser consultados na transcrição das fontes orais que fazem parte da pesquisa.

1945: A LIBERTAÇÃO **57**

Recolher lenha, maçãs, ovos; administrar bici-
cletários ou o guarda-volumes durante o "baile das
festas".[20]

Em várias ocasiões, os *Consigli di Gestione*[21] das várias escolas
solicitavam ajuda e subsídios do Estado para poder arcar com os
custos das diversas creches. O dinheiro era continuamente negado,
porque consideravam as escolas da UDI uma espécie de lugares de
formação anticlerical.

Em 1945, surgiram as primeiras creches da UDI.
Para financiá-las, foram solicitados subsídios do Estado,
mas nunca foi concedida nenhuma ajuda. O motivo
pelo qual as creches da UDI não receberam ajuda
tinha a ver com o fato de que essas instituições educacionais não eram reconhecidas pelas autoridades
escolares, que afirmavam que nunca reconheceriam as
creches da UDI por sua abordagem pedagógica amo-
ral. O Estado financiava apenas os centros gerenciados
por instituições religiosas e os que tinham uma equipe
de direção com tendência à Democracia Cristã.[22]

Assim, essas escolas solicitaram, em diversas ocasiões, a municipalização para a administração local da Prefeitura de Reggio
Emilia, tanto porque queriam salvar as escolas como porque o espírito da UDI sempre foi o de unir experiência e instituições com
a administração local. Esse era o seu verdadeiro interesse político.

---

[20] Anna Apari, "Fra rivendicazione dei diritti e proposizione di valori; gli anni dal
V all'VIII congresso" ["Entre a reivindicação de direitos e a proposição de valores;
os anos do V ao VIII congresso", em tradução livre], *in* AA.VV., *Paura non abbiamo...*
["Não temos medo", em tradução livre] (Reggio Emilia: Ed. Il Nove, 1996), p. 116.

[21] N. do E.: Conselhos Administrativos, em tradução livre.

[22] Testemunho coletado por Velia Vallini na tese de licenciatura de Laura Gennari, intitulada *Le scuole dell'infanzia di Reggio Emilia dal 1945 al 1960* ["As escolas da infância
de Reggio Emilia de 1945 a 1960", em tradução livre] *apud* Mario Mazzaperlini, *Storia
delle scuole..., op. cit.*, p. 177.

LORIS MALAGUZZI: UMA BIOGRAFIA PEDAGÓGICA

Desse modo, entre 1967 e 1973, essas escolas se tornaram as *scuole comunali dell'infanzia*, as *escolas municipais da infância.*[23]

> Além de todas as instituições que assumiram as coisas realizadas muitos anos antes, também está o fato de que, hoje, faz parte de um dos temas mais extraordinários de nosso país a tendência de reduzir o desperdício, mas, acima de tudo, a tendência de colocar à disposição da coletividade todos os recursos possíveis, em detrimento do lucro ou da utilidade privada.[24]

A gestão das escolas, como já mencionamos, era social. Era composta por um Comitê (*Comitato*) e um presidente, eleitos democraticamente. Em relação ao tipo de pedagogia desenvolvida na época, podemos dizer que fazia parte dos ideais fundamentais do movimento feminista, que não buscava apenas instituições de mera custódia e, de fato, procurava sempre professoras com formação – ao contrário de outras experiências – para educar os meninos e as meninas.

> No final, o material chegou: os bancos foram doados pelo pároco e pelo zelador da escola primária.
> Ao término do ano letivo, era organizada uma exposição das crianças, que além de coletar doações, também era uma demonstração do trabalho didático realizado durante o ano.
> Os programas didáticos não eram discutidos no conselho de administração, mas a "creche" educava as

---

[23] Para se aprofundar na história dessas escolas, *vide* Mario Mazzaperlini, *Storia delle scuole..., op. cit.*, p. 181-93, e *Scuole dell'infanzia e Asili Nido. Ieri e oggi* ["Escolas da infância e creches: ontem e hoje", em tradução livre] (Reggio Emilia: Comune di Reggio Emilia ["Município de Reggio Emilia", em tradução livre], 1995), p. 35-42, coordenado pelo Comitato scuola-città ["Comitê escola-cidade", em tradução livre] e pelo pessoal da Scuola comunale dell'infancia "XXV Aprile" ["Escola municipal da infância 'XXV de Abril'", em tradução livre], 1977.

[24] Loris Malaguzzi, "Conclusioni" ["Conclusões", em tradução livre], *in Ieri e oggi gli uomini e la loro storia: esperienze, fatti e testimonianze dei bambini e della gente di Cella per il trentennale della scuola d'infanzia* ["Ontem e hoje, os homens e a sua história: experiências, fatos e testemunhos das crianças e da população de Cella para o trigésimo aniversário da escola da infância", em tradução livre] (Reggio Emilia, 1975).

crianças para a vida social e desenvolvia sua capacidade de aprendizagem, com o educador como guia.[25]

Contudo, é preciso ter em mente que a experiência nasceu como um serviço social e educativo. Portanto, respeitava o trabalho e os horários dos pais, ao mesmo tempo que educava seus filhos e filhas. Com as crianças, eram realizados jogos e brincadeiras, animações diversas, dramatizações e atividades com materiais inspirados no método montessoriano ou no agazziano.[26] Algumas professoras se matricularam em cursos de especialização na Opera Montessori[27] e conseguiram o diploma correspondente.

O método Montessori é conhecido e adapta-se bem aos contextos educativos que se desenvolvem nas escolas. Ele não faz exigências ambientais especiais e conta com conjunto completo de materiais, que é bastante fácil de gerir por uma única educadora por sala. Portanto, tem algumas características que o tornam preferível em relação a outros.

Além disso, não se pode esquecer que a própria Montessori emergiu da experiência da ditadura com uma espécie de aura antifascista, em parte, merecida, empreendendo (somente em um estágio posterior, depois de ter elogiado o *Duce*) o caminho do exílio voluntário. Apesar disso, suas ideias pedagógicas se mostram discretamente semelhantes àquelas compartilhadas pelo movimento feminino: liberdade e democracia, entendidas como respeito total à criança, também fazem parte dos valores morais que inspiram a UDI. (Rossi, 1991, p. 60)

---

[25] Trecho extraído do relato de alguns protagonistas de S. Maurizio.

[26] N. do E.: referência às irmãs italianas Rosa e Carolina Agazzi, cujo método era fundamentado na espontaneidade das crianças, na brincadeira livre e num ambiente em que se promove o respeito e os valores, entre outros, para potencializar as habilidades infantis e seu desenvolvimento pleno.

[27] N. do E.: a Opera Nazionale Montessori é uma instituição cultural italiana, sediada em Roma, cujo objetivo é fornecer treinamento, consultoria e pesquisa com base no método de idealizado por Maria Montessori.

O relativo cuidado com o ambiente, os espaços (levando em consideração que as escolas tinham salas de aula, banheiro e cozinha), as saídas ao meio externo, a abertura, o contato com o ambiente próximo da escola (praças, locais de trabalho, ruas do bairro) e a formação das professoras são outras características pedagógicas dessa experiência. O próprio Malaguzzi realizou, enquanto trabalhava em outras atividades paralelas, vários cursos de formação para as professoras, em especial, sobre aprofundamento em temas montessorianos, e decidiu formar um grupo de formação permanente.

Loris Malaguzzi até 1963

O fim da carreira como professor e os estudos universitários

Focalizamos a experiência das escolas da UDI porque acreditamos que isso é importante para entender a realidade sociopolítica e educativa que Loris viveu e de cujo espírito ele participou. Agora, voltemos a encontrar o pedagogo reggiano em 1945, depois da Libertação. Recordamos que o deixamos como professor de escola média em Reggio Emilia (simultaneamente colaborando – embora não oficialmente – com as escolas da UDI), trabalho que abandonou em 1947, por decisão própria. Assim, talvez, possamos entender as razões que subjazeram a essa decisão.

Malaguzzi precisava sair, ou escapar, das amarras do próprio sistema para construir outra experiência que não estivesse ligada aos antigos esquemas institucionais da escola estatal, que permitiam pouca inovação e originalidade. Decerto, Loris não queria ser "pescado" naquela rede, apesar de, como nos narra seu amigo Sergio Masini,[28] ter estabelecido fortes inovações em suas aulas,

---

[28] Em entrevista realizada pessoalmente.

como a mudança dos cadernos com linhas, para fazer caligrafia, por folhas em branco, para proceder livremente. Ele buscava um tipo de ensino com base em perguntas, curiosidade, experiência e distante de qualquer deformação relacionada à memorização; uma escola de qualidade, que penetrasse nas coisas e emocionasse no processo de aprendizagem.

Em 7 de julho de 1946, Malaguzzi licenciou-se em Pedagogia pela Universidade de Urbino com uma tese intitulada *A pedagogia de Fichte*.[29] Trata-se de um texto datilografado de 98 páginas, no qual, em vários capítulos (Gênese do pensamento de Fichte; Essência da pedagogia fichteniana; Missão do homem; Aforismos sobre a educação; Discursos à nação alemã; Cinco lições sobre o destino do sábio), Malaguzzi tenta desvendar a pedagogia do pensador alemão.

Nesse escrito, ele aprofunda a filosofia fichteniana por meio de variados textos do filósofo romântico. A escolha desse tema para a realização da tese é curiosa. Após a leitura da tese, temos a sensação de que Malaguzzi aproveita o trâmite acadêmico para refletir sobre o sentido da liberdade do homem, para ver as relações entre as exigências teóricas e as preocupações práticas, e para descobrir o sentido da educação na construção do eu livre do homem. A forma de começar a tese é muito peculiar:

> Uma bela reflexão de Claudien diz: "Dentro de si, vive um nobre escravo, a quem você deve a sua liberdade".
>
> Libertar o espírito, purificá-lo, trazer à luz sua verdadeira essência, rejeitando todos os obstáculos e todas as misérias que o cercam, é, de fato, um dos principais objetivos da Educação.

---

[29] N. do E.: referente ao filósofo idealista alemão Johann Gottlieb Fichte. Sua obra teve forte influência de Immanuel Kant e de René Descartes.

De acordo com diversas obras e pessoas consultadas, parece que o tal "Claudien" não existe e que poderia ter sido o próprio Malaguzzi que, sob um pseudônimo para encobrir seu protagonismo, inventou essa citação para um trabalho que precisava ser aprovado para a obtenção de um título.

Rousseau, Locke, Hegel e Kant, entre outros, seriam outros autores estudados por Loris naquele momento, mediante leituras e estudos complementares.

Afiliação ao partido comunista

Após o fim da guerra, Malaguzzi afiliou-se ao Partido Comunista Italiano (PCI). De início, essa não foi uma decisão baseada em convicções ideológicas, mas, sim, emocionais. Ele tomou o caminho que considerou o mais adequado, e a neutralidade não era uma de suas atitudes decisórias. Sempre estava disposto a se envolver e a *tomar partido* nos acontecimentos, como homem ou como professor.

> E é nesse momento em que nascem algumas das principais decisões da minha vida. Eu me afiliei ao Partido Comunista. Não sabia nada de política, nem da Revolução de Outubro, nem de Marx, de Lenin, de Gramsci[30] ou de Togliatti,[31] mas estava convencido de que estava do lado dos mais fracos, das pessoas que tinham mais esperança. Essa adesão afetava minhas facetas de homem e de professor.[32]

Tanto trabalhando como jornalista (como veremos mais adiante) quanto como pedagogo, ele fez intervenções políticas,

---

[30] N. do E.: Antonio Gramsci foi um político e filósofo marxista. Membro do PCI.

[31] N. do E.: Palmiro Togliatti foi líder do PCI. Chegou a ser cidadão da União Soviética durante a década de 1930. Ganhou a alcunha de "*Il Migliore*" ("O Melhor") por seus apoiadores.

[32] Loris Malaguzzi, "Che io infillassi...", *op. cit.*, p. 50.

embora não fizesse parte dos intelectuais do partido. Até 1959, ele não chegaria ao Comitê Federal.[33] Ele se afiliou ao partido, mas não à sua disciplina ortodoxa. O Partido Comunista reconheceu sua força, seu nível intelectual e cultural, e o considerou um interlocutor importante para a individualização e a elaboração das escolhas políticas no âmbito escolar, sem censurar as duras posições que, às vezes, assumia, mesmo que estivessem em claro conflito com as do Partido, que, por sua vez, defendia a qualidade da educação nas escolas estatais. Malaguzzi era um defensor fervoroso das escolas municipais.

De todo modo, o que interessava a Malaguzzi era experimentar ideias na prática, reconstruir a educação com base em algumas interpretações dos ideais comunistas, mas sem os dogmatismos típicos marxistas. Ele seria muito crítico em relação à Associazione Pionieri d'Italia (API),[34] comunista e rígida, que organizava encontros e acampamentos para crianças com disciplina excessiva, algo que Malaguzzi não admitia.

---

[33] Antonio Canovi recuperou, no arquivo histórico do Partido Democrático Social Italiano, alguns discursos de Loris Malaguzzi dedicados à relação entre política, educação e escola. Trata-se dos seguintes pronunciamentos:
- 3 de outubro de 1959 (*Problemi della cooperazione* ["Os problemas do grupo de cooperativas", em tradução livre]).
- 28 de junho de 1960 (*L'attività del Partito nella preparazione dela campagna elettorale* ["A atividade do Partido na preparação da campanha eleitoral", em tradução livre]).
- 17 de abril de 1961 (*Contro il piano decennale di Fanfani per la riforma democratica della scuola* ["Contra o plano decenal de Fanfani para a reforma democrática da escola", em tradução livre]).
- 10 de outubro de1974 (*L'impegno dei comunisti per le elezioni degli organi di governo della scuola nel quadro delle lotte per la riforma* ["O empenho dos comunistas pelas eleições dos órgãos dirigentes da escola no quadro das lutas pela reforma", em tradução livre]).
- 15 de novembro de 1982 (*I problemi della scuola reggiana e le elezioni degli organi collegiali* ["Os problemas da escola reggiana e as eleições dos órgãos colegiados", em tradução livre]).

[34] N. do E.: Associação dos Pioneiros Italianos, em tradução livre. Trata-se de uma organização de jovens de esquerda, tendo sido iniciada no pós-guerra.

[...] o grito de alarme é compreensível e justificado: é um monopólio que desmorona sob o impacto e o crescimento de uma realidade social e política que já construiu sua represa. É uma tradição considerada dogmática que se quebra sob pressão de urgências que extraem sua força e sua sabedoria de uma evolução histórica que não pode ser detida. [...] Assim, API e UDI tornaram-se organizações demoníacas, perversas, eróticas, escandalosas, escolas de perdição, de desastre moral e material. Desse modo, alcança--se a antologia de mentiras, que não são admissíveis, que dão a medida exata do doloroso desvanecimento intelectual de quem as pronuncia: antes de ingressar na API, as crianças têm que passar por um exame. A prova do exame consiste no seguinte: blasfemar contra Deus e os Santos por, no mínimo, 5 minutos. Apenas aquele que passa no exame pode ingressar nas fileiras da "Associação". As misérias que alimentam seleções desse tipo são de uma pornografia desconcertante.[35]

É preciso reconhecer que, para iniciar esse ambicioso programa, torna-se indispensável fazer a dissolução da API, de todo o sectarismo que ainda possa persistir. É preciso lutar contra a imitação servil, anacrônica, das fórmulas inspiradoras e dos métodos que organizam as elucidações democráticas adultas. Não se pode admitir modelos educacionais já prontos.[36]

---

[35] Loris Malaguzzi, "Una nostra inchiesta sui ragazzi dell'A.P.I. Non solo figurini o le bambole ma qualcosa di nuovo l'interessa" ["Nossa investigação sobre os meninos do API. Não apenas figurinhas ou bonecos, mas algo novo os interessa", em tradução livre], *Il Progresso d'Italia* ["O Progresso da Itália", em tradução livre], 27-28 maio 1950 *apud* Antonio Canovi, "Sologno e poi...", *op. cit.*, p. 38.

[36] Loris Malaguzzi, "Perseverare nella elaborazione della linea educativa" ["Preservar na elaboração da linha educativa", em tradução livre], VII Consiglio Nazionale dell'Associzione Pionieri d'Italia ["VII Conselho Nacional da Associação de Pioneiros Italianos", em tradução livre], com organização do Consiglio Nazionale dell'Associazione Pionieri d'Italia. Milão, 28-29-30 dezembro 1956.

Esses acampamentos, que também eram organizados na União Soviética, recebiam crianças e jovens de todo o mundo. Malaguzzi quis verificar pessoalmente a organização dessa atividade e, em 1956, viajou com uma delegação para a Rússia.

> [...] depois de cinco ou seis dias de trem, sem dormir, chegamos lá com as crianças, e lembro que nos levaram em um desses caminhões sem janelas, em que você ia sentado lá dentro, não sabia por onde ia, não se via nada. Recordo-me, também, que foi extraordinário, porque nos receberam com música e fanfarra.[37]

Todavia, Malaguzzi sentia-se incomodado com aquela disciplina, em que a bandeira era levantada ou abaixada, com todas as crianças militarmente formadas. Ele, até mesmo, saiu do acampamento e quase causou um incidente institucional. Isso ocorreu em razão do fato de que, para Malaguzzi, toda a obediência excessiva, a disciplina cega e a subordinação das crianças às pessoas adultas eram insuportáveis.

As relações com o Partido e, sobretudo, com o sindicato da Confederazione Generale Italiana del Lavoro (CGIL)[38] foram, em diversos momentos, muito tensas. Malaguzzi não suportava e detestava o fato de que, em várias ocasiões, um sindicato de esquerda lutasse mais pelo bem corporativo de alguns trabalhadores do que pelo bem social dos direitos da infância. O PCI e o CGIL defendiam apenas a família. Malaguzzi defendia a relação que se cria entre a família, as crianças e os trabalhadores.[39] Essa crítica tinha a ver com a retórica que a esquerda fazia sobre o rumo da Educação.

---

[37] Loris Malaguzzi, em uma entrevista realizada por Marco Fincardei, em 12 de março de 1992.

[38] N. do E.: Confederação Geral Italiana do Trabalho, sindicato italiano com orientação à esquerda, criado para fazer oposição a um sindicato da época, com raízes fascistas.

[39] Retirado da entrevista concedida por Sandra Piccinini.

> [...] portanto, foram enfrentamentos violentíssimos, enfrentamentos duros com o sindicato, enfrentamentos duros com o partido, enfrentamentos com a CGIL Escolar, enfrentamentos com a Administração Pública.[40]

Fica o mistério acerca de se Malaguzzi continuou militando no partido após sua transformação em Democratas de Esquerda (DS).

Malaguzzi, jornalista

Essa é outra das facetas importantes de Loris Malaguzzi.

> O jornalismo foi, para Malaguzzi, uma autêntica militância, que não abandonaria mais. [...]
>
> A decisão de Malaguzzi [...] de exercer o jornalismo respondia, neste caso, sim, a uma clara vocação, e isso foi confirmado por mais de uma fonte durante a pesquisa.[41]

Parece que a necessidade de escrever, opinar e contribuir para as reflexões socioculturais e políticas do momento era uma constante ética na forma de atuar de Malaguzzi. O jornalismo lhe ofereceu a oportunidade de estar perto da "notícia quentinha", algo que foi ao encontro da própria personalidade de Malaguzzi, cujas reflexões culturais e educativas quase sempre versavam sobre a atualidade e o futuro.

Como professor, em Sologno, escreveu alguns artigos no periódico *Il solco Fascista*. Laura Artioli compilou os diversos artigos assinados por Loris Malaguzzi como "L. M.", ou sob o pseudônimo "Lorma".[42] Posteriormente, há artigos coletados dos periódicos

---

[40] Loris Malaguzzi, em entrevista realizada por Marco Fincardi, *op. cit.*

[41] Laura Artioli, *La ricerca sulle origini delle scuole dell'infanzia a Reggio Emilia* ["A investigação sobre as origens na escola da infância de Reggio Emilia", em tradução livre], 1999.

[42] A catalogação desse material faz parte da pesquisa para a tese de doutorado.

Resto del Carlino, *La Verità*, *Il lavoro di Reggio*[43] e *Il Progresso d'Italia*, de Bolonha, no qual dirigiu a redação reggiana entre fevereiro de 1947 e junho de 1951. São mais de 150 artigos que abordam temas dos mais diversos: cultura, crítica teatral e cinematográfica, música, esportes, notícias diversas, histórias, crônicas, educação etc. Há, também, algumas poesias.[44]

Vamos nos deter brevemente no trabalho que ele realizou no *Il Progresso d'Italia*,[45] um periódico do Partido Comunista. Todas as tardes, das 14 *às* 19 horas, um grupo de amigos se reunia na Piazza Cavour para fazer a página reggiana do jornal, que enviavam de trem para Bolonha, em um envelope. A forma como Malaguzzi tratava as notícias escapava, mais uma vez, da ortodoxia stalinista do partido, mostrando um caráter aberto na maneira como tratava as notícias. Malaguzzi exigia que as notícias fossem apresentadas com os clássicos *quem, como, onde, quando* e *por quê*. Ele não admitia notícias meramente descritivas, sem emoção, sem calor. Exigia uma narrativa "quente" dos acontecimentos, para causar diversos efeitos emocionais nos leitores e nas leitoras, algo que ele considerava importante suscitar.

Malaguzzi escrevia notícias de todos os tipos, mas destacava, sobretudo, o tratamento irônico de muitas delas, uma arte que ele aprendeu e desenvolveu com grande desenvoltura.

---

[43] N. do E.: em tradução livre, "O troco do carlino" (moeda antiga), "A verdade" e "O trabalho de Reggio".

[44] Entre elas, destacam-se a exaltação comunista "Compagno Operaio" ["Camarada operário", em tradução livre] (*La Verità*, 30 de setembro de 1945); e as românticas "A mezzo settembre" ["Em meados de setembro", em tradução livre] (*La Verità*, 10 de fevereiro de 1946), e "Alla più bella" ["Para a mais bela", em tradução livre] (*Il Progresso d'Italia*, 22 de junho de 1947).

[45] Quero agradecer a Sergio Masini, que também trabalhou com Malaguzzi nessa redação, pela reconstrução dessas ideias.

O teatro e Malaguzzi[46]

Esta é outra das atividades importantes que Loris desenvolveu na época: ele é reconhecido como um incentivador do teatro e da vida cultural na cidade. O teatro, além de paixão, era uma oportunidade para encontrar amigos e intelectuais, além de sentir, profundamente, que, após a guerra, uma cidade destruída poderia recuperar um espírito de sonhos e fábulas. Dessa forma, ele participou, desde 1951, da organização da *Rassegna Teatral Maria Melato* (famosa atriz falecida)[47] e de um prêmio homônimo. Tratava-se de uma reunião das melhores encenações teatrais da época. Ele fazia parte, juntamente com Sandro Cucchi, Sergio Masini, Franco Marani, Corrado Costa, Renzo Bonazzi, Gigetto Reverberi e Franco Boiardi, entre outros, da comissão do júri para determinar o prêmio ao melhor grupo nessas apresentações.[48]

---

[46] Para se aprofundar nesse tema, *vide* Franco Boiardi, "Gigetto Reverberi fra teatro e passione civile" ["Gigetto Reverberi, entre o teatro e a paixão civil", em tradução livre], *Omaggio a Gigetto Reverberi* ["Homenagem a Gigetto Reverberi", em tradução livre] (Reggio Emilia: Associazioni i teatri di Reggio Emilia ["Associações Os Teatros de Reggio Emilia", em tradução livre], 1991), p. 13-26; e a pesquisa citada de Laura Artioli, *La cultura dell'infanzia...*, *op. cit.* Também quero agradecer a Sandro Panizzi, pela narrativa na entrevista realizada em 10 de junho de 1996.

[47] Loris Malaguzzi, "Le 11 serate in fila. Alla rassegna 'Maria Melato' di Reggio Emilia" ["As 11 noites na fila. Na exposição *Maria Melato*, em Reggio Emilia", em tradução livre], *Ridotto* ["Adaptação", em tradução livre]. Rassegna di teatro per gruppi di arte drammatica ["Festival de teatro para grupos de arte dramática", em tradução livre] (dezembro, 1957).

[48] Também participou de outras comissões para premiações teatrais. Para um exemplo, *vide* Loris Malaguzzi, "Edmonda Aldini", *in Premio "Provincia di Reggio Emilia"* (Reggio Emilia: Assessoratto alla Pubblica Istruzione Cultura e Sport della Provincia di Reggio Emilia ["Assessoria de Educação Pública, Cultura e Esporte da Província de Reggio Emilia", em tradução livre], 1961), p. 9-10, p. 26-7. *Vide* também Loris Malaguzzi, "Teatro anno zero. A Reggio anno uno!" ["Teatro ano zero. Em Reggio, ano um!", em tradução livre], *Programma attività teatral. Autunno 1961* ["Programa de atividades teatrais. Outono de 1961", em tradução livre]. (Reggio Emilia: Comune di Reggio Emilia, 1961).

Ele também organizou peças de teatro para crianças e jovens no chamado *Teatro per Ragazzi*,[49] de 1953 a 1956. Nessa atividade, Malaguzzi dirigia as peças que Corrado Costa (reconhecido poeta e escritor italiano) escrevia. É significativa a lembrança e, sobretudo, a narrativa de como a ideia surgiu: por acaso, conversando e discutindo com outras pessoas. Essa atitude, penso, é um emblema da disposição criativa de Loris Malaguzzi.

> Porque eram dele, de Corrado, os textos de *La bambina perduta nel carnevale* (A menina perdida no Carnaval), *Il gatto di piombo* (O gato de chumbo), *Il pupazzo di neve* (O boneco de neve) e *Salvagna ladro di galline* (Salvagna, ladrão de galinhas).
>
> Eu era o diretor de cena, Giancarlo Conte, o coreógrafo, Mario Novellini, o cenógrafo, Angelo Brindani, a "voz" fora do palco, Ciccio Rocchi, o compositor musical, para cinquenta crianças, vinte mães encarregadas do vestuário, quatro ou seis meses de ensaio, espetáculos no Teatro Municipale, orquestra no fosso, teatros de Bolonha, Mântua, Riccione, Castello Sforzesco de Milão,[50] do qual, em 1954, a companhia retornou vencedora do primeiro concurso nacional.
>
> Tudo surgiu por casualidade, de fato, assim como Corrado gostava, falando sobre se as crianças poderiam gostar de poesia. Colocamos a ideia em prática.[51]

Juntamente com Corrado Costa, Alberto Peruzzi, Sandro Panizzi e Gigetto Reverberi, entre outros, Loris fundou, em 12 de janeiro de 1959, o primeiro teatro-clube[52] da Itália. A ideia continuou

---

[49] N. do E.: "Teatro para jovens", em tradução livre.

[50] N. do E.: cidades/localidades italianas em que peças foram apresentadas pelas crianças.

[51] Loris Malaguzzi, "Nella città del dopoguerra" ["Na cidade do pós-guerra", em tradução livre], *in Omaggio a Gigetto...*, *op. cit.*, p. 89.

[52] Para se aprofundar nessa ideia, *vide* Sandro Panizzi, "Il teatro club: un'esperienza d'avanguardia" ["O teatro-clube: uma experiência de vanguarda", em tradução livre], *in Omaggio a Gigetto...*, *op. cit.*, p. 107-15.

com o cineclube, fundado em 1946, com Renzo Bonazzi, Sergio Borziani e Loris Malaguzzi. Não se tratava tanto de fazer teatro, mas, sim, de promover a formação de um público novo e crítico.

Como diretor (exigente, minucioso e atento) – e adaptador de alguns textos – das apresentações e leituras cênicas, Malaguzzi começou a atividade dessa proposta cultural para a cidade. Obras de Ionesco[53] (um autor pouco conhecido na Itália), Brecht[54] e Beckett[55] sucedem-se no palco.

Com essa experiência, Malaguzzi realizou algo que ele amava fazer: discutir e refletir. Aproveitar uma leitura ou uma apresentação para iniciar uma confrontação ou um debate apaixonado sobre um assunto era algo que ele buscava continuamente, inclusive no teatro. Outra discussão importante, com o Partido, foi quando, em 1958, a Prefeitura – de cor comunista – de Reggio Emilia colocou nas mãos públicas o teatro que, até então, estava em mãos privadas. Alguns intelectuais do Partido tinham medo de incluir em representações teatrais algumas obras não consideradas "cultas", pois poderiam diminuir o nível alcançado. Existia uma oposição entre a concepção popular e a culta. Malaguzzi era defensor do teatro popular, não como uma forma de reduzir a qualidade, mas, sim, de elevar a cultura da cidadania. E, novamente, surgiu um interesse por maneiras novas e mais diretas de intervenção sobre o tempo em que vivia. E, mais uma vez, o interesse por novas e mais diretas formas de intervenção na contemporaneidade.

---

[53] N. do E.: Eugene Ionesco, dramaturgo romeno, um dos expoentes do teatro do absurdo, movimento artístico cujas obras estavam centradas em questões existencialistas, em que os cenários mostram situações absurdas, os diálogos não têm sentido, e os atores fazem gestos repetitivos.

[54] N. do E.: Bertolt Brecht, dramaturgo alemão marxista, que desenvolveu o teatro épico.

[55] N. do E.: Samuel Beckett, dramaturgo, romancista, crítico e poeta irlandês. Foi um dos maiores nomes do teatro do absurdo e do experimentalismo. Ganhador do Prêmio Nobel de Literatura em 1969.

1945: A LIBERTAÇÃO **71**

Com o teatro, com a direção, Malaguzzi descobriu e atuou nas múltiplas relações das linguagens da voz, do gesto, das luzes, das sombras, da cenografia, dos figurinos, da composição, das imagens metafóricas e da poesia que ele tanto usava para narrar, expressar, mudar e transformar pontos de vista, encontrando significados inéditos nas coisas. Quem sabe se tudo isso não estava relacionado a *pôr em cena* algumas das experiências documentadas nas escolas de Reggio Emilia e à ideia das famosas *Cem Linguagens*?

> Se a ironia e a poesia forem dons dos deuses para mudar o sentido das coisas e torná-las mais amigáveis e lúdicas, estas já pertenciam a Corrado e às fábulas que ele havia concebido.[56]

Porém, o teatro também lhe deu a possibilidade de descobrir a forma de transmitir emoções e sentimentos, de comunicá-los, algo que já vimos em sua atividade jornalística e que também fez parte de sua personalidade, seu pensamento e sua obra pedagógica. Esta anedota, contada por seu amigo Sandro Panizzi,[57] consegue ilustrar esse fato:

> Um dia, ensaiando uma peça, eu estava no palco. Loris dirigia a cena da plateia. Vez ou outra – muito irritado –, ele me dizia que o que eu estava fazendo não estava certo, que não estava atuando adequadamente, que o que eu estava fazendo não o satisfazia. Eu, como ator, tentava mudar de registro, mas minha representação continuava insatisfatória para ele.
>
> – Como devo fazer? – perguntei.
>
> – Não sei como você deve fazer. Só sei que, nesta cena, devo chorar, e não estou chorando – respondeu Loris.

---

[56] Loris Malaguzzi, "Nella città...", *op. cit.*, p. 89.
[57] Entrevista pessoal concedida por Sandro Panizzi.

Algumas experiências pedagógicas

Além de suas outras experiências, a Pedagogia sempre esteve presente na vida de Loris Malaguzzi. Foi uma escolha que, com diversos meandros, estava se delineando desde seus primeiros anos. Um caminho que, como ele declarou, em parte, é casual, e, em parte, está ligado a diversos acontecimentos e experiências de sua vida: o povoado de Sologno, a Libertação, a região de Cella e a guerra.

> Sologno é o lugar mítico: está no fundo do poço dos desejos, por isso, é um lugar inenarrável, inesquecível. Villa Cella é o lugar do *Homo faber*,[58] é a água do poço com a qual se sacia a sede de todos (aqueles de boa vontade), e é a memória coletiva, pois "não o abandona mais". A Libertação é o rito da transição, a língua que permite narrar, representar, ser no mundo. (Canovi, 1998, p. 51)

O próprio Malaguzzi refletiu sobre essa escolha de vida, pois, como podemos perceber, ele gostava de estar em diferentes vias concomitantemente. Trata-se de uma escolha da qual nunca se arrependeu.

> Nunca me mantive em uma única via.
> É preciso percorrer mais de uma via de maneira concomitante. Embora seja verdade que eu tenha dado preferência a esta via que se tornou, depois, a principal. Contudo, transitar por diversas vias nos planos das atividades, das relações, da cultura, do esporte, das diversas manifestações é, na minha opinião, uma ação sinérgica de enriquecimento. Além disso, permite viver, simultaneamente, em mais mundos.

---

[58] N. do E.: conceito segundo o qual os seres humanos são capazes de controlar seu destino e seu ambiente pelo uso de ferramentas. Pode ser traduzido como "homem trabalhador". No caso de Cella, refere-se à construção da escola como uma vontade vinda da população, utilizando os meios que tinham disponíveis.

> Mesmo no mundo da Pedagogia, que, muitas vezes, é frustrante, pequeno, modesto e escassamente produtivo em termos de ideias, criatividade e mudanças, é provável que essa área precise de outras forças colaterais.[59]

É uma escolha (a qual ele chama de "conspiração") cheia de responsabilidade, ligada a emoções muito fortes, à relação feliz com a infância (a qual ele chama de "aliança com as crianças"). Uma decisão confusa, ligada à esperança de poder recomeçar tudo, de fazer isso com os meninos e as meninas que nascem, quase podendo tornar o passado reversível por meio de um futuro pensado de forma diferente. Uma escolha complexa, como uma rede, tecida de encontros fortuitos, perseguidos, e de grandes sentimentos, que parecem transbordar a única racionalidade de uma escolha forte, como vimos, topológica, ligada aos lugares da memória, que lembram e esquecem. É como um labirinto em que se busca o fio de Ariadne.[60]

> Não sei se essa aterrissagem foi o fim justo de uma conspiração fortuita de eventos, mas, de alguma forma, aconteceu com a cumplicidade secreta de alguma parte de mim mesmo.
>
> Talvez eu precise aprofundar essa conspiração e encontrar a origem da minha decisão pelas crianças e de tê-la mantido durante toda a minha vida.
>
> Eu poderia resolver o problema, como outros já fizeram, dizendo que, se não me perguntarem, eu sei, mas, se me perguntarem, eu não sei. Há decisões que só percebemos quando já se apoderaram de nós.

---

[59] Loris Malaguzzi *in* Carlo Barsotti, *L'uomo di Reggio Emilia, op. cit.* (transcrição e tradução para o espanhol de Alfredo Hoyuelos).

[60] N. do E.: referência à mitologia grega. Ariadne, filha do rei Minos, apaixonada por Teseu, disse que ajudaria o herói ateniense a derrotar o Minotauro, que estava num labirinto em Creta, presenteando-o com um fio, cuja ponta ela seguraria, para que ele pudesse regressar do labirinto após sair vitorioso. O termo *fio de Ariadne* refere-se à resolução de um problema usando a lógica, pensando em todos os meios disponíveis em que se possa voltar ao ponto de partida.

Entretanto, há decisões que se insinuam com uma teimosa leveza, e pensamos que cresceram conosco e com os eventos, como uma combinação de moléculas.

Tenho consciência de que cada decisão é difícil de tomar com uma única mão e que, provavelmente, são necessárias várias mãos. De uma espécie de união entre momentos, fatos, vozes de pessoas.

Sei que a decisão tem a ver com os lugares da minha infância. [...]

Não sei se é a guerra que, unida aos outros acontecimentos conspirativos de antes e de depois, em sua trágica absurdidade, pode ser a experiência que empurra a escolher a profissão de educador, como um recomeço, para viver e trabalhar pelo futuro. Sobretudo, quando ela acaba, e os símbolos da vida aparecem de novo, mas com uma violência equiparável à dos tempos de destruição.

Não sei muito bem, mas acredito que é o ponto em que se deve buscar. O ponto em que vivi com maior intensidade os pactos e as alianças com as crianças, as pessoas, os veteranos encarcerados, os *partisans* da Resistência. [...]

Apesar de ter reconstruído meus pensamentos com frequência, sempre permaneci nessa linha.

Nunca lamentei essa decisão, nem tudo o que deixei ou perdi.[61]

Já comentamos como Malaguzzi começou sua relação com as escolas autogerenciadas da UDI. Para elas, ele atuou como consultor e participou como formador de vários cursos organizados com fins pedagógicos. Trata-se de uma espécie de coordenação de todas essas escolas que ele realizou da sede do jornal *Il Progresso d'Italia*, onde, concomitantemente, continuou trabalhando.

---

[61] Loris Malaguzzi, "Che io infillassi...", *op. cit.*, p. 53-4.

Em 1945, ele realizou uma breve experiência com o pároco de S. Pellegrino, Don Angelo Cocconcelli, como diretor de vários cursos, na Scuola del Popolo di S. Pellegrini, uma escola média.[62]

No ano de 1946, Malaguzzi tornou-se diretor da Escola Partidária de Rivaltella, Convitto Scuola della Rinascita "Luciano Fornaciari", onde ensinava Literatura, História e Geografia. Era uma antiga casa que fora transformada em uma escola para veteranos de guerra e *partisans*. Nela, estudavam jovens desempregados, que precisavam adquirir algum tipo de formação para conseguir trabalho. Era um novo campo sobre o qual inovar e se surpreender. A escola era subsidiada pelo Ministério do Trabalho e da "Previdenza Sociale"[63] e era patrocinada pela CGIL.

> Lá, fizemos uma escola para mecânicos agrícolas, mas sempre trabalhando com as possibilidades. [...]
> A escola acolhia veteranos. Eram todos adultos, *partisans* jovens ou mais velhos, pessoas de cerca de 30 anos, que haviam vivido sete ou oito anos de guerra militar. [...] Eles chegavam de todos os pontos da Itália, [...] e, então, decidiram que eu deveria ser o diretor desse internato, porque, de alguma forma, eu era o mais "limpo", no sentido de que não era um *partisan*, e como aproveitava... Digamos, que era necessária uma figura mais independente. E foi a partir de 1948 que começou uma feroz batalha com o Ministério. [...] Tornamo-nos até editores; para demonstrar [...] fizemos textos para a escola![64]

Em 12 de janeiro de 1949, Malaguzzi, na qualidade de diretor da escola, enviou uma carta ao professor Ernesto Codignola,[65]

---

[62] *Vide La Verità*, 30 de setembro de 1945, e o testemunho recolhido por Laura Artioli em *La cultura dell'infanzia...*, *op. cit.*

[63] N. do E.: Previdência Social.

[64] Loris Malaguzzi, em entrevista realizada por Marco Fincardi, *op. cit.*

[65] Laura Artioli, ao verificar o arquivo do centro "Ernesto Codignola", de Scandicci (Florença), encontrou diversas cartas e telegramas de Malaguzzi.

como representante da Organização das Nações Unidas para a Educação, a Ciência e a Cultura (Unesco) para a Itália, solicitando que a Scuola "Luciano Fornaciari", de Reggio Emilia, fosse incluída na Federazione Nazionale delle Collettività di Giovani,[66] que Ernesto Codignola havia promovido.

Noutras quatro cartas, uma das quais dirigida à secretária Maria Maierhofer, em Zurique, Malaguzzi solicitava que a Scuola "Luciano Fornaciari" fosse admitida como membro ativo na Fédération Internationale des Communautés d'Enfants (Fice).[67] Ernesto Codignola era presidente, e Margherita Zoebeli, secretária da seção italiana na referida federação. Esses contatos pessoais e profissionais foram importantes para a formação de Malaguzzi. A Fice reunia, na Europa, vários projetos experimentais sobre educação ativa e progressista de caráter laico e católico. Como membro da Fice, ele conheceu diversas experiências na Itália e na Europa que acolhiam crianças órfãs e vítimas de guerra. Ele participou, em setembro de 1950, junto com apenas três representantes italianos, de um congresso em Lyon, na França, para falar sobre os problemas educacionais da infância no continente europeu.

Em 1952, a Scuola "Luciano Fornaciari", cada vez mais desconsiderada e ameaçada pelo governo, foi obrigada, com muito pesar, a fechar suas portas. Na lembrança de Loris, ficaram a vontade de renovar a educação, de conseguir propiciar cultura aos alunos, sempre com grande confiança em suas possibilidades, que quase ninguém acreditava.

---

[66] N. do E.: "Federação Nacional das Comunidades Juvenis", em tradução livre.
[67] N. do E.: "Federação Internacional das Comunidades de Crianças", em tradução livre.

> E a situação se tornou mais difícil, porque, com a pressão do ministro Selva, a situação se tornou mais difícil e aguda, influenciando o trabalho que realizávamos. Provavelmente, tínhamos espiões dentro da escola, entre os rapazes. O fechamento foi doloroso, apesar das manifestações, das batalhas. Perdemos, e as portas se fecharam. E fechou-se a primeira aventura, creio, de renovação, também, da escola.
>
> Lembro-me desses veteranos de guerra, desses *partisans*. Entre outras coisas, não só eram capazes de ser protagonistas esportivos, membros de equipes de futebol. Também estavam muito dispostos a serem atores, intérpretes de comédia e de leituras teatrais.[68]

No ano anterior, em 1951, Malaguzzi especializou-se em Psicologia Escolar,[69] em um curso de seis meses no Centro Nazionale di Ricerca[70] (CNR), em Roma, o primeiro curso organizado sobre Psicologia depois do fascismo. Ao final dos estudos, o professor Banissoni, que dirigia o Centro, pediu que Loris permanecesse na capital italiana, mas este preferiu regressar a Reggio.

Como psicólogo, em 1951, Malaguzzi, junto com o psiquiatra Carlo Iannuccelli e a assistente social Marta Montanini, fundou o Centro Médico-Psicopedagógico da Prefeitura de Reggio Emilia.[71] Consistia em um centro para prevenção, diagnóstico e cuidado de crianças com diferentes deficiências ou em situações sociofamiliares complicadas.

---

[68] Loris Malaguzzi *in* Carlo Barsotti, *L'uomo di Reggio Emilia*, *op. cit.*

[69] É preciso levar em consideração que, nesse momento, o curso universitário de Psicologia não existia.

[70] N. do E.: Centro Nacional de Pesquisa, em tradução livre.

[71] Este Centro pertencia à Prefeitura de Reggio, de maioria comunista. Existia outro Centro, privado, pertencente à Democracia Cristã, chamado De Santis.

Em uma publicação de 1951,[72] Malaguzzi, com um tom excessivamente "psicologista", definiu o centro como um local para alcançar a higiene mental e a adequada saúde infantil, e comentou a respeito de como os avanços nos métodos científicos, psiquiátricos e na Psicologia experimental permitiam estabelecer um tratamento educacional adequado para as várias questões psíquicas na infância. Os sujeitos-clientes desse centro podiam ser muito diversos nesse sentido.

> A organização da higiene mental infantil tem sua base no Centro Médico-Psicopedagógico, um verdadeiro centro de análise, classificação, prevenção e tratamento. [...]
>
> Em seu livro *American Child Guidance Clinics*[73] (1934), Stevenson e Smith definem seus objetivos nos Centros Médicos Psicopedagógicos como "uma tentativa de ordenar os recursos da comunidade em benefício das crianças que têm dificuldades em razão de necessidades internas não satisfeitas e que estão em claro contraste com seu entorno; são crianças cujo desenvolvimento encontra-se desequilibrado por dificuldades que levam à infelicidade, a um comportamento inaceitável pela comunidade, a uma falta de resposta às expectativas escolares e sociais. [...]
>
> Essas deficiências ou anomalias podem se manifestar em uma ou mais das seguintes maneiras:
>
> - incapacidade de aprender com métodos educacionais comuns;
> - incapacidade de aprender um tema específico;
> - interrupções repentinas no progresso escolar;

---

[72] Loris Malaguzzi, *Il centro medico psico-pedagogico per un'igiene mentale infantile* ["O centro médico psicopedagógico para higiene mental infantil", em tradução livre] (Reggio Emilia: Collana di studi psico-pedagogici ["Série de estudos psicopedagógicos", em tradução livre]), 1951. Dessa publicação, reverberaram diversos periódicos, algo muito importante. *Vide*, por exemplo, *La Verità*, 1º de julho de 1951.

[73] N. do E.: "Clínicas Americanas de Orientação Infantil", em tradução livre.

- comportamentos anômalos (preguiça constante, raiva, agressividade, inquietação significativa, mentiras, preguiça, apatia, masturbação etc.);
- delinquência (tendência a roubar, destruir, provocar incêndios; ofensas à moral e às regras sexuais etc.);
- humor irregular (nervosismo, gritos, medo, terrores, pesadelos, timidez excessiva etc.);
- doenças do sistema nervoso (asma, delírios, enurese, tiques, espasmos, distúrbios da fala etc.)".[74]

Ele defendia a psicologia e a psiquiatria infantil como uma ciência autônoma que se interessa pela infância e seus aspectos psíquicos, com o objetivo de analisar, prevenir e curar diversas questões psicológicas infantis. Os Centros Médico-Psicopedagógicos são herdeiros de uma clínica psicopedagógica fundada em 1909 por Healey,[75] em Chicago, e do método psicológico experimental introduzido por Wundt.[76] Na Itália, eles também são herdeiros de Bollea,[77] pai da neuropsiquiatria infantil no país.

Malaguzzi falava da importância de psiquiatras, assistentes sociais e psicólogos trabalharem em equipe, mas, acima de tudo, mostrando um grande amor pelas crianças e suas características específicas, acima de qualquer interesse científico. É uma ideia a ser considerada no pensamento e na obra de Loris Malaguzzi, que, em uma época posterior de sua vida, matizaria essa ideia do amor pelas crianças.

---

[74] Loris Malaguzzi, *Il centro medico...*, *op. cit.*, p. 7.

[75] N. do E.: William Healey, psiquiatra e criminologista. Interessou-se pelas teorias freudianas acerca da sexualidade na infância. Realizou diversas pesquisas acerca de jovens considerados "delinquentes".

[76] N. do E.: Wilhelm Wundt, importante psicólogo alemão. É considerado o "pai" da psicologia experimental.

[77] N. do E.: Giovanni Bollea, proeminente psiquiatra italiano.

> Antes mesmo de suas competências obrigatórias e específicas, é absolutamente indispensável que o psiquiatra, o psicólogo e o assistente social tenham outra qualidade: um amor real pelas crianças. O interesse científico pelos problemas delas deve passar totalmente para segundo plano, [...] [pois] somente o amor sincero pelas crianças pode superar as dificuldades: é preciso poder garantir que elas possam confiar em nós [...], [ter um] amor sincero pela infância. Em outras palavras, amor pelas pessoas e pela vida.[78]

Quanto ao funcionamento do Centro, Malaguzzi preocupava-se com sua localização física (em um prédio isolado) e suas características: era necessário que fosse espaçoso, familiar, amigável, com paredes adequadamente coloridas e mobília aconchegante. Diversos espaços eram necessários: salas individuais, sala de espera, biblioteca e arquivo. Fazia-se importante que fosse feito o histórico de cada menino ou menina e de sua circunstância familiar mediante uma visita da assistente social. A organização era escrupulosamente cuidada e estabelecida.

Malaguzzi realizava, com muito cuidado e sensibilidade com as crianças, testes psicológicos de inteligência (De Sanctis, Terman-Stanford e Terman-Merril), testes de personalidade (Duss, Teste de Apercepção Temática – TAT – e Rorschach), aplicação de tabelas de Bakwin, fazia escalas e diversas outras avaliações, para diagnosticar algumas peculiaridades. Ele elaborava relatórios sobre o comportamento observado na criança, sua etiologia e seu tratamento.

Detive-me particularmente nessa experiência porque ela é considerada importante na vida de Malaguzzi, em especial, como veremos mais adiante, por sua redefinição do conceito de deficiência, de "anormalidade" e pela rejeição do uso de testes na educação.

---

[78] Loris Malaguzzi, *Il centro medico...*, *op. cit.*, p. 8, p. 14.

Também são significativas as diversas publicações[79] feitas no consultório nesse período, mostrando várias pesquisas de caráter completamente experimental, embora algumas tivessem como objetivo ajudar as famílias, por meio de diversos cursos, a realizarem um melhor trabalho educacional com seus filhos e suas filhas. Assim, em Reggio, e fora dali, as palestras, os cursos e as conferências – na chamada *scuola dei genitori*[80] (adotando uma ideia de Ada Gobetti, que fazia um jornal para famílias em Turim, na Itália) – sucediam-se para Malaguzzi. Ele acreditava que a Educação Infantil depende, em grande parte, da educação social e cultural da família. Trata-se de oportunidades para refletir, juntamente com as famílias, sobre diversos temas, como problemas de psicologia e psicopatologia infantil, de pedagogia familiar e escolar, e relações entre a escola e a família. É interessante observar que, já naquela época, eram usadas documentações elaboradas com esse fim para ilustrar as aulas.

---

[79] Carlo Iannuccelli, Loris Malaguzzi e Marta Montanini, *Un biennio di attività del consultorio Medico-Psico-Pedagogico* ["Biênio da atividade do consultório Médico-Psico-pedagógico", em tradução livre] (Reggio Emilia: Poligrafica Reggiana, 1954); Carlo Iannuccelli, Loris Malaguzzi e Marta Montanini, *Ricerche sul comportamento sociale dei dimessi dalla "Colonia-Scuola Marro" nel decennio 1930-1940* ["Investigações acerca do comportamento social dos egressos da "Colônia–Escola Marro" durante o período entre 1930 e 1940", em tradução livre] (Reggio Emilia: Poligrafica Reggiana, 1954); Loris Malaguzzi, "Il mestiere dei genitori" ["O emprego dos genitores", em tradução livre], *in Lezioni ai genitori* ["Lições para os pais", em tradução livre], n. 1 (Reggio Emilia: Tipografia Morini, 1957); Carlo Iannuccelli, Loris Malaguzzi, Marta Montanini e C. Formica, "L'influenza dell'ambiente sul grado di maturità sociale nell'età evolutiva" ["A influência do ambiente no grau de maturidade social na fase de desenvolvimento", em tradução livre], *Infanzia anormale* ["Infância atípica", em tradução livre], Fase 28 (1958); Loris Malaguzzi, *Il bambino che si succhia il pollice e si mangia le unghie* ["A criança que chupa o polegar e rói as unhas", em tradução livre] (Reggio Emilia: Tipografia Morini, 1958).

[80] Com a finalidade de saber em que consistia essa escola, *vide* Carlo Iannuccelli, Loris Malaguzzi e Marta Montanini, "Esperienza sulla scuola dei genitori" ["Experiência na escola dos genitores", em tradução livre], *Infanzia anormale*, Fase 16 (1956).

A variedade dos temas preparados em equipe nos dá uma ideia das leituras, dos estudos e das reflexões de Loris Malaguzzi naqueles anos, acerca de sua profissão e de sua formação.

O programa era composto por 17 aulas, ministradas duas vezes por semana. Chegou-se a aumentar para 18 após a exigência de ampliação do tema *A criança, o cinema, o rádio e a televisão*.

1) A higiene mental em seus reflexos educativos.

2) Os pais e a escola.

3) Psicologia do adolescente e seus problemas escolares.

4) Nós conhecemos as necessidades das crianças?

5) A evolução psicomotora da criança desde a concepção até a fase da linguagem.

6) A evolução intelectual da criança (com projeção da documentação *Usis: Preparação para a vida*).

7) A criança tímida e temerosa.

8) A criança mentirosa.

9) A criança com tiques, a criança gaga.

10) A criança que chupa o polegar e rói as unhas.

11) A criança que não quer comer.

12) A criança que molha a cama.

13) A criança canhota.

14) A criança nervosa e desobediente.

15) A criança, o cinema, o rádio, a televisão.

16) A criança de hoje na escola de hoje (com projeção da documentação *Usis: Aprendizagem para professores*).

17) Métodos e objetivos do Centro Médico-Psicopedagógico (com projeção da documentação: *História de uma menina*).[81]

Falando mais sobre o trabalho de Loris Malaguzzi no Centro Médico Psicopedagógico, Sergio Masini[82] relata a dificuldade do pedagogo em realizar pesquisas experimentais nas quais não acreditava.

---

[81] *Ibidem*, p. 464.

[82] Entrevista realizada em 10 de junho de 1996.

Certa vez, Loris me disse, depois de ver várias crianças no consultório e submetê-las a diferentes testes, que elas não alcançavam a média estabelecida pelos testes, e que isso se convertia em fracassos escolares. Malaguzzi não conseguia suportar isso e chegou a duas conclusões importantes: a primeira era o fato de que os testes eram malfeitos e não serviam para detectar a complexidade das crianças, eram classistas e inadequados para notar as ricas possibilidades infantis. A segunda conclusão dizia respeito ao fato de que a escola precisava mudar para evitar o fracasso escolar injusto. Então, Loris começou a questionar o significado de aprender e por que as crianças não aprendem o que a escola tenta ensinar.

Assim, ele começa a criticar uma escola que reproduz as classes sociais, é baseada em livros, em memorização, é pouco atraente e desvinculada do contexto social. Essas ideias são compartilhadas com o Partido Comunista, ao qual ele já era afiliado.[83]

Na primeira fase de meu trabalho, eu aplicava várias escalas de inteligência das escolas americanas e, ao mesmo tempo, também aplicava uma série de testes para medir a capacidade de aprendizado das crianças. Por exemplo, pedia para a criança desenhar uma senhora passeando em um dia de chuva. Porém, uma criança inteligente, surpresa, disse-me que isso não era possível, porque não se passeia quando está chovendo. Eu me senti um tonto. Tive que mudar a proposta do teste e dizer: "*Desenhe uma senhora caminhando na chuva*", já que, se a senhora está passeando quando está chovendo, ela é uma tonta. Se a senhora fosse medianamente inteligente, quando estivesse chovendo, ficaria em casa.[84]

Malaguzzi preferia viver a experiência ao lado dos meninos e das meninas, em especial, as crianças menores – com quem preferia trabalhar –, com as quais ele entrava rapidamente em sintonia

---

[83] Entrevista realizada em 12 de abril de 2000.

[84] Loris Malaguzzi, conferência ocorrida em Pamplona, em 12 de abril de 1989. Transcrição e tradução para o espanhol de Amaia Zubieta.

LORIS MALAGUZZI: UMA BIOGRAFIA PEDAGÓGICA

(deixando as maiores sob a responsabilidade de Marta Montanini). Esse Centro, ao contrário de outros, acreditava que não podia ser uma instituição fechada, tentando dar apoio à escola e à família "normal". Foi o início da posterior inclusão de crianças com deficiência nas escolas. Uma das primeiras experiências que Malaguzzi realizou, nesse sentido, foi nas colônias costeiras, das quais falaremos adiante.

Aproveitando a última citação a Loris Malaguzzi colocada neste capítulo, vamos falar um pouco mais sobre o interesse particular do pedagogo pelo desenho infantil, interesse esse que, de início, era apenas psicológico (posteriormente, veremos como ele rejeita esse interesse predominante). Em 25 de maio de 1953, a prefeitura de Reggio Emilia organizou a Mostra Internazionale del Disegno Infantile.[85] Malaguzzi aproveitou a oportunidade para apresentar suas pesquisas e, sob o sugestivo e explícito título de *O desenho como instrumento para o conhecimento da criança*, mostrou como desenhar é um meio adequado de diagnóstico psicológico e terapêutico, servindo como um estudo clínico de meninos e meninas (que era próprio dos estudos avançados da época), nos quais se podem descobrir as suas capacidades intelectuais e a evolução de seu pensamento.

Ele se baseou nos estudos de Bühler,[86] no teste de Fay, revisado por Vintsh e Rey,[87] no teste de Goodenough,[88] no desenho geométrico de Miller[89] e no desenho de uma história de

---

[85] N. do E.: "Mostra Internacional de Desenho Infantil", em tradução livre.

[86] N. do E.: referência a Karl Bühler, psicólogo cujos estudos tiveram destaque na teoria da Gestalt.

[87] N. do E.: criado pelo psicólogo H. M. Fay, em 1924, esse teste se destina a crianças entre 3 e 12 anos, no qual elas devem fazer um desenho em que uma senhora está andando na rua e está chovendo, sem que nenhuma pergunta sobre o contexto seja respondida.

[88] N. do E.: trata-se de um teste de desenho de figura humana, desenvolvido pela psicóloga estadunidense Florence Goodenough. Também é conhecido como teste de Goodenough--Harris, pelas modificações feitas posteriormente pelo psicólogo Dale B. Harris.

[89] N. do E.: referente ao índice de Miller (cristalografia), cujo nome foi dado em razão de sua descrição, feita pelo mineralogista britânico William Hallowes Miller.

Boesch[90] para fazer um diagnóstico caracterológico, afetivo e emotivo, o desenho livre com cores de Traube,[91] no teste do desenho de uma árvore e o teste da garatuja ("*gribouillage*").

Podemos constatar que o interesse de Malaguzzi pelo desenho surgiu bastante precocemente. Entre diversos papéis encontrados em sua casa, foram descobertas análises exaustivas de diversos desenhos feitos por crianças. Desenhar, para Loris, é um bom sinal de saúde e felicidade. Mais adiante, veremos a relação dessa ideia com o nascimento do Ateliê nas escolas municipais de Reggio Emilia.

> No entanto, o desenho ainda constitui, por vezes, uma ferramenta terapêutica útil: a literatura médica e psicológica está repleta de casos em que jovens instáveis ou com problemas no sistema nervoso projetam externamente, por meio do desenho, de maneira simbólica ou não, os motivos de seus próprios conflitos internos, melhorando sensivelmente suas condições até alcançar a cura absoluta. [...]
>
> Quanto mais saudável o jovem estiver, melhor ele desenhará, melhor criará, melhor se expressará, e, assim, tornar-se-á protagonista ativo de sua evolução e conversão em homem e cidadão. Porém, aqui, o conceito de saúde precisa desvincular-se dos antigos esquemas e aplicar-se à singularidade física, afetiva e mental do indivíduo.[92]

Outra experiência marcante na vida profissional de Malaguzzi foi em uma escola para crianças com deficiências, a Lombardo Radice, da qual foi diretor de 1958 a 1966, ano em que, tanto o Centro Médico-Psicopedagógico quanto a escola Lombardo

---

[90] N. do E.: trata-se de uma técnica projetiva psicológica de desenho que envolve a contação de história relacionada ao ato de desenhar, o que estaria profundamente relacionado às emoções das crianças. Tem relação com o teste de Rorschach.

[91] N. do E.: referência ao médico alemão Ludwig Traube.

[92] Loris Malaguzzi, *Il disegno come strumento per la conoscenza del fanciullo* ["O desenho como instrumento da consciência da criança", em tradução livre] (Reggio Emilia: C.O.I., 25 maio 1953).

Radice, tiveram suas atividades encerradas, já que todas as crianças com diversas questões psicológicas foram integradas à rede de escolas da infância da cidade. "As relações com Malaguzzi recomeçaram na Lombardo Radice. Ele dirigia e ensinava todas as crianças que ninguém queria, as em estado muito graves."[93]

Nessa escola, ele era responsável por acolher e diagnosticar várias crianças. Lina Griminelli, educadora na instituição, lembra-se, sobretudo, do trabalho que ele realizava com as famílias e destaca algo muito importante sobre Loris: sua capacidade de selecionar as características fundamentais de uma criança e transformá-las em uma história compreensível, e sua habilidade em fornecer conselhos psicológicos de maneira oportuna, sempre com uma matiz pedagógica.

> Vinham e faziam perguntas a Malaguzzi, como se ele fosse um oráculo, e, de certo modo, isso está correto, no sentido do carisma que ele exalava aos genitores. Na verdade, aprendi outra coisa com ele. [...] Embora ele tivesse visto poucas vezes a criança, [...] pode ser isso também, [...] a capacidade de contar fábulas. Em outras palavras, ele conseguia extrair uma história da história de uma criança, mais precisamente, um elemento narrativo, dois ou três elementos [...]. Quando havia uma exposição, identificava os fios argumentativos, e sua narrativa era muito convincente ao contar a história da criança, pegando esses dois ou três fios/argumentos. Por isso, os pais voltavam para casa com essa leitura simplificada, digamos, simples, com palavras simples, assim como quando se conta algo se faz uma narrativa. Mas ele tinha muito cuidado. Depois, discutiam o que tinham visto, o que não tinham visto. Ele falava com os pais, reconstruía e entregava essa história a eles.[94]

---

[93] Testemunho de Gianna Bacchi Pedrazzoli, recolhido em 21 de fevereiro de 1997 por Laura Artioli, *La cultura dell'infanzia...*, *op. cit.*

[94] Testemunho de Lina Giminelli em 3 de março de 1997, recolhido pelo grupo de pesquisa Istoreco (Instituto pela História da Resistência e da Sociedade contemporânea na província de Reggio Emilia), *La cultura dell'infanzia...*, *op. cit.*

Das colônias às Case di Vacanze[95]

A partir de cerca de 1960, há evidências de que Malaguzzi participou de colônias de verão organizadas pelo Centro Médico--Psicopedagógico, a prefeitura de Reggio Emilia e a prefeitura de Corregio, sua cidade natal. Conseguimos obter importantes documentos sobre essa atividade.[96] Em Corregio, por exemplo, em 1962 ele foi diretor, em 1963, codiretor e, de 1964 a 1966, coordenador pedagógico da Colônia de Igea Marina, gerenciada por *Conzorcio das Comuni Reggiani*,[97] com sede em Corregio. Para a prefeitura de Reggio Emilia, ele trabalhou como diretor didático na Casa di Vacanza de Cesenatico e organizou um *Convegno di Studio*,[98]

---

[95] N. do E.: "Casas de Férias", em tradução livre.

[96] Alberto Ghidini, "Dall'asilo infantile 'Margherita di Savoia' alle scuole dell'infanzia Ghidoni" ["Das creches infantis 'Margherita di Savoia' às escolas da infância Ghidoni", em tradução livre], *L'educazione infantile a Corregio* ["A Educação Infantil em Corregio", em tradução livre] (Reggio Emilia: Comune di Correggio, 1994), p. 45; Loris Malaguzzi, *Nuovi orientamenti per la riorganizzazione dei servizi sociali delle colonie marine e montane* ["Novas orientações para a reorganização dos serviços sociais das colônias costeiras e de montanha", em tradução livre] (1963); Loris Malaguzzi, *Proposte per nuovi programmi di attività edcativa per le colonie estive: premese ed esemplificazioni* ["Propostas para os novo programas de atividade educativa para as colônias de verão: premissas e exemplos", em tradução livre] (1963); Loris Malaguzzi, *Lettera aperta al genitore* ["Carta aberta aos pais", em tradução livre] (jun. 1963); Loris Malaguzzi, *Sobre la Casa di Vacance* ["Sobre a casa de férias", em tradução livre] (4 jul. 1963); Loris Malaguzzi, *Relazione il turno* ["Relação com o turno", em tradução livre] (20 ago. 1963); Loris Malaguzzi, *Alla presidenza della "casa di vacanze"* ["Na presidência da 'casa de férias'", em tradução livre] (9 set. 1963); Loris Malaguzzi, *Lettera aperta al genitore* (jun. 1966); Loris Malaguzzi, *Relazione organizzativa-pedagogica della casa di vacanze* ["Relações organizacionais e pedagógicas da casa de férias", em tradução livre] (1966); Loris Malaguzzi, *Osservazione sulla sede* ["Observações sobre a sede", em tradução livre] (1966); Loris Malaguzzi, *Relazione sugli orientamenti generali e sui problemi organizzativi della casa di vacanze di Igea Marina* ["Relatórios sobre as diretrizes gerais e os problemas organizacionais da casa de férias de Igea Marina", em tradução livre] (jun. 1966); Loris Malaguzzi, *Lettera aperta al genitore* (jun. 1968); Loris Malaguzzi, *Orario attività ragazzi in casa di vacanze* ["Horário de atividades dos jovens na casa de férias", em tradução livre]; Loris Malaguzzi, *Sobre las colonias* ["Sobre as colônias", em tradução livre]; Loris Malaguzzi, *Casa di vacanze di Cesenatico* ["Casa de férias de Cesenatico", em tradução livre] (1969).

[97] N. do E.: "Associação dos Municípios Reggianos", em tradução livre.

[98] N. do E.: "Congresso de Estudos", em tradução livre.

realizado em 9 de maio de 1964, intitulado *Nuovi orientamenti per la riorganizzazione dei servizi sociali nella Casa di Vacanza*.[99] Loris participou com um trabalho intitulado *La casa di vacanza come servizio sociale*.[100]

Para Sergio Masini,[101] nas colônias de verão, Malaguzzi encontra uma maneira mais ou menos livre de experimentar algumas de suas ideias pedagógicas. Sergio e Malaguzzi trabalharam juntos para libertar as colônias de seu mero caráter assistencial. Dessa forma, Malaguzzi propõe repetidamente a mudança de nome tradicional de *colônia*, com reminiscências assistenciais e de beneficência, para *Casa di Vacanze*, de caráter eminentemente lúdico e educativo.

> O acampamento escolar precisa se desvincular de seus antigos e tradicionais conceitos de caridade, patronato, lugar predominantemente de cuidados médicos.
>
> Diante das considerações feitas, sugere-se substituir o nome acampamento escolar, que é incapaz, de acordo com seu significado tradicional, de expressar realidades sociopedagógicas e técnico-organizativas que assumam valores completamente novos, por Casa de Férias.[102]

Para desempenhar essa função, Malaguzzi esforçou-se para que não fosse apenas uma mudança de nome, mas, também, uma mudança e uma renovação das estruturas organizacionais e espaciais, da formação dos funcionários, dos objetivos e das metodologias, tanto terapêuticas quanto educativas e de gestão.

Havia um diretor administrativo, mas Malaguzzi inventou a figura do diretor didático, que era responsável por supervisionar as atividades, elaborar o programa, assessorar as educadoras e realizar a curva de interesse dos alunos. Além disso, propôs a formação de

---

[99] N. do E.: "Novas orientações para a reorganização dos serviços sociais na Casa di Vacanza", em tradução livre.

[100] N. do E.: "A casa de férias como serviço social", em tradução livre.

[101] Entrevista realizada em 12 de abril de 2000, *op. cit.*

[102] Loris Malaguzzi, *Nuovi orientamenti per la riorganizzazione...*, *op. cit.*

equipes de gestão compostas pelo diretor responsável, pelo psicopedagogo, pelo médico, pelo secretário geral, pelo diretor de serviços e pelo assistente de direção. A equipe deveria ser um grupo de trabalho estável para dar continuidade a uma experiência de qualidade. Com essas características, ele planejou criar um clima, ou ambiente, que gerasse hospitalidade, com cuidado especial à alimentação, à limpeza, à organização e ao conforto.

As linhas pedagógicas da Casa di Vacanze tenderiam a criar um ambiente de segurança, aumentar o sentimento social, atender às necessidades de movimento e brincadeiras, aumentar a necessidade de fazer e criar algo, desenvolver a capacidade de organização e autonomia pessoal, favorecer o exercício da lealdade, da bondade, da solidariedade, da confiança no ser humano, na razão, na ciência, na democracia e na paz, além de satisfazer às necessidades espirituais e religiosas. Uma convivência baseada em um sentimento social, desenvolvendo a capacidade de autonomia pessoal e favorecendo o desenvolvimento de valores como solidariedade, amor pela justiça, democracia e paz.

Para realizar o que foi mencionado, Malaguzzi estabeleceu um programa pedagógico diferenciado por faixas etárias, com detalhes qualitativos importantes. Um plano que incluía: a programação do dia; a diferença quantitativa e qualitativa de acordo com os estágios de desenvolvimento (de influência piagetiana) e as idades; o conhecimento biográfico e do contexto familiar do menino ou da menina; e a importância do grupo como formação social do indivíduo. Ele dava grande importância à pedagogia de grupo como uma forma psicológica de intensificar a comunicação e as trocas entre seus membros e de mediar o papel da pessoa adulta, que deve favorecer a coesão desse grupo e fazer mediações dentro deste.

Entretanto, a Casa di Vacanze era, também, para Malaguzzi, a primeira orientação pedagógica de caráter, em parte, predeterminista, uma forma de terapia das desorientações, dos desequilíbrios que o jovem encontra na sociedade contemporânea e que são provocados por uma perda ou uma diminuição do sentimento social e das relações interpessoais que levam à solidão e à marginalização patológicas, as quais são favorecidas – segundo Loris – pelo rádio, pela televisão, pelo cinema, pelas histórias em quadrinhos, pelas revistas que incitam escape, passividade, recusa e estereótipos que podem provocar perturbações de caráter intelectual e afetivo, que podem obstaculizar seriamente os ritmos de amadurecimento e de autonomia pessoal.

> Em outras palavras, é importante considerar as desorientações e os desequilíbrios que os jovens encontram mais facilmente na sociedade contemporânea, provocados pela perda ou pela redução do sentimento social e das relações interpessoais, resultando em solidão e marginalização. Isso também é causado pelo aumento da reatividade emocional, muitas vezes, promovido por outros fatores (rádio, televisão, cinema, quadrinhos, revistas), favorecendo evasão, passividade, recusa e adoção de mitos e estereótipos mágicos. Além disso, a natureza pouco organizada e estruturada de suas aquisições e seus conhecimentos culturais pode causar transtornos não apenas intelectuais, mas também afetivos, prejudicando seriamente o processo de amadurecimento. Por fim, o fato de não satisfazer as necessidades de atividade física e desenvolvimento de habilidades psicomotoras pode limitar a autonomia, o autocontrole e o domínio do próprio corpo.[103]

Na referida Casa di Vacanze, eram importantes diversas atividades de trabalho com materiais ou de dramatização. Ademais, era considerado muito importante documentar fotograficamente vários momentos para exemplificação ou realizar filmagens que pudessem narrar a experiência. Com tudo isso, era especialmente valorizada a

---

[103] *Ibidem.*

relação com as famílias (retirando-as de sua posição de passividade), por meio de cartas ou de uma festa na Casa, aspectos básicos no projeto de Malaguzzi. Para preparar e informar as famílias sobre a estadia na Casa di Vacanze, foi elaborado um folheto intitulado *Lettera aperta al genitore* (Carta aberta aos pais), que fornecia orientações sobre a função da casa, a importância de motivar seus filhos e suas filhas, a preparação cuidadosa da mala, as diversas normas, o que fazer em caso de doença e alguns conselhos práticos, para que os pais pudessem ter confiança ao se separarem de seus filhos.

> Lembre-se de que a Casa di Vacanze oferece, em um clima de proteção amorosa, uma estadia favorável e benéfica para o fortalecimento físico do seu filho. E para o seu filho, oferece uma experiência valiosa e nova: trocas afetivas e sociais de grande variedade e amplitude, participação e colaboração em uma vida comunitária organizada e alegre, educação para a autonomia pessoal, novos horizontes de conhecimento, testes e brincadeiras originais, amadurecimento das virtudes morais e cívicas. [...]
>
> Não coloque doces nem muitos brinquedos na mala, nem faça demasiadas recomendações.
>
> Na hora de partir, mostre-se confiante, não preocupado.[104]
>
> [...] e, para a satisfação das necessidades afetivas da criança, [...] aumente as relações afetivas no âmbito parental por meio de correspondência pontual, e não genérica. [...] Cada turno na Festa dos Pais [...] significará uma ruptura com os aspectos de isolamento e clausura próprios do antigo acampamento escolar.[105]

Há outros três aspectos novos que Malaguzzi experimentou, e parece-nos necessário destacá-los. O primeiro é a ideia de que

---

[104] Loris Malaguzzi, *Lettera aperta...* (jun. 1964), *op. cit.*
[105] *Ibidem.*

essas instituições reduzissem a idade de entrada das crianças, já que, até aquele momento, apenas crianças com mais de 6 anos podiam participar. Malaguzzi defendia que esses lugares pudessem ser desfrutados por crianças com menos idade.

> Outra consideração destacada no discurso é a relevância da idade das crianças que vão para a Casa de Férias, que está entre 6 e 12 anos. Se a ação médico--social atribuída ao Ente Público deve ser fortemente profilática e preventiva, não se vê por que as medidas assistenciais, em oposição às necessidades de individualização e diagnóstico precoce, intervenham somente a partir do sexto ano completo de vida.[106]

A segunda questão é a defesa intransigente de que as Casas di Vacanze sejam mistas (ao contrário de outras opiniões), como uma forma de educação e amadurecimento sexual natural.

> Claramente, o problema da educação sexual [...] também está presente na Casa de Férias. Eu diria que o particular desse terreno, as características ambientais de vida nesse local, oferece uma situação, por diversas razões, privilegiada para enfrentar e concretizar a maturação das crianças. Quero destacar a extrema importância da interação entre meninos e meninas, que se encontram diante das mesmas atividades, nas mesmas situações, nas mesmas [...]. Não existem riscos: o único risco está no educador ou educadora que não saiba fazer seu trabalho ou não tenha a sensibilidade necessária.[107]

Outro aspecto importante, que terá desenvolvimento em sua pedagogia e em sua obra, é a importância do pequeno grupo. Uma

---

[106] *Ibidem.*

[107] Loris Malaguzzi *et al.*, *Casa di vacanzce di Cesenatico. Verbale dell'incontro conclusivo del Personale* ["Casa de férias de Cesenatico. Ata da última reunião da equipe", em tradução livre].

necessidade organizativa que, para Malaguzzi, tem interesse ideológico e pedagógico, que já defendia e levava a cabo nas Case di Vacanze costeiras.

Como vemos e como veremos, uma experiência que permite a Malaguzzi experimentar uma nova concepção de um projeto renovador, algo que fará posteriormente com a Educação Infantil nas Escolas Municipais.

Os encontros e as amizades

Nesse panorama histórico, é importante, acreditamos, apresentar um quadro de algumas das relações e das amizades que Malaguzzi mantinha.

Podemos falar de quatro *lugares*. O primeiro deles estaria ligado às relações com o mundo do teatro. Amizades com Sandro Panizzi, Renzo Bonazzi (prefeito de Reggio de 1962 a 1975), Franco Boiardi (membro do Conselho Municipal de Educação de 1961 a 1966), Corrado Costa, Gigetto Reverberi, entre outros.

Por sua vez, o segundo estaria ligado às relações com o mundo pedagógico, com nomes como Bollea, Ernesto Codignola, Margherita Zoebeli, Sergio Masini, Marta Montanini e Ada Gobetti, entre outros.

O terceiro poderíamos referir à Casa Cavicchioni, onde um grupo de amigos, sobretudo intelectuais de Reggio – embora também viessem de outros lugares – reuniam-se, com frequência, para comer e debater sobre temas culturais e políticos. Aqui, aparecem novamente os nomes de Bonazzi, Boiardi, Costa, mas também Franco Marani, a professora Neri, a comunista Giovanna Poli, Romolo Valli e Paolo Pernici, jornalista do *Expresso*.

Por último, poderíamos falar do Circolo Zibordi, um centro cultural e recreativo socialista ao qual Malaguzzi, depois de terminar seu trabalho por volta das 18 ou 19 horas, ia jogar cartas com seus amigos quase diariamente. Também devemos lembrar que era nesse local em que se teciam, sem um plano determinado, grandes iniciativas ou acontecimentos culturais da cidade.

> Quando, no início de 1946, nasceu o Círculo socialista "Zibordi" na Via Battaglione Toscano, pouco a pouco, fui me incorporando a ele. Era um mundo pequeno, mas com dez almas. Nunca se sabia o que estava acontecendo, mas era um lugar como não havia outros, onde as coisas aconteciam de verdade.
>
> Na realidade, era um círculo polimórfico: havia estudantes, operários, bancários, jovens intelectuais em formação, pessoas à espera, pessoas que se atreviam com o *tresette*,[108] o *ramino*[109] e o bilhar. [...] Pessoas amigas, solidárias, sempre prontas para deixar as mesas, arregaçar as mangas, vestir suas roupas de domingo, mesmo nos dias que não eram de festa, e vice-versa.
>
> O extraordinário que se podia perceber, após um período de observação, era que, por ali, passava qualquer um que tivesse vontade de maquinar algo, apadrinhar ideias ou fazer um descanso familiar.[110]

---

[108] N. do E.: jogo de cartas italiano similar à bisca. Seu nome significa "três sete".

[109] N. do E.: em português, mexe-mexe. Trata-se de um jogo de cartas cujo objetivo é formar sequências numéricas de um mesmo naipe.

[110] Loris Malaguzzi, "Nella città...", *op. cit.*, p. 83.

4.

OS ANOS 1963-1972: O INÍCIO DAS ESCOLAS MUNICIPAIS

Contexto histórico-político italiano a partir de 1963[1]

Em fevereiro de 1962, Fanfani,[2] do partido Democracia Cristã, formou um governo composto por democratas cristãos, social-democratas e republicanos, com a abstenção dos socialistas, que já haviam rejeitado qualquer acordo com os comunistas em seu congresso de 1959. Nas eleições de abril de 1963, houve, no entanto, um grande avanço do Partido Comunista Italiano (PCI),

---

[1] Para elaborar esta seção, seguimos a obra *Gran Enciclopedia Larousse*, Tomo 13 (Barcelona: Editorial Planeta, 1990), p. 5593-995; Suplemento (Barcelona: Editorial Planeta, 1994), p. 518 e Suplemento (Barcelona: Editorial Planeta, 1998), p. 505.

[2] N. do E.: Amintore Fanfani, importante político italiano do pós-guerra, que exerceu cinco mandatos. Foi uma figura importante na Democracia Cristã e na economia do país.

que ganhou 26 assentos, ao passo que o partido Democracia Cristã perdeu 13, e o Partido Liberal também teve um grande avanço.

Após um breve período de governo democrata cristão, presidido por Leone,[3] Moro[4] formou um governo de centro-esquerda, no qual os socialistas entraram com seis ministérios, embora a ala esquerda do partido tenha se separado, formando o Partido Socialista Italiano de Unidade Proletária. Posteriormente, com diversas crises políticas e governamentais, Moro conseguiu formar diversos governos, e, em 30 de outubro de 1966, foi criado o Partido Socialista Unificado, resultado da união entre o Partido Socialista e o Social-Democrata.

Nas eleições de maio de 1968, tanto o Partido Socialista Unificado quanto a direita retrocederam, e a esquerda obteve um importante sucesso. Em junho, os socialistas rejeitaram participar de uma coalizão governamental, levando à queda do gabinete de Moro. Foi um momento de grande agitação social e universitária. Diversas greves e movimentos sociais levaram à queda de diferentes governos, que, de modo unipartidário ou em coalizão com outros partidos de esquerda, sobretudo socialistas, foram sucedendo-se em meio a diversas crises e escândalos.

---

[3] N. do E.: Giovanni Leone, político italiano que foi presidente, primeiro-ministro e senador vitalício.

[4] N. do E.: Aldo Moro, emblemático político italiano, foi um dos fundadores do partido Democracia Cristã na Itália, tendo sido eleito diversas vezes para diferentes cargos. Foi sequestrado e morto por terroristas em 1978.

Contexto educativo italiano dos anos 1960[5]

As escolas maternais italianas têm como tradição – como mencionado – os métodos adotados por Maria Montessori e pelas irmãs Agazzi.

Para Montessori, de tradição positivista, existem períodos sensíveis, que se manifestam por instintos-guia. A educadora deve encorajar esses instintos gradualmente, criando um ambiente adequado, adaptado para a criança, desenvolvendo uma série de atividades próprias da vida doméstica. Além disso, é importante utilizar material científico elaborado para uma educação dos sentidos ou para desenvolver técnicas de leitura e escrita. A professora deve ser humilde, coordenando e direcionando as diversas atividades pensadas para as crianças.

Para as irmãs Agazzi, que trabalharam no mesmo período que Montessori (1870-1950) e abriram as primeiras Creches (*Asili*) para meninos e meninas pobres; o importante é uma série de teorias filosófico-religiosas, ao contrário das teorias científicas de Maria Montessori.

Para elas, as sementes do crescimento estão na infância, são uma série de elementos físicos ou espirituais que permitem a passagem da espontaneidade à consciência, por meio da transição do lúdico ao trabalho, e da vida desordenada, sem regras, para a ordenada. Mediante uma atividade global (para Montessori, é analítica), o amor e a fraternidade alcançam a passagem para o pensamento abstrato. São importantes, também, a relação com a família, os materiais cotidianos que estão nos bolsos das crianças, as atividades

---

[5] Entre outros documentos, foram seguidos alguns esquemas elaborados por Sergio Spaggiari, Sergio Masini e Loris Malaguzzi em um seminário para educadoras e educadores suecos, realizado em 8 de junho de 1987.

manuais, as da vida prática, o desenho, o canto, os trabalhos tranquilos e os que promovam o movimento.

Dados mostram que o método agazziano era adotado na Itália por cerca de 70% das professoras, e o montessoriano era usado apenas por 3% a 4% delas. Para Malaguzzi, isso se dava em razão da excessiva predominância da escola privada católica, que encontrou no método agazziano uma inspiração pedagógico-espiritual para manter seus princípios, em comparação com a escola pública laica. Em 1923, o próprio Ministério oficializou o método Agazzi. Além disso, a escola montessoriana é mais burguesa do que a agazziana. De fato, esse método ressurgiu nos Estados Unidos, e não na América do Sul (embora, atualmente, tenha uma extensão mais ampla). A isso, devemos acrescentar a dificuldade de *importar* modelos do exterior pelo estado ditatorial imposto por Mussolini.

Somente Lombardo Radice, em 1922, tentou fazer uma adaptação laica da pedagogia agazziana em seis escolas localizadas no campo, longe da "poluição" urbana.

Após a guerra, a escolarização nas *escolas maternais*[6] (como eram chamadas as escolas para crianças de 3 a 6 anos na época) era muito baixa: 35%, em 1950, e 38%, em 1960. Nesse momento, 71% das escolas eram privadas e 29% públicas, mas com uma matriz moral. A formação de professoras também estava nas mãos de institutos católicos (90% a 93%). Portanto, na Itália, havia uma forte tradição de escolas maternais de vertente claramente católica. O estado público praticamente não era proprietário de nenhuma escola maternal, apenas de alguns jardins de infância anexos, como escolas de aplicação do magistério. Naquele período, havia cerca de 29 mil professoras, das quais 20 mil trabalhavam em escolas

---

[6] N. do E.: *scuole materne*, em italiano.

OS ANOS 1963-1972: O INÍCIO DAS ESCOLAS MUNICIPAIS **99**

católicas, algumas sem formação adequada. As exceções a essa realidade de monopólio católico eram algumas escolas montessorianas, outras iniciadas por algumas prefeituras e escolas autogeridas no norte da Itália – das quais já falamos –, criadas por movimentos femininos de libertação da mulher. O estado italiano, lavando as mãos e com a intenção de fortalecer as escolas privadas, não tinha projeto político de criar nenhuma escola maternal pública estatal. Uma vaga tentativa do ministro da Educação, pertencente à Democracia Cristã, foi boicotada esmagadoramente por seu partido, e trata-se da única ação histórica que podemos contar.

No início de 1960, começou um forte debate social e parlamentar no país sobre a necessidade de abrir escolas maternais estatais. O debate foi intenso e, em 1966, provocou uma crise governamental sob a liderança de Aldo Moro.

A primeira lei que instituiu a escola maternal estatal na Itália foi criada em 18 de março de 1968, oito anos após o debate. A Lei nº 444, *Ordinamento della scuola materna statale*,[7] para meninos e meninas de 3 a 6 anos, foi criticada por não atender às expectativas sociais e não reconhecer a qualidade de algumas escolas não privadas já existentes. Além disso, a aplicação prática da lei não permitia a abertura de escolas públicas onde já existissem escolas privadas. Essa lei recebeu críticas do próprio Malaguzzi, porque idealizava a escola maternal como uma preparação para a escola primária, como uma escola subalterna, ligada às finalidades da escola elementar[8] (primária), porque, em seu Artigo 3, mencionava a aceitação de crianças com deficiência, mas em salas separadas, e porque só falava dos

---

[7] *Gazzetta ufficiale dela Repubblica Italiana* ["Diário Oficial da República Italiana", em tradução livre], n. 103, 22 de abril de 1968, p. 2518-23. [N. do E.: *Ordinamento dela scuola materna statale*, em tradução livre, seria "Organização da escola maternal estatal".]

[8] N. do E.: *scuola elementare*, em italiano.

funcionários no feminino (professoras, assistentes, diretoras, inspetoras, auxiliares e responsáveis pelos cuidados), algo que foi contestado por Malaguzzi. No geral, a lei criou confusão e desqualificação.

> Todos concordam com a urgência em superar a Lei nº 444, da confusão, da desqualificação dos direitos que ela pressupõe. Cada partido político apresentou propostas de reforma ao Parlamento, mas tudo continua. [...] E, ainda, há os resquícios da Lei Stammati, que inibem os municípios menores de colocar em funcionamento as *nidi* e as *scuole*[9] recém-construídas. Em contrapartida, os municípios maiores, em parte, porque estão estrangulados economicamente [...], consideram mais rápido e ágil aplicar a austeridade no setor de assistência e na Educação Infantil. Por isso, muitas vezes, optam por abdicações e alienações, legalizam a impossível proporção entre o número de crianças e os funcionários da Educação, aumentam as horas de trabalho destes [...] e as horas de permanência das crianças, legislam pela não substituição dos funcionários ausentes por doença ou colocam isso em prática, incentivam as horas extraordinárias, abandonam os cuidados com os edifícios, anulam os gastos com material educativo, industrializam e tornam irreconhecíveis as refeições das crianças. Podemos formular hipóteses para resolver ou diminuir os custos dos serviços, o voluntariado, a formação dos pré-adolescentes, até mesmo, a ajuda de custo para as donas de casa, habilitadas com uma "licença" especial, todas elas propostas "generosamente" desesperadas, uma vez que são claramente pouco realistas e concretas. [...]
> É verdade que o fenômeno não está generalizado; em alguns lugares, resistem os administradores, os políticos, as famílias, os professores, a opinião pública. Corta-se (porque a crise existe de verdade, e não é

---

[9] N. do E.: "creches" e "escolas", em tradução livre. "*Nido*", como as creches (para crianças de 0 a 3 anos) são chamadas em Reggio Emilia, significa "ninho".

uma invenção) o que é justo; se, em algum momento, gastava-se demais, corta-se o pouco que é possível (mas o que é justo e possível quando se economiza à custa das crianças?); pede-se às famílias contribuições econômicas mais altas, mas, depois, as decisões pró--austeridade são transferidas e adotam o significado de lutas abertas contra a evasão fiscal.[10]

No entanto, a lei permitiu, finalmente, que os municípios da Itália pudessem abrir escolas municipais. Trata-se de uma lei que seria, portanto, mais utilizada pelos municípios do que pelo Estado.

Em 1969, ocorreu um grande debate sobre a infância em diversas organizações sindicais, culturais e pedagógicas. Desse debate, surgiram as esperadas e esperançosas *Orientamenti dell'attività educativa nelle scuole materne statali* (Orientações para a atividade educativa nas escolas maternais estatais).[11] Trata-se de um documento moderno, que superou uma imagem ultrapassada de infância contida anteriormente em outros documentos. Assim, assistimos ao nascimento da escola maternal laica.

Para Malaguzzi,[12] essas orientações têm vários precedentes: as instruções, os programas e os horários das *Asili Infantili* e *Asili d'Infanzia*,[13] realizados por Cesaro, em 1914; as prescrições didáticas realizadas por Lombardo Radice em 1923; os programas realizados por Arangio Ruiz em 1945; e as orientações de 1958.

---

[10] Loris Malaguzzi, "Cristo si é fermato a Eboli e a Salamanca" ["Cristo parou em Eboli e em Salamanca", em tradução livre, título em referência ao livro de memórias escrito pelo autor italiano Carlo Levi, em 1945, que foi exilado na cidade de Eboli, na região da Campânia, sul da Itália, durante o regime fascista], *Zerosei* ["De zero a seis", em tradução livre], ano 1, n. 10 (jul. 1977), p. 8.

[11] D.P.R. 10 de setembro de 1969, n. 647.

[12] Loris Malaguzzi, "I nuovi orientamenti della scuola per l'infanzia" ["As novas orientações da escola para a infância", em tradução livre], *in Convegno circondariale sulla scuola ed i nidi per l'infanzia* ["Conferência distrital sobre escolas e creches para a infância", em tradução livre] (Rimini: Municipio di Rimini, 8 de novembro de 1969), p. 54-61.

[13] N. do E.: creches infantis.

O problema nessa história, e nas *Orientamenti*, é que eram apenas para uma parte das crianças e das famílias, já que a escolarização era muito baixa. E o grande problema é que esses documentos, em geral, ficam somente no papel ou envelhecem rapidamente em relação aos acontecimentos contemporâneos. Por isso – considerava Malaguzzi –, fazia-se importante usar as *Orientamenti* como guia, não como um programa a cumprir.

Essa relatividade concedeu um valor flexível necessário para não envelhecer, pedagogicamente falando, em um mundo que muda com rapidez. A escola maternal deveria ser um lugar primordial de renovação. Malaguzzi considerava que essas decisões de ordenamento e orientação pedagógicas, ao mesmo tempo, disparatadas e inadequadas, por um lado, eram incapazes de acolher o estado real da situação da Educação Infantil na Itália na época, com a formação dos docentes e dos ambientes em que educativamente se vivia, e, por outro, tampouco, salvo algumas experiências iluminantes, poderia avançar, levando em conta a desfasada cultura pedagógica italiana.

É dessa perspectiva, segundo Loris, que se deveria encarar as *Orientamenti*. A verdade é que pareciam ser de uma escola antiga, de mais de 100 anos. Para Malaguzzi, padeciam de burocracia e centralismo, deixando fora províncias, regiões e municípios, instituições que, para ele, poderiam propiciar uma maior renovação e uma melhor identidade à escola.

Sem essa ideia, a escola maternal não conseguiu obter autonomia e se tornou uma grande abstração. Para ativar a identidade dessa escola, era necessário sair de uma retórica de colaboração da família, estimulando a participação. O pedagogo também criticou duramente as *Orientamenti* em razão de mostrarem uma ideia de

OS ANOS 1963-1972: O INÍCIO DAS ESCOLAS MUNICIPAIS **103**

escola que se fecha ao mundo externo, realizando um ato de violência contra a infância. Contudo, ele elogiou as *Orientamenti* pelo esforço que fizeram em propiciar uma dimensão cultural, pedagógica e psicológica à professora, uma profissional que costuma ficar isolada em espaços infames, nos angustiosos muros de uma escola.

E todo esse problema tinha de estar conectado com a falta de uma formação profissional adequada; uma pessoa mal preparada, que vive em solidão no trabalho. Para Malaguzzi, uma das primeiras tarefas deveria ser romper com essa solidão, chegar a um trabalho comunitário, a fim de abrir o mundo para a educadora. E isso foi esquecido pelas *Orientamenti*, provocando uma devastação, algo que deterioraria a saúde física, mental e psicológica da professora.

As *Orientamenti*, sobretudo, deveriam estabelecer as metas educativas, os conteúdos e os métodos, estimulando uma redescoberta de valores – para além das fronteiras escolares –, que se centrassem nos direitos da infância, retirando a escola de um velho modelo assistencial que evidenciasse as contradições e as injustiças das pessoas adultas.

> [...] o trabalho solitário da professora da escola maternal [...], que esse modo desumano de trabalho acarreta e implica a própria natureza da relação entre professor e aluno. Este é um aspecto de importância decisiva que as diretrizes esquecem: a saúde física, mental e psicológica da professora deve ser defendida, assim como a saúde das crianças. A disponibilidade ideal da professora exige a quebra de certas situações de isolamento penoso. O trabalho em equipe, o trabalho comunitário, o trabalho conjunto, a abertura do trabalho da professora para as demandas e os problemas do mundo civil são pontos de referência essenciais. E, como um modo alternativo de conceber a escola, o qual devemos levar em consideração se quisermos

> preserver a figura da professora desta verdadeira agrura do ser, temos que lidar paradoxalmente, embora de forma compreensível, com as resistências do próprio corpo docente, baseadas em um longo e pesado condicionamento cultural.
>
> Estamos convencidos de que a Pedagogia não coexiste com qualquer coisa.
>
> Qualquer abordagem psicológica, cultural e pedagógica, em vez de se concentrar na criança e em seus direitos, é forçada a suportar as obrigações, as contradições, os atrasos, as desordens e as injustiças presentes na sociedade adulta.[14]

Com a Lei nº 444, nos anos 1970, foi alcançada uma escolarização de 50%, e em 1980, de 80%. No entanto, sua repercussão qualitativa seria bastante medíocre por causa da formação deficiente das professoras, entre outras questões. Essa formação, como comentado, estava nas mãos privadas (7 escolas estatais ante 120 privadas), oferecida em uma *scuola media*[15] de três anos, sem um plano de estudos concreto, que uma jovem poderia terminar aos 17 anos, conseguindo a qualificação mínima para exercer essa profissão. Algo vergonhoso.

Com esse panorama, deparamo-nos com a possibilidade de existir, na Itália, uma forma de gestão escolar em três esferas: federal (sem tradição, e ligada a uma preparação da escola posterior), privada (em grande parte religiosa) e municipal (desenvolvida, sobretudo, no norte do país, na Toscana, na Emília e na Lombardia, com experiências inovadoras). Essa realidade tripla gerou várias polêmicas, e foi o Estado que, fazendo novas leis – evitando a contratação de novo pessoal – ou impedindo o financiamento aos municípios, tentou estabelecer um monopólio sobre as escolas municipais, e,

---

[14] Loris Malaguzzi, "I nuovi orientamenti...", *op. cit.*, p. 60.
[15] N. do E.: "escola média", em tradução livre. Correspondente ao Ensino Médio no Brasil.

OS ANOS 1963-1972: O INÍCIO DAS ESCOLAS MUNICIPAIS **105**

nos anos 1980, diante das dificuldades econômicas, muitas delas foram transferidas para o poder federal, perdendo sua qualidade diferencial. Não foi – como veremos – o caso de Reggio Emilia.

Os dados dos anos 1980, na Itália, eram os seguintes: 70% de escolas maternais públicas – das quais 80% eram estatais e 20% municipais – e 30% de escolas privadas. Em 20 anos, os dados se inverteram.

A Lei nº 1.044, *Pianno quinquennale per l'istituzione di asili--nido comunali con il concorso dello stato*[16] ("Plano quinquenal para a instituição de creches – escolas de Educação Infantil para crianças de 0 a 3 anos – municipais com a colaboração do Estado") foi aprovada em 6 de dezembro de 1971. Essa lei foi inovadora, pois, finalmente, instituiu serviços para crianças de 0 a 3 anos, com o objetivo de facilitar o acesso das mulheres ao trabalho. Até então, apenas alguns serviços pediátricos-assistenciais dependiam da Opera Nazionale Maternità e Infanzia (OMNI [Ação Nacional Maternidade e Infância]). Podemos dizer que a lei foi inovadora, porque permitiu que as creches fossem planejadas pelos municípios de forma descentralizada, financiadas pelo Estado e administradas pelos municípios e pelas famílias.

No entanto, Malaguzzi,[17] em um artigo que escreveu após 10 anos da lei, foi muito crítico. Segundo ele, a lei não conseguiu fornecer serviços em toda a Itália, e, na verdade, levou a uma divisão em três "Itálias": a do norte, na qual o dinheiro foi bem utilizado; a central, que construiu os prédios, mas não os utilizou para tais fins; e a do sul, que não fez nada. Assim, puderam ser reunidos os seguintes dados: na Itália setentrional, havia uma creche a cada 775 crianças; na Emília-Romanha, uma a cada 338 crianças; na

---

[16] *Gazzetta ufficiale della Repubblica Italiana*, 15 de dezembro de 1971, n. 316, p. 7.942-3.

[17] Loris Malaguzzi, "La storia incompiuta degli asili nido a dieci anni della legge 1044" ["A história incompleta das creches em dez anos da Lei nº 1.044", em tradução livre], *Zerosei*, A6, n. 1 (set. 1981), p. 9-15.

região central italiana, uma a cada 923; na Itália meridional, uma creche a cada 6.284 meninas e meninos. Das 3.800 creches previstas em 1976 (cinco anos depois da promulgação da lei), foram criadas, em 1981, entre 1.600 e 1.800. O pedagogo criticou com veemência a irresponsabilidade política e o desperdício financeiro das previsões da lei. O problema, segundo Malaguzzi, era a falta de um modelo cultural, administrativo, arquitetônico, organizacional e funcional da creche.

A ausência desse modelo de creche (em seus aspectos culturais, administrativos, arquitetônicos, organizativos e funcionais) mediante elaborações unificadas, difundidas de maneira adequada, ou seja, com sensibilização, levou, muitas vezes, os coletivos locais a "subjetivarem" suas diretrizes e suas decisões, em razão de referências casuais, pouco refletidas, ou, até mesmo, a delegá-las, acabando, com frequência, por realizar formas e fins institucionais que são, precisamente, os da lei (do espírito que a marca) e que, logo de início, mostram-se inadequados ou insuficientes em relação aos padrões necessários.[18]

Trata-se de uma lei da desesperança, do engano às famílias, às mulheres, aos serviços sociais e à infância. Foi o panorama dramático de uma política que gerou desconfiança, mais uma vez.

> [...] o silêncio mantido pelo Ministério competente sobre a refinanciamento da Lei nº 1.044 (e estamos falando de dezenas e dezenas de milhares de liras[19] disponibilizadas e que não foram gastas, destinadas a acabar com a zona morta dos passivos) em quase todo o Sul, que nos lembram (mais uma vez) de que também para as crianças, famílias, mulheres, roupas, Cristo (mais uma vez) parou em Eboli.[20]

---

[18] *Ibidem*, p. 13.
[19] N. do E.: moeda italiana da época, tendo sido substituída definitivamente pelo euro em 2002.
[20] Loris Malaguzzi, "Cristo si è...", *op. cit.*, p. 7.

OS ANOS 1963-1972: O INÍCIO DAS ESCOLAS MUNICIPAIS **107**

Apesar do fracasso da lei, é louvável que, em casos isolados, tenha permitido a realização de experiências pedagógicas de vanguarda, investigações e debates críticos de alto valor científico, bem como a formação de grupos permanentes de trabalho e estudos de qualidade internacional comprovada.

Como vemos, a região da Emilia-Romanha é uma das mais fervorosas defensoras dessa lei e foi capaz de introduzir diversas normas para a construção, gestão e controle das creches.[21] Contaremos posteriormente a história específica de Reggio Emilia nesse sentido.

Não podemos deixar de falar de duas importantes experiências pedagógicas italianas da segunda metade do século XX.

A primeira é o chamado Movimento di Cooperazione Educativa (MCE).[22] Ao término da Segunda Guerra Mundial, alguns professores que haviam lutado contra o fascismo formaram um grupo. Quando retornaram às salas de aula, perceberam o atraso pedagógico da escola italiana. Em 1950, Ernesto Codignola[23] convidou Célestin Freinet para dar uma palestra sobre suas técnicas. Isso motivou a criação de um grupo Freinet na Itália em junho de 1951. Assim, em 4 de novembro de 1951, nasceu a Cooperativa della Tipografia a Scuola (CTS),[24] com o objetivo de elaborar princípios pedagógicos em um clima cooperativo. Nos dias 29 e 30 de junho de 1952, ocorreu o Primeiro Congresso da CTS, do qual

---

[21] Legge reggionale 7 marzo 1973 ["Lei regional de 7 de março de 1973", em tradução livre], n. 15; Regolamento di esecuzione della legge regionale 7 marzo 1973 ["Regulamento de implementação da lei regional de 7 de março de 1973", em tradução livre], 27 de dezembro de 1973, n. 51; Legge reggionale 21 junio 1978, ["Lei regional de 21 de junho de 1978", em tradução livre], n. 17.

[22] Seguimos a obra de Francisco Imbernón, *Il movimento di cooperazione educativa* ["O movimento de cooperação educativa", em tradução livre] (Barcelona: Editorial Laia, 1982).

[23] N. do E.: educador italiano.

[24] N. do E.: "Cooperativa de Tipografia Escolar", em tradução livre.

Freinet participou. Foi de uma ideia de Giuseppe Tamagnini[25] que, em 1957, no VI Congresso realizado em Fano,[26] nasceu o MCE. Não era apenas uma mudança de nome.

> Essa mudança respondia ao excesso de tecnicismo e psicologismo individualista que a experimentação das novas técnicas havia trazido. Estas só adquirem um verdadeiro significado se forem aplicadas a um novo conceito de cultura.[27]

Na década de 1960, o MCE enfrentou diversos problemas didáticos e organizacionais. Alfieri, Pettini e, em particular, Ciari contribuíram para a organização dos aspectos básicos da chamada *didática MCE*.

Em 1968, quando o movimento estudantil do Maio francês[28] chegou à escola, questionando o autoritarismo e a imposição cultural em meio a diversas lutas trabalhistas, o MCE questionou-se sobre o papel sociocultural que deveria ocupar nesse novo cenário. Assim, em 1968, nasceu seu manifesto ideológico.

> O MCE havia nascido e se desenvolvido como uma livre associação de professores que partiam de uma rejeição total à escola anterior, com a intenção de promover uma renovação radical, por meio da elaboração didático-pedagógica, conduzida cooperativamente a partir da base. Isso também implicava intervir na mudança radical da sociedade na qual estavam imersos.[29]

---

[25] N. do E.: educador italiano.

[26] N. do E.: comuna localizada na região central da Itália, na região das Marcas.

[27] Francisco Imbernón, *Il movimento...*, *op. cit.* p. 31.

[28] N. do E.: movimento político civil marcado por grandes protestos, como greves gerais e ocupação de universidades e fábricas. Os acontecimentos desse período apareceram em diversas obras artísticas, como filmes e músicas.

[29] Francisco Imbernón, *Il movimento...*, *op. cit.* p. 45.

OS ANOS 1963-1972: O INÍCIO DAS ESCOLAS MUNICIPAIS **109**

A partir desse momento, os membros do grupo buscariam um equilíbrio entre didática e política. Os temas de discussão foram: a superação da compartimentação das diferentes disciplinas, a jornada escolar completa, a rejeição do livro didático, a inclusão de pessoas com deficiência e a marginalização que a escola provoca.

O ano de 1974 foi importante. Nessa ocasião, ocorreu a XXII Assembleia do MCE, na qual o debate se concentrou no compromisso social e na luta dos profissionais para conseguir um uso alternativo da profissionalidade docente que estimulasse uma atitude crítica em relação à cultura como um dogma de saber preconcebido para aprender a compreender e viver o futuro, postura que ainda mantém – com juízos distintos – na atualidade.

Ernesto Codignola, Bruno Ciari, Francesco De Bartolomeis, Gianni Rodari, Mario Lodi ou Francesco Tonucci[30] são alguns dos nomes ligados – de uma forma ou de outra – a esse movimento. Trata-se de pessoas com as quais, como veremos, Malaguzzi teve relação por diversos motivos.

A outra experiência importante que revolucionou a escola italiana foi levada a cabo por Don Lorenzo Milani,[31] desde 7 de dezembro de 1954, no povoado de Barbiana.[32] *Lettera ad una maestra*,[33,34] publicada um mês antes da morte de Don Milani, em 26 de junho de 1967, é um manifesto-denúncia sobre a marginalização social da escola que narra a vida escolar dos alunos de Barbiana. Repercutiu e abalou os fundamentos da Educação na Itália. Esse padre, em um tipo de exílio em Barbiana, construiu uma escola sem

---

[30] N. do E.: importantes educadores italianos.

[31] N. do E.: padre educador de crianças em situação de vulnerabilidade social.

[32] N. do E.: localizado nos arredores de Florença.

[33] N. do E.: "Carta a uma professora", em tradução livre.

[34] *Vide*, também, o filme de Bernard Kleindienst, *Adieu, Barbiana* ["Adeus, Barbiana", em tradução livre], de 1994.

carteiras, sem provas, contra uma escola entediante, buscando o interesse profundo das crianças, filhos de camponeses e agricultores, a fim de educá-los culturalmente para – segundo suas palavras – serem maiores que a própria escola e rirem dela.

Loris Malaguzzi e as Escolas Municipais da Infância[35,36]

Precedentes e gestão política das Escolas Municipais

O primeiro e único precedente de uma Escola Municipal em Reggio Emilia foi encontrado em 1913, em Villa Gaida. Nasceu por iniciativa da administração socialista de Roversi, Prampolini, Zibordi etc. Existia uma regulamentação específica da Creche, que foi delegada à Direção da escola primária (*elementare*). O Artigo 3 desse regulamento declara que a Educação Pré-escolar seguirá o método Fröebel-Aporti, excluindo completamente os ensinamentos da primeira classe elementar. Assim, Fröebel[37] limita-se aos

---

[35] N. do E.: *Scuole Comunali dell'Infanzia*, em italiano.

[36] Como base para a reconstrução da história das Escolas Municipais da Infância, foi utilizado o documento *Tracce preliminari per un storia dell'esperienza dei nidi e delle scuole comunali dell'infanzia* ["Esboços preliminares para uma história da experiência das creches e das escolas municipais da infância", em tradução livre], organizado por Laura Artioli e Laila Marani, janeiro de 1998. Além disso, também foram utilizados como fonte a obra de Mario Mazzaperlini, *op. cit.*; um catálogo da exposição *I cento linguaggi del bambini* ["As cem linguagens da criança"] (Reggio Emilia: Reggio Children, 1996), p. 16-8; e um anexo escrito por Gino Ferri, intitulado *Dati storici e culturali dell'esperienza reggiana* ["Dados históricos e culturais da experiência reggiana", em tradução livre]. Também gostaria de advertir que minha reconstrução é, sobretudo, histórico-pedagógica. Trata-se, tão somente, de uma narrativa entre tantas possíveis. Lino Rossi e Vanni Carnevali, por exemplo, propõem outra: *vide* "Una indagine storico-sociologica sulle scuole comunali della infanzia di Reggio Emilia. Linee programmatiche" ["Um levantamento histórico-sociológico sobre as escolas municipais da infância de Reggio Emilia. Linhas programáticas", *Ricerche Pedagogiche*, n. 68-69 (jul./dez. 1983), p. 75-9.

[37] N. do E.: Friedrich Fröbel, que iniciou os jardins de infância, pedagogo alemão com embasamento no método do educador suíço Johann Heinrich Pestalozzi.

OS ANOS 1963-1972: O INÍCIO DAS ESCOLAS MUNICIPAIS **111**

materiais estruturais, e Aporti,[38] aos cartazes publicitários. As exigências práticas têm controle sobre qualquer tipo de análise teórica, modificando as principais diferenças entre esses dois pedagogos. Dessa forma, diante das necessidades, compreensíveis no momento, de oferecer qualquer prática concreta e inovadora, os posicionamentos desaparecem, encontrando-se numerosos pontos de contato na cotidianidade educativa.

> O método Fröebel-Aporti não é propriamente uma elaboração teórica real, não representando uma síntese entre os princípios característicos de ambas as orientações pedagógicas, como se poderia intuir pelo nome, mas, sim, a fusão entre os aspectos mais simplesmente didáticos que emergem da obra de ambos os pedagogos. [...]
>
> Dessa forma, Fröebel é reduzido aos materiais estruturados, e, Aporti, aos cartazes publicitários. As exigências práticas têm controle sobre qualquer análise e "distinção" teórica, portanto, posições aparentemente distantes podem encontrar numerosos pontos de contato na cotidianidade educativa. (Rossi, 1988, p. 48-9)

O Artigo 4 prescreve que a educação é completamente laica, e o Artigo 8, que a educadora deveria ter diploma, ao menos, de *professora primária*[39] e, de preferência, de *professora de jardim de infância*,[40] algo inovador para os tempos em que viviam, quando existiam várias pessoas exercendo como professoras sem titulação alguma. Em 1948, a junta de Campioli decidiu não renovar a convenção da Creche de Gaida, que se transformou em paroquial.

Desde 1956, e, depois do surgimento das escolas da Unione Donne Italiane (UDI), a junta do Município de Reggio realizou

---

[38] N. do E.: Ferrante Aporti, pedagogo e teólogo italiano.
[39] N. do E.: no original, "título de *insegnante elementare*".
[40] N. do E.: no original, "título de *maestra jardineira*".

diversas solicitações de abertura de escolas municipais. Essas solicitações não foram aceitas ou foram ignoradas pelo ministério responsável. Em 1959, o Município aprovou um regulamento para as escolas maternais municipais, ainda não construídas. Trata-se de um documento técnico e funcional para abrir pré-escolas.

A partir de 1960, vários movimentos sociais e políticos – sobretudo femininos – (com algumas conselheiras[41] provenientes da UDI) tentaram abrir a primeira escola de titularidade municipal. O Município de Reggio, de maioria comunista, por vezes, apresentava projetos de construção de uma escola, mas eram rejeitados pelo *Prefetto*,[42] que, em nome do Estado, deveria autorizá-los. Entretanto, as regiões atuais ainda não estavam constituídas (o que não ocorreu até 1971), e as províncias e os municípios estavam sob a supervisão do poder central dos *Prefetti*, uma espécie de delegados supervisores das decisões dos municípios e da província. e supervisionava as decisões dos municípios e da província. A *Prefettura*[43] alegava que já existiam outras escolas, principalmente privadas-paroquiais,[44] em várias localidades. Era uma maneira de não promover escolas laicas, consideradas perigosas.

Em 19 de abril de 1962, por unanimidade, foi decidida a construção de quatro escolas maternais pré-fabricadas: Villa Ospizio, San Pellegrino-Crocetta, Via Pastrengo e Santa Croce-Esterna. Franco Boiardi,[45] então conselheiro da Província, teve a ideia de adquirir instalações pré-fabricadas de uma empresa de Milão e solicitar onde deveriam ser colocadas, pois esse era um falso problema.

---

[41] *Vide* testemunho de Lidia Greci e de Loretta Giaronni *in La cultura dell'infanzia...*, *op. cit.*, e entrevista pessoal realizada a Loretta Giaroni e a Eletta Bertani em 27 de outubro de 1995.
[42] N. do E.: governante da província e do município.
[43] N. do E.: circunscrição territorial sobre a qual um *Prefetto* exerce sua autoridade.
[44] Em 1963, havia 37 escolas maternais católicas, com 93 classes abertas para um total de 2.450 crianças, 61,5% dos meninos e das meninas entre 3 e 6 anos.
[45] Entrevista realizada com Franco Boiardi em 27 de maio de 1996.

OS ANOS 1963-1972: O INÍCIO DAS ESCOLAS MUNICIPAIS **113**

Essa inteligente estratégia tentava quebrar o gelo e a armadilha da *Giunta Provinciale*.[46] No entanto, essa deliberação municipal não obteve a autorização do órgão,[47] o que provocou um movimento social, liderado por Malaguzzi, entre outros, formado por alguns grupos municipais, a UDI e muitas mães, que apresentaram uma petição formal ao *Prefetto*. Nesse mesmo ano, foram feitas algumas modificações no regulamento existente, particularmente em relação à orientação pedagógica geral e à busca de uma colaboração mais próxima da família.

Simpósio de Psiquiatria, Psicologia e Pedagogia

Façamos um pequeno parêntese nessa história, que retomaremos depois. Enquanto isso, de 13 de março a 17 de abril de 1962, Malaguzzi organizou um simpósio sobre as relações entre Psiquiatria, Psicologia e Pedagogia, um tema – nas palavras de Malaguzzi – temerário e desconhecido. Malaguzzi, que, na época, combinava seu trabalho no Centro Médico-Psicopedagógico e na coordenação das Escolas da Infância, participou com uma palestra intitulada *L'alunno, la classe, il maestro nella dinamica educativa secondo le esperienze della psicopedagogía* ("O aluno, a classe, o professor na dinâmica educativa segundo as experiências da psicopedagogia", em tradução livre).[48]

---

[46] N. do E.: "Junta da Província", em tradução livre.
[47] Em 16 de setembro de 1963, o Município enviou à *Prefettura* o orçamento para as escolas. Em 14 de outubro daquele ano, a junta respondeu, mais uma vez, negativamente.
[48] Loris Malaguzzi, "L'alunno, la classe, il maestro nella dinamica educativa secondo le esperienze della psicopedagogia", *in* Consultorio Medico Psico Pedagogico comunale di Reggio Emilia ["Centro Médico-Psicopedagógico Municipal de Reggio Emilia", em tradução livre] (organização), *Atti del simposio sui rapporti tra psichiatria, psicologia e pedagogia* ["Anais do simpósio sobre a relação entre psiquiatria, psicologia e pedagogia", em tradução livre] (Reggio Emilia: Comune di Reggio Emilia, 1963).

Nele, retomando uma ideia do sociólogo francês Émile Durkheim, ele se perguntou o que é a Educação. E respondeu que é um fato sociocultural cheio de valores filosóficos, históricos, metodológicos e didáticos. Para realizar esse trabalho, é necessário acreditar que a infância não é uma tábula rasa, que é necessário saber observar e interpretar adequadamente.

Para isso, ele se fundamentou nas teorias de John Dewey, Arnold Gesell,[49] Jean Itard,[50] Édouard Seguin,[51] Maria Montessori, Édouard Claparède,[52] Henri Wallon, Jean Piaget, René Zazzo,[53] Agostino Gemelli,[54] na escola psicanalítica e na Gestalt, em Kurt Lewin[55] em particular. E, assim, ele começou a definir um tipo de Educação nova, que emergisse das abstrações filosóficas do século anterior e abandonasse a psicologia de laboratório.

Nesse trabalho, apesar de padecer de um excessivo psicologismo e de medo da subjetividade infantil, começam a aparecer algumas ideias sobre a Pedagogia como um sistema de relações sociais, intelectuais e afetivas, a noção do desenvolvimento cultural como uma complexidade socioemocional, o respeito à unidade e ao protagonismo da infância, a importância do respeito pelos interesses, pela alegria infantil e pelo prazer em aprender (como oposto ao tédio), a visão de uma professora que deve se maravilhar e se surpreender com o que vive, e a ideia de um desenvolvimento infantil complexo e descontínuo. Nas conclusões desse trabalho – cujo desejo era o de práticas –, podemos observar o germe de alguns aspectos importantes de seu pensamento e de sua obra pedagógica.

---

[49] N. do E.: psicólogo e pediatra estadunidense, cujo trabalho se debruçou sobre o desenvolvimento infantil e da higiene das crianças.

[50] N. do E.: médico francês.

[51] N. do E.: médico francês.

[52] N. do E.: nascido na Suíça, foi neurologista e psicólogo do desenvolvimento infantil.

[53] N. do E.: psicólogo e pedagogo francês.

[54] N. do E.: religioso, médico e psicólogo italiano.

[55] N. do E.: psicólogo alemão.

OS ANOS 1963-1972: O INÍCIO DAS ESCOLAS MUNICIPAIS

E chegamos ao final do nosso discurso. Será uma despedida prática e funcional que terá como objetivo resumir uma série de indicações, atitudes, problemas, com o intuito de chamar a atenção de todos para uma reflexão mais profunda, que é melhor para estar mais *disposto* à verificação, à crítica, ao *maravilhamento*, o qual também se revela como uma atitude substancialmente aberta, científica, de trabalho e de reflexão operativa.

Corroboramos Claparède: "*Isso é o que acontece: uma constante presença da atitude científica, ou seja, a atitude do professor em se maravilhar, até mesmo, com os fatos de sua vida profissional cotidiana e o desejo de questionar esses fatos e de tentar obter uma resposta submetendo-os à observação metódica e à experimentação*".

Lembremo-nos de que:

a. A criança é um ser estruturalmente social e que, no processo de conhecimento, sempre intervêm requerimentos de natureza social e emocional.

b. A natureza da criança requer imprescindivelmente que a escola satisfaça à necessidade de socialização e de integração ao grupo. Tal necessidade desencadeia reações psicológicas e sociológicas.

c. Essa necessidade é fundamental; sua satisfação e sua pressuposição são indispensáveis para o posterior processo de maturação.

d. A criança pode oferecer resistências de tipo reativo ante a ação educativa, sendo essas de abandono ou de agressividade. Cabe ao professor a tarefa de enfrentá-las somente com uma verdadeira atitude pedagógica, buscando e individualizando motivações básicas desse fenômeno (Makarenko):[56] "Qual o motivo de, em nossos institutos técnicos, a resistência

---

[56] N. do E.: Anton Makarenko, educador ucraniano/soviético que escreveu diversas obras pedagógicas.

dos materiais ser estudada, mas, em nossas escolas de Magistério, não estudarmos as resistências que as crianças oferecem ou podem oferecer à ação educativa?".

e. A tarefa do professor é acompanhar e favorecer a dissolução de sua figura demiúrgica diante da criança, que, por sua vez, está orientada para essa mesma dissolução progressiva de seus comportamentos afetivos e intelectuais de tipo mágico e totalitário.

f. A crescente racionalidade da criança e a progressiva sedimentação da exuberância emocional que dá lugar ao nascimento dos sentimentos precisam encontrar um trabalho de apoio e adequação pontuais, inteligentes, apaixonados, por parte do professor.

g. A autoridade do professor é produtiva apenas se for uma autoridade cooperativa, que permita entrar no grupo e tornar-se um fator insubstituível de maturação.

h. Somente com essa atitude será possível perceber logo quando a ordem deve dar lugar ao conselho, a exortação ao raciocínio, quando sua ação deve começar, necessariamente, a apoiar a reflexão crítica da criança.

i. O esforço que é provocado sem o estímulo natural do interesse e com a ajuda dos estimulantes artificiais de sanções e recompensas é estéril. O esforço tem sentido porque vem do interior, de acordo com os interesses espontâneos e adquiridos conforme o processo de maturação da criança. Isso é algo saudável e normal.

j. A atitude do professor que não leva adequadamente em conta os problemas de reflexão que sua ação provoca de maneira contínua no âmbito da família e, portanto, da mobilidade das relações derivadas, pode levar a uma "arritmia" paralisante de sua ação, com consequências obviamente verificáveis na criança, na classe e na família.

k. A criança, em razão de ser objeto e de estimular uma produtiva observação e de um processo educativo produtivo, deve ser extraída de seu anonimato e conhecida em sua história existencial em contínua evolução.

l. A atitude básica do professor e de nossa escola não deve ser de julgamento, mas de observação. Isso liberará a criança de pressões frustrantes e limitadoras.

m. Uma excessiva aceleração do ritmo do processo de instrução, sobretudo no início da escolarização (fenômeno que é claramente registrado na prática escolar atual e provoca transtornos e falta de adaptação em diversas formas, até mesmo em longo prazo), com a retirada de uma indispensável fase propedêutica de adaptação (emocional, afetiva, intelectual, social, motora, perceptivo-motora) que leve em consideração a natureza e as necessidades da criança.

n. Um excesso de condescendência em relação à brincadeira no âmbito do fantástico, à perpetuação do mundo da fantasia (sem, no entanto, desconsiderar os valores autônomos da fantasia) pode bloquear a criança em um estado de infantilismo, produzindo fenômenos de regressão, tendência à rejeição da realidade e perda da capacidade de observação.

o. É um erro acreditar que a criança aspira naturalmente a uma liberdade plena e total. A aspiração à liberdade é ativada somente em virtude de uma progressão intimamente ligada ao desenvolvimento pessoal e social da criança, com a evolução de uma necessidade de proteção e segurança que, na realidade, apresenta-se como anterior. Faz parte da tarefa do professor o favorecimento da assunção da liberdade e da autonomia, em um clima de segurança.

p. A estabilidade e a continuidade do ensino por parte do professor são condições necessárias para continuidade e coerência nos métodos educativos. Além disso, é preciso assegurar ao grupo escolar a continuidade de uma experiência que não pode ser interrompida sem que se prevejam possíveis e dolorosas consequências.[57]

A abertura da primeira Escola Municipal

Após essa digressão, voltemos à feliz história da abertura da primeira instituição educacional municipal. Finalmente, em 5 de novembro daquele ano, foi aberta a primeira escola maternal municipal, após ter superado o último obstáculo da *Giunta Provinciale*, a qual orientava que o quadro de funcionários da escola fosse formado por freiras, por motivos econômicos. Em vez disso, o corpo de funcionários seria laico, diplomado e com um salário específico (algo que não existia nas escolas anteriores, onde as professoras eram pagas apenas se as circunstâncias permitissem). Loris Malaguzzi, que já trabalhava como funcionário municipal no Centro Médico-Psicopedagógico, foi nomeado coordenador pedagógico dessa experiência, apesar da oposição.

Renzo Bonazzi,[58] prefeito de Reggio Emilia de 1962 a 1975, e Franco Boiardi,[59] conselheiro de Educação de 1961 a 1966,

---

[57] Loris Malaguzzi, "L'alunno, la classe, il maestro...", *op. cit.*, p. 43-5.

[58] Entrevista realizada em 24 de maio de 1996. *Vide*, também o testemunho de 11 de maio de 1998 *in* Istoreco, *La cultura dell'infanzia...*, *op. cit.*

[59] Entrevista citada e testemunho recolhido em 13 de maio de 1998 *in* Istoreco, *La cultura dell'infanzia...*, *op. cit.*

recordam-se de que Malaguzzi foi escolhido por diversos motivos: seu prestígio intelectual era reconhecido por seu trabalho no jornal, no Consultório, nas atividades teatrais e na formação de educadoras; ademais, era um homem do partido que inspirava confiança.

Suas ideias imaginativas − para além da Pedagogia −, expostas em privado ou de maneira pública aos políticos, convenceram como um plano ideológico inicial das escolas municipais: uma direção laica das escolas, que se distanciasse da tradição católica; a extensão da escola pública para abaixo dos 6 anos, a fim de permitir a inserção laboral da mulher; a escola gerida descentralizadamente pelos que a usam; a existência de uma relação forte de colaboração e de participação entre a família e a escola; a instrução às crianças para não obedecerem passivamente; a escola como um local educativo de formação da personalidade da infância e um centro cívico de formação das famílias; o fato de os meninos e as meninas terem capacidades sociais desde o nascimento, e, por isso, precisarem de um tipo de escola de qualidade que os ajude a expressar sua cultura; uma cozinha à disposição em cada escola, na qual fosse possível preparar uma refeição igual para todos e todas, já que, até então, cada criança levava um sanduíche, ou o que podia, para comer.

Como colaboradora de Loris, Marta Lusuardi[60] começou fazendo trabalhos de secretária nos escritórios da Via dell'Abbadessa, sede da Direção das Escolas Municipais. Na verdade, Marta era uma figura de energia extraordinária e uma aliada fiel no momento de difundir um projeto ambicioso e nada simples.

---

[60] N. do E.: importante figura para a administração das Creches e Escolas Municipais da Infância de Reggio Emilia, presente na luta por uma Educação melhor desde a UDI. Ela faleceu aos 95 anos, em 8 de janeiro de 2023, deixando esse grande legado.

Após vários anos de rejeições arrogantes por parte das autoridades governantes, o Município conseguiu criar sua primeira escola para crianças. Foi um acontecimento decisivo em um pequeno prédio de madeira estabelecido pelas autoridades. Custou-nos enchê-lo de crianças. Três anos depois, houve um incêndio em razão de um curto-circuito. Todos nós saímos correndo, inclusive o prefeito, e ficamos lá até que restassem apenas as cinzas. Um ano depois, a escola ressurgiu em tijolos e cimento. Estávamos fazendo isso seriamente. [...] Era uma escola de duas salas para 60 crianças. Batizamo-la de *Robinson*, em homenagem às aventuras do herói de Defoe.[61] [...]

Muitos olhares, nem todos benevolentes, seguiam-nos. Tínhamos de errar o mínimo possível, encontrar rapidamente nossa identidade cultural, fazer-nos conhecer, ganhar confiança e consideração. Lembro-me de que, após alguns meses, urgiu a necessidade de nos fazermos conhecer e colocamos em prática uma ideia eficaz. Uma vez por semana, levávamos a escola para a cidade. Íamos em um caminhão com as crianças e o material, e ensinávamos ao ar livre, nas praças, nos jardins públicos, sob a colunata do teatro municipal. As crianças ficavam felizes. As pessoas olhavam, surpreendiam-se e perguntavam-se.[62]

O nome Robinson, lembrou-se Malaguzzi em outra ocasião,[63] foi uma ideia bastante refletida. Tratava-se de um personagem que tinha um significado simbólico e gerava fascinação. Representava a figura de um homem solitário, capaz de encontrar, com

---

[61] N. do E.: referência ao romance *Robinson Crusoé*, do inglês Daniel Defoe, sobre um náufrago em uma ilha que passa por diversas aventuras, na companhia de Sexta-Feira. Muitos pesquisadores fazem estudos pós-colonialistas sobre as relações apresentadas nessa obra do século XVIII.

[62] Loris Malaguzzi *in* Carolyn Edwards, Lella Gandini e George Forman, *I cento...*, *op. cit.*, p. 53.

[63] *Vide* os testemunhos orais de 30 de março de 1989, *Venticinquesimo della Scuola Comunale dell'infanzia Robinson* ["Vinte e cinco anos da Escola Municipal da Infância Robinson", em tradução livre].

OS ANOS 1963-1972: O INÍCIO DAS ESCOLAS MUNICIPAIS **121**

inteligência, força e tensão, uma sobrevivência extraordinária, sendo capaz de reinventar a vida. É o símbolo de reconstruir a existência trabalhando com as mãos e a mente, um binômio de presságio da criatividade necessária para construir uma experiência original: outra escola, que superasse a tradição montessoriana e agazziana.

Vamos nos deter nesse momento histórico. Malaguzzi comentou sobre conseguir o prestígio para uma experiência social, ainda sem identidade própria. Isso se deu porque diversas pessoas consideravam as Escolas Municipais uma espécie de "gueto" de formação marxista de caráter ateu não espiritual.[64] Malaguzzi teve que ser extremamente habilidoso para conseguir o prestígio de uma experiência que fosse, acima de tudo, um fórum de encontro, acolhida e confrontação de diversas pessoas e ideologias, também católicas. Esse fato explica as dificuldades para conseguir alunos vistos com bons olhos, e a pressa de Malaguzzi para conseguir um reconhecimento social que – ele sabia – era também cultural.

> – Seus tempos são longos. Vocês os medem sobre a eternidade – disse Loris Malaguzzi há cerca de dez anos, em uma das primeiras experiências "clandestinas" de diálogo entre marxistas e católicos. – Nós, no entanto, somos pessoas com pressa.[65]

Loris Malaguzzi contou essa história[66] em algumas ocasiões. O importante, destacava ele, era conseguir a simpatia e o prestígio das famílias e da comunidade. Para isso, mesmo contra sua vontade, eles vestiam batas nas crianças, como uma estratégia – ética, estética e política – adequada para obter o reconhecimento educacional de que precisavam.

---

[64] Nesse sentido, *vide* as críticas tecidas em Mario Mazzaperlini, *op. cit.*, p. 195 *et seq.*

[65] Luciano Corradini *apud* Mario Mazzaperlini, *op. cit.*, p. 217.

[66] *Vide* os testemunhos de 30 de março de 1989, *Venticinquesimo della Scuola Comunale dell'infanzia Robinson*, de 8 de junho de 1987, com Carla Rinaldi, e de 2 de maio de 1989.

> Lembro-me, com pesar e fadiga, que não queríamos que nossas crianças tivessem uma insígnia, um distintivo. Não queríamos que usassem uma bata que lembrasse a escola, mas a bata era apenas uma condição de oportunidade para demonstrar que também éramos capazes de ensinar e educar. Lembro-me de que passamos muitos dias discutindo a forma e a cor das batas. Optamos pela cor da esperança: verde, para meninos e meninas, sem distinção. Contudo, assim que percebemos que tínhamos conseguido a estima, eliminamos as batas das crianças e das professoras, para que pudessem entrar na escola com roupas normais. Nem sempre somos livres para realizar nossas ideias. Muitas vezes, precisamos filtrá-las e esperar pela nossa oportunidade.[67]

Ao mesmo tempo, com a escola Robinson, nasceu um projeto educativo com base nessa figura, o que significava uma novidade absoluta na Pedagogia existente, oferecendo às crianças um projeto orgânico de intervenção educacional e interdisciplinar.

> Contemplava-se a reconstrução, junto com as crianças, da história e das aventuras do nosso herói, trabalhando a leitura, a narrativa, a memória, o desenho, a pintura, a argila, a madeira, reconstruindo o veleiro, o mar, a ilha, a gruta, os utensílios.[68]

Da mesma forma, estabeleceu-se uma intensa comunicação com as famílias, formando um *Comitato*.[69] Com esse projeto, houve também, seguindo a ideia de Bruno Ciari,[70] uma mudança conceitual: a mudança de nome de *escola maternal* (com todas as

---

[67] Conferência de 2 de maio de 1989, *op. cit.* Transcrição e tradução para o espanhol de Alfredo Hoyuelos.

[68] Loris Malaguzzi *in* Carolyn Edwards, Lella Gandini e George Forman, *I cento...*, *op. cit.*, p. 53.

[69] N. do E.: "conselho", em italiano.

[70] N. do E.: importante educador italiano, especialista em didática. Atuava em prol de uma educação não autoritária, democrática e não confessional.

OS ANOS 1963-1972: O INÍCIO DAS ESCOLAS MUNICIPAIS **123**

suas conotações pejorativas) para *Escola da Infância*. Além disso, a mudança em relação ao que já existia foi radical e afetou cada aspecto, tanto teórico como prático, alcançando, quando possível, fontes e experiências distintas, nacionais e *internacionais*.

Assim, os pontos fortes dessa experiência[71] – na qual procuravam originalidade – foram buscar o significado da participação das famílias (como uma forma de evitar a burocratização da experiência), a colegialidade do trabalho (que incluía a organização e a formação pedagógica tanto das professoras como do pessoal auxiliar e de cozinha), a relação entre a organização do trabalho e os princípios pedagógicos, a interdependência entre o conhecimento e as linguagens da infância, uma elaboração projetual de base, a busca de uma concepção pluralista para não fazer uma experiência de somente determinada parte, a capacidade de uma convivência amável com os meninos, as meninas, as educadoras e as famílias, tentar elevar as profissionais a um patamar de dignidade profissional e buscar, na experiência, ocasião de reflexão e pesquisa constante. Nas escolas, contavam, primeiro, com uma professora e, depois, com uma colaboradora excepcional, Sofia Gandolfi, uma pessoa que, desde o início, havia trabalhado nas escolas da UDI, criadas de forma cooperativa.

Também em 1963, em 11 de setembro, constituiu-se uma comissão municipal (*Commissione Consiliare*) para tentar abrir a primeira Creche Municipal para crianças de 0 a 3 anos. Nesse período, em março de 1964, a UDI criou um documento, denominado *L'istituzione del servizio sociale degli asili nido per i bambini fino a 3 anni*, com o sugestivo subtítulo de *Ragioni di una proposta di legge d'iniziativa popolare ai sensi dell'art. 71, 2º comma, della Costituzione*

---

[71] Mencionados por Loris Malaguzzi na conferência de 30 de março de 1989, *op. cit.*

("A instituição do serviço social de Creches para crianças até 3 anos. Razões para uma proposta de lei de iniciativa popular, conforme o Artigo 71.2 da Constituição"), apresentado ao Governo da nação. Também em 1964, a Província de Reggio Emilia promove um congresso para gerar uma proposta com o objetivo de conseguir um fundo provincial para a gestão das Creches. Assim, constituiu-se um Comitê entre vários municípios da Província, em alguns dos quais nasceriam, posteriormente, algumas Creches.

A escola municipal Anna Frank[72] foi criada em 9 de novembro de 1964, também com um nome emblemático. Ela surgiu no recém-criado bairro (na época) de Rosta Nuova em Reggio Emilia. Foi uma desculpa para construir, sem muitos problemas, uma Escola da Infância que ainda não existia. Essa escola realizou um projeto assim como o de Robinson, mas com o personagem Pinóquio, criado por Carlo Collodi.[73]

Esse projeto declarou, com veemência, a necessidade de sair da improvisação educacional e refletir sobre o trabalho de investigação e experimentação, guiando-se pelos interesses e pelas expectativas dos meninos e das meninas. Também era importante realizar leituras ativas, sabendo contextualizá-las geográfica e historicamente. O plano de trabalho incluía leituras, conversas, objetos para comentar, atividades expressivas e dramatizações, bem como inúmeras excursões pela cidade para visitar o bosque, o museu, o circo, entre outras atividades.

Tratava-se de um plano de trabalho que falava claramente das potencialidades da infância e da necessidade de uma sensibilidade cultural dos profissionais que trabalham com as crianças, além

---

[72] N. do E.: na Itália, Anne Frank é assim chamada. A menina judia, vítima do Holocausto, teve seu diário publicado, que se tornou um *best-seller* ao redor do globo.

[73] Ambos os projetos podem ser encontrados no documento: Loris Malaguzzi, *Piani di Lavoro su Pinocchio e Robinson* ["Plano de trabalho sobre Pinóquio e Robinson", em tradução livre], 1969.

de consciência reflexiva no trabalho e nas escolhas que faziam. Posteriormente, fazia-se muito importante coletar, analisar e refletir sobre as produções das crianças: desenhos, palavras ou qualquer outra observação cognitiva ou afetiva.

> Essa organização não significa ser sistemática, nem mesmo uma adição simples. Trata-se, sim, de um fenômeno de fato, muitas vezes, detectável em virtude de teorizações persistentes, que acabam por subtrair da criança não apenas parte de seus potenciais e de suas aspirações, mas também desviá-la de seu processo real de aprendizagem e amadurecimento, concedendo espaços metodológicos bastante amplos para a casualidade, a dispersão, a espontaneidade.[74]

Primeiras relações internacionais

Outro aspecto que Malaguzzi estabeleceu desde o início da experiência foi a formação cultural e didática das profissionais, o que envolvia a organização de cursos, seminários e conferências, além de contatos com diversas figuras importantes e experiências de outros países. Em outras palavras, um intercâmbio, que Malaguzzi viu como uma força cultural e política para a própria experiência.

Dessa maneira, em 1963, ele organizou um seminário ítalo--tchecoslovaco sobre as brincadeiras infantis. Em 1965,[75] com Sergio Masini e uma delegação das Escolas, Loris foi à universidade e a outros centros de Genebra para visitar os jardins de infância sob

---

[74] *Ibidem.*

[75] Encontrei três cartas de Loris Malaguzzi datadas de 8 de junho de 1965, em agradecimento pela hospitalidade mostrada em Genebra. Uma era dirigida à Mademoiselle Germaine Duparc, diretora da Maison des Petits; outra a S. Roller, professor do Instituto de Ciências da Educação J. J. Rousseau; e a terceira a Berthold Beauverd, a quem ele agradeceu por ter lhe dado o livro *Avant le calcul* ["Antes do cálculo", em tradução livre], que Loris tentava aplicar em Reggio.

inspiração piagetiana que havia naquela cidade, além de se aprofundar em sua metodologia. Malaguzzi ficou impressionado e seduzido pela praticidade da experiência, pelos materiais, pelas oficinas, pela estruturação das salas em cantos, pelo cuidado com o ambiente e pelo uso de materiais recicláveis. Dessa experiência, Malaguzzi extraiu algumas ideias que levaria para Reggio: a importância da observação; a atenção ao objeto sensível, aos materiais e às relações que as crianças estabelecem em sua aprendizagem; a importância das ações concretas; o cuidado com o ambiente.

Posteriormente, ele viajou para um congresso em Paris, também com seu amigo Sergio Masini. Este se lembrou[76] de como Malaguzzi achava insuportáveis as conferências realizadas do ponto de vista catedrático; eram palavras que se afastavam da experiência das escolas. Também se recordava de como Loris saiu do congresso deixando Sergio sozinho e foi visitar diversas escolas interessantes da cidade. Em um caderno, ele copiou vários móveis e materiais. Malaguzzi tinha necessidade e propensão natural para fazer, criar e transformar ideias em ação, para que as palavras se enchessem de significados plenos, não vazios como aqueles que eram realizados nas cátedras universitárias que ele começou a criticar duramente (veremos isso em detalhes mais adiante).

Dos encontros com as experiências piagetianas, surgiram diversos instrumentos e experimentações nas escolas. Ele inventava material que não havia e fazia diversas pessoas construírem: jogos de medidas, sequências, relações com o número. Martina Lusuardi[77] conta como eles permaneciam até altas horas da noite elaborando diversos materiais: uma espécie de cartões em que propunham experiências lógico-matemáticas. São as primeiras experiências,

---

[76] Entrevista realizada em 12 de abril de 2000.
[77] Entrevista realizada em 20 de maio de 1996.

baseadas nas teorias de Piaget, propostas na Itália sobre os números e as medidas. Experiências que partiram da crença de que esses conceitos pertencem à experiência vital da infância.

> Naquela época, estávamos convencidos – e ainda acreditamos – que não se trata de uma imposição nem um exercício artificial trabalhar com números, quantidades, classificações, dimensões, formas, transformações, orientações, conservações e mudanças, velocidade e espaço, pois essas explorações pertencem espontaneamente à experiência de viver, brincar, negociar e pensar das crianças.[78]

A identidade da escola de Reggio Emilia

Assim, a identidade de uma experiência com originalidade própria estava sendo formada. Uma experiência que, com grande diversidade, também ocorreu em outras cidades – de tradição comunista – da região italiana da Emília, em especial, Módena e Bolonha, e certos nomes começaram a surgir, como Giovanni Maria Bertin, Piero Bertolini e Franco Frabboni.[79]

Concordo com a parte da interpretação histórica da experiência feita por P. Pasotti (1998), quando fala sobre a carteira de identidade de uma nova Escola da Infância, baseada na gestão social das escolas e com as seguintes características predominantes: em primeiro lugar, um clima escolar fortemente socializado, com uma organização dinâmica e aberta para o mundo externo; em segundo lugar, uma reciprocidade sociocultural entre a escola e o território; em terceiro lugar, uma escola de experimentação científica, que abandona as vertentes pedagógicas "espontaneístas";

---

[78] Loris Malaguzzi *in* Carolyn Edwards, Lella Gandini e George Forman, *I cento...*, *op. cit.*, p. 53.
[79] N. do E.: importantes educadores italianos, que escreveram dezenas de obras pedagógicas.

e, por último, uma escola aberta a todos e a todas, inclusive a crianças com deficiência.

Tentarei demonstrar, apesar das características comuns citadas, como a experiência idealizada por Malaguzzi mantém uma marca original e própria, que a separa e a faz *dissidente* de outras experiências paralelas daquela região.

De acordo com Pasotti (1998), a experiência de Reggio é caracterizada por nuances e debates internos, como a ideia de que a escola seja preparatória e antecipe alguns conteúdos curriculares do Ensino Fundamental. Malaguzzi, por exemplo, sempre foi contrário a essa brutal antecipação. Há, também, o problema do ensino da religião, do qual trataremos em outra seção.

O autor fala sobre o surgimento de uma Pedagogia alternativa, baseada na busca pela formação da personalidade infantil, no respeito à individualidade original em uma situação de forte socialização, na busca pela criatividade como capacidade de superar uma práxis conformista de adesão passiva a modelos preestabelecidos, na atenção às dimensões psicológicas de uma infância com grandes potencialidades e no cuidado com o ambiente.

No entanto, não concordo com Pasotti (1998) quando ele reduz a experiência de Reggio apenas à espontaneidade expressiva da infância e à criatividade em termos gráfico-pictóricos. Também não compartilho de suas críticas aos problemas que surgem com a gestão social, como a confusão de papéis e a ambígua atribuição de responsabilidades, que não se aplica à experiência de Reggio. Mais à frente, veremos por quê.

Assim, com essas ideias, a experiência de Reggio foi se construindo e, com o tempo, ampliar-se-ia até alcançar patamares insuspeitos.

OS ANOS 1963-1972: O INÍCIO DAS ESCOLAS MUNICIPAIS **129**

> Essa experiência foi iniciada nas Escolas Municipais da Infância porque oferecem um terreno aberto, imune, ainda, aos grandes vírus da burocracia, do centralismo autoritário, da esclerose dos sistemas escolares e dos registros de votos, e porque os pais são afortunadamente imunes, ainda, às conveniências, aos conformismos, aos utilitarismos que a escola de cada grau acaba produzindo.[80]

Em 1965, Malaguzzi, com outros colaboradores, organizou o Primeiro Novembro Pedagógico, uma tradição que se desenvolveria ano após ano. Tratava-se de uma série de palestras dirigidas às famílias de Reggio sobre diversos temas educativos. Os encontros contaram com a presença de Roberto Mazzetti,[81] Franco Tadini,[82] Carlo Iannuccelli,[83] Pier Mario Masciangelo[84] e do próprio Loris Malaguzzi, que falou sobre *Os erros educativos das famílias e seus reflexos na escola maternal*.

Em dezembro daquele ano, foi organizado um seminário sobre a lógica matemática, no qual Malaguzzi ministrou três conferências com os seguintes títulos significativos: *Em particular: as pesquisas de Piaget e da escola de Genebra sobre a formação do pensamento lógico-matemático da criança*, *A passagem da investigação psicológica para a investigação pedagógica* e *Exemplos didáticos para o ensino do número*.

Em alguns apontamentos de Malaguzzi, intitulados *Seminário de estudo sobre o número*, que apresentou nessa ocasião, tratou de

---

[80] Loris Malaguzzi, *Esperienze per una nuova scuola dell'infanzia* ["Experiências para uma nova escola da infância", em tradução livre] (Roma: Editori Riuniti, 1971), 15.

[81] N. do E.: educador italiano de corrente neoidealista. Advogou em prol de uma escola em que a criança fosse o centro do projeto educativo.

[82] N. do E.: educador italiano deficiente físico (em razão da Segunda Guerra, na qual lutou). Fez importantes contribuições no que tange às Escolas da Infância, ao Ensino Médio e à didática da língua italiana.

[83] N. do E.: educador italiano autor de algumas obras pedagógicas.

[84] N. do E.: psicanalista italiano.

diversos temas, como as operações mentais (classificação, seriação e numeração), como essas operações lógicas atuam em relação com o pensamento concreto, quais são os aspectos típicos da "classe", quais são as dificuldades que a criança tem para entender a "classe", a relação de inclusão, o que é uma série, as dificuldades da sua construção, como se determina a extensão de uma "classe", o significado de indicar com um número a construção de uma "classe", a operação lógica de equivalência, a correspondência biunívoca, a passagem da correspondência serial para a numérica, a reversibilidade do pensamento, como a ação alimenta o pensamento, os jogos e as brincadeiras de potencialização lógica, o tema da conservação e a relação entre o todo e as partes.

A amizade e a inspiração de Bruno Ciari

Desde aquele ano, Malaguzzi e a cidade de Reggio começaram a cultivar várias amizades pessoais e profissionais. Uma delas foi com Bruno Ciari, "a inteligência mais apaixonada da pedagogia infantil", segundo Loris; a outra foi com Gianni Rodari.

Bruno Ciari morreu prematuramente, em 27 de agosto de 1970. Para Malaguzzi,[85] foi uma amizade importante, uma pessoa pela qual sentiu grande admiração, por sua capacidade de levar confrontação a situações já acomodadas, algo que Loris também amava fazer. A Escola da Infância seria, para ele, um terreno, uma ocasião histórica e política, para fazer novos discursos experimentais na

---

[85] Loris Malaguzzi, "Con Bruno Ciari", *Zerosei*, ano 5, n. 2 (ago. 1980), p. 6-7. Além disso, em 5 de fevereiro e em 18 de março de 1971, celebrou-se em Certaldo, a cidade natal de Bruno Ciari, um congresso em homenagem a este educador, ao qual Malaguzzi se refere no texto citado. Trata-se de uma maneira de aprofundamento no pensamento de Ciari. *Vide* a obra *Bruno Ciari e la nascita di una pedagogia popolare in Italia* ["Bruno Ciari e o nascimento de uma pedagogia popular na Itália", em tradução livre], Centro studi e iniziative B. Ciari ["Centro de Estudos e Iniciativas Bruno Ciari", em tradução livre].

OS ANOS 1963-1972: O INÍCIO DAS ESCOLAS MUNICIPAIS **131**

região, dando grande valor à participação popular e à investigação teórica e prática, a fim de resgatar uma imagem cultural de uma escola protagonizada pela infância. Foi um personagem que buscou uma identidade pública para a Escola da Infância, com um projeto completo para a formação de meninos e meninas, e a prática da liberdade, eliminando o monopólio e o poder católicos. Um projeto com base na busca por uma nova didática, com uma formação diversa para os(as) profissionais.

Contudo, outro aspecto de Ciari que chama a atenção de Malaguzzi (e destaca-se) é a sua capacidade de criar iniciativas que saíssem do discurso teórico por uma experimentação prática, da qual se poderiam extrair forças, apoio e argumentos para construir uma experiência distinta.

> Sua força vinha não apenas da profunda consciência do debate teórico da Pedagogia europeia e americana, mas também da experiência acumulada na escola e de viver com as crianças; da convicção da unidade entre conteúdo e métodos, do grande papel que a didática, as técnicas didáticas, na verdade, poderiam assumir na mudança cultural da escola e da educação, apostando em uma formação radicalmente diferente de seus professores e condenando qualquer marginalização e seleção classista. [...]
>
> Bruno Ciari precisava "arpoar" as coisas, como ele mesmo definia. Nunca concluía nada sem reabrir um rigoroso programa de iniciativas e encontros que rapidamente garantissem a realização e o prolongamento das propostas adquiridas no aspecto teórico.[86]

Se paramos um pouco para refletir sobre a figura de Ciari, é porque acreditamos que, além de um amigo, ele foi uma possível fonte de inspiração para Loris Malaguzzi, de quem ele pode ter

---

[86] *Ibidem*, p. 6-7.

absorvido um espírito especial na maneira de conceder uma cultura identitária própria para a escola. Mais tarde, Malaguzzi iria além, mas o espírito não mudaria.

De 1965 a 1970, com Ciari e, também, com Lamberto Borghi, Francesco De Bartolomeis, Aldo Visalberghi, Roberto Mazzetti e Ada Gobetti,[87] ele promoveu os primeiros congressos nacionais de estudo sobre a Escola da Infância.

Outras experiências educativas: a origem do atelierista e a municipalização de algumas escolas

Também em 1965, a *Commissione Consiliare*[88] propõe a abertura de uma Creche Municipal.[89] O regulamento foi aprovado, com as proporções, o calendário e o sistema de admissão. Todavia, ainda seria necessário esperar vários anos para a abertura da primeira Creche Municipal.

Em 1965, a escola Anna Frank abriu outra sala de aula para trinta crianças, passando a ter quatro salas de aula. Foi uma decisão necessária, uma vez que começaram a chegar demasiadas solicitações.

No ano de 1966, as duas escolas[90] começaram a realizar diversas experiências coordenadas e assessoradas por Malaguzzi. Experiências sobre a colheita da uva, a lógica matemática, a música, o carnaval, o espelho, a pintura e o Natal. Experiências que, como podemos notar, abordam temas relacionados com o ambiente circundante, as relações matemáticas, o ambiente escolar, a expressão e as festas sociais. Temas recorrentes na obra de Malaguzzi. A essas experiências, é preciso acrescentar várias festas tradicionais com as

---

[87] N. do E.: importantes educadores italianos.
[88] N. do E.: "Comissão do Conselho", em tradução livre.
[89] N. do E.: *asilo nido aziendale Municipale*, em italiano.
[90] N. do E.: Robinson e Anna Frank.

OS ANOS 1963-1972: O INÍCIO DAS ESCOLAS MUNICIPAIS

famílias, ocasiões que funcionavam como um modo de participação que exaltava o trabalho educativo das escolas, mediante a apresentação de vários trabalhos.

Em maio de 1966, Malaguzzi organizou uma exposição provincial de desenho infantil.[91] Essa foi uma estratégia para buscar apoio social, político e cívico para a experiência das duas Escolas da Infância.

> A administração local, que, só há alguns anos, pôde assumir a direção de suas escolas maternais, está ciente de suas atribuições públicas e democráticas e de que deve contribuir com todas as suas forças. Em torno dos valores sociais e originalmente educacionais da instituição, são coletadas as melhores atenções e os reconhecimentos mais produtivos das famílias e dos cidadãos, surgindo preciosos temas de reflexão e motivação para os administradores e os professores que trabalham com dedicação e inteligência.[92]

Tratava-se, também, de uma oportunidade para divulgar diversas experiências por meio de painéis e refletir sobre elas. Foi outro dos pontos distintivos da experiência de Reggio que Malaguzzi impulsionou e no qual nos deteremos: é a documentação visual das experiências para serem expostas, coobservadas e refletidas, começando em uma escola que sempre quer atravessar suas próprias paredes, para mostrar uma imagem de si mesma à própria cidade.

---

[91] *Vide* Municipio di Reggio nell'Emilia, *Il Comune* ["O município", em tradução livre], n. 48 (jun. 1966); *Premiazione del disegno infantile* ["Prêmio de desenho infantil", em tradução livre] (24 de maio de 1966), e "I piccoli dipingono" ["As crianças pintam", em tradução livre], *Reggio 15* (12 de junho de 1966).

[92] Renzo Bonazzi, "Il valore di questa Rassegna" ["O valor desta Mostra", em tradução livre], *1. Rassegna del Disegno e del Lavoro Infantile* ["Mostra de Desenho e Trabalho Infantil", em tradução livre] (Reggio Emilia: Municipio di Reggio Emilia, 22-29 maio 1966).

Tudo isso é muito importante – disse-nos o Professor Malaguzzi, a quem se deve a ideia e a realização da Mostra –, não tanto pelo sucesso em si da exposição, mas pelas reações, pelas solicitações e pela consciência que ela suscitou. Queríamos destacar a grande função educativa da Escola Maternal e a consequente necessidade de que ela tivesse uma presença quantitativa e qualitativa mais ampla, a fim de atender às (crescentes) demandas insatisfeitas das famílias. Queríamos destacar uma das atividades, a do desenho e da pintura, que encontra na Escola Maternal seu terreno mais natural e oferece às crianças meios de expressão, comunicação e enriquecimento incomparáveis. Queríamos demonstrar que essa atividade exige, para atender a seus objetivos, não apenas atenção e competências por parte dos docentes que estão sempre mais atualizados e aperfeiçoados, mas também ferramentas e técnicas mais agradáveis: pincéis, tintas, cavaletes etc. Parece-nos que tudo isso foi alcançado positivamente pela Mostra, que se renovará a cada ano de maneira mais ampla e capaz de oferecer uma matéria de reflexão crítica mais avançada.[93]

Junto com a exposição, Malaguzzi organizou um seminário-encontro sobre o desenho infantil, no qual participaram, além do próprio Loris, com uma palestra intitulada *Os aspectos psicológicos do desenho infantil*, alguns biólogos, neurologistas, psicólogos e pedagogos.

Ainda em 1966, em virtude dessa inquietação de Malaguzzi, surgiu a figura do *atelierista*, um profissional inédito que Loris, por uma de suas genialidades, decidiu incluir no DNA das escolas. Uma figura que, com a criação do Ateliê, representaria uma revolução na concepção pedagógica e cultural das escolas. Nesse contexto, lembramo-nos da história de Vittoria Manicardi,[94] uma professora que

---

[93] "I piccoli dipingono", *op cit.*
[94] Testemunho de Vittoria Manicardi em 24 de outubro de 1997 *in* Istoreco, *op. cit.*

trabalhava na escola de Cella, a qual Loris Malaguzzi chama porque, em seu diploma, havia visto um "10" em desenho, para que iniciasse o Ateliê da Escola Anna Frank. Ela conta como Malaguzzi a obrigou a escolher e a mudar a cor das paredes da escola, procurando um tom mais quente, a fim de realizar uma exposição fotográfica de melhor qualidade. Juntos, fizeram os primeiros esboços para a construção de cavaletes, mesas e outros móveis.

> [...] a escola era completamente branca. Não, ele queria que fosse de uma cor mais quente. Eu tinha de escolher, porque queríamos expor as fotografias tiradas durante a mostra do mês anterior de maio [...], e, como todas as fotos eram em preto e branco, ele queria uma cor mais quente por baixo. Então, eu me lembro de ter dito: "Ah, ótimo! Eu vou procurar" [...], e, durante o dia inteiro, desde de manhã até a noite, até depois do jantar, eu pintei esta cor nas paredes, porque eram grandes e carecíamos de mãos fortes, porque, no dia seguinte, a escola seria inaugurada, mas o doutor Malaguzzi sempre pedia as coisas no último minuto, com pressa. Sim, é por isso que o chamavam de "vulcão".[95]

Ressaltamos que trataremos desse assunto mais profundamente em outro ponto. Contudo, é preciso mencionar que, no início, esses profissionais eram contratados como assistentes ou inspetores nas escolas, apesar de desempenharem funções de atelieristas. Na equipe das escolas, havia as professoras (tutoras de um grupo), as assistentes ou as auxiliares (que ajudavam as tutoras), os inspetores e o pessoal da cozinha e da limpeza. Em uma manobra "ilegal", Malaguzzi teve a ideia de contratar pessoas com formação e sensibilidade artística como auxiliares ou inspetores para desempenharem outras funções, que seriam desenvolvidas ao longo do tempo, como veremos.

---

[95] *Ibidem.*

Com outros profissionais das escolas, Malaguzzi participou da Exposição Regional das atividades expressivas em Rimini.[96] Pouco a pouco, a experiência começou a se expandir.

Chegamos ao ano de 1967. Loretta Giaroni, conselheira de Educação do Município de Reggio, informou a necessidade de abrir novas escolas municipais, ampliando a rede ou assumindo aquelas abertas pela UDI, que enfrentavam sérias dificuldades econômicas para sobreviver. A prefeitura propôs um plano quinquenal para abrir quatro novas escolas e tentou absorver todas as escolas privadas que solicitassem municipalização. Uma delegação foi formada com as famílias que solicitavam uma vaga e se dirigiram ao *Prefetto*.

Assim, chegou o momento, em 2 de outubro de 1967, em que a histórica escola de Cella passou a ser municipal. Diversas escolas, nos anos seguintes, seguiriam seus passos. Algumas não sobreviveriam à espera, em razão das dificuldades econômicas da escola e do próprio município.

Aquele era o momento das grandes migrações do sul para o norte, da ocupação feminina, do *boom* da natalidade, de novos movimentos femininos e sociais. Todos esses movimentos, juntamente com as famílias, os profissionais e *Consigli di Gestione* (conselhos de gestão dos quais participavam famílias, cidadãos e cidadãs), conseguiram criar salas de aula e escolas. Desse modo, de 2 salas de aula municipais abertas em 1963, passou-se a 12 em 1968; a 24 em 1970; a 34 em 1972; e a 43 em 1974, alcançando 44% das crianças de 3 a 6 anos da cidade.

Malaguzzi lembrou-se, com relevância, de três eventos inter-relacionados daqueles anos: o nascimento de uma experiência que se transferiu do campo (referindo-se à de Cella, na periferia urbana)

---

[96] N. do E.: área pertencente à região da Emília-Romanha.

OS ANOS 1963-1972: O INÍCIO DAS ESCOLAS MUNICIPAIS **137**

para a cidade (um evento extraordinário); o crescimento cultural; a importância das relações internacionais na construção da experiência.

> [...] me parece necessário lembrar os méritos dessas histórias humildes e fortes, nascidas no campo e na periferia, das quais a cidade tirou inspiração para desenvolver uma política exemplar em prol da infância e da família.
>
> O crescimento cultural será um problema difícil e permanente. Buscaremos leituras, viajaremos em busca de ideias e sugestões. [...]
>
> Nós nos arranjávamos assim, e tudo se compunha em uma rede.[97]

Nessa história, Malaguzzi ofereceu a manutenção e a construção de qualidade e originalidade educativa que revelamos neste estudo. Loris continuou a assessorar, a coordenar experiências, a animar pessoas, a organizar recursos, a dar ideias aos políticos e a ministrar formações que ele considerava essenciais para as trabalhadoras.

Dessa forma, em dezembro de 1967, o educador organizou um curso intitulado *Dois dias sobre educação intelectual*. Nele, Malaguzzi apresentou duas palestras, intituladas *A educação intelectual da criança na escola maternal* e *O número na experiência de vida da criança como fator de aprendizagem real*, desenvolvendo uma proposta e um projeto de formação sobre a educação intelectual na infância por meio de discussões em grupo e de exercícios didáticos. O programa foi complementado com uma palestra de Bruno Ciari, com o sugestivo título de *O jogo de blocos lógicos e conjuntos nas escolas maternais*.

Em fevereiro de 1968, foi realizado um Congresso de Estudos ítalo-tchecoslovaco em Reggio – que incluiu uma visita às escolas de Praga –, com a apresentação de várias experiências. Uma

---

[97] Loris Malaguzzi *in* Carolyn Edwards, Lella Gandini e George Forman, *I cento...*, *op. cit.*, p. 54-5.

exposição de brinquedos infantis foi realizada, e as primeiras delegações solicitaram visitar as escolas e conhecer, em primeira mão, a experiência reggiana. Também em fevereiro, Malaguzzi participou de um congresso em Bolonha, nos dias 16, 17 e 18 de fevereiro, intitulado *A Escola da Infância e a formação básica da criança*.

Loris Malaguzzi e Módena: um tandem inacabado. Os diários

Em 1968, e até 1974, Malaguzzi foi nomeado e desempenhou funções de assessor pedagógico para as Escolas da Infância da Prefeitura de Módena. É interessante fazer um parêntese e para lembrar dessa importante experiência.[98] As Escolas Municipais da Infância de Módena haviam iniciado suas atividades em 1964. A abertura dessas instituições ocorreu, principalmente, em razão do impulso e do interesse do conselheiro de Educação de 1964 a 1980, Liliano Famigli, com o aval dos prefeitos Rubes Triva, em primeiro lugar, e Germano Bulgarelli, em segundo. Famigli e Malaguzzi formariam uma dupla memorável, que impulsionou, com grande qualidade, a experiência das Escolas da Infância em Módena.

Famigli ouviu falar de Malaguzzi em algumas reuniões interprovinciais que os conselheiros de várias cidades vizinhas mantinham. Assim, em um encontro com Loretta Giaroni, Famigli ouviu falar, pela primeira vez, de Malaguzzi. Na mesma época, várias professoras foram a um congresso no qual Loris fez uma intervenção, e elas conheceram suas ideias. Era o ano de 1968 quando o município (ou seja, Famigli) chama Malaguzzi para coordenar e assessorar pedagogicamente as escolas.

---

[98] Para reconstruir essa história, seguimos, em especial, o testemunho de Liliano Famigli, realizado em 29 de junho de 1998, e de Lucia Selmi, em 31 de julho de 1998, *in* Istoreco, *op. cit.*, e a entrevista realizada com Liliano Famigli em 23 de outubro de 1995, a com Lucia Selmi também em 23 de outubro de 1995 e a com Stella Previdi em 27 de outubro de 1995.

OS ANOS 1963-1972: O INÍCIO DAS ESCOLAS MUNICIPAIS **139**

Módena era uma cidade industrial, muito mais do que Reggio, com alta absorção de mão de obra, sobretudo proveniente do sul. O município tinha estabelecido a escola em tempo integral, com duas professoras, nos turnos da manhã e da tarde, para conseguir atender a demanda social existente. Portanto, havia crianças que passavam muitas horas na instituição escolar, o que era diferente de Reggio.

Malaguzzi iniciou uma luta pedagógica, social e política em Módena, enfatizando várias questões. A primeira dizia respeito à qualificação de atividades e conteúdos educacionais das escolas. Ele organizou reuniões de formação para as professoras e apresentou grandes nomes, como Piaget, Wallon, Vygotsky e Erikson,[99] e posteriormente, Luria,[100] Bettelheim,[101] Ferrière[102] e Freinet, assim como Arnheim.[103]

Outro aspecto era o cuidado com o ambiente, os detalhes e a boa apresentação dos trabalhos. "Ele amava o belo. Quando uma coisa é bem apresentada – dizia – tem 50% de sucesso garantido". Vale ressaltar que, na experiência de Módena, diferentemente da de Reggio, Malaguzzi não conseguiu introduzir a figura do atelierista nas escolas por dificuldades ideológicas e políticas.

Outra questão era tudo o que se relacionava ao tema da documentação, ao qual fizemos referência na experiência de Reggio. Malaguzzi acreditava que era necessário fornecer uma memória narrada e refletida dos acontecimentos, às vezes, efêmeros, da vida na escola. Para isso, aconselhava às professoras que levassem um caderno no bolso para anotar as coisas importantes. Tanto em Reggio quanto em Módena, ele exigia que fossem feitos diários, chamados *diario*

---

[99] N. do E.: Erik Erikson, psicólogo do desenvolvimento e psicanalista. Desenvolveu a teoria dos estágios de desenvolvimento.
[100] N. do E.: Alexander Luria, psicólogo do desenvolvimento.
[101] N. do E.: Bruno Bettelheim, intelectual e psicólogo.
[102] N. do E.: Adolphe Ferrière, pedagogo ligado ao movimento da Escola Nova.
[103] N. do E.: Rudolf Arnheim, psicólogo behaviorista.

di sezione,[104,105] os quais, como instrumento de trabalho, as professoras deveriam preencher adequadamente. Ele requeria que os diários ficassem visíveis e recolhessem a essência da vida na escola. É importante lembrar, por exemplo, das circulares, algumas delas muito duras, que enviou às professoras de Reggio, advertindo-lhes acerca da irregularidade dos diários (uns cadernos que chamava de *Fatos e reflexões*), de não os preencherem da maneira correta.

> Trata-se de grandes cadernos, com linhas ou quadriculados, escritos com certa elegância e uma ordem indiscutível [...]. Na primeira página, é indicado o nome da escola e do grupo, os nomes das professoras que o preenchem e o ano escolar de referência. A segunda página contém o nome de todas as crianças, sua data de nascimento e suas respectivas datas de ingresso na escola. [...]
>
> Às vezes, poderiam incluir fotos das crianças. [...] Não faltavam, de um lado e de outro, desenhos de crianças, cartas da direção e convocações para reuniões.[106]

> A elaboração do Caderno de Trabalho (QUADERNO DI LAVORO), em todas as suas partes, representa um momento de grande importância, de reflexão e de enriquecimento cultural e profissional para todos os funcionários do centro escolar que trabalham em contato com as crianças. Portanto, essa elaboração deve ser rigorosa, e é preciso esforçar-se para incluir experiências ou resumos.[107]

---

[104] N. do E.: "diário de seção", em tradução livre.

[105] Battista Quinto Borghi aprofundou-se bastante nesse tema. *Vide* "Caro diario" ["Querido diario", em tradução livre], *Bambini* ["Crianças", em tradução livre], ano XII, n. 6 (jun. 1996), p. 35-7; "Loris Malaguzzi e la documentazione: il diario di sezione nei primi anni delle scuole dell'infanzia di Modena" ["Loria Malaguzzi e a documentação: o diário de seção nos primeiros anos da escola da infância em Módena", em tradução livre], *in* Susanna Mantovani (coord.), *Nostalgia del futuro* (Lama San Giustino: Edizioni Junior, 1998), p. 185-96; e "Guardare al passato per pensare al futuro" ["Olhar para o passado para pensar no futuro", em tradução livre], *Bambini*, ano XVI, n. 1 (jan. 2000), p. 46-8.

[106] Battista Quinto Borghi, 1998, *op. cit.*, p. 189.

[107] Loris Malaguzzi (2 de outubro de 1973).

OS ANOS 1963-1972: O INÍCIO DAS ESCOLAS MUNICIPAIS **141**

Por meio dos diários, as professoras deveriam coletar informações sobre a realidade educacional e extrair reflexões teóricas e práticas, sempre enfatizando que não devem se concentrar em apenas uma criança, sem levar em conta o contexto em que a criança desenvolve suas ações. Às vezes, eram coletadas anedotas significativas ou projetos em longo prazo.

Para Malaguzzi, o diário era uma ferramenta extraordinária para treinar a observação, o olhar das professoras, para se conscientizar da riqueza da vida e das potencialidades da infância. Ele também acreditava que era uma ferramenta de memória coletiva e encorajava os pais, as mães, os auxiliares e os membros dos *Comitati di Scuola e Città*[108] (espécie de conselhos escolares) a escreverem. Loris pegava esses diários e os analisava de maneira minuciosa. Em seguida, em reuniões públicas com as professoras, em uma espécie de banca examinadora, corrigia e analisava o conteúdo e a forma dos diários. Eram reuniões duríssimas, nas quais ele não poupava nenhuma crítica, embora também soubesse valorizar os aspectos positivos desse diário.

> Os diários vêm com pontualidade, são formulados com esforço, mas não há cobrança quanto a isso, e têm uma carga motivadora precisa. Também são eficazes os breves relatos que capturam momentos que não devem ser perdidos. [...] No entanto, alguns apontamentos também devem ser feitos.
>
> Por exemplo, se faltarem, no início, os nomes do elenco de crianças, é preciso incluí-los. Se tiver sido proposta uma série de provas de agilidade e destreza, entre outras, deve-se estar atento a não superestimar os exercícios, que, embora tenham sentido em si mesmos, não autorizam nem arquivo nem registro de exame. Eu gostaria de que os dados coletados

---

[108] Loris Malaguzzi (14 de fevereiro de 1973).

> também servissem para integrar outros elementos de juízo sobre as crianças. [...]
>
> Os diários registram tudo o que foi feito, mas dizem muito pouco sobre o que vocês tentaram fazer. [...]
>
> Falta, em seu diário, assim como em outros, o momento de resumo da recapitulação, que busque uma sistematização completa de suas experiências em torno de vários aspectos.
>
> Sem isso, sem esses momentos, corre-se o risco de triturar demasiadamente a análise das coisas que vocês estão vivenciando, de perdê-las em um episódio, que, apesar de ser agradável, perde força e caráter ilustrativo. Por último, anexem o diário de documentos (desenhos, fotografias, documentos diversos etc.).[109]

Outro dos aspectos conflitantes nas Escolas de Módena foi o tema da dupla educativa, um elemento organizativo que, como veremos mais adiante, é fundamental no pensamento e na obra malaguzziana. O fato de haver duas pessoas que compartilhem a atuação educativa com um mesmo grupo de crianças é uma ousadia pedagógica, que, nas escolas de Reggio, estava se impondo e viria, depois, a ser regulamentada.

A situação de Módena, pelas circunstâncias assinaladas, era muito complicada. Passar a professora do turno da tarde para que trabalhasse de manhã junto com a outra supunha, de certo modo, renunciar ao tempo integral. Além disso, existiam algumas resistências profissionais por parte de algumas professoras, que viam certas "dificuldades" em trabalhar em dupla.

Malaguzzi fez reuniões com professoras, famílias e políticos, tentando não renunciar a um princípio que ele considerava irrenunciável. Animou, política e sindicalmente, as famílias trabalhadoras,

---

[109] Loris Malaguzzi *in* Battista Quinto Borghi, 1996, *op. cit.*, p. 37.

OS ANOS 1963-1972: O INÍCIO DAS ESCOLAS MUNICIPAIS **143**

a fim de que reivindicassem uma organização diversa de suas condições laborais, para permitir que estivessem mais tempo com seus filhos e suas filhas, evitando que as crianças passassem demasiado tempo nas instituições escolares. Assim, com resistências, em alguns casos, começaram a funcionar as duplas educativas.

Além disso, havia outra questão, que se conectava com atribuir uma função e gestão social às escolas por meio dos *Consigli di Gestione*. Talvez a experiência em Módena não tivesse nem a tradição nem a origem cooperativa e social das escolas de Reggio, mas Malaguzzi considerava, ideologicamente, que a escola deveria ser gerenciada pelas famílias e pelos cidadãos.

Assim, Loris incentivou a organização de assembleias, congressos e discussões sobre o tema da gestão e da participação social. A esse respeito, recordamo-nos do congresso de 24 e 25 de maio de 1969, com o sugestivo título de *Encontro com os cidadãos para uma presença democrática na gestão e na conquista de uma moderna Escola da Infância para todas as crianças*. Em suas intervenções, Malaguzzi defendeu a difícil democratização da escola italiana mediante a confrontação de diversas opiniões. Uma escola que se tornou social pela atuação dos valores sociais cívicos e de cidadania. Para isso, é necessário partir de uma assembleia e chegar a um comitê representativo da escola, os *Consigli*, aos quais são atribuídas diversas funções específicas, para que possam intervir na cultura da própria cidade. De fato, ele propôs mudar o restritivo nome de *Consigli Scolastici* (Conselhos Escolares) para *Consigli di Scuola e Città* (Conselhos de Escola e Cidade).

> Nosso projeto queria que tudo começasse com uma assembleia plenária, na qual os pais, os professores, o pessoal auxiliar estivessem reunidos, mas que não fechados a outros indivíduos e a representantes de entidades e instituições que tivessem um grande interesse nos problemas da vida escolar. [...]

Caso interesse, pode ocorrer a constituição de um comitê representativo da escola, o estabelecimento das tarefas e da duração de jornadas, a distribuição encargos específicos para si mesmo, o planejamento da sua intervenção, apresentando sua atividade (parece-nos justo) na assembleia plenária.

Será decidida a forma de estabelecer relações, de forma estável, se assim quiser, com o conselho do bairro, órgão que pode recolher os pedidos e os problemas de uma ampla área cívica, ordená-los numa reflexão mais completa e submetê-los à competência direta do município.

A alternativa pedagógica que certamente ultrapassa um simples encontro é a autêntica capacidade de integrar pais, professores, crianças, cidadãos em geral e o bairro, em uma projeção social renovada e mais rica. [...]

Isso será ainda mais factível quanto mais convergirem outras estruturas e organizações sociais: desde os sindicatos, que são as associações de pais mais verdadeiras e maciças, até as formações políticas e civis sensíveis aos problemas, os órgãos públicos, as entidades de assistência e as instituições culturais, recreativas e esportivas, que, acima de tudo, apesar de sua fragilidade, não estão focalizadas em nossas crianças.

De certa forma, os Conselhos de Escola e Cidade – como os chamaremos em vez do termo mais restritivo de Conselhos Escolares – poderiam atuar simultaneamente, além dos assuntos escolares, nos assuntos da cidade, que tem sido reconquistada por adultos e crianças.

Assim, por esse caminho, foi-se construindo uma experiência complexa e rica. Porém, surgiu um problema importante que levou a uma discussão muito forte entre Famigli, com o Município de Módena, e Malaguzzi. O Município era favorável à expansão da experiência das Escolas da Infância o mais rapidamente possível para o maior número de cidadãos e cidadãs. Loris, por sua

OS ANOS 1963-1972: O INÍCIO DAS ESCOLAS MUNICIPAIS **145**

vez, duvidava que essa operação fosse adequada. Para ele, era mais importante qualificar as escolas, já que quantidade não significava qualidade, algo que considerava inaceitável.

> Eu tive uma controvérsia com Malaguzzi, que, fundamentalmente, aspirava mais à qualidade de qualquer escola, como se fosse uma capitânia,[110] do que à generalização do serviço, pois temia que isso pudesse ser a causa da degradação, de uma menor qualidade da escola.[111]

Nesse embate, Malaguzzi mobilizou fortemente as famílias e as trabalhadoras das escolas. Até mesmo Bulgarelli, prefeito de Módena, teve que comparecer a uma reunião acalorada, na qual se encontrou muitas pessoas do lado de Malaguzzi. No entanto, o município havia decidido expandir o serviço, reduzindo alguns custos nas escolas já criadas. E, desse modo, quando, em 1974, o Município decidiu eliminar algumas cozinhas das escolas para fornecer comida a partir de um serviço de cozinha central, que distribuía os alimentos para as escolas, Malaguzzi abandonou a experiência de Módena. Para ele, a cozinha era um elemento central, cultural e pedagógico da escola, que promove uma marca identitária a toda uma experiência.[112] Ele não poderia suportar a perda de um dos pilares da instituição educacional, o que implicaria renunciar qualitativamente à identidade total do sistema que ele defendia e estava construindo.

---

[110] N. do E.: navio em que viaje o chefe de uma força naval ou em que esteja sua flâmula, que o simboliza. Trata-se do principal navio da frota. No original em espanhol, o termo *buque insignia* pode ser usado, por analogia, como "líder de um grupo", e é esse o sentido proposto neste trecho.

[111] Liliano Famigli *in* Laura Penta, "La forza delle radici. Intervista a Liliano Famigli" ["A força das raízes. Entrevista com Liliano Gamigli", em tradução livre], *Bambini*, ano XIII, n. 4 (abr. 1997), p. 16-22.

[112] Embora este tema seja mais profundamente abordado, *vide* Alfredo Hoyuelos (introdução e transcrição), conferência de Loris Malaguzzi, "La cocina en el centro de la Escuela Infantil" ["A cozinha no centro da Escola da Infância"], *Itaka*, n. 5 (dez., 1989), p. 47-53.

Novas lutas sociais em Reggio Emilia para o nascimento de novas escolas

Após essa passagem pela experiência em Módena, voltemos, agora, para Reggio Emilia. Entre os anos 1968 e 1970, lembramo-nos, mais uma vez, do esforço do Municípido de Reggio Emilia para o desenvolvimento das Escolas da Infância,[113] do surgimento dos *Comitati d'Iniziativa per le Scuole Materne e gli Asili Nido*[114] (que organizaria uma grande manifestação em 20 de junho de 1969 e enviaria uma delegação de 54 pessoas a Roma), e do movimento feminino da UDI, que, por exemplo, em 1970, organizou um Congresso nacional em Bolonha com um título bastante explícito: *Una scuola pubblica e gratuita per tutti i bambini dai 3 ai 6 anni.*[115]

Vamos nos deter brevemente na manifestação organizada pelos *Comitati d'Iniziativa* e na delegação enviada a Roma,[116] em relação a uma emblemática Escola Municipal de Reggio, La Villetta,[117] para representar o exemplo do que acontecia em outros locais nas cercanias. Em Villa Ospizio, um grupo liderado por Carla Nironi propôs à prefeitura a abertura de uma escola municipal no bairro. A plenária aprovou a ideia, mas a *Giunta*

---

[113] Sobre esse assunto, *vide* o documento L'administrazione comunale di Reggio Emilia per lo sviluppo delle scuole per l'infanzia ["A administração municipal de Reggio Emilia para o desenvolvimento das escolas da infância", em tradução livre].

[114] N. do E.: "Comitês de Iniciativa para as Escolas Maternas e as Creches", em tradução livre.

[115] N. do E.: "Uma escola pública e gratuita para todas as crianças de 3 a 6 anos", em tradução livre.

[116] *I risultati della delegazione a Roma per le scuole materne e gli Asili Nido* ["Os resultados da delegação que foi à Roma para as escolas maternais e creches", em tradução livre].

[117] *Vide* Carla Nironi et al., *Storia della nascita della Scuola comunale dell'Infanzia La Villetta* ["História do surgimento da escola municipal da infância La Villetta", em tradução livre] (jun. 1994).

Provinciale Amministrativa, um órgão da *Preffetura*, mais uma vez, abortou a proposta. O *Comitato* sugeriu a ocupação da Villetta.

> Em poucos dias, limpamos nossas casas. Cada um trouxe de sua casa sua contribuição: vassouras, escovas, panos, detergentes, pincéis, potes de tintas, rolos de papel e vontade de trabalhar. Após algumas horas, a cerca da escola estava cheia de cartazes com as palavras "escola ocupada".
>
> Dentro da escola ocupada, continuamos a debater entre nós e com a população, em constante troca de ideias. Apesar disso, entendíamos que a ocupação não era suficiente. Parecia-nos um esforço perdido à espera da burocracia.
>
> Começamos a amadurecer a ideia de abrir uma escola própria e verdadeira. Perguntamos às famílias com crianças se estariam dispostas a levar seus filhos para essa "escola de luta". Cerca de quarenta famílias concordaram. [...]
>
> Pedimos a Malaguzzi que escolhesse duas professoras e lhes ensinasse o que deveriam fazer. [...]
>
> Devo dizer que Malaguzzi ficou perplexo. Ele queria o melhor para as crianças: escolas novas, pensadas e construídas sob medida, professores preparados, mobiliário e materiais de qualidade. Nossa escola foi, por seu caráter rigoroso, uma verdadeira desilusão para ele. Acho que, lá no fundo, ele também não acreditou no desfecho positivo daquele assunto, e, pensando agora, não posso culpá-lo. [...] Queríamos um mundo melhor para nossos filhos, e a escola de Malaguzzi representava isso completamente.[118]

Em junho de 1969, ocorreu uma grande manifestação em Reggio, tanto para solicitar a aprovação da lei sobre creches como para favorecer a abertura de novas escolas, já aprovadas pelo Município. Na manifestação, ficou famoso um pequeno trem que levou

---

[118] *Ibidem*, p. 5-6.

as crianças pelas ruas da cidade. A situação era difícil. Por isso, uma delegação de 54 pessoas decidiu ir a Roma.

> Nós, que fazíamos parte da escola, decidimos ir a Roma. E, em uma noite do final de julho, com um calor terrível, saímos em um ônibus com cerca de 40 pessoas. Chegamos em Roma na manhã seguinte, muito cansados. O Subsecretário do Interior, Remo Gaspari, veio apenas por um minuto e nos disse para entregar os documentos, que ele iria olhá-los e que, depois, daria uma resposta. E nós lhe dissemos *"Não. Sente-se e ouça-nos"*. Havia mulheres do povo, duras e fortes. Porque tínhamos ido de Reggio Emilia. Viajamos durante 8 horas, de ônibus, com um calor horrível. Ele olhou para nós e, por fim, sentou-se e ouviu-nos por uma hora. E, de fato, poucos dias depois de voltarmos, a escola foi municipalizada, assumida pelo município.
>
> Devemos reconhecer que, aqui, embora a maioria seja de esquerda desde a guerra, as mulheres tiveram de conquistar seus espaços.
>
> Portanto, é mais fácil que as mulheres conquistem as coisas pela realidade, não por políticas em geral, mas, sim, falando de questões concretas, como, muitas vezes, as mulheres o fazem em todo o mundo.[119]

Também em 1971 foi aprovada a lei sobre o estabelecimento das Creches.

Com Malaguzzi, Giaroni (uma conselheira), Marta Lusuardi e Tegoni (um geómetra), a comissão de La Villetta teve uma reunião para estudar o projeto de organização e recuperação dos locais. Após três meses de obras, com a participação voluntária de várias pessoas, em 2 de fevereiro de 1970, a escola foi aberta, com duas

---

[119] Testemunho de Carla Nironi *in* Carlo Barsotti, *L'uomo di Reggio Emilia, op. cit.*

OS ANOS 1963-1972: O INÍCIO DAS ESCOLAS MUNICIPAIS **149**

salas de aula e sessenta crianças. Posteriormente, em 1973, seria ampliada com mais uma sala de aula.

Em 1970, novas escolas foram abertas, entre elas, Diana e Neruda.[120] Malaguzzi permaneceu atento aos detalhes de construção de cada uma das escolas. Coletamos três cartas a esse respeito. A primeira é de 9 de janeiro de 1969, na qual se dirige ao prefeito, reclamando, energicamente, acerca da remoção de várias árvores para construir a escola. Ele se queixa de não estar informado e solicita medidas imediatas.

> A presente carta tem como objetivo mostrar a nossa amarga e dolorosa surpresa, bem como o nosso protesto diante do cruel corte de – todas as – árvores que cercavam a área da Escola Diana, que estava em fase de finalização.

A segunda carta é do dia 15 de janeiro, dirigida ao conselheiro de Educação, na qual Malaguzzi se queixa, novamente, dessa vez, por não permitirem que ele entrasse na construção. Ele solicitou uma solução imediata para esse problema, pois considerava importante ver os espaços, para prever sua habitabilidade.

> [...] para implementar as soluções organizacionais internas de arrendamento que, por sua natureza e suas próprias exigências objetivas, devem ser imediatamente abordadas e realizadas por meio da verificação e da colaboração contínua dentro do edifício.

A terceira carta é do dia 29 de março, também dirigida ao conselheiro. Nela, Malaguzzi sugere uma série de modificações espaciais e ambientais importantes, sobre as quais ele continuaria lutando para implementar. Malaguzzi não desistiu de intervir na

---

[120] Para uma relação completa de abertura das escolas, *vide* Mario Mazzaperlini, *op. cit.*, p. 228-9, e *Scuole dell'infanzia e Asili Nido* (1995), *op. cit.*

construção das escolas em uma época em que o diálogo com alguns arquitetos era difícil. O conteúdo da carta revela, mais uma vez, a minúcia do olhar de Malaguzzi e a sua capacidade de promover soluções em um projeto que controla até nos detalhes. A carta também revela a luta para conseguir um Ateliê com identidade própria.

> O projeto não prevê salas capazes de abrigar camas para a soneca das crianças. O problema de manuseio, distribuição e recuperação das camas constitui um grande e sério problema organizacional. Recomendamos, portanto, que, dentro de cada uma das três salas, seja preparada uma área de armazenamento para as camas. A área poderia ser feita, em nossa opinião, subtraindo um metro da divisória atrás da sala e do vestiário e criando uma espécie de nicho (1 × 3,4 m), com persiana móvel dentro de cada sala. [...]
>
> O projeto não prevê uma sala-oficina (sala-Ateliê) para o trabalho em grupo das crianças. Considerando que a sala-oficina representa um dos mais originais resultados de nossa experiência, tão apreciada pelas crianças e pelas famílias, recomendo, enfaticamente, que se examine a possibilidade de instalá-la no parque.

A emblemática Diana: as primeiras documentações

A abertura da escola Diana,[121] em fevereiro de 1970, marcou o início de uma das histórias pedagógicas mais emblemáticas do pensamento e da obra de Malaguzzi. Trata-se de uma escola localizada dentro dos jardins públicos no centro histórico da cidade. Sua localização foi bastante problemática, pois teve que lutar contra o projeto de construir, no mesmo lugar, um cinema. No final,

---

[121] A abertura foi cuidadosamente planejada por meio de várias reuniões e uma circular que Malaguzzi enviou às famílias em 3 de março de 1970 sobre o processo de entrada das crianças.

OS ANOS 1963-1972: O INÍCIO DAS ESCOLAS MUNICIPAIS **151**

Malaguzzi conseguiu impor a ideia da escola. A proximidade desta com o centro da cidade e o seu escritório, na Via dell'Abbadessa, permitiu-lhe uma visita diária para coordenar vários projetos.

Além disso, para a abertura da escola, Loris chamou Vea Vecchi, uma das atelieristas mais emblemáticas de Reggio e que iria viver com Malaguzzi uma história profissional extraordinária. Na época, só existiam outras duas atelieristas, Enrica Menozzi e Antonia Pontoni, mas Vea foi a primeira com formação artística específica.

Vea Vecchi era da cidade de Módena e tinha um filho em uma escola da cidade. Licenciada em História da Arte e em Belas Artes, trabalhava em um instituto da cidade. Ela ouviu Malaguzzi em uma reunião de famílias e ficou fascinada pelo seu projeto. Abandonando o conforto econômico e de trabalho que seu emprego anterior lhe oferecia, foi trabalhar na Escola Diana. Muitas das grandes propostas que Malaguzzi realizou, e que são internacionalmente conhecidas, foram realizadas com as professoras da Escola Diana e documentadas por Vea, que, por sua vez, em virtude de sua formação e de sua sensibilidade especial, ofereceu diversidade a Malaguzzi, um ponto muito crítico sobre os projetos de trabalho, as imagens e a qualidade do espaço, do ambiente. Uma pessoa com quem ele discutiu muito, e, graças a isso, ambos se enriqueceram.[122]

É digno de nota que, desde a abertura da escola, em fevereiro de 1970 até o final do ano letivo, Vea, seguindo um desafio de Malaguzzi, conseguiu montar uma ampla exposição na escola sobre o trabalho realizado ali. Para Loris, era muito importante ter consistência nas experiências mediante a documentação visual feita com qualidade.

---

[122] *Vide* o testemunho de Vea Vecchi, de 15 de outubro de 1997, *in* Istoreco, *op. cit.*, e a entrevista realizada com Mara Davoli em 20 de outubro de 1995.

Posteriormente, Vea e as professoras da Escola Diana fariam uma projetação emblemática, com a assessoria de Malaguzzi, intitulada *Il piccione*.[123,124] Essa projetação representou uma nova forma de trabalho. Isso ocorreu no ano letivo de 1971-1972. Trata-se de uma investigação,[125] documentada em painéis, sobre a observação de pombinhos na natureza. Foi dividida em cinco partes, idealizadas por Malaguzzi: o corpo do pombinho (investigação geral); as partes do seu corpo (investigação analítica); o uso do corpo (investigação instrumental); as relações e a orientação espacial (investigação psicossociológica); as hipóteses (investigação hipotética).

Durante o processo de investigação, Vea teve de ensinar Malaguzzi (que não participava diretamente da experimentação) sobre as imagens, a narrar pelas fotografias (era a primeira vez que ele enfrentava seriamente esse problema de considerar a câmera e as imagens como uma linguagem de comunicação). Dessa maneira, começaram a perceber que esses elementos poderiam ser utilizados para comunicar uma coisa a alguém que não estava diretamente presente na experimentação.

Vea contribuía com a parte irremediavelmente fantástica para as experiências, e Malaguzzi, ciente disso, tentava compensar a experiência com elementos realistas, com categorias e estruturas que fizessem uma conexão, sem sufocar, tal torrente de criação. Essa dinâmica de trabalho foi mantida durante 24 anos, durante os quais eles realizaram vários projetos juntos.

Outra constante nessas primeiras experimentações foi o tratamento do sujeito de observação de mais de um ponto de vista

---

[123] N. do E.: "O pombo", em tradução livre.

[124] Segundo Vea Vecchi.

[125] Algumas das imagens podem ser vistas no primeiro catálogo da Mostra *L'occhio se salta il muro* (Reggio Emilia: Comune di Reggio Emilia, 1981).

OS ANOS 1963-1972: O INÍCIO DAS ESCOLAS MUNICIPAIS **153**

(de perfil, de frente, de cima, de baixo, em movimento etc.). Além dessa, enumera-se a capacidade de analisar cada parte em relação, para expressá-la graficamente.[126]

Mais uma das experiências realizadas com o pombinho, concebida por Malaguzzi, foi aquela já mencionada sobre o tema da orientação. Tratava-se de ver como o pombinho voltava de um campo para a escola, para, depois, ser acolhido nesse local pelas crianças. Nessa ideia emblemática, há, pelo menos, três elementos do pensamento de Malaguzzi a serem levados em consideração, com os quais podemos fazer uma generalização: em primeiro lugar, a necessidade de fazer as meninas e os meninos trabalharem com elementos reais (ou, melhor, vivos, como o pombinho); em segundo lugar, realizar saídas da escola para experimentar a cidade ou o campo próximo; e, por último, a ideia de humanizar ao máximo as experiências. Ele acreditava ser necessário levar as crianças a situações humanas e concretas, com as quais pudessem sentir e experimentar as coisas que tentavam explorar. A ideia de orientação – por meio de um pombinho – é um problema que as crianças podem sentir e *tocar* com suas mãos.

A consolidação de um debate cultural na cidade e a chegada de congressos nacionais e regionais

Em 1970, Carla Rinaldi iniciou seu trabalho na coordenação pedagógica, outra das figuras emblemáticas e históricas da experiência reggiana. Uma pedagoga que aconselharia e participaria, com Malaguzzi, de múltiplos projetos e que, desde 1995, realizaria tarefas de coordenação didática geral nas Creches e Escolas da Infância Municipais de Reggio Emilia.

---

[126] *Vide*, nesse sentido, os extraordinários desenhos feitos do voo do pombinho, disponíveis no catálogo da primeira Mostra.

Ainda em 1970, estava em vigência um plano municipal de 5 anos de duração, que estipulava a abertura de 20 escolas[127] (incluindo as privadas, que ainda seriam municipalizadas). Dessa forma, pretendia-se aumentar a taxa de escolarização de 57% para 90%. Isso significava matricular 4.705 crianças das 5.228 com idades entre 3 e 6 anos residentes na cidade. Assim, seria destinado um gasto total de 1,3 a 1,4 bilhão de liras, sabendo que o investimento em cada escola estava entre 65 a 70 milhões.[128]

Nesse ano, os *Comitati d'Iniziativa* transformaram-se em *Comitati di Gestione*,[129] que delimitariam suas funções e sua relação com o bairro e a cidade por meio de uma forte participação das famílias na vida da escola. Em 2 de julho de 1970, Malaguzzi organizou, com os *Comitati*, a *1ª Assemblea Cittadina dei Comitati "Scuola e città"*.[130] Em uma intervenção intitulada *Por uma nova escola da infância ligada à família e à cidade*, propôs que os *Comitati* – afastados de burocracias – fossem novos e originais instrumentos de presença comunitária que permitissem a renovação de métodos e fins, e a criação de um contexto social de diálogo democrático. Para isso, era necessária a coparticipação das famílias e da opinião pública, a fim de conquistar mais espaços de direitos para a infância e de construir uma sociedade e uma cidade que olhassem para o futuro.

---

[127] *Orientamenti dell'amministrazione comunale di Reggio Emilia per un piano di sviluppo delle scuole per l'infanzia comunali nel quinquennio 1970-1974* ["Orientações da administração municipal de Reggio Emilia para um plano de desenvolvimento das escolas da infância municipais no quinquênio 1970-1974", em tradução livre].

[128] N. do E.: em 1970, 1 dólar americano valia cerca de 627 liras. Com a inflação ajustada da moeda estadunidense em relação ao que vale em 2023, seria o equivalente a 7,87 dólares. Isso significa que, em reais, na cotação atual, os valores apresentados no texto equivaleriam a, aproximadamente, entre 81.600.000 e 87.900.000 reais de verba geral, e entre 4.100.000 e 4.400.000 reais para a construção de cada escola.

[129] N. do E.: "Comitês de Gestão", em tradução livre.

[130] N. do E.: "1ª Assembleia Cidadã dos Comitês 'Escola e Cidade'", em tradução livre.

OS ANOS 1963-1972: O INÍCIO DAS ESCOLAS MUNICIPAIS **155**

> A escola [...] adquire um papel social a partir do momento em que assume e desenvolve um papel educativo. [...] trabalhamos em uma situação privilegiada em mais de um aspecto. [...] a Escola da Infância, [...] imune aos grandes vírus da democracia e do centralismo, da esclerose dos sistemas, das circulares, dos registros, dos votos, e porque nossos pais são, felizmente, ainda imunes ao oportunismo e ao utilitarismo que a escola [...] condicionará, infelizmente, bastante rápido. [...]
>
> As maneiras de compor os Comitês já representam uma decisão de grande importância. Acreditamos que é importante reconhecer aos Comitês liberdade e independência diante de todos os esquemas organizadores disponíveis. Em nossa opinião, os Comitês deveriam poder constituir-se, indo além de uma eleição exclusiva de seus componentes entre os pais. [...] a alternativa pedagógica que queremos propor está, certamente, mais orientada para uma autêntica capacidade de integração dos pais, dos professores, das crianças, dos cidadãos em geral, do bairro, em uma renovada e mais rica projeção social, mais do que no mero encontro.

Assim, a ideia de Malaguzzi foi criar uma força social que discutisse sobre a formação educativa geral, o sentido de educar e o valor da escola. É muito significativa, nesse sentido, a iniciativa municipal, animada por Malaguzzi, de criar um debate amplo, profundo e cidadão sobre a situação da escola e da educação na cidade.

Em uma sessão municipal de 6 de outubro, foi aprovada a revisão da política escolar em geral e a criação de uma urgente reforma da escola. Para tanto, propôs-se discutir a qualificação da escola pública, estabelecer a gratuidade da escola obrigatória, combater o fenômeno do fracasso escolar, abolir as classes diferenciadas, introduzir o tempo integral na escola obrigatória, o uso de livros didáticos e a confrontação necessária da escola com a realidade democrática e seus problemas. Assim, por meio de assembleias, reuniões e conferências, conseguiu-se colocar em prática esses princípios.

Esse fato extraordinário nos fornece uma ideia da política educacional de um município que não se fecha em si próprio, nem no que parecem ser suas competências exclusivas, nem no que se refere à educação em geral: as Escolas da Infância. Esta era a ideia de Malaguzzi: criar uma escola que se tornasse motor de discussão cultural na cidade.

Em 1971, com grande audácia, em março, nos dias 18, 19 e 20, Malaguzzi organizou um congresso nacional de estudo sobre a Escola da Infância,[131] intitulado *Experiência para uma nova Escola da Infância*. Esperavam cerca de 100 participantes e tinham uma sala municipal designada para o congresso. No entanto, mais de 900 pessoas apareceram. Inesperadamente, tiveram que transferir toda a organização para o teatro municipal, para poderem receber todas as pessoas que, de toda a Itália, haviam comparecido ao congresso.

> Nós organizamos no ano seguinte um congresso nacional aqui em Reggio, em uma sala do teatro municipal. Pensávamos que viriam umas 100 pessoas. Em vez disso, deparamo-nos com 970 pessoas às 11h30 da manhã. Tivemos que abandonar a ideia inicial e transferir tudo para o grande teatro municipal. Foram três dias muito importantes.[132]

Malaguzzi apresentou o congresso com uma intervenção muito sugestiva: *Um congresso de fatos e experiências.*[133] Nesse trabalho,

---

[131] Muitos periódicos trataram sobre esse congresso. *Vide*, a esse respeito, *Il resto del Carlino* (9 de março de 1971) e *L'Unità* ["A unidade", em tradução livre] (11 de março de 1971).
[132] Loris Malaguzzi *in* Carlo Barsotti, *L'uomo di Reggio Emilia, op. cit.*
[133] "Un convegno di fatti e di esperienze", *in* (Com organização de Loris Malaguzzi), *Esperienze per una nuova scuola dell'infanzia* (Roma: Editori Riuniti, 1971), p. 9-11.

OS ANOS 1963-1972: O INÍCIO DAS ESCOLAS MUNICIPAIS **157**

foram apresentadas diversas práticas, como elementos de confrontação e crítica, das escolas de Reggio e de Módena. Políticos dos dois municípios e profissionais das escolas municipais de ambas as cidades intervieram, falando sobre as experiências da gestão social e do contato da escola com a cidade, das investigações cognoscitivas com crianças, da relação com as famílias. Foram feitas narrativas de atividades realizadas com crianças sobre brincadeiras, jogos e criatividade nos Ateliês, experiências apresentadas por meio de várias documentações feitas nas diversas escolas.

Em suas considerações finais no congresso, Malaguzzi apresentou uma reflexão intitulada *Uma nova experimentação*.[72] Ele solicitou que os órgãos locais se envolvessem na batalha por uma escola capaz de construir experiências originais e criativas que resgatassem a humanidade dos profissionais e dos políticos. Loris propôs uma escola que se afastasse da tradição assistencialista, montessoriana e agazziana, e inventasse uma nova experiência pedagógica que evitasse qualquer passividade, acomodação e improvisação. Malaguzzi também defendeu a ideia de uma escola que soubesse se confrontar com as questões culturais da cidade e do mundo mediante uma gestão democrática.

> Ainda há muito a ser feito em relação à escola das crianças, há sede de conhecimento, de debate, de experimentação, mas, acima de tudo, de renovação, de minimizar as tarefas assistenciais e de complementação, as sugestões e as convenções sociais que ainda vêm dos antigos "santuários" agazzianos e montessorianos e de se abrir à experimentação, à busca de um novo modo de conceber a criança, a escola, a educação, a socialização da criança e da escola, o trabalho dos professores, a participação na cultura e no progresso. [...]

> Que possa competir com a gestão social e que se enquadre, com todo o direito, numa grande estratégia civil, que recupere a cidade em prol dos direitos das crianças e na tentativa de recompor o que, na cidade, até agora, estava distante do uso da criança, por meio de uma presença convergente. [...]
>
> Para aqueles que ainda se perguntam, com grande surpresa, como conseguimos ter professoras tão atenciosas e apaixonadas, podemos responder que a questão é mais simples do que parece: basta organizar bem as coisas; criar e manter uma atmosfera amistosa e de grande e sincera colaboração; conceder-lhes o que uma escola envolvida e qualificada no que tange às suas intenções exige para deixar de lado a escola estacionada e dos discursos vazios; ajudar a sair da sugestionabilidade de uma profissão minoritária e ativar o gosto pela busca da experimentação; encontrar com elas novos conteúdos culturais e, acima de tudo, estilo de trabalho e áreas de compromisso que transcendam os limites da educação da criança na escola; situá-las nas condições de se darem conta dos enriquecimentos humanos e culturais que vêm de uma escola que une suas mãos com as mãos da família e do povo.[134]

Do referido congresso, viria a publicação do primeiro livro laico sobre Pedagogia e experiências das Escolas da Infância.[135] Esse livro, por muitos anos, seria uma referência obrigatória para os profissionais de Educação Infantil em toda a Itália.

Em maio, Malaguzzi organizou e participou de outro congresso, dessa vez, em Módena. O título, que seria recorrente, foi: *La gestione sociale nella scuola dell'infanzia.*[136] Loris participou com uma

---

[134] *Ibidem*, p. 176, p. 179.

[135] *Esperienze per una nuova scuola dell'infanzia, op. cit.* Esse livro também foi reconhecido pela imprensa italiana. *Vide*, por exemplo, *L'Unità* (24 de maio de 1971).

[136] N. do E.: "A gestão social na escola da infância", em tradução livre.

OS ANOS 1963-1972: O INÍCIO DAS ESCOLAS MUNICIPAIS **159**

conferência intitulada *La nuova socialità del bambino e dell'insegnante a traverso l'esperienza della gestione sociale nella scuola dell'infanzia*.[137] Nela, abordou temas fundamentais da gestão social e do conceito de educação permanente como uma nova filosofia de vida do homem e de sua cultura para a realização social, e com a finalidade de que a própria sociedade fosse uma intervenção contínua de formação e liberação do homem. Para conseguir esse objetivo, era necessário, para Loris, que os problemas da gestão social estivessem ligados aos problemas da formação cultural e profissional das crianças e dos jovens. Com essa intenção, as famílias, as organizações políticas e culturais, os sindicatos de qualquer posicionamento deveriam unir-se para unificar as lutas pelas condições de vida nos locais de trabalho com as de formação e as de educação.

Nessa tarefa, foi decisiva a capacidade dos professores e dos *Consigli*, para ampliar sua área de intervenção para além dos problemas da escola, a fim de intervir nas condições da família e da criança no bairro, na cidade, na sociedade. Essa seria a forma, segundo Malaguzzi, de que a escola não seja, seguindo Althusser,[138] uma reprodutora do aparato logístico do Estado e de seus valores opressores e burocráticos.

Nessa tarefa, Malaguzzi pedia aos educadores que, juntamente com as crianças, os pais e os cidadãos, construíssem uma escola que fosse um centro vivo de cultura aberta e democrática, que se enriquecesse com as confrontações sociais que ajudassem a superar essa equivocada autonomia secular instigadora de um doutrinamento autoritário. Esse é o verdadeiro sentido da socialização.

---

[137] N. do E.: "A nova sociabilidade da criança e do docente pela experiência da gestão social na escola da infância", em tradução livre.

[138] N. do E.: Louis Althusser foi um filósofo do marxismo estrutural.

A educação permanente exige expressamente investimentos importantes e decisivos por parte das estruturas e relações sociais atuais, e, entre elas, a busca por uma nova filosofia de vida do ser humano e de sua cultura, se esta, de forma coerente, quiser esperar a realização de seus objetivos, identificando a escola e a educação com a sociedade, e fazendo da sociedade uma continuidade de intervenções de formação e libertação do ser humano. [...]

Queremos dizer que, se o individualismo, a competição, a seletividade, a estratificação das classes sociais são os indicadores característicos que o mundo adulto vive e sofre, e se a escola, sua organização, produz "educação" – como nos lembra Bernstein –,[139] não podemos deixar de responder que seus poderes internos estão relacionados aos poderes externos. Por isso, somos obrigados a refletir seriamente sobre as maneiras pelas quais é possível, socializando as crianças (no sentido de dar-lhes uma ética pessoal e social), ajudá-las a escapar e libertá-las de um destino (porque elas também estão destinadas a se tornarem adultos) que não queremos aceitar e justificar. [...]

Para sintetizar o que acabamos de dizer, nossa hipótese político-pedagógica, pela qual esperamos uma nova determinação da educação social e dos valores morais que a acompanham, desenvolve-se, simultaneamente, em dois planos convergentes: por um lado, trabalha-se para que as crianças possam encontrar, em sua experiência, um novo sentido de si mesmas e dos outros [...] e uma primeira incorporação dos sentimentos de justiça [...]; por outro lado, trabalha-se para que pais, professores, população, unidos, entendam, por meio da leitura do ato educativo, que a história e o futuro das crianças e da escola estão intimamente ligados às vivências e às lutas que se abrem diante de contextos mais amplos e diversos da sociedade, e que

---

[139] N. do E.: Eduard Bernstein, político crítico ao marxismo. Foi um dos principais teóricos da social-democracia.

OS ANOS 1963-1972: O INÍCIO DAS ESCOLAS MUNICIPAIS **161**

> sua tarefa é comprometer-se, dia após dia, em entender, cada vez mais, as causas e as forças que ameaçam que o mundo injusto continue sendo como é, e agir para que isso seja renovado e saiba refletir uma criança e uma escola que, ao saberem viver o presente com mais plenitude, terão o privilégio de poder escolher e criar seu destino.[140]

O segundo livro de referência nacional sobre o tema da gestão social seria publicado com base nesse congresso.

A primeira Creche e a posterior evolução dessa instituição de ensino

No dia 15 de dezembro de 1971, foi inaugurada a primeira Creche Municipal, destinada a 60 crianças de 0 a 3 anos, chamada de "Genoveffa Cervi",[141] cuja função era a de ser uma instituição social e territorial. O município aprovou, por unanimidade, o novo regulamento para as creches,[142] que antecipou em quatro meses a Lei nº 1.044, da qual já falamos.

Malaguzzi participou da organização dos conteúdos desse regulamento, juntamente com alguns movimentos femininos (em especial, a UDI), que voltaram a ser o motor dessa possibilidade. O regulamento detalhava: a finalidade assistencial e educativa para crianças menores de 3 anos (Artigo 2); seus organismos de gestão

---

[140] Loris Malaguzzi, "La nuova socialità del bambino e dell'insegnante attraverso l'esperienza della gestione sociale nella sucola dell'infanzia", *in* AA.VV., *La gestione sociale nella scuola dell'Infanzia. Atti del I Convegno Regionale – Modena 15-16 mayo 1971* ["A gestão social na escola da infancia. Atas do I Congresso Regional – Módena, 15-16 de maio de 1971"] (Roma: Editori Riuniti, 1971), p. 139-54.

[141] N. do E.: referência à mãe dos sete irmãos da família Cervi, que foram assassinados em 1943 por fascistas.

[142] Municipio di Reggio Emilia, *Regolamento per la gestione degli Asili Nido nel Comune di Reggio Emilia* ["Regulamento para a gestão das creches no Município de Reggio Emilia", em tradução livre] (6 de julho de 1971).

(Artigo 3) eram a *Consulta*[143] (formada por prefeito, conselheiros, forças sindicais, movimentos femininos, representante do *Provveditorato agli Studi*,[144] técnicos especialistas e representantes do *Comitato di Gestione* de cada Creche) e o *Comitato di Gestione* (formado por pais, trabalhadores e membros do conselho do bairro); seu aconselhamento pedagógico (Artigo 4); seu financiamento municipal (Artigo 5); seu funcionamento interno, com divisão por idade, quantidades, calendário e horários (Artigos 6-10); os funcionários do centro e o aconselhamento pedagógico, que recai sobre Malaguzzi (Artigos 10-19).

É preciso mencionar que Loris, no início, não sabia muito bem como fazer uma creche funcionar. Então, decidiu estudar e tentar superar todas as conotações culturais controversas associadas a Bowlby,[145] a Spitz[146] e ao Tavistock Institute of Human Relations de Londres,[147] que haviam teorizado sobre os danos da separação da mãe, rompendo prematuramente o binômio mãe-bebê. As resistências do mundo católico, o qual previa diversas patologias infantis, não eram menos perigosas.

Malaguzzi tinha diversos medos e receios em relação a um campo que não controlava, como o da Escola da Infância. Para ele, era um terreno inexplorado e desconhecido. De uma coisa, estava seguro: a Creche não devia ser um lugar que substituísse a mãe,

---

[143] N. do E.: "Conselho", em tradução livre.

[144] N. do E.: "Superintendência de Estudos", em tradução livre.

[145] N. do E.: John Bowlby, psiquiatra e psicanalista que desenvolveu a Teoria do Apego, segundo a qual o bebê se vincula aos seus cuidadores principais, o que pode ter implicações na vida adulta.

[146] N. do E.: René Spitz, psicanalista que realizou diversos estudos com o binômio mãe-bebê, sobretudo a respeito da separação entre eles.

[147] N. do E.: "Instituto Tavistock de Relações Humanas", instituição britânica que desenvolveu inúmeras pesquisas relacionadas à Psicologia com diversos profissionais bastante conhecidos na área; Bowlby foi um deles.

OS ANOS 1963-1972: O INÍCIO DAS ESCOLAS MUNICIPAIS **163**

mas, sim, um lugar com uma identidade própria, amigável, com um ambiente adequado. Pouco a pouco, Loris passou a conhecer as enormes possibilidades da Creche, embora sempre tenha trabalhado muito mais em projetos com as Escolas da Infância, talvez porque tivessem uma história mais longa, ou porque as crianças de 3 a 6 anos, para ele, eram mais visíveis ou podiam se rebelar mais explicitamente. De fato, delegou o assessoramento da Creche a Carla Rinaldi, embora sempre quisesse estar muito bem-informado de tudo e participar pontualmente de algumas questões.

Na Creche, Malaguzzi descobriu a capacidade das crianças para estabelecer relações significativas com outras pessoas, com os coetâneos, um dos elementos que lhes dá mais segurança. Além disso, sabia que era importante o reconhecimento e a satisfação da experiência por parte dos pais, e a solidariedade cultural de outras pessoas de dentro e de fora da Creche.

> A Creche não deveria ser vista como um lugar de substituição: as necessidades e as exigências das crianças muito pequenas requerem profissionalismo, locais adequados, estratégias de cuidado, responsabilidade e diversos conhecimentos.
>
> Tínhamos muitos medos e eram medos justificados. Foram eles que nos ajudaram. [...]
>
> Insistimos para que o bem-estar que as crianças recebem das brincadeiras interativas com seus pares é um dos elementos mais reconfortantes. [...] não é tanto a opção de ser uma mãe dona de casa ou uma mãe trabalhadora que é decisiva, mas, sim, o nível de satisfação e de plenitude que a mãe alcança com sua decisão, o nível de solidariedade que recebe de seus familiares, da Creche como instituição Creche e, ao menos, de uma aliança cultural suficiente.[148]

---

[148] Loris Malaguzzi *in* Carolyn Edwards, Lella Gandini e George Forman, *I cento linguaggi...*, *op. cit.*, p. 59-60.

Para abrir essa primeira Creche,[149] Malaguzzi selecionou os funcionários da Educação com uma conversa sobre cultura geral,[150] mas, para a função de cozinheira, pediu uma prova de aptidão mais idônea e com a possibilidade de fazer testes práticos antes de assumir o cargo. Além disso, solicitou que fossem contratados 10 ou 15 dias antes, para preparar a abertura.

Com o pessoal selecionado, Malaguzzi organizou um curso, no fim do ano, para dialogar, debater e discutir várias questões relacionadas à puericultura, à higiene, à Pedagogia e às estreitas relações com a família (já que ele sabia que se tratava uma força para abrir novas Creches). Desse curso, também participaram Vea Vecchi, sobre algumas questões estéticas, e Carla Rinaldi, quanto a algumas questões psicopedagógicas. A ideia era formar esses funcionários para, depois, distribuí-los nas demais Creches que seriam abertas na cidade, no intuito de fornecer uma experiência sólida em cada uma das Creches que seriam abertas. Vale lembrar que, para a abertura da segunda Creche, foi preciso aguardar até 24 de março de 1975. No ano letivo 1974-1975, houve 150 solicitações para 25 vagas, com uma taxa de exclusão de 83%. As famílias não aceitas organizaram um comitê promotor para conseguir a abertura da Creche Picasso, em Rivalta.[151]

A partir desse momento, com a Lei nº 698, de 23 de dezembro de 1975, que suprimiu a OMNI, as Creches Nido Rodari e Peter Pan passaram a ser de titularidade municipal. Posteriormente,

---

[149] Seguimos a entrevista realizada com Renza Cristofori em 26 de maio de 1997 (documento n. 642 – TA-213).

[150] *Vide* a circular que Malaguzzi enviou ao *Assessore al Personale* ["Assessor de Funcionários", em tradução livre], em 8 de agosto de 1971 (documento n. 60 – FT-400).

[151] N. do E.: bairro de Reggio Emilia.

OS ANOS 1963-1972: O INÍCIO DAS ESCOLAS MUNICIPAIS **165**

houve a abertura de novas Creches[152] Municipais: Pierino Rivieri[153] (5 de abril de 1976), Salvador Allende[154] (26 de abril de 1976), Sole[155] (27 de setembro de 1976). Assim, chegamos à abertura da Creche Arcobaleno,[156] em 29 de setembro de 1976. Uma estrutura arquitetônica muito bem pensada, com características que identificavam aquilo que se conheceria como o projeto espaço-ambiental das escolas de Reggio Emilia. Graças a uma colaboração próxima e fecunda entre pedagogos, trabalhadores das escolas, pais e arquitetos,[157] foi possível construir essa Creche, um "modelo" que, depois, com diversas variações,[158] seria repetido.

> A Creche Arcobaleno, creio que pode representar um bom exemplo da relação que existe na experiência reggiana entre o discurso pedagógico e o arquitetônico.
>
> Embora represente um diálogo ocorrido há alguns anos, refiro-me a uma relação na qual se vê que a arquitetura é uma forma de pensamento pedagógico. E não é casual que a Arcobaleno tenha surgido de uma estreita colaboração entre os pedagogos, a pedagogia e os arquitetos.[159]

---

[152] *Vide* Scuole dell'infanzia e Asili nido, *op. cit.*, p. 43-7.

[153] N. do E.: foi um morador de Reggio Emilia. Nascido em 1926, alistou-se no exército em 1º de setembro de 1944, na brigada Vitriola. Faleceu em combate em Módena, em 7 de janeiro de 1945.

[154] N. do E.: médico e político chileno com inclinação marxista, deposto por Augusto Pinochet, general que instaurou um governo militar no país.

[155] N. do E.: "Sol", em tradução livre.

[156] N. do E.: "Arco-íris", em tradução livre.

[157] A Creche foi projetada pelo arquiteto Massimiliano Carta.

[158] *Vide*, por exemplo, a Creche Panda.

[159] Carla Rinaldi *in* Carlo Barsotti, *L'uomo di Reggio Emilia*, *op. cit.* Transcrição e tradução para o espanhol de Alfredo Hoyuelos.

Em um texto que acompanha uma documentação sobre o espaço-ambiente desta Creche,[160] ressaltam-se os critérios que foram considerados para esse projeto arquitetônico, como os custos, o número de crianças (60), a equipe de educadores (11), auxiliares e pessoal da cozinha (6), os horários, o tempo de trabalho, a divisão das crianças em quatro grupos por idade, os conteúdos educativos, a participação das famílias, entre outros. Todos esses critérios foram levados em conta para construir um projeto coerente. A ideia era não construir espaços subalternos ou marginais, mas, sim, espaços visíveis, como a cozinha e outros espaços. A escola deveria ser evidente, abrindo-se para um pátio central (sem corredores) e para o exterior, com transparências e vidros de baixa altura para as crianças.

> Responsabilidade, divisão separada e conjunta dos espaços, máxima participação conjunta e síntese perceptiva; boa capacidade das partes, descentralização das atividades estruturadas por sessões e interseções; garantia, por parte dos grupos de poder, de permanecer juntos, com grande possibilidade de familiarização mútua entre crianças e adultos e dissolução dos grupos para atividades descentralizadas ou desejos de ócio e experiências individuais; áreas separadas para proteger crianças que querem ficar sozinhas e se divertir com um de seus pares; locais reservados para situações de caráter íntimo; espaços acusticamente isolados para descanso; três áreas descentralizadas para refeitório; grande praça como local de jogos de motricidade ou para encontros diversos; serviços autônomos para adultos (escritórios, arquivos, locais de encontro para estudo e descanso, refeitório, espaço para reuniões coletivas e de conselhos familiares etc.); uso da praça como palco para assembleias e iniciativas culturais. Esses são os

---

[160] Documento n. 518 (FT-473).

principais elementos de uma Creche vista como sistema ordenado, flexível quanto às ações e, acima de tudo, à comunicação.[161]

Aspectos de um projeto que proporcionam uma identidade cultural e arquitetônica não apenas para as Creches, mas, também, para as Escolas da Infância, criando um ambiente habitável, coerente com o pensamento pedagógico de Loris Malaguzzi. Uma arquitetura que qualifica um projeto, que, em troca, qualifica a própria arquitetura e o espaço pelo mobiliário e pela documentação nas paredes. Ressalta-se que o mobiliário segue critérios de economia de espaço e de estética considerada adequada.

Nas belas recordações[162] que permanecem da construção da Arcobaleno, com um projeto pensado e refletido, que deu vida e corpo a algumas de suas ideias, Malaguzzi revelou, sobretudo, suas emoções e seus sentimentos das relações criadas com os lugares, com os objetos, com os amigos. Ele reconhecia na Creche uma experiência que provocou grandes explorações e descobertas que geraram uma nova cultura em uma sociedade complexa. Uma experiência de respeito à infância em um momento em que, pela queda da natalidade, pode haver um uso mercantil e intolerante das crianças. As Creches Municipais, como a Arcobaleno, têm a oportunidade de elevar a qualidade educativa e reforçar a solidariedade em torno das crianças, criando uma consciência participativa nas famílias.

---

[161] *Ibidem.*
[162] Loris Malaguzzi, "Quando il filo esce dalla favola" ["Quando o fio sai da fábula", em tradução livre], en *Dieci anni di nido Arcobaleno* ["Dez anos da Creche Arcobaleno", em tradução livre] (Reggio Emilia: Comune di Reggio Emilia, 1986), p. 5-7.

> Talvez consigamos recuperar muitas imagens relacionadas, que correm o risco de dar apenas um significado bonito de dimensões temporais compostas por diferentes metáforas da vida. Felizmente, muitas imagens vêm de fora, imunes às suspeitas, às lembranças e aos sentimentos assinados pelos pais e pelos trabalhadores da Creche, até mesmo, das crianças que, dez anos depois – e esse fato é extraordinário –, ainda guardam uma memória fresca dos lugares, dos objetos, dos amigos e dos adultos com os quais engatinharam ou deram os primeiros passos em sua aventura.[163]

Em 1988, as Creches Municipais chegaram a 13, com um total de 767 crianças matriculadas, o que representava 32% das crianças na faixa etária de 0 a 3 anos. Durante esse período, conseguiu-se uma identidade cultural, ainda que mais custosa, das Creches Municipais. Malaguzzi participou dessa delicada operação. Renza Cristofori contou como ele encorajou os sindicatos a lutar por horas de reciclagem e formação, passando das 36 horas de trabalho, que os funcionários municipais devem cumprir, para 34 horas semanais de trabalho direto com as crianças e 2 horas não letivas. Isso foi alcançado em 1973. Inicialmente, também existia o atelierista, mas, por razões orçamentárias, foi, posteriormente, suprimido.

Dessa forma, Malaguzzi foi refinando o primeiro regulamento, até conseguir, também, a paridade salarial do pessoal educacional da Creche com a Escola da Infância. Na lei italiana, os funcionários das Creches são reconhecidos em uma categoria inferior. É o município de Reggio Emilia que, querendo respeitar a unidade e a integridade de um projeto de 0 a 6 anos, complementa o salário do corpo docente da Creche, uma decisão com a qual Malaguzzi teve muito a ver. Outra decisão importante é o fato de não haver

---

[163] *Ibidem*, p. 5.

um pediatra na equipe, uma figura que, para Loris, atrapalharia seu pensamento e sua obra pedagógica, porque poderia cortar algumas experiências em razão de excessiva – e obsessiva – concentração em aspectos de segurança e higiene. Eram questões que Malaguzzi tinha em mente, mas sempre contextualizadas no projeto pedagógico e em seus contextos concretos de atuação.

A experiência estava se expandindo e se tornando conhecida e reconhecida internacionalmente. Profissionais iugoslavos, tchecoslovacos, alemães e suíços fizeram as últimas visitas às escolas[164] nesse período.

---

[164] Sobre esse assunto, *vide L'Unità* (24 de maio de 1971).

5.

OS ANOS
1972-1975

O ano de 1972 foi importante para a experiência de Reggio Emilia e para Loris Malaguzzi.

Em 1971, o ano terminou com a municipalização de uma escola histórica da Unione Donne Italiane (UDI), chamada *Martiri di Villa Sesso*. O ano de 1972 começou com a municipalização (primeira) de uma escola paroquial, a *Mancasale*.[1] Vários párocos, há anos, pediam subsídios à prefeitura para que as escolas, com o apoio da Democracia Cristã, pudessem continuar sendo gerenciadas pelo *Ente Morale*,[2] mas sustentadas com dinheiro público. O Município, por razões ideológicas, negava essa possibilidade, mas abria outra porta: transferir as escolas para a titularidade municipal, na rede das que já existiam. Entretanto, transferir as escolas para o Município

---

[1] Em seguida, no dia de 6 de fevereiro de 1972, seria municipalizada a escola paroquial "Bruno Ciari", na região de Gaida.

[2] N. do E.: pessoa jurídica. Fundação sem fins lucrativos de caráter social.

era, para alguns católicos, deixar as escolas nas mãos de ateus. Vejamos, como exemplo, o que o pároco D. Alfredo Bartoli escreveu na revista paroquial *Il canalino della parrochia di S. Marco E. in Canali*[3] em agosto de 1973, em virtude da possível municipalização da Escola Raimondo Franchetti:[4]

> Se a administração atual não funciona, [...] deve ser mudada; se for necessário um conselho de família, [...] deve ser criado, mas a Creche tem que permanecer na Villa. Nunca me renderei a ninguém. [...] Além disso, ter que dar tudo para o Município me parece algo grave!
>
> O motivo, é preciso dizer, da ajuda por parte do Município é, tão somente, monopolizar tudo e dar tudo como válido ao serviço de uma única ideia. O serviço ao povo na liberdade tem sido somente elogiado, mas não implementado.
>
> Eu, portanto, sou decididamente contra a cessão, porque tenho conhecimento dos métodos pedagógicos utilizados nas Creches Municipais, nas quais se tenta educar as crianças no mais completo ateísmo. No entanto, vocês, pais de Canali, batizaram e querem submeter seus filhos aos Santos Sacramentos, por isso, uma educação desse tipo seria completamente contrária aos seus desejos.[5]

A essa oposição, deveria ser acrescentado, como disse Malaguzzi, o próprio enfrentamento dele com alguns párocos, que o reconheciam como anticlerical. Loris, em uma ocasião, levou uma questão ao plenário municipal que causou grande escândalo.

---

[3] N. do E.: "O canal da paróquia de São Marcos Evangelista em Canali", em tradução livre. Canali é um povoado da área de Reggio Emilia.

[4] N. do E.: nativo reggiano, foi explorador italiano, sobretudo no que diz respeito a territórios no continente africano.

[5] Devemos o testemunho a uma carta de um ex-prefeito de Reggio Emilia, Renzo Bonazzi.

Como comentamos, Malaguzzi viveu parte de sua infância na Piazza Fiume. Nesse local, ele relatou que viveu, por vezes, uma das imagens mais terríveis de sua vida. Havia o costume de uma comitiva fúnebre eclesiástica passar por aquela praça. O pedagogo lembrava-se, com dor, que órfãos, meninos e meninas, passavam com o franciscano, acompanhando o caixão. A tarefa imposta às crianças era pegar com uma bandeja o dinheiro que as pessoas presentes doavam. Assim, eram instrumentalizadas a recolher dinheiro para a igreja. Isso era insuportável para Malaguzzi.

> Crianças pequenas, vestidas de preto, como sinal de luto, com muito frio. Eram crianças pobres, órfãs em funerais terríveis. Eu levei essa questão ao plenário, para dizer que era necessário abandonar esse costume.

Por essa razão, a mudança de Mancasale para o Município, um acontecimento cheio de polêmicas e oposições, é um fato histórico e um reconhecimento da experiência "aberta" das escolas municipais.

Loris Malaguzzi e Gianni Rodari: uma dupla fantástica

Um dos eventos extraordinários desse ano é o fato de Gianni Rodari ter ministrado um curso de 6 a 10 de março – para professoras da Escola da Infância, da escola primária e da escola média –, com o título sugestivo de *Encontros com a fantasia*. O *slogan* do curso era: "Todos os usos das palavras para todos. Não para que todos sejam artistas, mas para que ninguém seja escravo". Rodari, além de amigo, foi um inspirador de ideias para Malaguzzi. De fato, ele o citava com frequência.

Rodari trouxe seus papéis escritos à máquina para Reggio[6] e teve reuniões e discussões com vários profissionais sobre a arte de contar histórias. Desses encontros, surgiria o famoso livro *Gramática da fantasia*, traduzido para muitos idiomas.

> O título é fascinante, sobretudo porque utiliza deliberadamente a sedução do apodíctico[7] e do que é certo, em que se pensa que se esgotam as perguntas, os enigmas, as esperanças que acompanham, cultural e cientificamente, a busca pela fantasia e a sua captura.
>
> O fantástico, que é uma metáfora mais terrena do que se pensa, ainda lida com os dias e os fatos.
>
> Contudo, permanece aqui para ser ouvido.[8]

Também entrou em várias escolas e fez anotações nelas. Em particular, na Escola Diana, ele brincou com as crianças, inventando histórias coletivas.

> Escritor, poeta, filósofo, político, jornalista etc. Com ele, fizemos uma grande aliança. Ele reconhece, em Reggio, uma cidade que amava, de fato, as crianças. Vinha nos visitar com frequência e nos saudava.
>
> Finalmente, parece que, em 1972, ele veio a Reggio. Trouxe suas pastas, todo o seu livro escrito à máquina, *Gramática da fantasia*, que se tornaria um clássico da Pedagogia e, também, da criatividade. Encontramo-nos com muitas pessoas. Discutíamos. Ele nos lia suas páginas, falava sobre seus conceitos e discutia com as professoras. [...] E, diria, foi um grande local de discussão para ativar, afortunadamente, a obra de Rodari.[9]

---

[6] Encontrei um documento de 26 páginas, intitulado *Corsi tenuti da Gianni Rodari in mazo 1972* ["Cursos ministrados por Gianni Rodari em março de 1972", em tradução livre].

[7] N. do E.: segundo o Dicionário Houaiss, elemento que exprime necessidade lógica, de natureza indubitável; algo indiscutível; evidente.

[8] Loris Malaguzzi, "La grammatica della fantasia" ["A gramática da fantasia", em tradução livre], *Bambini*, ano VII, n. 9 (nov. 1991), p. 15.

[9] Loris Malaguzzi *in* Carlo Barsotti, *L'uomo di Reggio Emilia*, *op. cit.*

Uma obra dedicada a Reggio Emilia. Vejamos, nas próprias palavras de Rodari, a lembrança desses dias:

> De 6 a 10 de março de 1972, fui convidado pelo Município de Reggio Emilia para uma série de encontros com cerca de cinquenta professoras [...], em que apresentei, por assim dizer, de forma conclusiva e oficial, todas as minhas ferramentas para o ofício.
>
> Três coisas me farão lembrar dessa semana como uma das mais belas da minha vida. A primeira é o cartaz que o Município fez para anunciá-la, que dizia, em grandes caracteres, *Encontros com a fantasia* [...]. A segunda era o fato de que, nesse cartaz, advertia-se a respeito de que as vagas eram limitadas "a cinquenta": um número maior de participantes, obviamente, teria transformado os encontros em conferências, que não teriam sido úteis para ninguém [...]. Foi emocionante. A terceira razão da minha alegria – e a mais importante – consiste na possibilidade que me foi dada de me expressar longa e sistematicamente, com o controle constante da discussão e da experimentação, não apenas sobre a função da imaginação e sobre técnicas para estimulá-la, mas, também, sobre a forma de comunicar todas aquelas técnicas e como convertê-las em um instrumento para a educação linguística (embora não apenas nisso...) das crianças.[10]

A personalidade e as ideias de Rodari fascinavam Malaguzzi. Ele foi atraído por elas porque, provavelmente, tinham o mesmo

---

[10] Gianni Rodari, *Gramática de la fantasía* (Barcelona: Reforma de la escuela, 1976), p. 7-8. *Vide*, também, Gianni Rodari, "Perché ho dedicato il mio ultimo libro alla città di Reggio nell'Emilia" ["Porque dediquei meu último livro à cidade de Reggio Emilia", em tradução livre], *in Incontri sui problemi dell'Educazione infantile* ["Encontros sobre os problemas da Educação Infantil", em tradução livre].

espírito. Vamos ver algumas das razões.[11] Malaguzzi, como vimos em seus primeiros anos, pôs em prática o caráter racional e científico da Pedagogia, sem dúvida, para dotar a Educação Infantil de rigor, reconhecimento e identidade fortes, diante das ameaças existentes. Ele descobriu a importância do diálogo complementar entre razão e fantasia, ciência e imaginação, como declarado em sua famosa poesia *I cento linguaggi dei bambini*.[12]

Rodari ofereceu viajar com a fantasia, passear em grande estilo, em um voo que transgride imaginação e razão. Ele aceitou o desafio do poeta alemão Novalis (1772-1801), que escreveu: "Se tivéssemos uma Fantasia, assim como temos uma Lógica, a arte de inventar teria sido descoberta".[13] Essa era uma ideia suficientemente atraente para Malaguzzi ficar preso em sua rede. Uma teia de aranha de lógica e fantasia, uma viagem humana e cultural, cheia de confiança e esperança. Com uma relação correta entre homem, mulher e natureza, entre natureza e razão. E o que poderia ser melhor do que esclarecer ideias discutindo-as, como diria Rodari? Os ingredientes da fascinação estavam servidos.

Malaguzzi, sendo um amante de transgredir, também com as palavras, de inventar metáforas impossíveis, de se divertir com o uso imaginativo da linguagem, encontrou em Rodari uma fonte de

---

[11] Para elaborar esse aspecto, segui: Loris Malaguzzi, "Premessa" ["Prefácio", em tradução livre] *in Io chi siamo* ["Eu, quem somos", em tradução livre] (Reggio Emilia: Foma Edizioni, 1982), p. 7-13; também publicado em Loris Malaguzzi, "Che posto ch'è per Rodari?" ["Qual é o lugar de Rodari?", em tradução livre], *in Se la fantasia cavalca con la ragione* ["Se a imaginação cavalga com a razão", em tradução livre] (Bergamo: Juvenilia, 1983), p. 64-8; a conferência de Loris Malaguzzi *et al.*, intitulada *Rodari e la scuola reggiana: un binomio fantastico* ["Rodari e a escola reggiana: um binômio fantástico", em tradução livre] (18 de abril de 1989); Loris Malaguzzi e Francesco Tonucci, "La fantastica: una chiave per rifare il mondo" ["A fantasia: uma chave para refazer o mundo", em tradução livre], *Zerosei*, ano 5, n. 1 (set. 1980), p. 3-4; Loris Malaguzzi, "La grammatica della fantasia", *Bambini*, ano VII, n. 9 (nov. 1991), p. 13-5, *op. cit.*

[12] N. do E.: *As cem linguagens das crianças.*

[13] Gianni Rodari, *La gramática...*, *op. cit.*, p. 5.

prazer extraordinária. Em comum,[14] tinham interesse por Piaget, Éluard,[15] Breton,[16] Ernst,[17] Klee,[18] Picasso, Lear,[19] Carroll, Dewey, Vygotsky, Propp,[20] Mondrian[21] e Miró.

Rodari, como linguista, descobriu as possibilidades de construir e desconstruir a linguagem, de exprimi-la em suas possibilidades expressivas. Também descobriu, com a obra de Chklóvski,[22] a possibilidade estética de recuperar conceitos e termos artísticos que, pelo seu uso automático e inflado, sucumbem, sem reflexão, nas coisas para não dizer nada. São termos envelhecidos. O conceito de arte, como processo de *ostranênie*,[23] como estranhamento, dá um frescor necessário à linguagem, para renovar o significado das próprias palavras usadas sem cair em conotações já conhecidas e, de certa forma, entediantes. Essa é a primeira operação.

---

[14] Loris Malaguzzi *et al.*, *Rodari e la scuola...*, *op. cit.*

[15] N. do E.: Paul Éluard, poeta francês que fez parte dos movimentos dadaísta e surrealista. É autor de poemas contra o nazismo. Ele e o poeta brasileiro Manuel Bandeira se conheceram em um sanatório na Suíça, quando desenvolveram uma amizade.

[16] N. do E.: André Breton, escritor francês, poeta, cofundador e teórico do Surrealismo. Estudou Medicina, fez parte do corpo médico na Segunda Guerra Mundial e foi exilado por conta de seus textos, tendo conseguido fugir para os Estados Unidos.

[17] N. do E.: Max Ernst, pintor, escultor, *designer* gráfico e poeta que participou dos movimentos dadaísta e surrealista.

[18] N. do E.: Paul Klee, pintor, desenhista, poeta e professor alemão (nascido na Suíça). Seu trabalho foi influenciado pelo Expressionismo, pelo Cubismo e pelo Surrealismo.

[19] N. do E.: Edward Lear, pintor, ilustrador e escritor inglês, conhecido por suas poesias e por seus textos de literatura *nonsense*.

[20] N. do E.: Vladimir Propp, folclorista soviético e acadêmico que analisou elementos estruturais de contos folclóricos russos.

[21] N. do E.: Piet Mondrian, pintor e teórico neerlandês do Modernismo. Um dos pioneiros da arte abstrata, é um dos nomes mais importantes do neoplasticismo.

[22] N. do E.: Viktor Chklóvski, escritor russo e soviético, teórico e crítico literário. Fez parte do formalismo russo, que estudava a linguagem poética.

[23] N. do E.: termo cunhado por Chklóvski que significa "estranhamento", a "ideia da renovação cognitiva e emocional do habitual" (Berlina, 2020, p. 2) [Berlina, A. Ostranênie: para devolver a sensação de vida. *RUS* (São Paulo), v. 11, n. 16, p. 43-66, 2020. Disponível em: https://www.revistas.usp.br/rus/article/view/168820/163575. Acesso em: 9 maio 2023.].

A segunda (comentou Malaguzzi) consiste em inventar outras linguagens, inovar a própria linguagem, para não cair nos tópicos estereotipados. Essa operação é difícil, porque todas as palavras – pelo seu uso – representam algo conhecido. Rodari e Malaguzzi amavam sair desse uso comum e estereotipado. Eles inventavam a linguagem para provocar imagens diversas, estranhas, para dizer e comunicar conceitos novos que representavam uma nova filosofia.

Loris[24] comentou que, para Rodari, a palavra era uma espécie de relâmpago que pode explodir a qualquer momento; um relâmpago que brilha, adquirindo novos significados, transgredindo ludicamente o existente. Também era como uma nave espacial que tenta vias e trajetórias incertas para atingir seu objetivo. Era um jogo de palavras e seus significados que buscam novidade não apenas linguística, mas também conceitual. A palavra, nas mãos de Rodari, era um brinquedo, um *"transformer"*, uma desorientação imprevista, distante das hipóteses inatistas chomskianas,[25] que levava a uma reforma cultural da própria linguagem e do seu uso. Uma palavra que podia sair dos clichês, dos cânones, que servia para gerar significados inesperados. Nós, que ouvimos falar de Malaguzzi muitas vezes, podemos entender essa fascinação por Rodari e sua linguagem.

---

[24] Loris Malaguzzi *et al.*, *Rodari e la scuola...*, *op. cit.*

[25] N. do E.: Noam Chomsky, linguista e filólogo, professor aposentado do renomado Instituto de Tecnologia de Massachussetts (MIT). Trata-se de um dos principais nomes da Linguística mundial, conhecido pelos seus estudos de sintaxe e pela Gramática Gerativa que se originou deles. No texto, refere-se à hipótese inatista de Chomsky, que trata do processo de aquisição de linguagem de uma criança, mencionando que todos os seres humanos têm um dispositivo linguístico inato, o qual é desenvolvido conforme a maturação.

> Da caixa de ferramentas, Rodari extrai a PALAVRA: A PALAVRA como imagem, significado, sentido e, depois, como forma, som, analogia, memória, marca do subconsciente [...].
>
> Fazendo uma palavra colidir com a outra, obrigando-as a estar juntas no mesmo contexto [...], assim, descobrindo o possível, o sentido do sem sentido, a seriedade do absurdo.[26]

Além disso, Malaguzzi encontrava em Rodari uma forma de valorizar ideologicamente (também pertencia ao Partido Comunista Italiano – PCI –, mas com uma visão autônoma e independente) uma escola e uma infância que a cultura – também a de esquerda – não reconhece, porque não acredita nas potencialidades infantis. Rodari também era crítico ao partido comunista, porque, ideologicamente, praticava violências contra as crianças, a quem não reconhecia como sujeitos de direitos. De certa forma, para o marxismo, a humanidade começa com o homem trabalhador, o que vem antes ou depois é pouco reconhecido. Para Rodari – comentou Malaguzzi[27] – falta uma idade infantil na teoria marxista.

Rodari havia tido experiências com os *Pionieri* a esse respeito e havia participado de uma revista e um jornal desse grupo. Rodari, a quem Malaguzzi enaltecia por saber estar com as crianças, representava um desafio reformador para os próprios *Pionieri*. Ele realmente acreditava nas possibilidades da infância e em poder pensar grande *com* e *para* ela. Dessa forma, ele deu uma visão histórica e política às próprias crianças, algo que Malaguzzi adorava fazer.

A imaginação e a fantasia são as armas que Malaguzzi escolheu para ir, com otimismo, em direção ao futuro; o otimismo que temos que aprender da infância, o otimismo da espécie e o otimismo da vontade.

---

[26] Loris Malaguzzi *et al.*, *Rodari e la scuola...*, *op. cit.*

[27] Loris Malaguzzi, "La grammatica della...", *op. cit.*, p. 14.

> [...] na voz desse menino, revelou-se algo que talvez pudéssemos chamar de otimismo da espécie [...]. Porém, quando se fala dessas coisas com as crianças, parece-me que a pergunta que mais as apaixona vem delas: o que temos que fazer, então? Em outras palavras, nelas, não nasce, diante de todos esses motivos de pessimismo, um desespero, que seria a base de algo como um suicídio em massa que ninguém propõe à humanidade. Delas, surge a exigência de que algo tem que ser feito, que apela ao que Gramsci chamou tão acertadamente de "otimismo da vontade". Temos razão para ser pessimistas, mas são as crianças, acredito, que nos pedem para usarmos nosso otimismo da vontade.[28]

Esses são os elementos para fazer projetos que permitam sonhar e aproximar as grandes questões do mundo real. Essa é a lição de Malaguzzi e de sua pedagogia. Mas, para que a imaginação se transforme em criatividade, é preciso haver a aliança com os adultos e a sua solidariedade. "*Eu penso que a imaginação infantil precisa de nossos cuidados, ao menos, tanto quanto cuidamos da curiosidade científica*', recomendou Rodari precisamente."[29]

Nesse caso, a imaginação convida, sobretudo, à curiosidade. Um elemento que é necessário potencializar na infância; um elemento que Malaguzzi tinha em grandes doses dentro de si.

Sobre Malaguzzi, chama a atenção de Rodari, e será uma lição (sua lição e sua preocupação), a capacidade de penetrar profundamente nos pensamentos das crianças, de registrá-los sensivelmente, de ruminá-los, pedindo-os emprestado e devolvendo-os, como um desafio para pensar mais, pensar maior e de maneira complexa.

---

[28] Gianni Rodari, *Ejercicios de fantasía* ["Exercícios da fantasia", em tradução livre] (Barcelona: Aliorna, S. A. Editorial, 1987), p. 94.
[29] Loris Malaguzzi, *Premessa, op. cit.*, p. 10.

Sim, como vimos, a criança de Rodari precisa de muita imaginação para se realizar. De uma imaginação particular, que, mesmo sendo-lhe dada como faculdade e direito a ser desenvolvido, cresce obstinada (não rousseauniana), em uma adaptação contínua às coisas e aos acontecimentos terrenos, utilizando-os para entender os significados que estão para prever, projetar e, se quiser, sonhar com outros de maiores felicidades e riqueza.[30]

Rodari busca, com base em uma realidade laica e de esquerda, uma confrontação sobre a escola, a educação e o sentido, presente e futuro, que a humanidade quer dar à sua existência, sem predeterminismos, sem excessos ideológicos, sem simplificações, sem irracionalidades desnecessárias. Uma ideia completamente malaguzziana.

[...] com muitas teorizações que permeiam não apenas o mundo imperfeito da escola e da educação, e as hipóteses de correção, mas, também, sobre os mesmos significados de valores que ocorrem ao homem que queira dar um sentido presente e futuro à sua própria existência. E eles vêm, também, das fileiras da esquerda histórica, justa e dificilmente empenhada em sua complexidade para elaborar novas conotações políticas e partidárias, para desinfetar os excessos do ideologismo, da irracionalidade apriorística,[31] dos "saberes absolutos", das utopias exclusivas, das mesmas filosofias consoladoras, que tendem a reduzir a complexidade da vida e do universo para o homem [...]. Mas, mesmo aqui, as linhas de tendência podem exceder-se e suprimir exageradamente as conotações permanentes (mas não totalizadoras nem definidas), que são, de alguma forma, representações de valores e objetivos, e, ao mesmo tempo, tender à racionalidade, que os partidos e os homens que neles militam precisam para

---

[30] *Ibidem*, p. 10.
[31] N. do E.: segundo o Dicionário Houaiss, argumentos feitos *a priori*, sem embasamento em um fato.

reconhecer suas dimensões atuais e pensar nas de amanhã. Isso, sobretudo, para não deixar que suponha impotência ante a realidade, a injustiça, a prepotência que dominam o mundo inteiro.[32]

Essa capacidade de não acreditar no absoluto e de relativizar o ponto de vista era o projeto de educação e de vida de Rodari.

> Queremos dizer que as situações foram mencionadas há pouco, *por meio, concretamente, de toda a trajetória humana e cultural de Rodari* e do pensamento, da investigação e da intuição que deixou. O compromisso realista, imaginativo e fantástico. A força.[33]

Foi uma lição que Malaguzzi carregaria por toda a sua vida. Uma grande lição do fazer, de uma ação que une o pensamento e a imaginação da infância com a dimensão real, e um real que muda e pode ser mudado se a criatividade for cultivada em todas as direções, possibilitando ver as relações invisíveis. Uma criatividade não entendida como produtividade, mas como felicidade de se sentir inteiro(a), em que tudo está relacionado, como o possível e o impossível.

> [...] para a grande lição da ação, a razão, o ato que induz a unir o pensamento e a imaginação das crianças à dimensão real e do real que muda e pode ser mudado.[34]

A pedra angular do projeto: a regulamentação de 1972

O outro grande acontecimento desse ano de 1972 foi a aprovação, por unanimidade, da regulamentação para as Escolas Municipais da Infância na sessão plenária de 30 de maio. Isso representou,

---

[32] Loris Malaguzzi, *Premessa, op. cit.*, p. 12-3.
[33] *Ibidem*, p. 13.
[34] Loris Malaguzzi e Francesco Tonucci, "La fantástica...", *op. cit.*, p. 4.

OS ANOS 1972-1975 **183**

para Malaguzzi e para a experiência reggiana, o reconhecimento e a legitimação de um projeto pedagógico que, em parte, já havia se imposto na realidade.

Loris Malaguzzi, que sempre acreditou que deveria haver uma organização adequada e coerente em um projeto pedagógico, foi, sem dúvida, um dos principais responsáveis por essa nova regulamentação. Isso foi reconhecido por Loretta Giaroni, conselheira de Escolas e Serviços Sociais, na apresentação do Regulamento:

> Um agradecimento especial ao Doutor Loris Malaguzzi, por seu compromisso e sua competência reconhecida na coordenação pedagógica de nossas escolas e por sua contribuição decisiva na elaboração do regulamento".[35]

Há muitas questões a destacar nesse novo documento que dão uma ideia clara do pensamento e do trabalho pedagógico, social e político de Loris Malaguzzi. Como destaca Loretta Giaroni,[36] há vários reconhecimentos e novidades: o direito geral à educação a partir dos 3 anos; a consolidação da gestão social – expressa nos *Comitati di Scuola e Città*, dos quais participam professoras, auxiliares de limpeza, cidadãos, forças sociais e sindicais e representantes dos bairros – como elemento de autonomia educativa e de participação cidadã na escola; o reconhecimento de 36 horas semanais de trabalho (nem todas em sala de aula), tanto para o quadro docente[37] como para o auxiliar; uma relação numérica adequada profissional/criança (1/15); a regulamentação das substituições; a consolidação da dupla educativa; a legitimação do ateliê e do

---

[35] Loretta Giaroni, *Relazione sul nuovo regolamento per le scuole comunali dell'infanzia e nuova pianta orgânica* ["Relatório sobre o novo regulamento para as escolas municipais de infância e novo quadro de funcionários", em tradução livre].

[36] *Ibidem.*

[37] O Artigo 23 trata da titulação exigida para esse grupo.

atelierista;[38] a participação conjunta de professoras e auxiliares de limpeza em reuniões pedagógicas e cursos de formação; a entrada na escola do educador homem como uma exigência pedagógica; a eliminação piramidal de um diretor ou uma diretora em cada uma das escolas como chefe de grupo, para dar lugar, em contraste, à

> [...] equipe didático-pedagógica[39] (que) se coloca como um grupo de trabalhadores que se recusa a qualquer função de inspeção ou burocrática, colaborando com as professoras, os pais e os cidadãos engajados na experiência escolar, para coordená-la, verificá-la e desenvolvê-la continuamente.[40]

Foi um impulso para promover uma atuação educativa baseada principalmente na pesquisa, na experimentação e na verificação dos resultados obtidos.

> Chegamos a Reggio, que é a melhor cidade que você e eu conhecemos. Aqui, a experiência é longa, obstinada, gradual, lucidamente percorrida durante dez anos, antes de chegar a 1972, ano em que foi elaborada uma grande constituição democrática, que levou 8 meses e precisou de 24 projetos para ser realizada (o que precisávamos para que fosse feito da maneira adequada). No plenário municipal, o voto foi unânime; na realidade, a discussão ocorreu antes.[41]

---

[38] O Artigo 14 regulamenta a equipe orgânica de cada escola, composta por: duas professoras em cada sala de aula com trinta crianças, um atelierista, uma cozinheira, uma auxiliar de limpeza para cada sala de aula e outra para cada duas salas de aula e meia.

[39] O Artigo 23 trata dos requisitos de titulação para pertencer ao grupo.

[40] Loretta Giaroni, *Relazione sul nuovo...*, *op. cit.*

[41] Loris Malaguzzi, "Risposte a domante proposte da un amico, marzo 1974" ["Respostas às perguntas feitas por um amigo, março de 1974", em tradução livre], *Esperienza. Periodico di lavoro* ["Experiência. Periódico de trabalho", em tradução livre], n. 2 (fev. 1975), p. 63-4.

Essa normativa gerou múltiplas reuniões públicas para discutir sua aplicação.[42] O próprio Malaguzzi participou de duas reuniões, entre outras, sobre o significado desse regulamento na prática:

> Sim, muitas das coisas incluídas no programa terão que esperar algum tempo para verificar o sentido e o espírito do novo regulamento, para começar a fazer parte de nosso trabalho.

No dia 22 de agosto de 1972, ocorreu a primeira reunião com o corpo docente, seguida de outra, no dia 29 de agosto, com o pessoal auxiliar de limpeza e da cozinha. Malaguzzi enfatizou que o novo regulamento tinha como objetivo promover um trabalho mais democrático que levasse a novas relações e confrontações entre a escola, as crianças, as famílias, os *Comitati* e os bairros. Além disso, aproveitando a ocasião, propôs uma flexibilidade maior no trabalho com as crianças, por exemplo, no que diz respeito às roupas e à soneca. Ele também demonstrou, mais uma vez, como era capaz de concretizar a organização geral e a de cada detalhe.

Na primeira dessas reuniões (com os educadores), propôs, por exemplo, que os meninos e as meninas tivessem à disposição facas na hora das refeições e pudessem participar ativamente dos momentos de pôr e tirar a mesa, além de se distribuírem livremente nos lugares. Loris enfatizou a importância dos diários como instrumento de reflexão valorativa, a construção do canto das fantasias e das marionetes em todas as escolas, a seleção de bons livros – e de poesias – para as crianças.

---

[42] *Vide*, por exemplo, Municipio di Reggio nell'Emilia. *Assessorato alle scuole e servizi sociali. Ufficio scuole comunali dell'infanzia e nidi, Modalità di applicazione del nuovo regolamento delle Scuole Comunali dell'infanzia* ["Assessoria às escolas e aos serviços sociais. Escritório das creches e escolas municipais da infância. Procedimentos de aplicação do novo regulamento das escolas municipais da infância", em tradução livre] (31 de agosto de 1972).

Por sua vez, na segunda reunião (com o pessoal auxiliar), Malaguzzi enfatizou que o papel do pessoal auxiliar deve mudar, passando a alcançar níveis mais altos de participação nos processos e nos problemas educativos, nas discussões e nas decisões tomadas na escola. O pessoal auxiliar deve abandonar atitudes de suposta inferioridade, sentimentos de incapacidade e tomar consciência da abordagem educacional, que pressupõe um cenário de uma coletividade de pessoas que trabalham no projeto, além de trabalhar nas salas de aula.

> É necessário que o pessoal auxiliar obtenha níveis mais altos de participação nos problemas educativos e saiba organizar, juntamente com suas funções específicas, tempos de presença direta nos processos educativos, além de participar das discussões e das decisões tomadas na escola.

As auxiliares de limpeza e cozinha deveriam entrar nas salas de aula, e as crianças teriam acesso democrático a todos os espaços da escola, que deveriam ser abertos. Era uma ideia de escola comunitária, que eliminaria qualquer hierarquia de papéis profissionais.

Houve muitas críticas contra o regulamento e a experiência que ele legitimava, principalmente de vozes católicas. Mario Mazzaperlini[43] resumiu as principais críticas ao projeto de Loris Malaguzzi, interpretando as opiniões de Luciano Corradini[44] (que dizem respeito ao sentido cultural e político da experiência, no que tange às ideologias, à mistura perigosa entre gestão social e

---

[43] Storia delle scuole..., *op. cit.*, p. 222-4.
[44] Luciano Corradini é um padre católico que foi presidente do *Consiglio di Gestione* da Escola Diana. Amigo de Malaguzzi, em diversas ocasiões, fez críticas e confrontações públicas e privadas a ele. *Vide*, por exemplo, Luciano Corradini, "Scuola materna e gestione sociale" ["Escola maternal e gestão social", em tradução livre], *Scuola materna* (supl., n. 5 – nov. 1972), p. 281-92.

OS ANOS 1972-1975 **187**

didática,[45] à liberdade do corpo docente, à educação sexual e à religiosa) e de Luca Lambertini.[46]

Em suma, as críticas se referem a três aspectos: a ausência da educação religiosa no projeto de Malaguzzi, a gestão social como um formalismo burocrático sem funcionalidade operativa (exceto por interesse ideológico) e a falta de liberdade didática, com uma ética exclusivamente social e classista. Em outras publicações destacadas, tendo base na pesquisa que realizei, forneci respostas fundamentadas a essas críticas, com as quais não compactuo, embora as compreenda.

Enquanto isso, a qualificação da experiência ocorria por meio de diversos projetos documentais e de formação continuada com base em reuniões, assembleias, conferências, discussões diversas e um ciclo de Encontros com a Dança, realizados no Teatro Municipal.[47] O projeto cresceu e novos grupos de estudo, visitas e programas de televisão passaram a se interessar pelas escolas de Reggio Emilia.[48] Ao mesmo tempo, os *Comitati di Scuola e Città*, os Conselhos de bairro e o Plenário Municipal promoveram uma manifestação pública no teatro municipal com o *slogan*: *Para uma imediata expansão das Escolas Municipais da Infância*. Uma iniciativa que estaria destinada a durar muitos anos.

---

[45] Sobre esse tema, P. Pasotti também fez críticas. *Vide* "Una nuova scuola dell'infanzia. Le idee e le esperienze in Emilia ed in altre regioni dal 1965 al 1985" ["Uma nova escola da infância. As ideias e as experiências em Emilia e em outras regiões entre 1965 e 1985", em tradução livre], *Orientamenti Pedagogici* ["Orientações Pedagógicas", em tradução livre], n. 45 (1998), p. 254-76.

[46] Luca Lambertini, *El Resto del Carlino*, 2 de setembro de 1976.

[47] Em uma carta que Malaguzzi enviou a Guido Zannoni, diretor do Teatro Municipal, em 22 de dezembro de 1972, ele agradeceu pela organização perfeita desses encontros.

[48] *Vide* a informação que Malaguzzi e Giaroni fornecem sobre uma série de programas que a RAI-TV [emissora italiana] transmitiu sobre as escolas de Reggio Emilia.

Novas iniciativas inusitadas. O trem de S. Polo e outras histórias

O ano de 1973 começou agradavelmente, com a abertura de uma nova escola, a Belvedere, seguida pela municipalização de uma escola histórica do *Comitato di Liberazione Nazionale* (CLN), a Prampolini, e, posteriormente, a Michelangelo.

Eram os momentos finais da terrível guerra do Vietnã, que havia começado em 1954, tempos da grande derrota do imperialismo americano. Animadas por Malaguzzi em alguns casos e, em outros, de forma autônoma, surgiram várias iniciativas de ajuda para as escolas e para as crianças do Vietnã.

Recordamos a iniciativa de dois *Comitati*, Cervi e Mancasale, que envolveram, em um projeto, todas as escolas da região, arrecadando 5 milhões de liras[49] para que as crianças do Vietnã pudessem celebrar seu Natal em fevereiro. Em diversas escolas, foram realizados alguns projetos e reunidos textos livres sobre o tema. Era a demonstração, mais uma vez, de que a escola de Malaguzzi não se afastava nem se eximia dos problemas que existem no mundo.[50] O pedagogo reggiano, visivelmente emocionado, agradeceria as diversas ideias que nas escolas surgiram sobre a paz e o Vietnã.[51]

---

[49] N. do E.: em 1973, 1 dólar americano valia cerca de 620 liras. Com a inflação ajustada da moeda estadunidense em relação ao que vale em 2023, seria o equivalente a 7,87 dólares. Isso significa que, na cotação atual, o valor apresentado no texto equivaleria a, aproximadamente, 317.340 reais.

[50] *Vide*, por exemplo, os textos livres da Escola Diana, datados de 26 de janeiro de 1973, ou a intervenção de Carla Rinaldi no encontro das Escolas Municipais de Infância de Reggio Emilia, com representantes das escolas de vários municípios da Emília-Romanha, para a construção de uma Escola da Infância no Vietnã.

[51] *Vide*, por exemplo, a circular que Malaguzzi enviou em 14 de fevereiro de 1973.

Eu costumava, durante o trajeto de carro para a escola todas as manhãs, ouvir as notícias pelo rádio. Em uma manhã, a grande notícia finalmente foi anunciada: a guerra do Vietnã havia acabado, e os americanos se preparavam para se retirar, deixando aquele país devastado por bombas e miséria. Embora esse sucesso fosse esperado, sua confirmação me emocionou. Já era tarde, e eu estava perto da escola. Tomei a decisão por impulso. Parei em uma loja que encontrei na rua e comprei uma garrafa de vinho espumante.

Eu sabia que poderia ser uma decisão infeliz. O que alguém diria se me visse celebrando com crianças de 4 anos bebendo vinho e, ainda por cima, de manhã? Mas, naquele momento, era a única ideia que me veio à mente. Então, apresentei-me na escola com a garrafa, e decidimos brindar. O gesto de desarrolhar a garrafa foi meramente simbólico. Nossos copos de adultos continham muito pouco vinho, e os das crianças, água.

Sem aviso, o professor Malaguzzi apareceu para uma visita rotineira às escolas.

Ele viu a cena.

Ele se comoveu e me abraçou.

Ele me parabenizou, porque, segundo ele, eu havia encontrado a melhor maneira de explicar às crianças, por meio de uma forma típica dos adultos, que aquele era um dia especial. Segundo Malaguzzi, a forma (e os eventos mais significativos que ocorriam) deveriam entrar na escola, e vice-versa; a escola tinha que estar, radical e constantemente, aberta ao mundo exterior.[52]

Também em 1973, continuava uma forte política municipal de mobilização para a escolarização de meninos e meninas de 3 anos em uma escola de qualidade. Em um manifesto intitulado *O direito de estudar começa aos 3 anos*, foram apresentados diversos dados significativos.

---

[52] Testemunho de uma professora de Módena, obtido por Battista Quinto Borghi, "Loris Malaguzzi e la documentazione...", *op. cit.*, p. 187.

Na Itália, havia 2.890.000 crianças de 3 a 6 anos. Desse número, 550.000 estavam matriculadas em escolas municipais ou estaduais, ao passo que 900.000 estavam em escolas privadas. Um milhão e meio não conseguiram vaga. No Município de Reggio Emilia, havia 4.871 crianças de 3 a 6 anos, das quais 1.260 estavam matriculadas em escolas municipais, 32 em escolas estaduais e 1.972 em escolas privadas. Além disso, havia 900 pedidos para escolas municipais para 430 vagas disponíveis. A iniciativa foi justificada, e o Município fez campanha em prol da escola pública,[53] denunciando o apoio descarado do Estado à escola privada. Nesse manifesto, que também foi de Malaguzzi, solicitou-se uma nova lei que previsse que o Estado financiasse a Escola da Infância pública, que as regiões pudessem planejar a Educação Infantil, e que os municípios pudessem estabelecer e administrar socialmente as escolas.

Loris Malaguzzi e Carla Rinaldi participariam de dois encontros de discussão e orientação sobre esse problema. Os títulos das duas intervenções eram: *A criança e sua educação nas Escolas Municipais da Infância* e *A narração por imagens na experiência educacional*.

Naquele ano, entraram como atelieristas duas pessoas emblemáticas da experiência reggiana, Giovanni Piazza, na escola La Villetta, e Mara Davoli, na escola Pablo Neruda. E, com um grupo de atelieristas, Malaguzzi teve a ideia genial de terminar o ano letivo com uma grande festa em San Polo.[54,55] Era apenas uma manifestação festiva para celebrar o final do ano letivo, mas Malaguzzi era propenso a realizar e celebrar, visivelmente, grandes êxitos para transformá-los em eventos sociais, históricos e cidadãos.

---

[53] Eletta Bertani, "Un punto cruciale per la scuola dell'infanzia" ["Um ponto crucial para a escola da infância", em tradução livre], *L'Unità* (2 de outubro de 1973).

[54] N. do E.: San Polo d'Enza é uma área de Reggio Emilia.

[55] "Con un treno pitturato hanno invaso San Polo" ["Com um trem pintado, invadiram San Polo", em tradução livre, *L'Unità* (26 de junho de 1973).

Mais de 1.500 crianças, famílias e educadoras embarcaram em um trem, em 20 de junho, pintado e colorido por várias pessoas. O tema foi: *Um trem para ficarmos juntos*. A metáfora tornou-se realidade e era absolutamente malaguzziana: uma utopia realizada pelas pessoas que formavam uma comunidade, a qual simbolizava a força de um projeto de uma escola diversa.

Malaguzzi escreveu um artigo divertido,[56] em que, mais uma vez, revelou suas habilidades literárias. Nele, destacou o encanto da viagem, a loucura tornada realidade, a capacidade de chamar a atenção, rompendo os padrões normativos. O importante é a lição de vida que os adultos proporcionam à infância: pessoas adultas que podem ser amigas, porque amam estar juntas.

> Poderia uma baleia sair repentinamente de um estábulo, erguer as pernas e correr em direção às crianças? Poderia acontecer que, de um monte de palha, saísse um palhaço, de um poço velho saíssem cem pombas brancas, e, de um arbusto, um espantalho? Poderia um acampamento de Sioux ou Apaches[57] surgir na montanha de Sanpolese?[58]
>
> Porém, acima de tudo, um trem poderia ter vontade de sair de sua garagem uma manhã e, pintado com sóis, estrelas, caracóis e rabiscos a ponto de não ser reconhecido, e as pessoas que o virem dizerem: "*Mas ele está louco!*", e ele começar a correr pelos trilhos e apitar para qualquer um que se atrevesse a ficar surpreso? [...]

---

[56] Loris Malaguzzi, "Un treno e una camminata per stare insieme" ["Um trem e uma caminhada para estarmos juntos", em tradução livre], *La Provincia di Reggio Emilia* ["A Província de Reggio Emilia", em tradução livre] (Reggio Emilia: Administrazione provinciale di Reggio Emilia ["Administração da Província de Reggio Emilia", em tradução livre], jul. 1973).

[57] N. do E.: grupos nativos da América do Norte.

[58] Montanhas de San Polo, vilarejo de Reggio Emilia, cujas montanhas fazem parte dos Apeninos setentrionais.

> Foi durante as caminhadas que surgiram os milagres que acabamos de mencionar. Historiadores seculares e religiosos encontrarão alguma explicação para a posteridade. Falarão do diabo e da água benta. A verdade, falemos bem baixinho, é mais simples: são milagres cuidadosamente preparados e manipulados pelos Comitês, para a alegria das crianças.

A formação das crianças e das trabalhadoras em Reggio Emilia ampliava-se, diversificava-se e qualificava-se mediante novas ofertas culturais. Em 1973, uma colaboração entre as escolas e o teatro municipal começou (já foi mencionada a relação de Loris com o teatro). Malaguzzi, a equipe psicopedagógica e o teatro organizaram *Encontros com a música*,[59] uma série de propostas de formação musical, e uma série de encontros com o grupo Teatro Gioco Vita,[60] para aprofundar as possibilidades culturais de entretenimento teatral.

Esse fato possibilitou a abertura do laboratório de entretenimento municipal, que seria coordenado por Mariano Dolci, um titereiro que, segundo a ideia de Loris Malaguzzi, passou a ser um funcionário contratado fixo[61] pelo Município de Reggio, para encorajar e realizar treinamentos nessa área. Entre Mariano e Loris, surgiu uma nova história de enriquecimento mútuo, que levou a algumas experiências conjuntas com marionetes e sombras.

Outros cursos de formação sucederam esses, tanto para as professoras quanto para o quadro de auxiliares, organizados no final de agosto. Malaguzzi e outros profissionais participaram, para discutir temas didáticos, de comunicação e de expressão, contribuição

---

[59] "I bambini degli asili scoprono la 'grande musica'" ["As crianças das creches descobrem a 'grande música'", em tradução livre], *L'Unità* (14 de março de 1973).

[60] "Teatro gioco e vita nelle scuole infanzia" ["Teatro Gioco Vita – Trupe Brincadeira e Vida – nas escolas da infância", em tradução livre], *L'Unità* (21 de novembro de 1973).

[61] No início, foi contratado como inspetor. Não era fácil, do aspecto legal, que um titereiro encontrasse um cargo para si.

educativa do pessoal auxiliar e educação como um fato social. Loris recomendou[62] que, nas escolas, fossem recebidas três revistas emblemáticas sobre educação na Itália, *Infanzia*, *Riforma della Scuola*[63] e *Scuola Materna*, e que seus artigos fossem lidos.

O ano de 1974 marcou a abertura da Escola Andersen e a polêmica municipalização da escola paroquial Franchetti. Além disso, a Creche Cervi tornou-se *pública*, deixando de ser uma *empresa*. No entanto, a situação das demandas para a Creche foi insustentável, urgindo a criação de vagas em novas Creches. Havia 147 solicitações para 25 vagas disponíveis. Em uma carta, Malaguzzi[64] pediu o fim dessa situação dramática e realizou uma reflexão política e administrativa, inclusive com os sindicatos. Ele solicitou que a Administração Municipal analisasse seriamente as implicações éticas e políticas, entre outras, dessa situação.

> As implicações éticas, políticas, assistenciais, sanitárias e pedagógicas dessa situação indicam a urgência de enquadrar e decidir rapidamente a posição da Administração Municipal.

Nos meses de março e abril, Malaguzzi organizou e participou de um ciclo de conferências intitulado *Encontros sobre os problemas da Educação Infantil*. Entre os diversos participantes, estava Gianni Rodari. Loris, em uma carta, considerou o evento[65] como importante para a história das escolas e para o papel da imaginação no desenvolvimento da personalidade.

Em 4 de março, Malaguzzi apresentou uma palestra intitulada *Por que é justo trabalhar para uma Escola da Infância que procura realizar*

---

[62] Loris Malaguzzi, *Circular* (21 de dezembro de 1973).
[63] N. do E.: "Reforma da Educação Escolar", em tradução livre.
[64] Loris Malaguzzi, *Circular* (6 de junho de 1974).
[65] Loris Malaguzzi, *Circular* (17 de junho de 1974).

não apenas uma nova escola para as crianças, mas, também, uma concepção diferente de entender e fazer educação.[66] O título do trabalho é sugestivo e revela como o pensamento e a obra de Malaguzzi estão unidos.

Essa palestra, de maneira geral, abordou um modelo diferente de escola e de Pedagogia, afastando-se do assistencialismo, da repetição, da mediocridade conformista, da produção rápida com métodos americanos que queimam e encurtam os tempos da infância, da tradição agazziana e montessoriana, da escola que tem o papel filantrópico de tentar reparar os problemas que acredita que a sociedade produz em meninos e meninas, da escola preparatória para a escola Primária, da escola que acredita na infância como uma etapa ingênua e, em última análise, da escola que se separa da sociedade e do mundo.

A nova escola proposta é um centro de investigação e criação de relações e vínculos com as famílias e com a sociedade, para que se sinta protagonista histórica do desenvolvimento da própria cultura social. Para isso, é necessário que os conteúdos, os métodos e os objetivos da escola acreditem na unidade da inteligência infantil e em seu potencial expressivo.

> As primeiras instituições para crianças não surgiram graças ao mérito de pedagogos ou filósofos, mas, sim, de homens que liam a realidade, as necessidades e as esperanças de seu tempo, e que tinham a perspicácia e a coragem dos reformadores sociais [...].
>
> É evidente que não temos dúvidas sobre a localização da Escola da Infância, assim como também não temos dúvidas sobre o conceito de infância: a Escola da Infância está unida às outras etapas, não separáveis, da escola, assim como a infância está unida à dimensão não fragmentável do ser humano [...].

---

[66] Loris Malaguzzi, "Perché é giusto lavorare per una scuola dell'infanzia che tenti di realizzare non solo una nuova scuola del bambini, ma una diversa concezione di intendere e di fare educazione" *in Incontri sui problemi dell'educazione infantile* (4 de março de 1974).

> A luta por uma nova escola é, também, uma bata-
> lha pela expansão da escola. Uma simples expansão não
> seria suficiente; só serve se incluir novos conteúdos, se
> deixar de lado a desqualificação e a subordinação [...].
> Esse desafio é possível? Pensamos que sim. [...] o ter-
> ritório se torna um importante interlocutor, a grande
> consciência crítica que, até agora, apresentou uma
> escola mesquinha, altiva e cheia de falso humanismo.[67]

O ano de 1974 foi de grandes mobilizações sociais[68] para a defesa e o desenvolvimento dos serviços para a infância, que, quase sempre, eram criticados pela Democracia Cristã e por alguns católicos. Também houve um abaixo-assinado (foram recolhidas 20 mil assinaturas) para enviar ao Ministério da Educação, ao Ministério da Saúde e aos diversos grupos parlamentares, solicitando, entre outras coisas, a expansão, em todo o país, da Escola Pública da Infância e que o Estado aumentasse o financiamento, que era mantido pelas entidades municipais.

Enquanto Malaguzzi animava e participava dessas manifestações sociais, não esquecia duas coisas importantes, consciente do seu próprio projeto. A primeira era levar, para dentro das escolas e, em particular, das reuniões de equipe e dos *Comitati*, os problemas sociais existentes. É significativa, por exemplo, a carta em que pediu que se debatesse o tema da educação religiosa presente nos *Orientamenti* de 1958 e 1960.[69] A segunda era qualificar a experiência

---

[67] *Ibidem.*

[68] *Vide* Assessorato alle Scuole e Servizi Sociali, *Risposta sulle scuole comunali dell'infanzia* ["Resposta sobre as escolas municipais da infância", em tradução livre] (10 de abril de 1974); Loretta Giaroni, "Scuole fantasma del governo per l'infanzia" ["Escolas fantasmas do governo para a infância", em tradução livre], *L'Unitá* (5 de janeiro de 1974); Loretta Giaroni, *Situazione attuale e prospettive di generalizzazione della scuola dell'infanzia* ["A situação atual e as perspectivas de generalização da escola da infância", em tradução livre] (29 de abril de 1974); e Verbale ["Ata", em tradução livre] de Loretta Giaroni (18 de setembro de 1974).

[69] Loris Malaguzzi, *Circular* (11 de dezembro de 1974).

de acordo com o projeto que temos narrado. Para isso, requereu uma grande documentação, que – como ele sabia – seria o aval da própria experiência. Numa carta,[70] exigiu que as escolas elaborassem e entregassem o programa essencial do trabalho educativo, com planos de trabalho e atividades a realizar em detalhes.

> Os planos, que cada par de docentes aplicará com totais liberdade e autonomia (em papéis protocolados), constituirão um material de estudo valioso, concreto e de reflexão, que contribuirá, de maneiras discutidas e acordadas posteriormente, para apresentar um primeiro conjunto de indicações para uma verificação mais longa e comprometida dos conteúdos e dos métodos que impulsionam o trabalho nas Escolas Municipais da Infância.

Todavia, para Malaguzzi, a qualificação de um projeto deveria ser feita em vários aspectos e em detalhes. Para ele, a cozinha era um elemento qualificante do projeto. Loris abordaria, com cozinheiras, com auxiliares de limpeza e de cozinha, e com famílias, como tornar a comida mais apetitosa e variada, como envolver os meninos e as meninas no preparo da própria comida, e quais as implicações psicológicas e pedagógicas dessas reflexões.[71]

Além disso, para o pedagogo, qualificar significava atender à formação continuada dos funcionários que trabalham nas escolas. Nesse caso, Malaguzzi organizou um curso de introdução aos aspectos lógico-matemáticos para brincadeiras e jogos de relações e com blocos lógicos de Dienes.[72,73]

---

[70] Loris Malaguzzi, *Circular* (12 de fevereiro de 1974).

[71] Loris Malaguzzi, *Circular* (2 de setembro de 1974).

[72] N. do E.: trata-se de um recurso pedagógico de ensino de matemática estabelecido por Zoltan Paul Dienes, com blocos de madeira ou de plástico, em que há variação de tamanho, forma, espessura e cor.

[73] Loris Malaguzzi, *Circular* (1974).

Em 1975, a segunda Creche de propriedade municipal, a Picasso, foi inaugurada, juntamente com uma nova Escola da Infância, a Ada Gobetti.

Em abril, a Região Emilia-Romagna organizou um congresso ambicioso. Seu título, *A criança como sujeito e fonte de direitos na família e na sociedade*, teve particular importância, pois resgatou uma ideia de Malaguzzi: a infância como sujeito de direitos, uma ideia que foi modificando, que foi elaborando ao longo de sua vida.

Loris participou do congresso com uma conferência intitulada *Conteúdos e objetivos da educação da criança na experiência emiliana*. Nessa conferência, Malaguzzi falou sobre a impossibilidade de neutralidade na Pedagogia e na escola. Sempre há conteúdos de interesse no projeto educativo. A construção deles é feita pela reflexão constante sobre a formação contemporânea do indivíduo. É importante que a infância participe dialeticamente na construção da sociedade, e a escola, distanciada da burocracia e do autoritarismo, deve favorecer essa ideia por meio da autonomia. Uma ideia baseada na descentralização da escola e na participação social como um processo de libertação de uma tradição antidemocrática da escola. Uma escola que deve ser um laboratório de experimentação, que, seguindo a linha de Gramsci, investigue linhas e hipóteses de futuro, para lutar contra o monopólio das ideias pedagógicas existentes.

> [...] consciência total e madura do importante papel da escola no contexto das lutas pela renovação do país, pela emancipação do homem e da mulher e pela afirmação dos direitos. [...]
> Se quisermos permanecer no contexto real, imerso no desenvolvimento dos fatos históricos, em razão de sermos seus intérpretes, seus protagonistas, os conteúdos não podem ser imperativos, fechados ou extorsivos. Devem ser, em contrapartida, uma série de

hipóteses articuladas, coerentes, em constante atualização, que se esforcem por interpretar as exigências das crianças, da família, da sociedade – num emaranhado indissociável –, envolvendo, de forma máxima, o movimento, a participação, a responsabilidade e a determinação comum, questões essenciais que se tornam o apoio que possibilita, verifica e garante tudo isso, em sua contínua regeneração democrática. [...] não pode haver limites de competência na participação, [...] porque a participação e a gestão da escola se tornam mais reais à medida que as forças sociais contribuem ou são estimuladas a difundir conceitos análogos e práticas de vida democrática em outras esferas civis relacionadas e a promover e aumentar, no território, referências e reestruturações culturais capazes de ajudar a escola a sair das salas de aula e dos livros didáticos e adquirir o pulso da história e dos homens, integrando-se sempre mais, e de forma irreversível, em uma concepção e em uma prática de publicidade consciente. [...] a capacidade de elaborar um novo "princípio educativo", como dizia Gramsci, que não só conseguiu escapar da Pedagogia tradicional burguesa, mas avançou em uma busca constante, hipóteses de uma educação aberta ao futuro, que acompanhasse o caminho hegemônico das classes trabalhadoras e que realizasse, imediatamente, exemplos das novas escolas para uma infância diferente, que, da pesquisa teórica e da experimentação concreta, extrairia a força para um confronto com os potentes e monopolizadores centros de poder da Pedagogia infantil.[74]

---

[74] Loris Malaguzzi, "Contenuti e finalità dell'educazione del bambino nell'esperienza emiliana" ["Conteúdos e objetivos da educação da criança na experiência emiliana", em tradução livre] *in Convegno Regionale Il bambino soggetto e fonte di diritto nella famiglia e nella società* ["Conferência Regional – A criança como sujeito e fonte de direitos na família e na sociedade", em tradução livre] (abril, 1975); ver tambi én, Loris Malaguzzi, "Contenuti, programmi e finalità degli asili nido e della scuola dell'infanzia" ["Conteúdos, programas e objetivos das creches e das escolas da infância", em tradução livre] *in Convegno Regionale Il bambino soggetto e fonte di diritto nella famiglia e nella società* (abr. 1975).

OS ANOS 1972-1975   **199**

Após esse congresso, foi formada uma delegação que iria a Roma para manter a expansão dos serviços. O prefeito Renzo Bonazzi levou as 20 mil assinaturas coletadas. As iniciativas e as mobilizações dos *Consigli di Scuola e Città* são muito grandes. Entre as iniciativas propostas, ocorreram diversas atividades e festas para envolver, nas escolas, as famílias, os avós, o bairro e as diversas instituições culturais da cidade.

As escolas foram acusadas, pelos inimigos da experiência, de gerarem um gasto excessivo. A conselheira Loretta Giaroni enfrentou essa questão, em 28 de junho, em uma conferência de imprensa intitulada *Custos e qualidade dos serviços municipais para a infância*. Nessa ocasião, foi debatido o custo de cada criança (2.349 liras por dia)[75] e a qualidade alcançada pela experiência. Malaguzzi[76] também apoiou a política econômica do Município para obter uma qualidade educacional adequada, sabendo que a qualidade, mesmo consciente dos custos, para ele, não tem preço.

> Esta escola custa o que é justo, em um país onde, muitas vezes, os recursos são desperdiçados, os esbanjamentos são promovidos e tolerados, não se economiza à custa das crianças, não se violam os direitos e as necessidades das crianças e das famílias, não se explora os trabalhadores da escola, não se desqualifica e não se aceita a sobrevivência desqualificada da escola.

Vemos como, em Malaguzzi, começava a tomar força a ideia do respeito aos direitos da infância. Em um documento fundamental,[77]

---

[75] N. do E.: em 1975, 1 dólar americano valia cerca de 653 liras. Com a inflação ajustada da moeda estadunidense em relação ao que vale em 2023, seria o equivalente a 7,87 dólares. Isso significa que, na cotação atual, o valor apresentado no texto equivaleria a, aproximadamente, 142 reais.

[76] Loris Malaguzzi, *I linguaggi del bambino* ["As linguagens da criança", em tradução livre].

[77] Loris Malaguzzi, *Per una discussione sull'uso e la progettazione della scuola dell'infanzia* (mar. 1975).

intitulado *Para uma discussão sobre o uso da projetação*[78] da *Escola da Infância*, Loris situou a Escola da Infância como um momento de socialização, de responsabilidade educativa, cultural e política, que deveria construir uma sociedade educativa com a qual confrontar e integrar seus próprios conteúdos e objetivos.

> As hipóteses de uma escola, nesse caso, a Escola da Infância, já não como uma instituição separada, mas como momento institucionalizado e específico de socialização e responsabilidade educativa, cultural e política em torno da figura da criança, não pode deixar de se propor a ser partícipe da construção de uma sociedade educativa na qual se deve enfrentar e integrar dialeticamente seus próprios conteúdos e seus próprios objetivos, [...] que saiba exaltar e potencializar a participação e a gestão com sua predisposta capacidade de comunicar e de narrar continuamente às famílias e à população o que fazem, projetam, pensam, mediante o trabalho das crianças, dos professores, dos *Comitati di Scuola e Città*, das reuniões (o uso da entrada, das paredes, das praças, das áreas livres, deliberadamente privilegiadas e enfocadas nos canais de encontro entre pais, crianças e trabalhadores etc., como suportes de exposições permanentes).[79]

A formação dos funcionários, organizada por Malaguzzi, abordou temas diversos e profundos, uma vez que, para ele, a preparação deveria ser cultural, no sentido amplo do conceito. Ademais, Malaguzzi organizou diversos cursos sobre entretenimento teatral e manipulação de marionetes com Mariano Dolci, um tema

---

[78] O termo adotado, *projetação* ["*progettazione*", em italiano] foi utilizado porque tem conotações muito particulares no enfoque educativo reggiano. Para aprofundar-se no assunto, *vide* Alfredo Hoyuelos (2021), *A ética no pensamento e na obra de Loris Malaguzzi*, São Paulo: Phorte [do original: Alfredo Hoyuelos (2009), *La ética en el pensamiento y obra pedagógica de Loris Malaguzzi*, Barcelona: Octaedro-Rosa Sensat].

[79] Loris Malaguzzi, *Per una discussione…*, *op. cit.*

que começou a ganhar muita importância na experiência.[80] Tudo isso nos fornece uma ideia dos interesses culturais e intelectuais de Malaguzzi e do tipo de formação e de perfil profissional que ele desejava para os trabalhadores das escolas.

Entretanto, há outro fato digno de nota e emblemático no pensamento e na obra de Loris Malaguzzi. Nessa época, ele começou a falar sobre as linguagens da infância, uma metáfora que ganharia força com as exposições, que, mais tarde, nos anos 1990, como continuação da primeira exposição *L'occhio se salta il muro*, dariam a volta ao mundo. Loris tratou da antologia das linguagens: a linguagem lógica autobiográfica e histórica da descoberta de si mesmo e dos outros; a linguagem gráfica da argila, da pintura, do desenho e da colagem; a linguagem verbal das vozes e dos silêncios; a linguagem matemática das classificações e das séries; a linguagem musical dos ruídos, dos ritmos e dos sons; a linguagem científica das observações, das análises e das relações; a linguagem fantástica da invenção lúdica. São linguagens que devem fazer parte da história consciente de cada criança, sem que ninguém lhe roube a possibilidade de vivência pessoal e coletiva.

---

[80] Loris Malaguzzi, *Circular sobre corso di animazione del burattino* ["Circular sobre o curso de manipulação de marionetes", em tradução livre] (3 de junho de 1975); Loris Malaguzzi, *Circular sobre laboratorio de animazione teatrale* ["Circular sobre laboratório de entretenimento teatral", em tradução livre] (13 de fevereiro de 1975).

6.

OS ANOS 1976-1980

Breve panorama do contexto sociopolítico italiano

Em 1974, Moro formou um governo democrata cristão, que caiu após a retirada do apoio socialista. Obrigado a convocar eleições antecipadas em junho de 1976, com um considerável aumento (sem precedentes) dos comunistas, Andreotti[1] conseguiu formar um gabinete democrata cristão, com a abstenção dos comunistas.

Após os distúrbios e a violência desencadeados em 1976, Andreotti conseguiu reunir os sete grandes partidos italianos, dos liberais aos comunistas, para chegar a um compromisso institucional que resolvesse os grandes problemas internos, com um plano

---

[1] N. do E.: Giulio Andreotti foi primeiro-ministro italiano e senador vitalício. Um dos principais expoentes da Democracia Cristã na Itália.

de estabilização econômica e reconversão industrial. No entanto, as várias greves, a violência política e o surgimento de grupos terroristas (Brigadas Vermelhas)[2] conseguiram, com o sequestro e o assassinato de Aldo Moro (presidente da Democracia Cristã), em 16 de março de 1978, impedir a união histórica entre o Partido Comunista Italiano (PCI) e a Democracia Cristã.

Novas eleições aconteceram em junho de 1979. Novos votos e nova maioria – apesar do alto percentual de abstenção – para a Democracia Cristã. Três governos com maioria deste partido se sucederam (dois de Cossiga[3] e um de Forlani[4]). Os maiores problemas foram o desemprego, a crise econômica, o terrorismo, os escândalos políticos e um terremoto no sul da Itália, que provocou mais de 10 mil mortes.

O difícil ano de 1976: crise e consolidação da experiência

Em 1976, seis novas Creches municipais foram inauguradas, e a demanda aumentou. Aconteceram várias mobilizações nas escolas para ampliar e qualificar o serviço, mas o Município enfrentou graves dificuldades econômicas. Para receber mais crianças, o número de alunos em cada escola foi aumentado.

Além disso, 1976 será lembrado também com pesar, porque a "rádio Selva" iniciou, em 11 de novembro, uma violenta campanha de ataque contínuo às escolas municipais em geral, e às de Reggio Emilia em particular, durante o programa de rádio

---

[2] N. do E.: Brigate Rosse, em italiano. Trata-se de uma organização paramilitar comunista italiana.

[3] N. do E.: Francesco Cossiga foi presidente, primeiro-ministro, senador e ministro italiano.

[4] N. do E.: Arnaldo Forlani foi ministro, deputado e primeiro-ministro da Itália.

Giornale Radio (GR 2).[5] A acusação era muito grave: nas escolas, havia um modelo de educação pecaminoso e corruptor da infância, e adotava-se uma educação antirreligiosa, que degradava a escola privada católica. A transmissão durou uma semana. Malaguzzi entendeu que deveria reagir rapidamente. O que ele decidiu fazer foi algo que fez parte de seu pensamento ético e político: levar o debate para dentro das escolas, convidando os acusadores eclesiásticos a entrarem nas instituições escolares para confrontar e discutir as várias denúncias.

Assim, em todas as escolas, foram promovidos grupos de estudo sobre o tema dos aspectos e das propostas da educação religiosa segundo os católicos. O assunto terminaria, em 1977, com uma assembleia que reuniu as conclusões de todo o debate, intitulada *A educação religiosa e a educação das crianças*.[6] Esse documento revela algumas ideias de Malaguzzi sobre o assunto: a necessidade de evitar o doutrinamento, pois se trata uma violência contra a globalidade da infância e contra o ser humano; a criança é uma pessoa com direitos inalienáveis, e não direitos menores em relação aos da pessoa adulta; a escola não pode ser ideológica e tomar partido de determinado credo, discriminando outros; a necessidade de que os profissionais garantam uma participação laica e pluralista, sendo respeitosos com a pluralidade cultural, ideológica e religiosa, promovendo um espírito de diálogo.

---

[5] *Registrazione delle trasmissioni messe in onda dal GR 2 da giovedì 11 noviembre 1976 a martedì 16 noviembre 1976* ["Registro das transmissões transmitidas pelo GR 2, de quinta-feira, 11 de novembro de 1976, a terça-feira, 16 de novembro de 1976", em tradução livre].

[6] *L'educazione religiosa e la educazione dei bambini* (29 de março de 1977).

> Fiquei sozinho diante da decisão e entendi que a única opção era reagir imediatamente. Consultei professores e pais. Suspenderam-se todos os eventos programados e convidamos o clero local para discutir essas acusações dentro de nossas escolas. Foram cinco meses de discussão pública. [...] Quando a aventura terminou, todos estávamos exaustos em razão do cansaço emocional, e foi o fim da angústia geral. E acredito que, para todos, foi um enriquecimento do conhecimento e da humanidade.[7]

Essa confrontação o levaria, como veremos mais adiante, ao coração das revistas que ele dirigiria. Em um artigo,[8] respondendo a um pedido, ele se comprometeu a tratar desse assunto com a maior responsabilidade, com a maior pluralidade possível.

O verdadeiro problema era a terrível raiva que a Igreja sentia pela perda do monopólio educacional, pelo aumento dos custos de suas escolas e pela obrigação de contratar profissionais laicos. Além disso, queriam desfrutar dos favores econômicos por meio de subsídios que não recebiam. Porém, o que mais os incomodava em tudo isso era a dimensão cultural de uma experiência que havia crescido com força. Malaguzzi lembrava daquele ano com dor e prazer. O prazer de ver que sua experiência estava consolidada e lhe dava razão. O prazer de ter vencido uma falsa acusação por parte dos inimigos religiosos. O prazer de ter se tornado consciente do valor de uma experiência que ganhou solidez e aumentou relações e amizades.

---

[7] Loris Malaguzzi *in* Carolyn Edwards, Lella Gandini e George Forman, *I cento...*, *op. cit.*, p. 57.

[8] Loris Malaguzzi, "Caro don Nesi", *Zerosei*, ano I, n. 10 (jul. 1977), p. 2.

Pessoalmente, acredito que, além dessas motivações que estavam na origem da escolha ruim, havia alternativa. O que incomodava os ambientes governantes ou as instituições religiosas era, também, a dimensão cultural, que havia crescido tão rapidamente em nossa experiência, que pela força e pela união colaborativa, já havia atraído grandes interesses e curiosidade, que organizava congressos e seminários, que encontrava editores para seus livros. Isso também explicará como, assim que a tempestade passou, os mais ilustres pedagogos católicos reunidos no Centro Didático Nacional da Escola da Infância, um órgão governante que administravam desde 1950, traçaram laços com nossa experiência, querendo conhecê-la, convidando-nos, todos os anos, para suas jornadas de estudo [...].

Depois do que aconteceu – uma página dura, mas, felizmente, resolvida –, acabamos por multiplicar a nossa tenacidade, a consciência do que nossas fadigas haviam acumulado, a vontade de continuar.[9]

Esse acontecimento, promovido por Malaguzzi e alguns conselheiros, levou a prefeitura de Reggio Emília a tocar no assunto. Uma estratégia política que conseguiu, ainda mais, uma defesa política de uma experiência consolidada.[10]

---

[9] *Ibidem*, p. 57-9.

[10] *Vide Proposte della giunta municipale per la ristrutturazione, l'estensione e la generalizzazione della scuola pubblica dell'infanzia* ["Propostas da junta municipal para a reestruturação, ampliação e generalização da escola pública da infância", em tradução livre] (19 de maio de 1976) e *Relazione dell'assessore alle scuole e servizi sociali Mario Marmiroli al Consiglio Comunale del 16 dicembre 1976 su "La scuola comunale dell'infanzia e i problemi dell'educazione infantile"* ["Relatório do assessor responsável pelas escolas e pelos serviços sociais, Mario Marmiroli, ao Conselho Municipal, em 16 de dezembro de 1976, sobre 'A escola municipal da infância e os problemas da educação infantil'", em tradução livre].

As revistas *Zerosei* e, posteriormente, *Bambini*

A história termina como a maioria dos contos: com um final feliz. Um desfecho que implicou uma forte continuidade e um começo: o de uma nova revista, *Zerosei*. Ferruccio Cremaschi, amigo, editor e posterior diretor da revista *Bambini* (após a morte de Malaguzzi), contou-nos a história.[11] A editora Fabbri, uma empresa da multinacional Agneli, ofereceu a Loris Malaguzzi a direção de uma revista sobre Educação Infantil. No início, Malaguzzi estava no projeto com Sergio Neri e Francesco Tonucci. Ele teve que pensar muito antes de tomar a decisão, já que a Agneli representava o imperialismo de direita na Itália. Contudo, o pedagogo, mais uma vez, mostrando suas grandes visões políticas, como será reconhecido posteriormente por Francesco Tonucci,[12] que se retiraria do projeto, aceitou a ideia, porque era a forma de levar suas ideias para leitores que, em geral, pertenciam à tradição da escola religiosa privada.

> Eu estava com Loris e com Ferruccio Cremaschi [...], estudando uma revista progressista sobre Educação Infantil que nascia de uma editora que, decerto, não era progressista, mas tinha a capacidade de estar presente em todo o ambiente pré-escolar italiano. Assim, nasceu a *Zerosei* e a colaboração com a Fabbri. O mérito é, novamente, de Loris, porque eu tinha muito medo dele (tanto, que recusei ser codiretor), e, mais uma vez, é preciso considerá-lo como um ato de grande criatividade política e pedagógica. Trata-se de uma decisão que não era óbvia, nem fácil, que criou notáveis diferenças e grandes mal-entendidos. Foi uma iniciativa que projetou a proposta de uma nova escola de Educação Infantil fora do círculo restrito das cidades emilianas, toscanas e de Úmbria, dos leitores de

---

[11] Entrevista com Ferruccio Cremaschi (18 de abril de 1998).
[12] Conversa pessoal com Francesco Tonucci, em Pamplona.

OS ANOS 1976-1980 **209**

"nossas" revistas, o que contribuiu consideravelmente para gerar mais sensibilidade. Uma revista que lançou Frato[13] em nível nacional.[14]

Portanto, Loris viu a oportunidade única, com a revista, de estender uma ideia ou uma abordagem pedagógica, sem encerrá-la em livros ou artigos que só seriam lidos, por seu significado político e ideológico, pelos de esquerda. Esse é o grande ponto de vista de Malaguzzi que, como na história já contada das batas de 1963, soube aproveitar as circunstâncias e renunciar a alguns posicionamentos formalistas se o fundamento dessas questões pudesse ser estendido.

Nesse sentido, Malaguzzi sabia que a participação de professores universitários era importante para o prestígio da revista. Por esse motivo, e, também, por reconhecimento pessoal e profissional, ele introduziu na revista diversos nomes, incluindo Egle Becchi[15] e Susanna Mantovani.[16]

Ele queria que seu amigo Tonucci também estivesse na revista, alguém que ele apreciava. Em Francesco, Loris[17] valorizava a capacidade de sedução por meio de seus gestos e dos significados emergentes de suas charges, nas quais ele retratava os abusos e os disparates que os adultos lançam sobre as crianças. Para Malaguzzi, a infância que Tonucci defendia é a que sofre a arrogância das leis, das normas, dos hábitos, das retóricas, das didáticas reducionistas e

---

[13] Frato é o pseudônimo de Francesco Tonucci, psicopedagogo e desenhista italiano.

[14] Francesco Tonucci, "Il Lego a Loris" ["O Lego a Loris", em tradução livre], *Bambini*, ano VIII, n. 10 (dez. 1992), p. 10-2.

[15] N. do E.: pedagoga, historiadora e acadêmica. Professora emérita na Universidade de Pavia, localizada no norte da Itália. Publicou diversos trabalhos pedagógicos e psicopedagógicos.

[16] N. do E.: professora de Pedagogia na Universidade de Estudos de Milão-Bicocca, na qual é vice-reitora.

[17] Loris Malaguzzi, "Una mostra a Torino. 10 anni di satira di Francesco Tonucci" ["Uma mostra em Torino. Dez anos de sátira de Francesco Tonucci", em tradução livre], *Bambini*, ano VI, n. 9 (out. 1990), p. 57.

dos falsos pudores. Ele também valorizava a habilidade de Tonucci de provocar – algo que Loris tanto amava – o escândalo pela ironia, pelo jogo da sátira ou do detetive que descobre e desmascara os sofrimentos, as injustiças e os desejos reprimidos de meninos e meninas. É uma lição de denúncia universal baseada em uma sólida cultura psicológica e pedagógica que deseja sair do conformismo cotidiano.

> Francesco pertence àqueles que sabem captar os fatos, os sinais, os gestos, os significados submersos, os abusos, as mentiras, a estupidez, que, na armadilha do cotidiano, os adultos exercem sobre as crianças.
> Se assim desejarem, é uma espécie de Robin Hood, de estraga-prazeres, de rasgador de consciências tranquilas e seráficas.[18]

Naquele momento, existia uma revista sobre Educação Primária, *Riforma della Scuola*, e as que existiam sobre Educação Infantil eram *Scuola Materna*, estruturada por disciplinas, e *Vita della Infanzia*, de caráter montessoriano. Malaguzzi queria fazer algo diferente. Ele queria evitar um puro didatismo que começava a não lhe satisfazer e, também, recuperar para o projeto da revista a experiência das escolas, defendendo a unidade de uma experiência que deveria representar a imagem de uma infância inteira. Outra característica distintiva do projeto era a extrema atenção às imagens. Dessa ideia, na revista, nasceu a seção chamada "História em imagens", que narrava documentalmente, de forma visual, relatos significativos de experimentações feitas com as crianças.

A tiragem mensal da revista oferecia a Malaguzzi a possibilidade de uma escrita dialética, que não fechava os temas, mas, sim, dialogava com os problemas cotidianos e contemporâneos da escola, da sociedade, da política e da cultura.

---

[18] *Ibidem.*

Por meio da escrita de editoriais, Malaguzzi encontrou uma forma viva e aberta de expressar seu pensamento, permitindo que ele mudasse, modificasse e ajustasse as coisas a cada mês e escrevesse sobre suas preocupações diárias. Muitas vezes, ele foi criticado por não ter escrito grandes livros. Ocorre que, para ele, fechar suas ideias em um único volume ou texto era uma grande dificuldade ética. Sua obra está fragmentada em diversos artigos e pode ser encontrada nas escolas construídas, nas documentações e nas exposições. Essa forma de escrita não é reconhecida como obra "escrita" pela Pedagogia, mas deve ser reivindicada.

Cremaschi contou-nos sobre a dificuldade de Malaguzzi de se concentrar em um único tema e de sentar-se para escrever, pois, em sua mente, havia muitas relações que precisava escrever, e elas se entrelaçavam. Ele lia de tudo, tinha grandes ideias e escrevia sobre diversos temas, sempre ligados ao contexto da atualidade. Às vezes, ao revisar os artigos da revista (que totalizam 121 como autor, individual ou coletivamente),[19] percebe-se que sua escrita não é linear, como se fosse um caderno de anotações, e ela interage continuamente com os eventos da vida. Textos reescritos de maneira constante.

Sobre o assunto, Ferruccio e as duas secretárias de Malaguzzi, Martina Lusuardi e Carla Nironi, contaram o "suplício" de ter que revisar continuamente escritos que ele nunca dava por fechados, que sempre precisavam ser retificados. Entre seus documentos, encontramos diversas versões de escritos elaborados várias vezes, em que mudava ideias, estruturas ou palavras. Era como se Malaguzzi tivesse uma justa dificuldade de sedimentar as ideias e de transformá--las em escrita. Ferruccio Cremaschi contou como, às vezes, tinha que "enganá-lo", dizendo-lhe que o escrito já estava na gráfica e

---

[19] Se incluirmos outros que tratam da experiência reggiana, o número chega a 212.

que não poderia ser modificado, para evitar que ele fizesse mudanças de última hora. Às vezes, alguns editoriais eram "escritos por telefone", pelo qual Malaguzzi, pela falta de tempo, passava as principais ideias do artigo a Ferruccio, e este redigia o artigo com aquelas ideias. Cremaschi conhecia muito bem a forma de expressão de Loris, e este confiava naquele.

Como mencionamos, Malaguzzi estudava de tudo, mas, com frequência, esquecia os nomes dos autores que lia, pois, para ele, o mais importante era recolher ideias que o fizessem refletir, *ruminar*, "pescar os peixes para jogá-los de volta ao mar", como disse em algumas ocasiões, ou, como comentou Ferruccio Cremaschi, ele pegava peças de diversas partes, mas compunha um quebra-cabeça original, depois de modificar cada peça. Eram ideias que ele misturava com as suas próprias, e as tornava originais, sem se importar em citar explicitamente as fontes, o que lhe rendeu críticas. Mais adiante, voltaremos a esse tema porque, certa vez, Malaguzzi declarou suas inspirações culturais.

Talvez essa seja a razão de seu medo de escrever, porque sabia que, por sua falta de sistematicidade acadêmica ou rigor nas normas de citações (que detestava), algo com que não se importava, poderia ser criticado, expondo demais a si próprio e à experiência reggiana. Inteligentemente, ele soube usar autores e autoras como ingredientes em um ensopado, com suas ideias, que ele ajustava a todo momento, sempre insatisfeito.

Em um artigo intitulado *Il gioco delle parti*,[20] no primeiro número do periódico, Malaguzzi declarou o objetivo, o valor e o sentido da própria publicação: uma revista que trata dos problemas da infância, denunciando a violação sistemática de seus direitos por parte de adultos que se consideram imunes e onipotentes.

---

[20] Loris Malaguzzi, "Il gioco delle parti" ["O jogo das partes", em tradução livre], *Zerosei*, ano 1, n. 1 (out. 1976), p. 6-9.

O objetivo da revista era alcançar múltiplos interlocutores: instituições, famílias, profissionais de escolas, trabalhadores de serviços sociais e da Saúde, pesquisadores, administradores e políticos que trabalhavam para dialogar com meninos e meninas. A metodologia dessa publicação mensal incluía ideias, testemunhos, reflexões e denúncias para gerar debates, diálogos e discussões sobre temas de Educação de forma ampla e geral. Tudo isso era realizado com uma apresentação detalhada da experiência direta desenvolvida na prática educativa. Um periódico que buscava dar corpo aos movimentos solidários de opinião que estimulassem uma reflexão profunda sobre as condições de vida das crianças.

> Nesta revista, também – tem consciência disso desde o nascimento – não se escapa ao jogo nem ao risco das partes. O jogo é o de se apropriar de um projeto de ideias e de um trabalho, e começar a representá-lo. [...] O tema tem uma importância decisiva: sobretudo pelo sucesso dos conteúdos que a revista assumiu como razão de ser parte.
>
> Sua forma de ser parte é, em particular, entrar no campo das coisas e dos problemas próprios da primeira e segunda infância do ser humano. De 0 a 6 anos. Uma idade que ninguém questiona, a mais delicada, a mais importante e decisiva.[21]

Em outro artigo intitulado *Nemmeno le riviste possono scegliersi*,[22] Malaguzzi fez uma revisão do sentido da revista e do projeto que objetivava, ajustando algumas das ideias anteriores. Ele acreditava no periódico como um instrumento de opinião e pesquisa que deve saber lidar com a qualidade e a quantidade de eventos e problemas que o acompanham. O intuito da revista era problematizar,

---

[21] *Ibidem.*

[22] Loris Malaguzzi, "Nemmeno le riviste possono scegliersi" ["Nem mesmo as revistas podem ser escolhidas", em tradução livre], *Zerosei*, ano 3, n. 11/12 (jun. 1979), p. 6-7.

sair de atitudes ambíguas, fornecer pistas e orientações para ler a realidade, com uma metodologia que penetrasse nas questões educacionais e no contexto político e cultural.

A revista abordava uma ampla variedade de temas, refletindo sua amplitude cultural. Entre eles, podemos destacar: a cidade e a infância; a política do Estado e dos entes locais; as leis e as *Orientamenti*; a saúde; o método de observação; o programa educativo; a violência e a desorientação social; as mudanças nas famílias e nos costumes; os papéis da escola italiana; as esperanças dos projetos de reforma da escola superior; os objetivos da Escola da Infância; as contribuições estrangeiras; as denúncias e as posições críticas; a crise política e econômica; a família; o território; a qualificação e a formação do corpo docente; a reforma das escolas primárias, secundárias e universitárias; a experimentação pedagógica e suas conotações culturais; e a participação e a gestão social. Além disso, a revista defendia a importância de se tratar temas amplos que interessam às crianças e como estes são enfrentados pelos adultos, os quais não devem ser separados da prática educativa escolar.

> As crianças se interessam pelos modos como os adultos lidam com questões como violência, hipocrisia, desperdício, drogas, marginalização, organização do estudo, trabalho dos jovens, desemprego, sexualidade, relação entre homens e mulheres, paz, valores e culturas vividas diariamente.
>
> Nada novo, nem mesmo nas revistas. Assim também o fazem muitos professores, trabalhadores, famílias e administradores ao finalizar seu trabalho anual. Olha-se para trás a partir da memória, recupera-se o sentido dos trabalhos, as dificuldades e o que há de positivo, criam-se projetos e esperanças.[23]

---

[23] *Ibidem*, p. 7.

No final de sua vida, em 1993, Malaguzzi faria outra reflexão bastante forte, quando já ocupava o cargo de diretor da revista *Bambini*, sobre o sentido do periódico,[24] uma publicação, que, por se tratar do assunto Educação, era difícil, porque havia um panorama educacional desolador, e a escola se tornou um corpo estranho em uma rede política determinada pelo Ministério da Economia. O Ministério da Educação italiano não tinha o poder de promover uma organização adequada para um projeto de qualidade. Nesse contexto, havia o interesse de congelar salários, reduzir as substituições e fomentar a adoção do uso de uma força de trabalho itinerante. Tratava-se de uma crise contínua, e na revista, de certo modo, Loris mostrou sua impotência. Nesse contexto, mesmo que estivesse pessimista, ele se comprometeu a gerar experiências, em um momento em que as ideias e os projetos políticos haviam desaparecido, sendo governados apenas pelas leis econômicas.

> Eu digo que é difícil fazer uma revisão se você for responsável por uma escola e pela educação de um país como o nosso; o discurso não prescinde do estado geral (a corrupção, a crise econômica e política, a máfia etc.) da sociedade. Mas, aqui, fica artificialmente restrito ao âmbito da questão escolar, em que a escola encadeia dados e fenômenos, em grande parte, indignos de fazerem parte de uma área europeia (a escola obrigatória mais curta e com mais absenteísmo, o ensino secundário irreformável, a universidade que forma apenas 30% dos que se matriculam, a escola primária que começa com 96 crianças em cada 100, a Escola da Infância que só sabe se oferecer a masoquismos intermináveis, a Creche sempre condenada a ser um serviço individual), em que a educação é um jogo de forças, questão de atos teatrais e, muitas vezes, de desculpas consoladoras combinadas.[25]

---

[24] Loris Malaguzzi, "Quanto è dura la rivista" ["O quão difícil é a revista", em tradução livre], *Bambini*, ano IX, n. 6 (jul. 1993), p. 6-7.

[25] *Ibidem*, p. 6.

Em 1984, por razões ideológicas, a editora encerrou a *Zerosei*. No início de 1985, a editora Juvenilia iniciou a revista *Bambini*, cuja direção, até sua morte, também corresponderia a Loris Malaguzzi. As ideias do projeto são as mesmas que haviam animado a revista *Infanzia*. Noventa e seis artigos foram assinados por Loris Malaguzzi como autor, individual ou coletivamente.[26]

Novos projetos em Reggio

Voltando a Reggio, nas escolas, Malaguzzi e a equipe de coordenação didático-pedagógica (à qual continuamente se acrescentavam novas pessoas importantes) promoveram, durante o ano letivo de 1976-1977, diversos projetos de pesquisa e observação científica. Em todos eles, buscava-se a possibilidade cultural de que as crianças e os adultos investigassem e realizassem experiências concretas para responder, com curiosidade, a diversas perguntas. As projetações foram as seguintes: *Do jogo do ímã ao jogo da bússola*,[27] *Os jogos da água e do ar*,[28] *O caracol: quem é, como e onde vive, como criá-lo e observá-lo*,[29] e *A formiga*.[30]

Em 1977, foi promulgado um documento ministerial chamado *Stammati* que proibia os municípios de contratarem mais

---

[26] Um total de 190, incluindo esses 96, estão relacionados com a experiência reggiana.

[27] Coordinamento Pedagogico-Didattico ["Coordenação didático-pedagógica", em tradução livre], *Dal gioco della calamita al gioco della bussola. Aggiornamento culturale 1976/77. Esperienza logico scientifiche* ["Do jogo do ímã ao jogo da bússola. Atualização cultural – 1976-1977. Experiência lógico-científicas", em tradução livre] (nov. 1976).

[28] Coordinamento Pedagogico-Didattico, *I giochi dell'acqua e dell'aria. Aggiornamento culturale 1976/77. Esperienza logico scientifiche* (dez. 1976).

[29] Coordinamento Pedagogico-Didattico, *La chiocciola; Chi é come e dove vive, come allevarla e osservarla. Aggiornamento culturale 1976/77. Esperienza logico scientifiche. Fare per capire, capire per fare* ["Fazer para entender, entender para fazer", em tradução livre] (abr. 1977).

[30] Coordinamento Pedagogico-Didattico, *La formica. Aggiornamento culturale 1976/77. Esperienza logico scientifiche. Fare per capire, capire per fare* (abr. 1977).

funcionários até 31 de dezembro. Em Reggio, diversas mobilizações dos *Comitati*, das famílias e dos trabalhadores surgiram, animadas por Malaguzzi, que detalhou as absurdas consequências[31] desse decreto: aumento do desemprego e ausência de substituições necessárias ao quadro de funcionários, por exemplo, por maternidade. Suas palavras buscavam mobilizar as forças políticas e administrativas, os sindicatos, a opinião pública e os trabalhadores das forças sociais, além de obter a sua solidariedade. Para ele, como sempre, era necessário agir rapidamente para impedir as consequências desastrosas e não romper com os níveis cívicos do país.

> A questão [é que] [...], enquanto reivindica o sentido de responsabilidade de todas as forças políticas e dos administradores da cidade, pede atenção imediata aos sindicatos, à opinião pública e aos trabalhadores (com e sem cargo) dos serviços sociais para que emitam uma resposta solidária.[32]

A reciclagem profissional e a formação – organizadas por Malaguzzi – continuaram sendo um dado qualificante da experiência. Nesse ano, a formação era dividida em quatro partes, sempre com uma mistura do didático com o social e o cultural. A primeira dizia respeito ao tema, reiterativo, da educação científica. A segunda[33] referia-se a todo o tema da família, da infância e da instituição, cujo objetivo era analisar a evolução da estrutura familiar do ponto de vista cultural, político e social, analisando o estado jurídico da família, a legislação e os novos papéis do pai e da mãe. A terceira tangia aos serviços sociais como instituições educacionais

---

[31] Loris Malaguzzi, "Non é più solo austerità" ["Não é mais apenas austeridade", em tradução livre], *Zerosei*, ano I, n. 6 (mar. 1977), p. 7.
[32] *Ibidem*.
[33] Loris Malaguzzi, *Corso di aggiornamento. Indicazioni per un dibatito* ["Curso de atualização. Orientações para um debate", em tradução livre] (ago. 1977).

na cidade. E, por sua vez, a quarta tinha relação com um tema sempre importante para Malaguzzi: o da infância e dos seus direitos. A amplitude dos temas concede a percepção, mais uma vez, do tipo de profissional que Malaguzzi queria formar.

Para encerrar o ano de 1977, de 3 a 18 de dezembro, Malaguzzi, consciente do momento político e econômico difícil, teve a ideia de organizar uma exposição com o título *Experiência e investigação das crianças: descoberta de si e do mundo*. Tratava-se de uma mostra fotográfica[34] na sala de exposições de Isolato San Rocco.[35] Malaguzzi sempre sentiu a necessidade de mostrar sua filosofia à cidade de forma visível, de tornar público e transparente o que era realizado nas escolas. Politicamente, ele tentava envolver a cidadania.

É preciso recordar-se de que, durante esses anos, existiam leis econômicas que tentavam restringir os gastos das administrações públicas, e havia um grande debate em torno da qualidade ou da quantidade de escolas em Reggio. Malaguzzi, defensor ferrenho da qualidade, sentia a necessidade política de declarar publicamente a identidade educativa de uma escola nova, laica. Era uma forma de devolver culturalmente à cidade o investimento (do ponto de vista político e econômico) realizado em favor de uma qualidade educativa em um tipo de Educação Infantil municipal. Assim, o início das primeiras exposições tiveram caráter pedagógico, já que Malaguzzi acreditava em um projeto educativo realizado dessa maneira, mas, também, político.

Em 1978, as Creches Alice e Bellelli abriram suas portas.

---

[34] *Vide* Loris Malaguzzi, "Quando la fotografia si fa documento e strumento di esperienza e di educazione" ["Quando a fotografia se torna documento e instrumento de experiência e de educação", em tradução livre], *in Esperienza e ricerca dei bambini: alla scoperta di sè e del mondo* (3-18 de dezembro de 1977).

[35] N. do E.: galeria localizada em Reggio Emilia.

Ainda nesse ano, em março, ocorreram as eleições para a renovação dos *Comitati di Scuola e Città*. Para Loris, esse fato representou uma manifestação de democracia e ânimo, duas das características importantes do projeto que ele construiu com tantas e tantas pessoas. Em um artigo,[36] Malaguzzi incentivou a participação democrática nas eleições, que representavam a grande responsabilidade da formação dos órgãos de gestão das escolas e uma grande resposta da responsabilidade civil, política e cultural que o município, as famílias e o pessoal trabalhador souberam dar aos problemas contemporâneos, entre os quais se encontrava o da desconsideração à infância. Malaguzzi defendia um projeto compartilhado e descentralizado, por meio da participação e da gestão social, da liberdade e da autonomia didática dos educadores.

> Nesse contexto de responsabilidade individual e coletiva, também é definido o conceito de liberdade e autonomia didática dos docentes, que adquirem uma fisionomia concreta somente se projetarem essa responsabilidade no conceito de escola democrática, em que a oferta dos dados e a capacidade pessoal e criativa, baseadas na inovação e na experimentação, atualizadas de forma recorrente, não contradizem a exigência de uma leitura social de seu trabalho, acompanhada por uma solidariedade que, em um primeiro momento, é expressa para que seu trabalho possa ser desenvolvido nas melhores condições e para que alcance os resultados mais frutíferos e avançados no campo das habilidades cognitivas e do comportamento pessoal e social das crianças.[37]

---

[36] Loris Malaguzzi, "Per una responsabilità sociale delle cure e dell'educazione dei bambini" ["Pela responsabilidade social dos cuidados e da educação das crianças", em tradução livre], *in* Comune di Reggio Emilia: Elezioni dei comitati di gestione sociale 1978/1979 ["Município de Reggio Emilia: Eleições dos comitês de gestão social 1978-1979", em tradução livre] (Reggio Emilia: Comune di Reggio Emilia, 1978), 2-7.

[37] *Ibidem*, p. 36.

As eleições, em última análise, representam o método e o processo de uma forma de participação que ajuda as famílias a se sentirem menos sozinhas e mais solidárias com o presente e o futuro da sociedade.

Em 1978, Malaguzzi organizou e participou de um seminário de estudo intitulado *Observações na Creche*. O evento ocorreu nos dias 10 e 11 de julho, e Malaguzzi fez uma conferência com o título *A importância da observação no trabalho educativo na Creche*. Naquele ano, e para o ano letivo de 1978-1979, ele organizou um programa de formação[38] para os funcionários das Creches. A amplitude e a diversidade dos temas abordados nos dão, mais uma vez, uma visão de sua ideia sobre a formação continuada. Entre os temas abordados, estavam: formação cultural; reuniões em sala de aula; relações entre adultos e crianças; observação da infância para a saúde e a prevenção de doenças; estado atual das Creches; alimentação; problemas das mulheres, da família e da criança; sintomas de doenças; organização espaço-ambiental; continuidade educacional Creche-Escola da Infância; educação manual (trabalho com atelieristas); mudanças na família hoje; hipóteses didáticas na experiência das Creches; investigação em sala de aula; como as crianças se comunicam no primeiro ano de vida; linguagem das crianças; socialização de meninas e meninos por meio de suas relações com seus colegas e com adultos; espaços e materiais; relações entre crianças e auxiliares de limpeza e de cozinha; desenvolvimento da inteligência e da capacidade de conhecimento de meninos e meninas; infância e sua identidade.

Em 9 de agosto, foi promulgada a Lei nº 463, que reestruturou o antigo aspecto da escola, tão estagnado pela Lei nº 444.

---

[38] Loris Malaguzzi, *Programma degli aggiornamente degli operatori degli asili nido comunale per l'anno scolastico 1978-79* ["Programa de atualização para os trabalhadores das creches municipais para o ano letivo de 1978-1979", em tradução livre].

Para Malaguzzi,[39] essa nova legislação conseguia resolver alguns dos problemas absurdos que existiam na Lei nº 444. Nesse parecer de aprovação, encontramos a forma legislativa de pensar a identidade da Escola da Infância. Assim, reconheceu-se a importância da eliminação das categorias de assistente e professora adjunta, que eram figuras humilhadas como eternas suplentes ou enrijecidas como secretárias. Ademais, elogiou-se a possibilidade de as assistentes serem promovidas a docentes, a modificação da carga horária obrigatória de 32 para 30 horas, liberando 20 horas para atividades sociais, a designação de duas professoras por sala com algumas horas de presença de ambas e a introdução da figura masculina dentro das escolas.

Por fim, foi uma lei mais humana, embora ainda não fosse amada, porque vários ministros a viram como subalterna à escola privada. Ela encorajou o Ministério da Educação a estabelecer um sério projeto de reciclagem e de requalificação cultural das profissionais, com a participação de centros de estudo e de pesquisa, como uma maneira de fornecer um volume cultural à escola pública. Além disso, advogou-se por uma organização adequada, que permitisse atuar qualitativamente com essa cultura.

> A conquista, após anos de luta, de um horário de funcionamento da escola capaz de atender às necessidades das pessoas que trabalham, têm filhos e não têm uma opção alternativa é de grande importância. Claro, também estamos convencidos de que a escola e os serviços sociais em geral não podem, simplesmente, cumprir os horários impostos pela atual organização do trabalho e da produção de maneira passiva, transferindo automaticamente essa responsabilidade

---

[39] Loris Malaguzzi, "Una occasione da non perdere. Le novità introdotte dalla 463 portano in primo piano il tema della generalizzazione e qualificazione della prima scuola" ["Uma oportunidade para não perder. As novidades introduzidas pela Lei nº 463 colocam em destaque o tema da generalização e da qualificação da primeira escola", em tradução livre], *Riforma della scuola*, n. 12 (dez. 1978), p. 18-20.

para os professores e, sobretudo, para as crianças. No entanto, até que a organização do trabalho na sociedade seja voltada para o bem-estar humano, a escola e os serviços sociais não estarão adequados para as crianças. A luta pela humanização da vida continua ocorrendo dentro e fora da instituição.[40]

O leão e seu retrato

Em 1978 (apesar de a sua elaboração ter durado vários anos a mais), devemos recordar da projetação emblemática, que levou a imagem de Reggio Emilia para o mundo todo, intitulada *Para fazer o retrato de um leão*.[41] Ela teve início quando Amelia Gambetti (professora) e Giovanni Piazza (atelierista) mostraram a Malaguzzi os primeiros desenhos feitos pelas crianças sobre leões, em um projeto mais amplo, que pretendia ver como meninos e meninas realizavam suas primeiras explorações na cidade. Loris vislumbrou a possibilidade de incluí-los em uma exposição, da perspectiva de tentar dar mais visibilidade ao processo.

Naquela época, eram as primeiras incursões na observação da infância, e ainda se notava a imaturidade e a falta de costume nesse sentido. O que nunca se esqueciam – e isso é uma constante no pensamento relacional de Malaguzzi – era o fato de que toda projetação deveria ser contextualizada ao máximo: o leão estava dentro de uma história, de uma cidade, estava em uma praça. Por isso, na edição do vídeo[42] que documenta a projetação, as crianças aparecem dentro da cidade, não apenas com o leão de pedra.

---

[40] *Ibidem*, p. 19.
[41] A narrativa completa está disponível na entrevista realizada em 6 de junho de 1998, com Amelia Gambetti e Giovanni Piazza (documento n. 666 – TA-227).
[42] Amelia Gambetti, Loris Malaguzzi e Giovanni Piazza, *Per fare il ritratto di un leone* (vídeo) (Reggio Emilia: Comune di Reggio Emilia), jun. 1987.

No trabalho de campo, Amelia, Giovanni e Loris selecionaram várias situações, para repeti-las com crianças e conseguir documentá-las, sempre atentos a imagens que não retratassem uma infância isolada, mas, sim, uma criança em contexto, em um cenário adequado. Malaguzzi era muito cuidadoso com detalhes do fundo das imagens que poderiam atrapalhar, como ruídos, para que se visse o que realmente se queria mostrar.

Ele agia como um diretor de cena, decerto, influenciado por sua formação teatral. Cada situação – com base nas observações realizadas – era planejada, filmada, repetida e vista em câmera lenta, a fim de selecionar as melhores tomadas em termos de conteúdo e de estética formal. A imagem mais bonita era escolhida, porque, segundo Malaguzzi, representava um estado agradável e prazeroso para a infância, algo que ele sempre tinha em mente. Uma estética (sem fim em si mesma) que valorizava as potencialidades da criança, que a respeitava, que não a defraudava por uma imagem estereotipada ou somente divertida, porque fazia rir com suas atuações.

A projetação do leão conseguiu, em parte, transicionar do fato de ver os produtos principalmente plásticos feitos pelas crianças para analisar alguns processos, juntamente com a valorização de outras linguagens, em especial, a linguagem do gesto na expressão.

Essa projetação pode lembrar vagamente várias outras que, naquela época, eram temas em academias de Arte do desenho natural. É um fato que a projetação citada retoma essa ideia, mas procura desenvolvê-la de forma muito mais complexa e essencial, permitindo que a infância viva situações multidirecionais: tornar visíveis os processos de localização dos leões de pedra, percorrendo uma parte da cidade; conhecer a posição em que os leões se encontram; perceber a sinergia de diversas linguagens no processo de atuação; realizar uma projetação em longo prazo, em pequeno grupo, com diversas propostas oferecidas pelas profissionais; realizar um trabalho conjunto entre professora e atelierista; fazer a observação de alguns processos e uma documentação audiovisual por meio de um vídeo que deveria terminar com uma edição – a primeira edição em vídeo que se tentava em Reggio. Malaguzzi quis e propôs o vídeo porque pensava que as intenções educativas que defendia poderiam ser mais críveis do que apenas uma documentação em forma de painéis ou em transparências. Assim, ele queria um vídeo para divulgar a projetação e que servisse como formação para várias professoras.

No processo de elaboração da projetação e do vídeo, Amelia e Giovanni contam que havia algumas constantes na forma ética de trabalho com Malaguzzi. Todas as vezes em que tinham que apresentar algo a ele, sentiam-se, de certa forma, aterrorizados pela sua eterna insatisfação: sempre faltava algo e sempre havia algo que poderia ser feito melhor. Viam-se obrigados a passar por terríveis provas, com perguntas intermináveis sobre por que escolheram agir daquela maneira, e não de outra, sobre o motivo daquela proposta ou daquele resultado etc.

Loris sentia-se fascinado e conquistado pelas capacidades da infância, e, quando elas não eram adequadamente representadas, ou a proposta não era apropriada em relação às capacidades, ele fazia críticas impiedosas, que os obrigava a refazer etapas, algumas vezes, de forma interminável. Essas críticas não eram gratuitas, mas, sim, visavam trazer o melhor e dar o melhor às crianças. Essa era a sua forma ética de agir: uma educação do futuro, que poderia – e deveria – oferecer às meninas e aos meninos o melhor, pensando que tudo poderia ser diferente do que se fazia até o momento.

E destacamos que esse aspecto é importante, uma vez que, por um lado, há uma dimensão teleológica da Educação em Malaguzzi, com uma imagem declarada e organizada da infância, e, por outro lado, uma figura que se vai tornando cada vez mais elaborada e matizada em cada projetação, que, por sua vez, adjetiva a imagem inicial da infância. Com essa reciprocidade, foram construídos o conteúdo e a forma das documentações.

Junto com o vídeo, outra novidade era o fato de que a "publicidade" editorial se ampliou, por meio de cartazes, postais, manifestos etc., tudo com o objetivo de sair dos muros da escola, de criar um emblema da cidade e da forma de fazer educação. De fato, existe um prêmio muito conhecido, o Prêmio Leone di Piazza San Prospero,[43] que as escolas de Reggio Emilia concedem, desde 30 de janeiro de 1995, a pessoas ou entidades que apoiam projetos para a infância nas escolas de Reggio Emilia. Entre os premiados estão o ex-presidente da República Italiana, Oscar Luigi Scalfaro, e a empresa Progeo.[44]

> Para as crianças, aproximar-se de um grande leão de pedra que está na escadaria de uma igreja, em uma praça da cidade, imóvel e inofensivo, ali há séculos entre barracas de verduras e tecidos, é um encontro cujos contornos perceptivos, emocionais, lógicos e históricos devem ser completamente reconstruídos. São esses problemas e essas perguntas – e as crianças nos alertam sobre isso – que abrem caminhos para o interesse e o conhecimento.[45]

---

[43] N. do E.: essa praça fica na região central de Reggio Emilia, em que há, entre outros edifícios, a Basílica de São Próspero. Nessa praça, há seis esculturas de leões de mármore, feitos pelo artista reggiano Gaspare Bigi, que viveu entre os séculos XV e XVI.

[44] *Progeo* (suplemento de "Il Lavoratore dei Campli" ["O trabalhador dos campos", em tradução livre], n. 16), abr. 1985, p. 3.

[45] Loris Malaguzzi, "Ritratto di un leone" ["Retrato de um leão", em tradução livre], *in I cento linguaggi dei bambini* (Modena: Regione Emilia Romagna), 1987.

Malaguzzi, reformas políticas e outras iniciativas culturais

Já estamos em 1979. Na legislação educacional italiana, ocorreram mudanças importantes: a nova ordem sobre o ensino secundário, as modificações em uma universidade obsoleta e elitista, e a Lei nº 463, já comentada, sobre a precariedade, que modifica, em parte, a Lei nº 444. Malaguzzi[46] mostrou-se defensor das mudanças e das renovações, mas sempre antecipou o risco de que antigas concepções disfarçadas surgissem e impedissem a renovação.

> [...] não se sabe com certeza se as antigas concessões (com raízes em parte no século XIX) estão realmente mortas e superadas, se estão apenas fingindo, se poderão encontrar convivência para ressurgir pelos caminhos do transformismo e da transmigração.[47]

Malaguzzi tinha interesse na reforma da educação secundária, porque estava relacionada com a formação inicial de professores que trabalhariam na Educação Infantil. Historicamente, a formação era conduzida por instituições privadas. Essa reforma citada, especificamente no Artigo 2, elogiado por Loris, significava a morte do instituto e da escola magistral, que foram um desastre cultural e de formação. Malaguzzi solicitou que a universidade fosse responsável pela formação de todos os professores, independentemente da etapa em que exerceriam sua profissão. Era importante que o ministério responsável promovesse uma formação adequada para os professores que renovariam

---

[46] Loris Malaguzzi, "Tre brecce aperte per la scuola del bambino. La riforma della secondaria. le modifiche all'università. La legge sul precariato" ["Três brechas abertas para a escola da criança. A reforma do ensino secundário. As modificações nas universidades. A lei sobre a precariedade", em tradução livre], *Zerosei*, ano 3, n. 7 (fev. 1979), p. 6-7.

[47] *Ibidem*, p. 6.

a escola no futuro, sem rodeios e sem remendos. Da mesma maneira, ele incentivou os partidos políticos a serem inteligentes, a buscarem iniciativas originais em relação às leis propostas e a consultarem as trabalhadoras do setor para resolver o grave problema da formação inicial docente. Trata-se do Malaguzzi que buscava o movimento político de qualquer tendência em favor dos direitos da infância.

> Seria mais que oportuno se as forças políticas e culturais começassem a lidar com os aspectos fundamentais que estão batendo à porta. Partindo, se quiserem, da proposta de lei já apresentada, mas sem se tornarem prisioneiras para chegar a elaborações mais complexas e a decisões mais confrontadas, também por meio de uma consulta paciente e informal com os trabalhadores e os usuários do setor.[48]

Naquele ano, em novembro, em Pietrachetta,[49] ocorreu um encontro muito importante dos *Comitati di Scuola e Città*, para confrontar e refletir sobre as novas tendências de participação. Explicitamente, a importância do papel da família na nova sociedade é destacada. Esse será um dos temas básicos de discussão.

Em Bolonha, foi realizado um congresso regional, intitulado *Valores educacionais e sociais da Creche*.[50] Malaguzzi participou como redator de uma conferência geral, intitulada *Conteúdos educacionais e psicopedagógicos da Creche*, da qual participaram, também, Susanna Mantovani, Lino Sagresti e Franca Emiliani. Nela, destacou-se os conteúdos da Creche como inseparáveis das relações com a família, a sociedade, a organização, o ambiente e das relações interpessoais.

---

[48] *Ibidem*, p. 7.
[49] N. do E.: localidade pertencente à Emília-Romanha, na região de Villa Minozzo.
[50] Patrizia Ghedini e Paola Canova (organizadoras), *Valori educativi e sociali dell'asilo-nido* (Bologna: Patron Editore, 1982).

Também nesse ano, a Organização das Nações Unidas para a Educação, a Ciência e a Cultura (Unesco) promoveu o Ano Internacional da Criança. Com o lema *A cidade para as crianças, as crianças para a cidade*, Malaguzzi e as escolas aproveitaram a ocasião para fazer uma grande festa, que ocupou todas as praças da cidade. Grandes painéis e estandes com as produções das crianças invadiram a praça emblemática da Prefeitura e a de San Prospero. Essas exposições--manifestações tiveram o intuito de tornar visível uma imagem da infância de uma maneira filosófica e conceitual, porque reuniram imagens fotográficas, falas de meninos e meninas e fortes pensamentos culturais daquele momento.

Os testes da Gestalt

Depois dessa agradável experiência,[51] Malaguzzi sentiu a necessidade de expor publicamente as virtudes dos Ateliês nas escolas – o que ofereciam os Ateliês e os atelieristas às escolas –, consciente de que tiravam a escola da onipotente linguagem verbal e provocavam a inclusão de uma linguagem visual.

Durante os anos 1970, Loris, que havia lido as teorias da percepção e da Gestalt, provavelmente fascinado por elas, sentiu uma necessidade imperiosa de ver como essas ideias poderiam ser convertidas em didática. Talvez Malaguzzi encontrasse na Gestalt uma saída digna e cultural para abandonar o monopólio que, até então, a linguagem verbal tinha na Educação como única forma de relação no ato didático.

Desse modo, ele propôs aos atelieristas[52] de diversas escolas que identificassem alguns conceitos fortes da teoria da Gestalt,

---

[51] Para recompor essa história, utilizamos como referência as entrevistas realizadas com Vea Vecchi e Mara Davoli (em 1º de junho de 1998).
[52] *Verbale incontro atelieristi* ["Ata do encontro de atelieristas", em tradução livre] e *Incontro II gruppo atelieristi* ["Encontro com o segundo grupo de atelieristas", em tradução livre] (ambos de 2 de janeiro de 1980).

como as percepções, as variações, as configurações e as modificações, para poder trabalhá-los com as crianças como uma forma de educar o olho e a percepção visual. Cada escola deveria apresentar (fazer ver) o trabalho terminado no fim do ano letivo, em uma grande festa, em cada centro educacional, com uma exposição que reunisse as experiências realizadas durante o ano.

Era o início dos anos 1980. Loris apontou várias áreas de investigação, que foram escolhidas pelas escolas. Havia o objetivo de transformar esse trabalho em uma formação interna para o pessoal, mediante a apresentação pública do trabalho realizado. Essa era outra estratégia de Malaguzzi: a crença ética na necessidade de tornar público o trabalho individual ou coletivo de uma escola. Além disso, esse objetivo ajuda a entender melhor os processos, precisamente, porque se fazem públicos ao serem contados ou narrados.

Nesse contexto, o problema era encontrar uma forma de escrita comum para construir a exposição. Toda a didática, nessa forma de trabalho, ainda seria inventada. Que tipos de experiências poderiam ser propostas para meninos e meninas com base nas teorias gestálticas? Malaguzzi conhecia as teorias perceptivas da forma, mas precisava verificar – tal qual sempre o fazia – a maneira como se conectavam ou se sintonizavam com a infância. Para isso, ele elaborou algumas teses ou hipóteses iniciais que saíam completamente dos vários enfoques didáticos inertes e reducionistas que, naquela época, estavam em voga. Por exemplo, em relação ao ensino de cores, era comum começar com as primárias, passar às complementares e chegar a um máximo de oito cores, pois se pensava que a criança dessa idade não poderia aprender mais, ou o que a psicologia infantil propunha evolutivamente em relação à evolução do esquema corporal. As experiências de Reggio eram revolucionárias nesse sentido, porque propunham experiências muito mais complexas e muito menos escolares.

Nas propostas de cada escola, havia grande diversidade de formas de trabalho e aceitação em diferentes níveis. Vea e Mara achavam que a Gestalt era uma boa descoberta, mas algo que já estava ultrapassado na Arte. Ademais, acreditavam que isso poderia colidir com as possibilidades das crianças. Meninos e meninas poderiam participar dos processos de outra maneira, não apenas como resposta aos "exercícios" propostos. Era necessário dar a possibilidade de as crianças reinventarem e reinterpretarem essas teorias gestálticas.

Malaguzzi, uma pessoa de grande curiosidade e abertura intelectual, parecia compreender as objeções teóricas, mas sentia a necessidade de verificar de formas diferentes, pois desejava experimentar inteligentemente diferentes abordagens. Ele sabia da riqueza de experiências propostas por Mara e Vea, mas, ao mesmo tempo, tinha consciência do tipo de cultura escolar existente na realidade italiana – uma cultura esteticamente pobre – e precisava oferecer experiências diferentes, porém, mais próximas em termos de possibilidades de compreensão pelas professoras daquela época. Assim, surgiram as primeiras experiências em diversas escolas, que estão incluídas no primeiro catálogo da exposição, do qual falaremos mais adiante.

Durante esse período, foram realizados cursos de formação para os profissionais sobre as teorias da percepção, reuniões com as famílias,[53] para explicar, de forma prática, todos esses conceitos, e laboratórios, nos quais pais, mães e funcionários das escolas elaboravam e construíam materiais ou jogos perceptivos e gestálticos para as crianças nas escolas.

---

[53] Loris Malaguzzi, *Circular sobre el laboratorio di animazione "Gianni Rodari". Perché le mani vedano e gli occhi lavorino. Incontro di lavoro coi genitori* ["Circular sobre o laboratório de animação 'Gianni Rodari'. Para que as mãos vejam e os olhos trabalhem. Reunião de trabalho com os genitores", em tradução livre] (dez. 1980).

OS ANOS 1976-1980 **231**

Disso, surgiram os primeiros discos perceptivos,[54] que foram ampliados com imagens de obras de arte que predominavam as percepções visuais, as transformações e as mudanças com o movimento, as decorações com figuras como as de Schuster,[55] Boring,[56] Gesell, Edgerton,[57] Grignani,[58] Archimboldo,[59] Escher,[60] Magritte,[61] Steinberg,[62] os periscópios, os espelhos que distorciam a imagem, entre outros. E, nesses pontos, assistimos à gênese da exposição, hoje universalmente conhecida.

As imagens fotográficas tiradas durante o processo eram apresentadas a Loris, e, com isso, surgiu outro conflito criativo, já citado. Malaguzzi queria imagens excessivamente explícitas e

---

[54] N. do E.: referência à espiral de Fraser, um fenômeno perceptivo (ilusão de óptica) criado pelo psicólogo britânico James Fraser.

[55] N. do E.: Arthur Schuster, físico conhecido por seu trabalho nas áreas de óptica, espectografia (interação entre a radiação eletromagnética e a matéria), eletroquímica e radiografia.

[56] N. do E.: Edwin Garrigues Boring, psicólogo estadunidense que recuperou uma ilustração de ilusão de óptica feita por um autor desconhecido (posteriormente, popularizada pelo cartunista William Ely Hill), em que, a depender do ponto de vista, é possível ver uma moça ou uma senhora de mais idade (*Minha esposa ou minha sogra*).

[57] N. do E.: Harold Eugene Edgerton (também conhecido como Doc Edgerton ou Papa Flash), engenheiro estadunidense conhecido por seu trabalho com o estroboscópio (instrumento que permite determinar a velocidade do movimento cíclico, fazendo o movimento parecer interrompido, segundo o Dicionário Houaiss).

[58] N. do E.: Franco Grignani, artista plástico, *designer* gráfico e arquiteto italiano.

[59] N. do E.: Giuseppe Arcimboldo, pintor italiano que utilizava vegetais diversos para compor figuras humanas.

[60] N. do E.: Maurits Cornelis Escher, ou M. C. Escher, artista holandês, cujo trabalho, inspirado pela matemática, valia-se de perspectivas e simetrias diferentes, bem como reflexos, desenhos geométricos etc. Utilizou a litografia, a xilogravura e o meio-tom. Algumas de suas obras mais conhecidas são *Mãos desenhando* (na qual uma mão desenha a outra concomitantemente), *Mão com esfera refletora* (em que há um autorretrato do artista) e *Relatividade* (na qual figuras sobem, descem e se sentam em degraus; foi muito referenciada na cultura *pop*, em filmes, como *Labirinto: a magia do tempo*, com o cantor David Bowie, e animações, como *A família Addams*).

[61] N. do E.: René Magritte, pintor surrealista belga. Algumas de suas obras mais conhecidas são *A traição das imagens*, *O espelho falso*, *O filho do homem* e *Decalcomania*.

[62] N. do E.: Saul Steinberg, cartunista nascido na Romênia. Suas obras foram publicadas em diversos periódicos de grande circulação, como *The New Yorker*, *Vogue*, entre outras.

232 LORIS MALAGUZZI: UMA BIOGRAFIA PEDAGÓGICA

muito *dicascálicas*[63] em relação ao processo vivido. Mara e Vea, de formação artística, reconheciam, nas imagens visuais, uma linguagem própria, à qual não cabia aplicar os princípios da explicação verbal. As imagens artísticas são um todo harmônico e imediato. A imagem está aberta a conter uma multiplicidade de significados, é metafórica, alusiva, evocadora e sugestiva, por meio de uma presença, de múltiplas vivências.

Malaguzzi, não sem esforço, entendia isso, mas sabia que imagens muito explícitas eram necessárias para fazer entender o que acontecia ao "grosso" do corpo de profissionais, cidadãos e cidadãs a quem queriam apresentar as experiências. Além disso, parecia que Malaguzzi, por sua formação teatral, transpunha – às vezes de forma inatural – as necessidades de imagens em movimento muito sequenciadas, excessivamente explicativas (como os fotogramas de um filme), para o que era uma imagem fotográfica, que, como uma capa, tentava narrar uma experiência. Tentava aplicar à linguagem da imagem mais uma característica funcional do que uma relação expressiva. Tanto Mara e Vea quanto Loris tinham razão, mas foi por meio do diálogo, e de algumas discussões intermináveis e, até mesmo, *ferozes*, que ambas as partes se formaram e enriqueceram.

Foi então que Malaguzzi leu algumas obras de Ernst H. Gombrich,[64] nas quais este autor fazia a distinção entre imagens artísticas e textos literários. Gombrich revela, em vários textos, as características próprias das artes visuais. Na criação de uma obra de arte, segundo este autor, não podemos separar a forma do seu conteúdo, do seu significado, ou seja, existe uma fusão entre esses elementos. Assim, a forma é completamente significativa, e

---

[63] Ao empregar esse termo, refiro-nos à ideia de que diversas imagens fotográficas sequenciem um processo em forma de "vinhetas".

[64] N. do E.: importante historiador, sobretudo no que tange à história da Arte.

o significado só pode ser verdadeiramente compreendido nesse contexto formal.

Com base nas relações entre Gombrich e a Gestalt, surgiram novas experiências enriquecedoras para as crianças e de maior compreensão por Malaguzzi mediante a infância.

Houve outros dois grandes temas abordados durante esse ano nas escolas. Um deles tinha a ver com a relação profissional--criança,[65] um tema que teria continuidade em certas projetações de algumas escolas.[66] O outro é o grande tema da programação educativa,[67] que tem importância porque evoluiu enormemente no pensamento e na obra de Loris Malaguzzi. Naquele momento, para o pedagogo, programar significava a capacidade ou a possibilidade de estabelecer objetivos de aprendizagem e de desenvolvimento pessoal, de acordo com as capacidades individuais, embora ele aceitasse que a programação fosse flexível e com uma análise exaustiva da situação contextual em que foi desenvolvida. Veremos como essa concepção mudou no final dos anos 1980.

---

[65] *Vide* os registros em áudio: *Entrevista a L. Malaguzzi sobre el rapporto adulto-bambino* ["Entrevista com Loris Malaguzzi sobre a relação adulto-criança", em tradução livre].

[66] *Vide* "Conversazione con il Dr. Malaguzzi sul rapporto tra adulto e bambino" ["Conversa com o Doutor Loris Malaguzzi sobre a relação adulto-criança", em tradução livre], *in Il rapporto adulto-bambino* (Reggio Emilia: Scuola comunale dell'infanzia "Diana", nov. 1982), p. 35-60.

[67] *Vide* os registros em áudio: Loris Malaguzzi e Laura Rubizzi, *La programmazione 1ª e 2ª* (21 de outubro de 1980), e Loris Malaguzzi, *Introduzione sulla programmazione* ["Introdução à programação", em tradução livre].

O Gruppo Nazionale Asili Nido[68]

Em 1980, outro evento importante foi o nascimento e a constituição do Gruppo Nazionale Asili Nido, hoje conhecido como Gruppo Nazionale Nidi e Infanzia.[69] Malaguzzi foi nomeado presidente. Trata-se de um órgão independente, reunindo educadoras, outros trabalhadores, pedagogos, pesquisadores e professores universitários, com o objetivo de fortalecer, debater e aprofundar os temas que afetam o *Nido* [ou seja, a Creche], e as problemáticas relativas à condição da infância em geral.

Um grupo que, ao longo de diversos anos, interviria profundamente na política e na cultura da Primeira Infância. Malaguzzi,[70] após alguns anos dessa formação, relatou o trabalho do grupo, destinado, inicialmente, a lutar pelas demandas sociais das famílias e pelos direitos educacionais de meninos e meninas. O grupo conseguiu construir solidariedades, consolidar existências, promover sobrevivências, estimulando as regiões e os municípios a realizarem projetos de grande profissionalismo. Além disso, fomentou experimentações e pesquisas teóricas, eliminando preconceitos e culturas abdicatórias. Esse grupo conseguiu que a Creche e as crianças fossem tratadas como sujeitos de direitos, fomentando importantes debates, e teve como desafio o reconhecimento à infância, fazendo-a emergir do silêncio histórico a que foi condenada. Um grupo que lutou politicamente para resgatar a Creche dos movimentos que objetivavam sua destruição.

---

[68] N. do E.: "Grupo Nacional de Creches", em tradução livre.

[69] N. do E.: "Grupo Nacional Creches e Infância", em tradução livre.

[70] Loris Malaguzzi, *10 anni dopo la nascita del Gruppo Nazionale* ["Dez anos depois do nascimento do Grupo Nacional", em tradução livre].

OS ANOS 1976-1980 **235**

> Tivemos a força de enfrentar os políticos e os sindicalistas quando a Creche, incontestável, do ponto de vista das funções e das respostas sociais, foi atacada no aspecto administrativo e foi alvo de sérios golpes.[71]

O grupo realizou diversos congressos nacionais, entre os quais se destacam os que ocorreram em La Spezia,[72] Roma, Pistoia,[73] Orvieto,[74] Veneza, Ancona[75] e Riccione,[76] com grande participação de italianos e de estrangeiros. Mas façamos história.[77] Nos dias 16 e 17 de maio de 1980, Malaguzzi (com a Prefeitura e a Administração Provincial de Reggio Emilia) organizou um congresso de estudo intitulado *Asili Nido 80*, ao qual compareceram muitas pessoas de toda a Itália. Após analisar a preocupante heterogeneidade do serviço, foi proposto que se formasse um grupo para incentivar o debate cultural e político sobre as questões que afetavam, direta ou indiretamente, as Creches, a fim de definir e promover uma série de objetivos mínimos para garantir o serviço em qualquer parte da Itália.

---

[71] *Ibidem.*

[72] N. do E.: município portuário localizado na região da Ligúria.

[73] N. do E.: município localizado na região da Toscana.

[74] N. do E.: município localizado na região da Úmbria.

[75] N. do E.: município localizado em província homônima da região das Marcas.

[76] N. do E.: município localizado na Emília-Romanha.

[77] *Asili Nido 80. Documento conclusivo* ["Creches 1980. Documento conclusivo", em tradução livre] (documento n. 524 – FT-518); *Due giornate di studio sui problemi dei nidi* ["Dois dias de estudo sobre os problemas das creches", em tradução livre].

> Tivemos a força de enfrentar os políticos e os sindicalistas quando a Creche, inconcebível, do ponto de vista das funções e das respostas sociais, foi atacada no aspecto administrativo e tolável de sérios golpes.

O grupo realizou diversos congressos nacionais, entre os quais se destacam os que ocorreram em La Spezia,[22] Roma,[23] Pistoia,[24] Orvieto,[25] Veneza,[26] Ancona,[27] e Riccione,[28] com grande participação de italianos e de estrangeiros. Mas ficamos histéria.[29] Nos dias 16 e 17 de maio de 1980, Malaguzzi (com a Prefeitura e a Administração Provincial de Reggio Emília) organizou um congresso de estudo intitulado Asili Nido 80, ao qual compareceram muitas pessoas de toda a Itália. Após analisar a preocupante heterogeneidade do serviço, foi proposto que se formasse um grupo para incentivar o debate cultural e político sobre as questões que afetavam, direta ou indiretamente, as Creches, a fim de definir e promover uma série de objetivos mínimos para garantir o serviço em qualquer parte da Itália.

---

[22] Ibidem.

[23] N. do E.: município portuário localizado na região da Ligúria.

[24] N. do E.: município localizado na região da Toscana.

[25] N. do E.: município localizado na região da Úmbria.

[26] N. do E.: município localizado em província homônima da região das Marcas.

[27] N. do E.: município localizado na Emília-Romanha.

[28] Asili Nido 80. Documento fondativo ["Creches 1980. Documento conclusivo", em tradução livre] (documento n. 524 – F7-5138). Due giganti al malto sui problemi dei nidi ["Dois dias de estudo sobre os problemas das creches", em tradução livre].

7.

AQUELES ANOS FELIZES DE 1981 A 1985

Sobre as leis e os decretos

O ano de 1981 foi fundamental na experiência de Reggio Emilia e para Loris Malaguzzi. Nessa data, foi realizada a primeira versão da exposição, hoje conhecida internacionalmente como *L'occhio se salta il muro*. Contudo, antes de falarmos sobre essa história, vamos mergulhar em outras.

Malaguzzi trabalhava em várias frentes. Uma delas era a qualificação da experiência de Reggio Emilia, consciente da importância que ela poderia adquirir. Outra estava relacionada à crítica do panorama geral da escola italiana, para qualificar – de forma geral e diversa da escola de Reggio Emilia – a Educação Infantil e a Educação no sentido mais amplo do termo. Para isso, considerava importante reformar a Lei nº 444,[1] que já havia sido parcialmente transformada. Reformá-la para dar uma identidade cultural rigorosa à Escola da Infância. Trata-se de uma lei que deveria lidar com a organização geral do Estado, com seus serviços, diretos ou indiretos, à sociedade civil. Além disso, a lei era um bom termômetro para ver o equilíbrio entre o público e o privado, um problema não resolvido, para revelar qual era o papel e a competência do Estado em relação à educação pública e privada, e qual era o papel de um Estado laico para poder garantir uma Educação laica que assegurasse uma confrontação cultural democrática e plural.

> [...] da Escola da Infância privada, do seu lugar na sociedade plural, das suas relações com o Estado e suas leis, [...] avaliá-la no terreno da organização do Estado e seus serviços, diretos e indiretos, direcionados à sociedade civil [...].
>
> Muitas coisas não estão claras: qual é (ou deveria ser) o Estado (seus poderes, seus deveres, suas relações com grupos financeiros privados, com a informação, com a ciência, com a cultura etc.) com o qual a escola pede um novo tipo de relação? E qual é o papel das administrações públicas territoriais, que são parte integrante do Estado? Qual é o papel público da escola privada, os termos de sua subjetividade ética e cultural, e os termos de sua efetiva adequação para responder à demanda objetiva, diferenciada, dos cidadãos e do território e dos âmbitos identificáveis, para visualizá-la em uma política de planejamento e decisões programadas? Qual é a função que o Estado tem em relação à escola estatal/pública e ao coletivo nacional que garante o direito fundamental dos cidadãos – de todos os cidadãos – para desfrutar de uma educação laica que assegure a cultura da investigação, da confrontação e da livre e permanente opção de consciência?[2]

---

[1] Loris Malaguzzi, "Tutto più difficile se lo stato non c'è. Per cambiare la 444" ["Tudo fica mais difícil se o Estado não estiver presente. Para mudar a Lei nº 444", em tradução livre], *Zerosei*, ano 5, n. 8 (mar. 1981), p. 2-3.

[2] *Ibidem*, p. 2.

AQUELES ANOS FELIZES DE 1981 A 1985 **239**

Essa queixa e essa reflexão também são dirigidas contra um decreto chamado *Andreatta*, que bloqueia os gastos das regiões e dos municípios para criar escolas estatais ou municipais. Malaguzzi criticou fortemente o Estado por permitir o que chamava de "labirinto escolar".[3] Um labirinto com muitos profissionais precários, contratos não respeitados, salários em atraso, horas de gestão social e formação sem controle, reformas prometidas, mas não realizadas, burocracias em aumento e gestão antidemocrática da escola italiana. Diante dessa situação, ele criticou os ministérios da Democracia Cristã, as cumplicidades da esquerda laica e dos sindicatos. Em suma, trata-se de um decreto que degradava a escola de qualidade e paralisava a escolarização necessária de muitas crianças, algo que Malaguzzi defendia até às últimas consequências.

> [...] nesta grande armadilha labiríntica, são visíveis as grandes responsabilidades da classe dirigente, dos ministérios democratas cristãos que sucederam ao Partido Popular Italiano (PPI), e, temos que admitir, certas cumplicidades das oposições laicas e de esquerda, dos sindicatos, capazes de exprimir interesses, sem terem as mesmas ideias e perspectivas, mas, também, as da Pedagogia nacional, obstinadamente fechada no mundo acadêmico e na difusão de homilias itinerantes, afastada dos lugares onde diariamente ocorrem as aulas. Durante o dia, muitas vezes, é poderosa, em relação à política, mas, à noite, torna-se voluptuosamente agarrada, incapaz de encontrar um caminho para suas investigações e opiniões autônomas que poderiam ser emitidas sobre temas abertos e claros.[4]

---

[3] Loris Malaguzzi, "Una tegola in più per un laberinto barocco" ["Uma adversidade a mais para um labirinto barroco", em tradução livre], *Zerosei*, ano 7, n. 2 (out. 1981), p. 2-3; Loris Malaguzzi, "Quale immaginazione al potere? L'articolo 3 del decreto 786" ["Que imaginação no poder? O Artigo 3 do Decreto nº 786", em tradução livre], *Zerosei*, ano 6, n. 8 (mar. 1982), p. 4; Loris Malaguzzi, "La serafica gravità del decreto Andreatta" ["A seráfica gravidade do decreto Andreatta", em tradução livre], *Zerosei*, ano 6, n. 8 (mar., 1982), p. 2-3.

[4] Loris Malaguzzi, "Una tegola...", *op. cit.*, p. 2.

Um decreto que queria impor uma cota obrigatória aos usuários e às usuárias da Escola da Infância, enquanto Malaguzzi defendia a gratuidade. Segundo Loris, um decreto discriminatório com os serviços municipais e federais, que buscava a privatização, quando os municípios precisavam de ajuda para qualificar um serviço importante, um serviço que foi levado a altos níveis de qualidade graças aos municípios. Tratava-se, portanto, de um decreto perverso com efeitos devastadores para a educação pública.

> Os municípios precisam de solidariedade, mas, enquanto isso, eles próprios têm mais poder e deixam de se esconder. A solidariedade das famílias, dos técnicos, dos professores e dos trabalhadores é, hoje, chamada a emergir com mais força, como a das revistas que decidiram ficar ao lado das crianças mais vulneráveis.[5]

Nos serviços sociais, e na estrutura assistencial e educativa, também estão presentes as marcas de uma sociedade e uma parte bastante importante dos problemas concretos das pessoas. Qualquer diminuição de atenção pode permitir o surgimento de um Decreto nº 786.[6]

Projetações culturais e formativas

Malaguzzi, por sua vez, também abordou temas culturais e pedagógicos que, naquele momento, eram importantes. Um dos mais notáveis é: *O ensino precoce da leitura e da escrita*, que ele abordou em uma mesa redonda promovida pela RAI.[7] Outros temas

---

[5] Loris Malaguzzi, "¿Quale immaginazione...", *op. cit.*
[6] Loris Malaguzzi, "La serafica...", *op. cit.*, p. 3.
[7] Loris Malaguzzi *et al.*, *L'insegnamento precoce lettura e scrittura*, v. 1, 2, 3.

estão relacionados ao *Março-abril Pedagógico*, no qual um ciclo foi dedicado a *Hábitos e cultura de nosso tempo*, abordando temas como o homem e a cultura atual, as drogas, a racionalidade e a irracionalidade na sociedade de hoje, a sociobiologia, a sexualidade e a socialização. Malaguzzi, em particular, abordou o tema – fruto de seus estudos e de suas reflexões na época – da percepção visual e da Pedagogia infantil. Além disso, havia várias iniciativas para famílias e espetáculos para crianças coordenados por Mariano Dolci.

A formação dos funcionários foi ampla e diversificada. Os temas foram variados: brincar na Creche; o jogo e a brincadeira do ponto de vista da Pedagogia, da Psicanálise e da Psicologia; os jogos e as brincadeiras tradicionais; as etapas do desenvolvimento; a figura do pai; as linguagens expressivas; a psicomotricidade; a cozinha; a brincadeira de fantasias; a projetação de unidades didáticas; as famílias usuárias do serviço; as reflexões sobre a situação da infância e da família na Itália (tema abordado por Malaguzzi); a educação científica e a estruturação do pensamento da criança; a unidade das linguagens da infância (tema abordado por Malaguzzi) – linguagem verbal, gestual e mimética, linguagem gráfica e perceptiva, linguagem motora, linguagem lúdica e linguagem lógica. Novamente, esses temas visam a uma formação complexa e transdisciplinar e a uma confrontação plural das profissionais das escolas.

Também em 1981, ocorreu a renovação dos *Consigli di Gestione*. Nessa ocasião, novas referências culturais foram definidas e uma assembleia geral foi organizada, em 30 de outubro, da qual Malaguzzi[8] participou.

---

[8] Loris Malaguzzi *et al.*, *Assemblea comitati di gestione: gestione e partecipazione* ["Assembleia dos comitês de gestão: gestão e participação", em tradução livre], 1º e 2º.

A forja de *L'occhio se salta il muro* e o nascimento itinerante de *I cento linguaggi*

Sem dúvida, o evento do ano – já comentado – foi a primeira versão da mostra *L'occhio se salta o muro*, uma Mostra idealizada e coordenada por Loris Malaguzzi.[9] Vamos nos deter um pouco nessa história. Já mencionamos que diversas escolas haviam começado a trabalhar e a documentar diferentes temas relacionados com as variações gestálticas. Malaguzzi seguia de perto esse trabalho, sua documentação e sua redação, por meio de algumas *notas anexas à exposição*.[10]

Essas notas introdutórias eram corrigidas repetidamente por Loris, correções que tinham a ver, sobretudo, com a prática do que estava visualmente exposto. Malaguzzi criticava e repetia essas notas se descobria que não havia correspondência e coerência entre o que se mostrava das experimentações e as teorias. Trata-se de um aspecto fundamental do seu pensamento e da sua obra. Ele foi capaz de teorizar, mas, ao mesmo tempo, tinha a consciência de não cair em superinterpretações que não fossem validadas por uma prática documentada. Loris estava muito consciente de que, pelas universidades e pela Pedagogia científica, poderia ser acusado de fazer interpretações ou teorias inadequadas.

Além disso, essas notas serviram, pela primeira vez, para colocar diversas escolas em diálogo com uma sistematicidade periódica. Foram projetações muito diferentes, porque, como já mencionamos, Malaguzzi testava diferentes propostas de acordo com as pessoas e as escolas, conforme as possibilidades e a facilidade para fazê-lo. Ele possibilitava a realização de experimentações, por exemplo, sobre cor ou

---

[9] Mais uma vez, agradecemos à Mara Davoli, pelo relato da história da exposição, na entrevista realizada em 1º de junho de 1998.

[10] AA.VV., *Note collaterali alla Mostra L'occhio se salta il muro* ["Notas paralelas da exposição 'O olho salta o muro', em tradução livre], 6-31 maio 1981, Reggio Emilia.

outros temas criativos, por serem metafóricas e alusivas, mas também sentia a necessidade de ir à realidade da professora no chão da escola, e, então, testava misturas clássicas de cores, adições e subtrações.[11]

Esta foi sua grande estratégia: a força de uma aparente ambiguidade para manter unidas experiências muito diferentes, precisamente diversas, porque Malaguzzi tinha a grande capacidade de agrupar, de forma sistemática, todas as relações dos pontos de vista existentes dentro e fora das escolas. Essa ambiguidade significava a provisoriedade e a incerteza do caminho autêntico que a verdadeira investigação impõe. Na verdade, Malaguzzi escreveu um artigo, no primeiro catálogo da exposição, intitulado *Ambiguidade de uma mostra e de uma pedagogia da visão*.[12]

> Se a ambiguidade é tão intensa quanto o autocontrole, a autoavaliação, a teoria provisória e a fronteira móvel do possível, esta Mostra é ambígua. Precisamente ambígua.
>
> A Mostra baseia-se, em essência, no *se* condicional do seu título. Um *se* que, em determinadas condições, subjaz a uma de suas propostas teóricas e práticas, além de antecipá-la. Nela, o peso da experiência e da investigação pedagógica de campo, juntamente com os dados correntes da ideia e dos estudos sobre a percepção visual, a Psicologia e as teorias pedagógicas da criança, permitiriam a experimentação de inovações metodológicas e movimentos de aplicação, com um acréscimo imediato da problemática e da ampliação das hipóteses e das perspectivas, todas pontualmente prováveis e superáveis.[13]

---

[11] Nesse sentido, *vide* o catálogo sueco *Mer om hundra språk* ["Mais de cem linguagens", em tradução livre] (Stockholm: Moderna Museet, 1987), p. 15, p. 53. Basta ver essas páginas para entender a diversidade de experimentações propostas, e precisamente ambíguas, como disse Malaguzzi.

[12] Loris Malaguzzi, "Ambigüità di una mostra e di una pedagogia della visione", *in* L'occhio se salta il muro (Reggio Emilia: Comune di Reggio Emilia, 1981).

[13] *Ibidem.*

A Mostra foi uma provocação para saltar o muro da banalidade, do verbalismo em que a educação havia caído, da simplificação dos problemas, do tratamento da infância e do ser humano de forma parcelada. Era um desafio para ver novas relações possíveis que valorizassem a criança como inédita do ponto de vista cultural e pedagógico. Esse era o sentido do título.

As projetações apresentadas tentavam, de maneiras muito diversas, analisar e investigar com as crianças a evolução da forma – permanência, mudança, transformação e variações –, as possibilidades das metáforas verbais e gráficas, as variações do som, os jogos de dramatização e a ambiguidade das imagens.

Assim, com a necessidade criada de escrever ideias e documentar as experiências, construiu-se a primeira Mostra, que foi exposta à cidade (de 6 a 31 de maio) na Sala Comunale delle Esposizione del Isolato San Rocco. Além disso, foi uma ocasião de formação e autoformação, com um seminário sobre percepção e Pedagogia no âmbito da inauguração da Mostra, a qual chamava a atenção pela imagem provocadora da infância que propunha.

Por sorte ou casualidade, Carlo Barsotti, diretor de cinema, e sua esposa Anna, que viviam na Suécia, estavam em Reggio naquele momento. Ao ver a Mostra, eles ficaram impressionados e propuseram levá-la ao Museu de Arte Moderna de Estocolmo.

Tratava-se de um desafio importante: uma experiência que, pela primeira vez, seria apresentada para outra cultura. Para isso, era necessário refazer a Mostra, trabalhando novamente com as crianças, reconstruir novas ideias e teorias.

Mara Davoli descreve esse período como *"belo, mas muito cansativo"*. Novamente, as discussões construtivas com Malaguzzi, resolvidas em uma grande complementaridade, entre fazer uma investigação artística ou científica. Mais uma vez, as confrontações para encontrar uma forma intermediária entre a documentação e uma forma das experimentações "didascálicas", ou por meio de uma linguagem metafórica ou alusiva.

Variações sobre a cor e *A importância de rever* permitiram encontrar teses de partida que criassem contextos de investigação para aprofundar com as crianças sem ter que realizar experimentações rigidamente lineares no sentido psicológico e evolutivo do termo. Assim, para entendermos melhor, na projetação da cor, por exemplo, partia-se de contextos-ideias, como *a cor é luz* ou *a cor se encontra no ambiente natural*. As fontes de inspiração eram, também, artistas como Albers,[14] Ille,[15] Klee ou Kandinsky.

Esse assunto, como já dissemos, é fundamental no pensamento e na obra pedagógica de Loris Malaguzzi: sair da cultura pedagógica para encontrar outra cultura com a qual se pode fazer uma didática diferente. Ao mesmo tempo, havia a tentativa de entender o que essas experiências significavam para a infância e sua cultura.

Também surgiu outro movimento importante: as experimentações não exclusivamente relacionadas à percepção visual, que se converteram em ofertas de uma polissensorialidade tátil, sonora, gustativa, olfativa etc. Desse modo, assistimos à gênese primigênia da ideia metafórica, hoje, tão reconhecida internacionalmente: a das *cem linguagens das crianças*.

Os encontros com Malaguzzi tratavam de ajustar e de limar os pequenos passos. Com ele, selecionavam o importante para descobrir o mais original e surpreendente. Seu rigor obrigava a argumentar cada experiência com grande riqueza e profundidade. Talvez, nesse momento, os processos de construção ficassem um pouco em segundo plano, porque existia a necessidade de maravilhar

---

[14] N. do E.: Josef Albers, artista plástico alemão conhecido por seu trabalho de arte abstrata.
[15] N. do E.: Eduard Ille, pintor alemão.

o público para conseguir oferecer, de *súbito*, a imagem de uma infância potente, rica, cheia de capacidades.

Como já comentamos, havia discussões sobre a seleção das imagens. Malaguzzi tendia a querer colocar muitas imagens excessivamente sequenciadas, ao passo que Mara, Vea e outros atelieristas pensavam em poucas imagens, grandes e de caráter alusivo-metafórico.

Juntos, atelieristas e Malaguzzi, puseram-se o problema de qual seria a melhor *escrita* para uma Mostra que seria vista por profissionais, cidadãos e cidadãs. Era necessário encontrar uma eficácia comunicativa.

A exposição, pronta, foi apresentada na festa comunista de *L'Unità*, e se deram conta de que as pessoas que compareceram (não só profissionais) se detinham nas teses teóricas, além das imagens, mas não permaneciam para ler todas as legendas que acompanhavam as fotografias. Portanto, era necessária uma *escrita* realizada por conceitos-teses e por imagens metafóricas.

E a Mostra viajou para a Suécia. Nessa exposição, sabendo que seria apresentada em um museu de arte moderna, Malaguzzi permitiu que se experimentasse mais no campo da investigação artística, e desapareceram aquelas experiências apresentadas na primeira exposição em Reggio, que não eram de grande criatividade, como os jogos perceptivos gestálticos em forma de cartões e as diversas crianças com sua face pintada, enquanto faziam diversos jogos perceptivos, que podem ser encontradas no primeiro catálogo da exposição. Começa a se impor – e se trata de um momento histórico – um critério estético, que seria aquele que evoluiu e perdurou ao longo da experiência reggiana.

Assim, essa Mostra converteu-se na consciência de que era uma representação da identidade de uma experiência que se

AQUELES ANOS FELIZES DE 1981 A 1985 **247**

colocava em diálogo com outras realidades europeias. Mais requisições se sucederam à sueca: Barcelona, Berlim, Palma de Maiorca e Madri.

Durante esse período, surgiu uma dificuldade que Malaguzzi rapidamente percebeu e lançou como um problema: havia o risco de serem interpretados como uma escola ou academia de Arte, que ensinava as crianças como trabalhar com materiais plásticos. Essa ideia – e isso se trata de algo muito original da experiência que estou tentando explicar – era justamente o que Malaguzzi queria evitar, pois quebrava toda uma filosofia que ele defendia. Era necessário distanciar-se desse modelo e de outras experiências italianas que trabalhavam dessa maneira. A proposta educacional de Malaguzzi era muito diferente. Ele sabia que ver a infância apenas pela óptica de uma educação eminentemente artística diminuía e, em parte, menosprezava a imagem da criança que ele tentava defender. Isso enfurecia Malaguzzi. Por essa razão, ele se tornou, permanentemente, o contrapeso de que precisavam as forças vitais e, às vezes, incontroláveis (no sentido positivo do termo) de alguns atelieristas.

Conscientes desse problema, Malaguzzi e outras pessoas se propuseram a remodelar a Mostra de acordo com vários pontos de vista: ampliar o número de experimentações, para que não parecesse uma monografia artística, para que não fosse mal interpretada; aprofundar algumas experiências com as crianças; ampliar o número de participantes. Para isso, Mara transferiu-se para a escola Diana, a fim de que, junto com Vea, fosse refeita *A importância de re-ver, a cor, a sombra* (trabalhando, também, com o atelierista Stefano Sturloni) *e a poça*.

Loris sabia que a publicação que surgiria seria uma declaração de princípios teórico-práticos de uma experiência que começava a ser reconhecida internacionalmente. A ambiguidade mantida até então caía bem como investigação, mas era necessário posicionar-se em um sentido, com o intuito de tornar mais compreensível a imagem da infância, da escola e da Educação.

Com essa ideia, Malaguzzi propôs fazer introduções teóricas para cada uma das seções da Mostra, acrescentar reflexões sobre o ambiente geral da escola e procurar diversas pessoas reconhecidas na Itália por sua especialidade cultural em diversos campos e que endossassem as diversas projetações. A ideia era aquela que já comentamos: entender e fazer dialogar a Pedagogia e a Psicologia com uma ampla realidade cultural, para fazer emergir, de um possível gueto, a infância e, ao mesmo tempo, aproximar a reconhecida cultura adulta para que dialogasse com a infantil, pouco valorizada.

Mara e Vea viajaram pela Itália procurando essas pessoas, mostrando-lhes a experiência e pedindo-lhes que escrevessem algumas linhas do seu ponto de vista cultural. Entre as pessoas que aceitaram o convite – e que deram uma visão do resultado relacional alcançado –, estão Giulio Carlo Argan (professor de História da Arte), Carlo Bernardini (professor de Métodos Matemáticos da Física), Andrea Branzi (arquiteto, diretor da Domus Academy), Cesare Musatti (psicanalista), Clotilde Pontecorvo (professora de Pedagogia), Egle Becchi (professora de Pedagogia), Giovanni Anceschi (professor de Sistemas Gráficos), Arturo Carlo Quintavalle (diretor do Instituto de História da Arte), Tullio De Mauro (professor de Filosofia da Linguagem), Francesco Tonucci (pesquisador do Centro Nazionale di Ricerca – CNR), Corrado Costa (poeta), Guido Petter (Professor de Psicologia Evolucionista), Yuri Lubimov (diretor de cena) e Armando Gentilucci (compositor e diretor do Instituto Musical A. Peri).

Malaguzzi e a equipe psicopedagógica de Reggio tornaram--se interlocutores constantes desse processo. Loris apresentava suas

AQUELES ANOS FELIZES DE 1981 A 1985 **249**

ideias sobre quais conteúdos educacionais enfatizar, quais elementos de investigação aprofundar, quais caminhos seguir e observar, e quais estratégias documentais utilizar, embora, nesse sentido, ele confiasse amplamente nas potencialidades de Vea e Mara.

Além disso, tiveram a sorte de contar com a assessoria de pessoas com vasta cultura, que trabalhavam como *designers* gráficos, para elaborar os painéis documentais, que compreenderam a essência da questão e, em colaboração, encontraram as formas adequadas de expor essas ideias. Uma estrutura narrativa[16] que, com uma linguagem culta visual, criasse uma tensão comunicativa justa. Uma forma expositiva que, sem perder o significado mais profundo, tivesse a leveza suficiente para declarar abertamente outra forma de *escrita pedagógica* que se afastasse do tradicional peso de alguns textos da área, com apenas uma forma de escrita.

A documentação em forma de painéis exigia uma seleção rígida de imagens e parecia esquecer os processos. Então, eles descobriram que a documentação em *slides* permitia compensar essa deficiência, pois possibilitava detalhar ainda mais todos os processos e selecionar algumas imagens mais sugestivas para a documentação em painéis. Os *slides* podiam ser usados para ministrar cursos de formação na Mostra e para ajudar a entender outros elementos complementares a ela.

O resultado de tudo isso foi a nova versão Mostra e do catálogo de *L'occhio se salta il muro*, que, entre 1984 e 1985, viajou para Barcelona, Palma de Maiorca e Madri.[17] Foi uma remodelação, baseada nas novas ideias surgidas e comentadas.

---

[16] Não foi por acaso que o subtítulo da mostra é: *A narrativa do possível. Intervenções das crianças das escolas da infância do município de Reggio Emilia.*

[17] Loris Malaguzzi, *L'occhio se salta il muro* (Ministerio de Educación y Ciencia, Comunidad de Madrid), 1984.

Em 1986, com a exposição em andamento, viajando por inúmeras cidades da Europa, surgiu uma nova estratégia. Malaguzzi propôs realizar uma investigação comum, intitulada *A cidade e a chuva*, e lançou a ideia de extrair os diversos temas de interesse da observação de meninos e meninas. Com base nas observações e nas falas registradas das crianças, o pedagogo identificou e concretizou os aspectos importantes a serem desenvolvidos. Cada escola, em um total de cinco envolvidas, escolheu uma área de aprofundamento.

Loris e as outras pessoas sempre procuraram ter em mente o quebra-cabeça montado, a síntese global. Essa estratégia era funcional para a investigação e para a ideia de ter várias escolas trabalhando em uma projetação comum, mas não significava que não se pudesse ir em várias velocidades. Isso é algo a que Malaguzzi, estrategicamente, nunca renunciou. Diferentes pessoas, com diferentes formações, vontades e disponibilidades, propunham caminhos e ritmos diversos; Loris assim o quis, mas também quis evitar o risco de que as projetações e a Mostra pudessem ser vividas sem uma identidade própria comum. Assim, ele concebeu essa estratégia – a de escolher um tema a ser desenvolvido por diferentes escolas de diversos pontos de vista – para conseguir desenvolver esse necessário sentimento de pertencimento a um projeto compartilhado.[18]

E, assim, essa nova seção, juntamente com outras, de *A cidade e a chuva*, seria incluída na nova versão da Mostra.

Outro caso emblemático foi o de em 1986, quando a Mostra iria a Berlim, entre muitas outras cidades. Malaguzzi e os autores da exposição perceberam que o título *L'occhio se salta il muro* era inadequado por várias razões. A primeira se dava pela dificuldade de traduzir para diferentes idiomas, não ficava compreensível. A segunda era

---

[18] Outra estratégia utilizada foi a em que várias pessoas – liberadas do trabalho direto nas escolas – realizassem materialmente a exposição com a ideia de que "*pegar as coisas com as mãos*", como disse Mara, poderia criar pertença a uma história comum.

que *L'occhio* colocava muita ênfase na percepção visual, e não enfatizava o suficiente a imagem da infância em sua *inteireza*.[19] Além disso, era necessário sair da aparente preponderância do Ateliê e considerar as linguagens que estão presentes no cotidiano de qualquer ambiente escolar. Outra questão estava relacionada à inadequação de a exposição ir a Berlim em 1986 e falar sobre "muro". Assim, Malaguzzi decidiu mudar o título da exposição de *L'occhio se salta il muro* para o mais adequado (do ponto de vista conceitual e social) de *I cento linguaggi dei bambini*. Já vimos como Malaguzzi falava há algum tempo, das cem linguagens como expressão da globalidade da infância, como uma metáfora para as cem possibilidades infantis. Cem como infinito.

> [...] crianças, há aqueles que gostam de roubar delas para diminuí-las e simplificá-las, e, também, há outros que não acreditam que a ironia metafórica (lógica e magia juntas) seja um dom dos deuses e uma linguagem adicional, que até as próprias crianças preferem. [...] uma reconciliação com o possível e com tudo o que é devido às crianças, uma tentativa de dar forma a hipóteses e esperar derivações de uma experiência tão real quanto inconclusa.
>
> Em certa medida, isso coincide com Thomas,[20] que afirmou que, "se experiências reais são criadas, elas podem ser reais mesmo em suas próprias consequências".[21]

Também existe um artigo de Malaguzzi, publicado em 1983, intitulado *A educação das cem linguagens das crianças*,[22] que reflete as

---

[19] *Inteireza* é um conceito que Malaguzzi usa bastante para expressar o direito da criança de sentir e ser tratada como um ser inteiro, sem dividi-lo, sem desmontá-lo em partes distintas (por exemplo, nas áreas cognitiva, emocional, social, matemática, musical, de linguagens, de ciências etc.).

[20] N. do E.: Thomas Young, cientista britânico que viveu entre os séculos XVIII e XIX. Tinha vasto conhecimento em diversas áreas, como Física, Fisiologia, Linguagens, Música e Egiptologia.

[21] Loris Malaguzzi, *I cento linguaggi dei bambini* (Reggio Emilia: Regione Emilia Romagna, 1987), p. 13.

[22] Loris Malaguzzi, "L'educazione dei cento linguaggi dei bambini", *Zerosei*, ano 8, n. 4/5 (dez. 1983), p. 4-7.

ideias do catálogo *L'occhio se salta il muro*, mas que dá uma ideia clara do sentido das cem linguagens. Loris comentou como a Mostra narrava as linguagens expressivas que a cultura tem humilhado e esquecido na formação e na inteligência infantil. Uma violência que impõe à infância classificações que roubam uma parte da experimentação. Trata-se de uma ideia contra a cultura e a pedagogia que fragmentam, hierarquizam e negam as qualidades dos encontros e das relações multiformes. A espécie humana pode se manifestar em uma pluralidade de linguagens. Todas as linguagens se constroem em reciprocidade e se desenvolvem pela experiência. Todas as linguagens têm o poder de gerar outras linguagens, lógicas e potencialidades criativas. São as linguagens das mil imagens que meninos e meninas podem investigar como uma prolongação de si mesmos.

> Esta teoria tem implícita uma resposta decisiva à necessidade de se sentir completo.
>
> Sentir-se completo é, para a criança (e também para o adulto), uma necessidade biológica e cultural: um estado vital de bem-estar. [...] as linguagens não verbais encerram uma realidade, em seu interior, muitas palavras, sensações e pensamentos, muitos desejos e meios para conhecer, comunicar e expressar-se.
>
> Também são seres, ao agir, geradores de imagens e de léxicos complexos, de metáforas e símbolos, organizadores de lógica prática e formal, de promoção de estilos pessoais e criativos [...].
>
> As crianças (como o poeta, o escritor, o músico, o cientista) são ávidas investigadoras e construtoras de imagens.
>
> E a imagem serve para construir outras: por meio de sensações, sentimentos, relações, problemas, teorias passageiras, ideias do possível e do coerente e do aparentemente impossível e incoerente.[23]

---

[23] *Ibidem*, p. 5-6.

AQUELES ANOS FELIZES DE 1981 A 1985 **253**

E, assim, com a mudança de título surgiu essa nova versão, com diversas publicações internacionais sobre a experiência reggiana.

Em 1987, havia a firme ideia de levar a exposição aos Estados Unidos. Então, a versão anterior, de 1986, foi refeita, e a Mostra, duplicada, para ter, simultaneamente, duas versões: a chamada *Europeia* (embora não tenha passado apenas pela Europa) e a *Americana*.[24] Nesse ano, foi criado, com essa nova versão, um novo catálogo que, pela primeira vez, foi bilíngue: italiano e inglês. Existe uma diferença na qualidade de imagens, *layout*, estrutura e técnicas de reprodução que precisa ser comparada entre o catálogo de 1984 e o de 1987.[25] Isso destaca a importância que a imagem adquiriu na forma de narrar e de tornar pública essa experiência.

Existem, por fim, duas novas versões. A primeira é de 1990, por ocasião do *Convegno Internazionale de Studio*[26] *Saberes em diálogo e discussão para garantir a cidadania dos direitos e das potencialidades de crianças e adultos*, realizado em Reggio Emilia.

A última versão é de 1994, para a qual corresponde outro catálogo da Mostra, editado em maio de 1996.[27] As novidades de maior destaque dessas duas últimas versões deram uma maior atenção aos conceitos de observação, projetação e documentação, com um melhor desenvolvimento dos processos de conhecimento e criação infantil. Nunca houve uma programação rígida em Reggio, mas as imagens que podemos encontrar, sobretudo nesse catálogo muito bem cuidado, denotavam um olhar diverso sobre os processos e como torná-los visíveis. A seção dedicada à sombra, que havia

---

[24] Para ter acesso ao itinerário completo da Mostra, *vide*: "Itinerari delle due edizioni della Mostra" ["Itinerários das duas edições da Mostra", em tradução livre], *in I Nidi e le Scuole dell'Infanzia del Comune di Reggio Emilia* (Reggio Emilia: Centro Documentazione e Ricerca Educativa, 1999), p. 31.

[25] Loris Malaguzzi, *I cento linguaggi dei bambini* (Modena: Regione Emilia Romagna, 1987).

[26] N. do E.: "Congresso Internacional de Estudo", em tradução livre.

[27] *I cento linguaggi dei bambini* (Correggio: Reggio Children, 1996).

254 LORIS MALAGUZZI: UMA BIOGRAFIA PEDAGÓGICA

sido, em grande parte, remodelada, fazia a ligação entre as primeiras seções da Mostra e as novas partes.

Ainda havia outras novidades. Por um lado, a atenção aos processos de construção individual, simbolizados nos processos dos *Cavalinhos, pontes e cadeiras*,[28,29] com o objetivo de analisar as estratégias individuais de pensamento para valorizar a própria subjetividade, e, por outro, a inclusão do profissional e suas intervenções em uma projetação como o *Luna Park*.[30] Assim, nessa nova versão, podemos distinguir duas partes diferenciadas, embora relacionadas.

Notam-se outras duas novidades nesse catálogo. Após a morte de Malaguzzi, em 1994, ocorreram outros encontros fundamentais que marcaram, em parte, o futuro da experiência de Reggio Emilia: o primeiro foi com o professor Jerome Bruner, que reconheceu em Reggio a prática real de muitas de suas ideias (*vide* trecho neste livro); e o segundo, com o Ministério da Educação italiano, que, após 30 anos, reconheceu a força de uma experiência e manifestou seu desejo de construir planos de formação na realidade escolar italiana. No entanto, falaremos, no momento certo, sobre tudo isso.

As duas versões da exposição viajaram (e continuam viajando) por várias cidades de diversos países, como Itália, Alemanha, Suécia, Dinamarca, Noruega, Finlândia, Espanha, Islândia, Holanda, Grã-Bretanha, Israel, Austrália, Estados Unidos,[31] Canadá e França. Em um artigo de 1985,[32] Malaguzzi explicou quatro razões para

---

[28] *Ibidem*, p. 156-67.

[29] N. do E.: "parque de diversões", em tradução livre.

[30] *I cento linguaggi dei bambini...*, *op. cit.*, p. 130-41; *vide*, também, a entrevista a Amelia Gambetti e Giovanni Piazza, realizada em 9 de junho de 1998.

[31] Há um manuscrito de Malaguzzi intitulado *Riflessioni e proposte sugli itinerari USA della mostra "I cento linguaggi dei bambini"* ["Reflexões e propostas sobre os itinerários dos EUA da exposição 'As cem linguagens das crianças'", em tradução livre] (1º de setembro de 1989).

[32] Loris Malaguzzi, "L'occhio se salta il muro. Quattro ragioni perché la Mostra di Reggio Emilia giri il mondo" ["O olho salta o muro. Quatro razões pelas quais a Mostra de Reggio Emilia percorre o mundo", tradução livre], *Zerosei*, ano 1, n. 5 (maio 1985), p. 5.

esse sucesso. A primeira seria o desejo de dar centralidade aos temas da Educação Infantil com projetos inovadores em uma época de turbulências políticas. Por sua vez, a segunda tinha relação com a necessidade de ver criticamente a Pedagogia e a didática tradicional para encontrar novos conteúdos e modelos organizacionais. A terceira dizia respeito à proposta estética e comunicativa que propõe uma Mostra que defende a unidade da infância e das cem linguagens. E a quarta se relacionava a um projeto educativo real, capaz de narrar os possíveis que se confrontavam com uma realidade em constante mudança. A essas quatro razões, deve-se acrescentar uma quinta que é o espírito da exposição e que Malaguzzi escreveu:

> Esta Mostra é contra qualquer pedagogia profética que sabe tudo antes de tudo acontecer.
> Que ensina às crianças que os dias são iguais e que não há surpresas.
> E aos adultos, que só devem repetir o que não puderam aprender.

De volta à Itália e a Reggio

Em 1981, organizado pelo recém-formado Gruppo Nazionale Asili Nido, ocorreu em La Spezia um congresso nos dias 8, 9 e 10 de maio, com o título *Cultura e política das Creches depois de dez anos da lei*. Malaguzzi manifestou-se diversas vezes[33] para defender a instituição de uma Creche de qualidade e criticar fortemente a

---

[33] Loris Malaguzzi, "Il significato del Convegno" ["O significado do Congresso", em tradução livre] *in Asilo nido e famiglia nello sviluppo del bambino. Cultura e politica dei nidi a dicei anni della legge isitutiva* ["Creche e família no desenvolvimento da criança. Cultura e política das creches depois de dez anos da lei promulgada", em tradução livre] (Milano: Gruppo Editoriale Fabbri, 1983), p. 3-5; "La storia incompiuta degli asili nido a dieci anni della legge" ["A história incompleta das creches após dez anos da lei", tradução livre], p. 39-49; "Il destino del nido" ["O destino da creche", em tradução livre], p. 121-3.

classe política que desperdiçava dinheiro, que não o utilizava adequadamente em toda a Itália.

O ano de 1982 foi o da reforma da escola primária. Uma reforma necessária e esperada. Malaguzzi mostrava-se desconfiado em relação a essa reforma se não houvesse uma mudança na organização da escola, na impermeabilidade cultural, no peso da burocracia e na indiferença dos professores e dos sindicatos. O risco era o de que a reforma se desgastasse sozinha caso não fosse integrada com as necessidades reais das pessoas, com uma nova organização da vida e do trabalho.

> O que acontecerá com a escola de três a seis anos? Seja federal, seja privada, seja municipal, esta escola – vamos ser francos – precisa sair dos centros e escapar das muitas cordas que a humilham e a impedem. Não acreditamos que tenha muito tempo para se libertar de um desgaste que a está degradando culturalmente e que pode decretar o seu próprio fim. [...] queremos que esteja ligada à esperança de poder dar-lhe uma nova e moderna identidade que consiga tirá-la do umbigo dos protetorados filantrópicos e confessionais, incluindo de todas as Diretrizes de 1958.[34]

Para Malaguzzi, os novos programas da escola primária não podiam ser abordados separadamente da revisão das orientações da Escola da Infância e dos novos programas da escola média. Acima de tudo, ele acreditava que, para fazer uma boa reforma, seria preciso partir da Educação Infantil, que era subestimada e ainda era vista como uma preparação para a escola primária. Para Loris, isso era insuportável. As reformas escolares e políticas, para Malaguzzi, deveriam partir da disponibilidade da escola em aceitar a mudança; caso contrário, estavam fadadas ao fracasso.

---

[34] Loris Malaguzzi, "Guadi e trame per la scuola dei bambini" ["Pontes e tramas para a escola das crianças", em tradução livre], *Zerosei*, ano 6, n. 10 (maio 1982), p. 2.

> E, além da reflexão exemplar, queremos dizer que
> os riscos certamente são menores do que os que ainda
> são considerados exemplares, mas são maiores se nos
> referimos à efetiva capacidade da classe política diri-
> gente que pretende reformar seriamente a escola e a
> configuração da escola (como agência funcional admi-
> nistrativa e profissional) de aceitar a mudança. Uma
> grande mudança, é claro, como ainda diria Rodari.
> É disso que precisamos.[35]

Voltando a Reggio Emilia, no ano de 1982, o tema mais importante foi aprofundar e qualificar o projeto de gestão social. Em março, um seminário intitulado *Asili nido e scuole dell'infanzia: participazione e gestione sociale come progetto pedagogico e culturale*[36] foi realizado em Villa Levi, e Malaguzzi[37] participou dele, juntamente com outros especialistas. Durante o seminário, novos modelos organizacionais e funcionais foram definidos e novas reflexões culturais foram discutidas. Malaguzzi defendeu um tipo de participação que eliminasse a burocracia, que poderia surgir na própria participação, a qual fizesse parte do projeto educativo para sobreviver, criando uma relação comunicativa para que a Educação fosse social.

O tema do seminário geraria um projeto programático para o ano letivo de 1982-1983, que fortaleceria as funções do *Consiglio* e de sua secretaria, bem como a formação e as funções detalhadas de três comissões formadas por famílias, cidadãos e funcionários dos centros: a comissão pedagógico-didática, a de organização do ambiente educativo e a de relações com o exterior.

---

[35] Loris Malaguzzi, "La tela di Penelope: chi la fa e chi la disfa" ["A teia de Penélope: quem a faz e quem a desfaz", em tradução livre], *Zerosei*, ano 6, n. 11/12 (jun. 1982), p. 2.

[36] N. do E.: "Creches e escolas da infância: participação e gestão social como projeto pedagógico e cultural", em tradução livre.

[37] Loris Malaguzzi *et al.*, *Seminario sulla gestiones sociale 1ª, 2ª, 3ª* ["Seminário sobre gestões sociais – 1ª, 2ª, 3ª", em tradução livre] (registros em áudio), 19 de março de 1982; Loris Malaguzzi *et al.*, *Seminario sulla gestione sociale* (registro em áudio), 20 de março de 1982.

Além disso, foi constituída uma "intersecretaria", como um organismo formado pelas secretarias de diversos *Consigli*. Do ponto de vista prático, foi o momento em que a participação social adquiriu *status* formal de funcionamento, o que não significa burocracia. Foi, em certo sentido, a continuação das ideias expressas por Loris e outros em um documento publicado em novembro de 1981, no qual Malaguzzi define os significados e as finalidades da gestão social, algo que já havia sido comentado.[38]

Nesse âmbito da gestão social, Loris Malaguzzi realizou uma reunião com os *Consigli di Gestione* em 30 de setembro,[39] a fim de compartilhar com os cidadãos todos os problemas de reforma escolar enfrentados e refletidos, como mencionado.

Além disso, nesse ano, houve outros temas importantes relacionados à formação. Um deles foi o uso de linguagens expressivas,[40] que começaram a ser consolidadas pelas exposições. Outro tema foi a realização de um seminário sobre jogos e brincadeiras.[41] Por fim, houve a discussão sobre a relação entre a escola, as crianças e a cidade, incluindo as praças e os

---

[38] Loris Malaguzzi, "Significati e finalità della gestione sociale" ["Significados e objetivos da gestão social", em tradução livre], *La gestione sociale come progetto educativo* ["A gestão social como projeto educativo", em tradução livre] (Reggio Emilia: Assessorato alla pubblica istruzione ["Assessoria à educação pública", em tradução livre], 1981), p. 9-13.

[39] Loris Malaguzzi, *L'educazione del bambino tra famiglia e istituzione in una fase di grande cambiamento culturale di presentazione di progetti di riforma alla scuola di base* ["A educação da criança entre a família e a instituição em fase de grande mudança cultural e apresentação de projetos de reforma na escola básica", em tradução livre], 30 de setembro de 1982 (gravações em áudio e transcrição).

[40] Loris Malaguzzi, *Linguaggi espressivi* ["Linguagens expressivas", em tradução livre] (gravação em áudio de 6 de janeiro de 1982).

[41] Loris Malaguzzi, *Seminario sul gioco* ["Seminário sobre jogos e brincadeiras", em tradução livre] (gravação em áudio de 21 de janeiro de 1982).

AQUELES ANOS FELIZES DE 1981 A 1985 **259**

supermercados.[42] Esse tema é muito importante para a filosofia de Reggio Emilia e teve continuidade histórica com várias projetações posteriores.[43]

Para concluir os acontecimentos que Malaguzzi organizou ou de que participou em 1982, precisamos mencionar o congresso em homenagem a Rodari, que ocorreu em Reggio Emilia nos dias 10, 11 e 12 de novembro,[44] e contou com a presença de grandes personalidades da cultura italiana.

Além disso, a Creche Girotondo foi inaugurada em 2 de setembro. Um ano intenso, que nos permite passar aos acontecimentos de 1983, quando Loris estava preocupado com um tema em que nos debruçaremos em outro ponto. Esse assunto era uma proposta do governo, apoiada por outros grupos políticos, incluindo os socialistas, que visava antecipar a escola obrigatória para os 5 anos de idade. Malaguzzi opôs-se a essa medida e o fez por meio de sua revista, bem como em várias ocasiões, como o *Abril-maio pedagógico* desse ano, no qual ele abordou a questão.[45]

---

[42] Loris Malaguzzi e Tiziana Filippini, *Incontro sulla promozione sociale* ["Encontro sobre promoção social", em tradução livre] (gravação em áudio 12 de outubro de 1982).

[43] Trataremos da projetação *La città e la pioggia* ["A cidade e a chuva", em tradução livre]. Também foi lançado o magnífico livro *Reggio Tuta. Una guida dei bambini alla città* ["Reggio Toda. Um guia das crianças para a cidade", em tradução livre] (Reggio Emilia: Reggio Children, 2000).

[44] *Se la fantasia cavalca con la ragione. Rassegna stampa del convegno nazionale di studi* ["Se a imaginação cavalga com a razão. Resenha da conferência nacional de estudos", em tradução livre] (Reggio Emilia: Comune di Reggio Emilia, 1982).

[45] Agazzi e Loris Malaguzzi, *Aprile Maggio Pedagogico-L'obbligo scolastico perchè anticiparlo? 1ª, 2ª, 3ª* ["Abril-maio Pedagógico: Por que antecipar a obrigação escolar? 1ª, 2ª, 3ª", em tradução livre].

A autoidentificação[46]

Quanto aos conteúdos pedagógicos, um dos temas pedagógicos abordados por Malaguzzi naquele ano foi o que chamavam de *A autoidentificação*. Em uma intervenção,[47] em janeiro de 1983, ele falou sobre esse processo, defendendo que os processos de formação do indivíduo são permanentes, longos e iniciam no nascimento (possivelmente, no primeiro período de gestação), e continuam na aventura da vida. Segundo Loris, esse processo não é unidirecional, mas, sim, tem a ver com a totalidade dos componentes presentes na Educação. Trata-se de um processo indeterminado, sistêmico, indefinido e infinito que dura toda a vida, como o processo de diferenciação pessoal.

Hoje em dia, esse termo tem uma pluralidade de significados dinâmicos. Não é algo concedido e atribuído pela fisiologia do nosso cérebro, mas, sim, um processo que atua, que se modifica, alterando os dados perceptivos e sensoriais da criança de acordo com as qualidades das experiências que ela vivencia (e essa é outra ideia recorrente, porque abre possibilidades educativas). Essas experiências não são apenas perceptivas e sensoriais; elas também se relacionam com toda a aventura emocional (aspecto que se destaca em Malaguzzi) e do sentimento, como elementos que participam dos mesmos significados. Portanto, elas têm a ver com as relações que devem ocorrer entre a pessoa adulta e a criança.

Para Malaguzzi, não basta saber que temos um corpo. É necessário saber que temos um corpo que pertence a uma espécie,

---

[46] N. do E.: "L'autoidentificazione", em italiano.
[47] Loris Malaguzzi, *Sul significato dell'autoidentificazione in bambini dai 2 ai 4 anni* ["Sobre o significado da autoidentificação em crianças de 2 a 4 anos", em tradução livre] (jan. 1983), gravação em áudio e transcrição.

a uma não replicabilidade. Nosso corpo, assim como nossa pessoa, nosso ser subjetivo ou social, é uma unidade. Temos um corpo que sentimos, amamos, com o qual atuamos e o qual tentamos conhecer e viver. São essas coisas que valem a pena para realizar nossa ação educativa.

Graças às relações interpessoais, a infância dá significado ao seu próprio corpo e à sua própria ação.

> *[...] coloca em termos dinâmicos, e não estáticos, a tipologia da relação entre adultos e crianças. Muitas vezes, pode acontecer, e de fato acontece, que, somando tudo, o construtor do adulto seja, na realidade, a criança; com a criança, acontece o inverso, e pode acontecer, mesmo nas melhores situações, que ambas as coisas se aproximem e se transformem em termos de reciprocidade. Em outras palavras, enquanto se unifica um, enquanto se personaliza um, também se personaliza o outro [...], isto é, tudo o que pertence ao exterior do indivíduo não é algo que está fora do indivíduo, como já notamos várias vezes ao longo desses dias de reflexão sobre os problemas da criança, do ambiente, das relações com o ambiente, das relações perceptivas que é necessário reafirmar. Como tudo o que aparentemente tem relação com a identidade do indivíduo, na realidade, tem a ver com o interior do próprio indivíduo, como se o indivíduo fosse chamado a participar das coisas, e é real, como se o indivíduo fosse chamado a reinventar as coisas e, portanto, a reinventar significados, aspectos, problemas, pertinências, que, de alguma forma, têm a ver com os aspectos do crescimento e da individualização da criança. [...]*
>
> *Devemos conseguir que cada criança habite seu próprio corpo, entendendo por habitar, eu diria, um termo carregado de valores positivos, de serenidade, [...] um ambiente habitado, no sentido que representa a melhor contingência possível, nossa localização pessoal e psíquica. Acredito que isso possa ser o significado que sintetize o tipo de trabalho substancial que teremos de realizar com as crianças.*[48]

---

[48] *Ibidem.*

Experiências sociais e culturais: encontros

Nos dias 24 a 27 de março de 1983, foi celebrado, em Orvieto, o *Convegno Nazionale sugli Asili Nido*, organizado pelo *Gruppo Nazionale*. Com o título, *Novas concepções para a Creche e para as instituições infantis em uma sociedade em crise e obrigada à mudança?*, Malaguzzi fez uma longa intervenção,[49] em que mencionou três sentidos de análise para refletir sobre a situação das Creches na Itália.

Em primeiro lugar, a via político-administrativa que, por meio dos decretos, coloca o serviço em perigo. Em segundo lugar, a questão histórico-social, relacionada com o surgimento desse serviço e sua história não mantida. E a terceira via é a questão cultural como suporte e referência de pensamento, elaboração, prática, comportamento, juízo, costumes e ideologias, para favorecer o desenvolvimento e a qualificação das Creches.

Essa forma de análise é importante porque nos mostra a estratégia de Malaguzzi ao lidar e refletir sobre os eventos educativos e sociais. Após essas reflexões, ele criticou a atuação do governo por ter descumprido a Lei nº 1.044 e por realizar uma política ofensiva contra as Creches, uma política que buscava retirar a autonomia e o protagonismo das regiões e dos municípios. Uma ofensiva que, em última instância, era contra a mulher, a família e a infância. Nesse panorama, ele pediu que o congresso estivesse a serviço de criar

---

[49] Loris Malaguzzi, *Nuove concezioni per il nido e le istituzioni infantili in una società in crisi e obbligata al mutamento?* (24-27 de março de 1983). Uma parte dessa conferência está publicada em: Loris Malaguzzi, "Nuove concezioni per il Nido in una societá in crisi e in cambiamento?" ["Novas concepções para a Creche em uma sociedade em crise e em mudança?", em tradução livre], *Zerosei*, ano 8, n. 2 (out. 1983), p. 10-5. *Vide*, também, a esse respeito, a publicação Loris Malaguzzi, "Questioni calde del nido" ["Questões candentes da creche", em tradução livre] (não há mais informações sobre a referência).

relações e solidariedades, para que, com otimismo, lutasse por esse serviço junto com outras forças sociais.

> Ainda assim, havia um entusiasmo subjacente, um fervor de intenções e, mais do que se possa imaginar hoje, um fluxo de sensibilidade e intuição, implantando uma clara consciência de proposta e finalidade. Um patrimônio invejável e favorável [...], reconhecida a gravidade da situação [...] e a urgente necessidade de sair [...], nós denunciamos simultaneamente uma clara oposição às decisões trazidas pelo governo [...] e uma explícita disponibilidade para cooperar com o reajuste do país e a reconversão dos recursos, que distribua, em um projeto transparente, os sacrifícios necessários, saia dos modelos consumistas e materialistas que estão na base de defeitos e desordens de todo tipo, encontre as correções adequadas e compatíveis com esse "*welfare state*",[50] aprofundando-se mais nos significados de consenso social que se encontra no rigoroso conceito de progresso e de solidariedade civilizada [...].
>
> Na realidade, a solução para nossos problemas, aqueles que dão título a esta conferência, encontra-se, precisamente, na capacidade, também nossa, de ampliar o mundo. E fazemos isso perguntando sobretudo às forças políticas, aos sindicatos, aos movimentos femininos, à opinião pública, às milhares e milhares de famílias com as quais compartilhamos lamentos e esperanças em todos esses anos, que estejam conosco nestes dias ou nos que virão.[51]

Vejamos, agora, os acontecimentos mais significativos do ano de 1984 do ponto de vista histórico e pedagógico de Loris Malaguzzi. Nesse ano, a exposição *L'occhio se salta il muro* estava em Barcelona. Malaguzzi mantinha diversos encontros e relações

---

[50] Estado de bem-estar.

[51] Loris Malaguzzi, "Nuove concezioni per il Nido in una società...", *op. cit.*, p. 12-5.

na cidade catalã,[52] encontros profissionais e amizades com a Associò de Mestres Rosa Sensat, com a Escola d'Estiu, com a Escola d'Espressió e com pessoas importantes na Pedagogia catalã e do Estado Espanhol, como Marta Mata, Irene Balaguer e Pepa Òdena.[53]

Depois, a exposição voltou para Reggio, com uma inauguração conduzida por Malaguzzi[54] e outras personalidades. A exposição na cidade era uma oportunidade para que ele também mantivesse diversos encontros sociais, culturais e de formação,[55] com os quais já havia começado.

Entre 31 de maio e 2 de junho, Veneza sediou um novo *Convegno Nazionale sugli Asili Nido*, com o título *Estar com as crianças. O saber dos educadores.*[56] Malaguzzi escreveria um artigo no periódico *Zerosei*[57] a propósito do referido congresso, em que fez uma defesa veemente do serviço, afirmando que nenhuma outra instituição, apesar das carências, tinha conseguido dar tanta vitalidade ao mundo educacional, remover costumes na cultura, nos serviços sociais, na organização do trabalho, na educabilidade da Primeira Infância, nas novas necessidades da família e do papel da mulher, na

---

[52] Loris Malaguzzi, *En Barcelona* (gravação em áudio de 24 de fevereiro de 1984); e Loris Malaguzzi, *Entrevista de Puri Bienés 1ª parte y 2ª parte* (gravação em áudio de fevereiro de 1984). Cuadernos de Pedagogía também escreveu um artigo: Cuadernos de Pedagogía, "Si el ojo se salta el muro", *Cuadernos de Pedagogía*, n. 113 (maio, 1984), no qual publica uma entrevista com Loris.

[53] N. do E.: importantes pedagogas espanholas, que somam diversas obras na área.

[54] Loris Malaguzzi, *Inaugurazione mostra L'occhio se salta il muro* (gravação em áudio de 19 de maio de 1984).

[55] *Vide* Loris Malaguzzi, *Conclusioni dai commentari* ["Conclusões dos comentários", em tradução livre] (gravação em áudio de 30 de maio de 1984) e Loris Malaguzzi, *Presentazione mostra L'occhio se salta il muro ai Consigli di Gestione 1ª, 2ª, 3ª* ["Apresentação da Mostra 'O olho salta o muro' aos Conselhos de Gestão – 1ª, 2ª, 3ª] (gravações em áudio de 26 de maio de 1984).

[56] Renzo Vianello (organizador), *Stare con i bambini. Il sapere degli educatori* (Bergamo: Juvenilia, 1985).

[57] Loris Malaguzzi, "A Venezia: vitalità e ostinazione dei Nidi" ["Em Veneza: vitalidade e persistência das creches", em tradução livre], *Zerosei*, ano 8, n. 11-12 (jun. 1984), p. 4-5.

elaboração teórica, na investigação, nas eleições políticas regionais e municipais, e na formação e na reciclagem profissional.

Graças ao surgimento da Creche, apareceu uma investigação em torno de uma nova imagem da infância, mais poderosa, além de ser avaliada por uma vasta gama de publicações editoriais. O problema é que essa vitalidade choca com o mau tratamento institucional que recebe, criando uma situação econômica insustentável.

> O patrimônio de experiências, descobertas, hábitos e conexões sociais com as famílias e as necessidades gerais da sociedade, acumuladas pelas Creches durante esses anos – especialmente por parte daqueles que tiveram o privilégio de viver e funcionar com o apoio justo da administração municipal e com todos os requisitos necessários –, constitui, hoje, um dado ao qual os estudiosos e os pesquisadores estrangeiros se referem obrigatoriamente [...], o conhecimento do trabalhador, como as condições determinantes de sua experiência com as crianças. Um tema rigoroso que sabe que não pode ficar no interior e sabe quanto ganhará em plenitude e veracidade, olhará tudo com um olho versátil: um olho que olha a história e o passado, a Creche por dentro e por fora, o trabalhador e a criança em um jogo de partes sem interrupções e mais definido, no qual a família, a sociedade, a cultura de ontem e de hoje têm um grande lugar. O que está parado e o que se move.[58]

Em Reggio, a escola Ada Gobetti, com a consultoria pedagógica de Loris Malaguzzi e Sergio Spaggiari, membro da equipe, realizou uma experiência extraordinária com crianças de 4 e 5 anos sobre como elas viviam e enfrentavam o tema de um hipermercado,[59]

---

[58] *Ibidem*, p. 5-6
[59] *Noi bimbi e lui Gulliver* ["Nós, as crianças, e ele, Gulliver", em tradução livre] (Reggio Emilia: Assessorato alle scuole comunali dell'infanzia di Reggio Emilia ["Assessoria para as escolas municipais de infância de Reggio Emilia", em tradução livre], 1984).

La Coop, um tema relacionado com o mencionado contato geral das crianças com a cidade. Malaguzzi elogiou esse contato como uma aventura curiosa. Ir até La Coop era uma transgressão educativa, uma experiência que se movia em três eixos: o explorador e o cognoscitivo de conhecer espaços, funções, finalidades e papéis; o didático-programatório, como uma possibilidade de reconstrução lógica dos significados desse acontecimento para a infância; o trabalho com o mapa de orientação para chegar ao local, uma confrontação emocionante. Porém, deixemo-nos seduzir pelas belas palavras de Malaguzzi que narram parte dessa experiência:

> Mesmo que seja uma empresa de Marco Polo:[60] trata-se de um ato transgressivo por parte daquele "objeto esquivo" que é a criança na sociedade contemporânea. Um fato anômalo, portanto: esta cidade da qual as crianças falam [...].
>
> Além disso, é uma coisa real do nosso tempo, uma multiplicação por cem das lojas da esquina, uma exigência benéfica do tempo que nos falta, um proponente que coloca tudo à disposição a preços baixos, como no país da abundância da ciência e do consumo [...].
>
> A verdadeira bondade reside em reunir os materiais acumulados e colocá-los em relação. O problema está sempre e apenas lá: na descoberta crítica de um significado que deriva de muitos outros [...].
>
> Aquele pedaço de mundo, o supermercado La Coop, está, agora, metaforicamente à margem. Gulliver[61] já falou. Agora, cabe a nós falar. Uma cabeça de ovo como Humpty Dumpty,[62] de *Alice*, é como se as crianças (com uma coragem buscada) dissessem:

---

[60] N. do E.: rede de lojas de eletrodomésticos. Posteriormente, passou a atuar com o nome de Unieuro.

[61] N. do E.: em Reggio Emilia, há uma Escola da Infância chamada "Gulliver", em referência à obra de fantasia e sátira *As viagens de Gulliver*, de Jonathan Swift.

[62] N. do E.: personagem de cantigas de roda de origem inglesa, ficou conhecido por fazer parte da obra *Alice através do espelho*, do inglês Lewis Carroll.

"Agora, quando usamos a palavra, somos nós que dizemos o que significa". E é nesse ponto que sempre se insinua a eterna questão: se, como e quanto a sua imagem está dentro ou fora de outra imagem, se esta, de alguma forma, lhes pertence ou deixa de lhes pertencer.[63]

Il salto in lungo

Nesse ano, começou uma projetação que se tornaria conhecida internacionalmente por sua novidade, sua originalidade e sua forma de abordar um problema matemático pelas crianças. Trata-se de *O salto em distância*,[64] coordenada e assessorada por Loris Malaguzzi, e documentada em *slides* por Vea Vecchi, relatando como duas meninas e dois meninos da Escola Diana organizaram um salto em distância. Contudo, lembremos a história antes de explicar em detalhes essa importante projetação.

No início do ano letivo de 1984-1985, Malaguzzi propôs às escolas, diante do peso específico que a linguagem visual estava tomando, aprofundar-se em outro tipo de linguagens. Então, propôs analisar a linguagem lógico-matemática, por ser um tema pouco tratado nas escolas.

Para isso, Malaguzzi organizou um seminário inicial, com duas ou três sessões, ao qual compareceram funcionários de diversas escolas, nas quais ele forneceu os pontos de partida. Em suma, são os seguintes: na tradição didática da lógica-matemática, os resultados ao realizar uma operação são verdadeiros ou falsos, corretos ou incorretos,

---

[63] Loris Malaguzzi, "Per 75.000 che con Gulliver apprendono l'arte del capire" ["Para 75 mil pessoas que, com Gulliver, aprendem a arte de entender", em tradução livre], *in Noi bimbi e lui Gulliver, op. cit.*, p. 7-9.
[64] Preciso agradecer às entrevistas concedidas sobre esse tema a Laura Rubizzi nos dias 21 de janeiro de 1987, 9 de fevereiro de 1987 e 10 de junho de 1998.

mas a realidade é muito mais complexa; a escola deve investigar as possibilidades da probabilidade e da combinação; é necessário aprender a entender e interpretar a realidade em que vivemos; podemos analisar situações de incerteza com elementos de probabilidade, em que não existe o verdadeiro ou falso, mas, sim, nuances, como mais ou menos certo, pouco provável, pouco certo etc.; e o sentido do número está presente na infância desde que nasce, e esta sente e usa os códigos numéricos antes de saber entendê-los completamente.

Após esse seminário inicial, foram realizadas duas reuniões internas nas escolas, com a finalidade de escolher vários temas de trabalho. As propostas das escolas – algumas criadas por Malaguzzi – eram diversas. A primeira era uma projetação que surgia em torno do computador, que era visto como uma máquina amiga, com a qual as crianças poderiam comunicar-se. Tratava-se de uma projetação motivadora, que destacava seu protagonismo e o prazer do encontro com o computador, com processos paralelos de aprendizagem de crianças e adultos (já que, na época, eles não eram hábeis no uso do computador) da linguagem Logo,[65] entendendo o computador como uma das muitas oportunidades que servem à infância para projetar. Foi a primeira experiência italiana realizada com computadores na Educação Infantil. Essa projetação se encaixava na ideia de Malaguzzi de que nenhum instrumento da cultura e da vida cotidiana deve estar fora da escola. A segunda experimentação foi a previsão da probabilidade, e a terceira, um projetação intitulada *Alquimia de cores*. Por fim, houve a experimentação de representação e operabilidade verbal, gráfica e mental do número.

---

[65] N. do E.: linguagem de programação voltada para crianças em que os comandos permitem que o cursor (em formato de "tartaruga") de movimento para trás, a frente, a direita e a esquerda, formando uma figura geométrica.

Até aquele momento, as documentações que existiam eram de projetações longas realizadas nas salas de aula ou nos Ateliês. A projetação *O salto em distância* constituiu a observação detalhada de um processo realizado em pequeno grupo. Era o início de uma projetação que colocaria o foco em como o grupo e o indivíduo aprendia, o que chamamos de socioconstrutivismo, e que tanto fez alguns professores americanos refletirem, como Carolyn Edwards, Lella Gandini, George Forman[66] ou Peter Pufall.[67]

É importante destacar que essa projetação não nasceu do nada, mas, sim, do fato de que várias educadoras haviam observado como algumas crianças mediam, espontaneamente, alguns objetos ou espaços no pátio da escola.

Laura comentou que era a primeira vez que, profissionalmente, confiavam a ela um projeto daquela magnitude. Uma projetação que deveria ser observada diretamente e refletida por meio da documentação visual.

Depois de escolher o tema, Malaguzzi pediu às educadoras que elaborassem um plano de trabalho sobre cada tema. Laura e sua colega, Paola Cagliari, elaboraram um projetação intitulada *Como as crianças de 5-6 anos enfrentam problemas lógicos relacionados à medida de dimensões lineares*, no qual descreveram a forma de identificar o grupo de trabalho, a metodologia de intervenção profissional, os instrumentos que as crianças tiveram à sua disposição, os materiais necessários para construir, as perguntas iniciais, a forma de observação, a concretização dos passos para a realização de um campeonato de salto em distância, a previsão dos problemas que as crianças enfrentaram ao medir, a bibliografia necessária para estudar,

---

[66] N. do E.: educadores que organizaram o livro *As cem linguagens da criança*.

[67] N. do E.: coautor do livro *Constructivism in the Computer Age* ("Construtivismo na era dos computadores", em tradução livre), com George Forman.

os vários encontros culturais com especialistas em Matemática, o desenvolvimento cultural do conceito e dos instrumentos de medida.

Essa projetação inicial deu origem à narrativa abordada, assinada por Laura Rubizzi, Paola Cagliari e Vea Vecchi, cujo título é *Torneio de salto em distância*. Nessa documentação, foram apresentados os objetivos da projetação, a metodologia da proposta (os critérios de seleção das crianças, os instrumentos de observação das crianças, os materiais disponíveis para as crianças, os diversos momentos de atividade, as formas de intervenção do adulto), a análise do jogo/da brincadeira feita pelo adulto (as sequências do salto, as suas regras, a medição do salto), as perguntas da avaliação inicial, para saber o que as crianças sabem, e, pela primeira vez em uma projetação, apareceu uma escrita em forma de fluxograma que tentava analisar e prever diversos caminhos que a projetação poderia tomar, de acordo com as diversas respostas das crianças em relação às sequências do jogo/da brincadeira, às regras, à organização do torneio e à medição dos saltos. Essa forma de elaborar a projetação permitia a realização de uma estrutura aberta a modificações, em que cada situação podia propor novas intervenções.

E, assim, no início da primavera, o trabalho começou, com quatro crianças entre 5 e 6 anos, que foram escolhidas por serem muito diversas, com capacidade para negociar e entrar em conflito.

Com Malaguzzi, discutiram a projetação para torná-la mais concreta e, com Vea Vecchi, concordaram com a forma de documentação direta e a documentação que seria reconstruída com base nas observações feitas.

Simultaneamente ao processo de realização da projetação com as crianças, foi feito o esqueleto narrativo da documentação. Essa era uma necessidade apontada por Malaguzzi, que não separava a realização de uma projetação de sua apresentação pública. Loris exigia uma narrativa teatral do que estava acontecendo, com uma combinação entre imagens e texto (uma relação coerente), que contasse o que estava acontecendo por meio de imagens muito claras. O pedagogo corrigia os textos e dava indicações para reescrever certas partes.

Laura descreveu esse momento do processo vivido com Malaguzzi como custoso, mas de grande aprendizado, pois fala da capacidade – já comentada por muitas outras pessoas – de o pedagogo saber reunir e interpretar os pontos fortes do que estava acontecendo. Ela também se lembrou das orientações de Loris para a construção de situações na projetação que fossem alegres, divertidas, e não pesadas. Era algo que Malaguzzi queria que sempre estivesse presente. Essa era sua imagem de escola. E, em uma projetação ligada à Matemática, deveria ser muito presente, já que, tradicionalmente, essa disciplina – e Loris experimentou isso na escola – era considerada algo tortuoso, de muito sofrimento, nada prazeroso. Ele tentava construir uma Pedagogia unida à alegria, ao prazer, também quando se aprendem conceitos matemáticos. É muito significativo, por exemplo, que Malaguzzi desejasse resgatar uma imagem dos quatro protagonistas da projetação surpreendidos levantando os braços em sentimento de vitória (outra ideia muito desejada pelo pedagogo).

Além disso, Laura comentou sobre algumas das discussões com Malaguzzi. Ele – na opinião da educadora – tendia a dar excessiva confiança e *positividade* às capacidades e às potencialidades da infância, algo que Laura não compartilhava plenamente.

Simultaneamente a essa projetação, estavam previstos encontros com alguns especialistas em Matemática para ajustar alguns conceitos.

Malaguzzi revisava periodicamente a documentação do processo da projetação, tomando notas, precisando questões e sempre discutindo e criticando alguns pontos. As críticas — comentou Laura — sempre eram diretas, francas, sem mediar, por vezes, boas formas. Isso dava grande autenticidade e veracidade à própria crítica. Suas críticas nunca eram contra as pessoas, que sempre se sentiam aceitas, mas às suas ações concretas.

Loris tinha muita consciência acerca das críticas que fazia e da reatividade que podia ocasionar em quem as ouvia, mas sempre tentava dar uma ideia de provocação e desafio para as pessoas darem mais de si — ainda mais cansadas e com raiva.

Ele sempre chegava aos encontros com notas e reflexões para tentar valorizar situações ou eventos que poderiam parecer banais. Tentava valorizar as potencialidades da infância com coerência, diversidade e invejável autenticidade. Fazia correções contínuas dos escritos das educadoras, até mesmo, em vermelho. Era muito capaz de ouvir, mas (conforme Laura) também era temido por suas críticas impiedosas.

Do processo de elaboração, participou George Forman, professor da Universidade de Massachusetts, que ficou impressionado com os resultados da projetação, sobretudo pelo seu caráter exemplar de socioconstrutivismo. E as confrontações entre Forman e Malaguzzi foram muito enriquecedoras, porque reivindicavam e remodelavam algumas partes, como a importância do sentimento em tudo o que fazem as crianças, sua humanidade, o valor do erro e de algumas respostas equivocadas do ponto de vista matemático.

Durante o processo, Malaguzzi pedia a Laura que fosse fiel às projetações e aos pedidos das crianças, que deveriam se tornar reais, e isso exigia um grande empenho, em especial, quando as crianças queriam construir materiais estranhíssimos, de ir pedir as taças do prêmio ao prefeito ou de ter que fazer um grande buraco na terra (para o qual seria necessário entrar na escola uma escavadeira, a fim de quebrar o cimento que havia no chão). Isso se dava porque, para Malaguzzi, toda projetação deveria ser real, verdadeira, com o objetivo de que os possíveis planos e "invenções" das meninas e dos meninos fossem reais.

De acordo com Laura, às vezes, Malaguzzi não se continha e ia à escola, para estar presente em algumas sessões, seja como observador, seja com intervenções pontuais. Ele precisava saber que controlava cada detalhe da situação, com a finalidade de que novas ideias e interpretações lhe ocorressem. Dessa forma, ele enfatizava muito aprofundar as unidades de medida, o metro, e como as crianças enfrentavam o tema dos números e interpretavam os sinais e os símbolos que apareciam nos diversos instrumentos de medida. Para Malaguzzi, *O salto em distância* era uma situação-problema, tanto para crianças quanto para adultos, um verdadeiro desafio.

Na elaboração da projetação, Malaguzzi também identificava alguns pontos fortes, mas, depois, deixava a responsabilidade para as educadoras. Ele era capaz de fazer múltiplas interpretações e hipóteses, e pedia às educadoras que realizassem muitas mais. Era uma necessidade ética de ampliar o mundo do possível.

Ele dava orientações a Laura sobre o papel profissional que ela deveria desempenhar:

> Você deve estar sempre em uma espera dubitativa, ser capaz de se surpreender com o que não espera. Suas intervenções devem ser sempre habilidosas,

> delicadas, silenciosas, pouco clamorosas, basta que as crianças sintam sua presença, que está com elas; isso lhes dará a confiança e a consciência – que sempre devem ter – do que acontece e aprendem. Você deve ser um investigador permanente, também empiricamente. Você pode ajudar as crianças a construir expectativas, espirais de pensamento – mesmo desordenadas para você – que têm significado para elas. Você deve deixar que elas sejam autênticas protagonistas.

Laura questionava alguns aspectos, pois achava tudo excessivamente confiado às crianças, e ela pensava que o papel profissional deveria ser muito mais explícito, pois, caso contrário, haveria coisas que não seriam compreendidas na documentação final, segundo ela.

A documentação foi criada nas discussões das quais Vea também participou. Malaguzzi tinha boa memória para imagens e pedia que, com base nelas, realizassem fortes interpretações, autênticas teses, as quais exigia com grande rigor e responsabilidade. Essa também era sua forma de agir. Tratava-se de um processo de interpretações sucessivas que levavam a novas observações e retroalimentações sucessivas.

A experiência com os meninos e as meninas durou um total de trinta sessões (seis semanas). É necessário que as projetações tenham uma organização temporal adequada, caso contrário, o risco é prolongá-las indefinidamente. Deve-se ter o "limite da leveza", saber quando alguns processos não podem mais ser prolongados artificialmente.

E a projetação, na escola, terminou – como quase sempre – com uma grande festa pública, no qual se realizou a competição. Uma documentação em *slides* narrou o que aconteceu. Essa documentação foi ensaiada, reelaborada, reestruturada, corrigida e apresentada, pela primeira vez, no congresso *Modelos e conjecturas teórico-práticas na educação das crianças*,[68] do qual trataremos. Com o impacto e a eficácia dessa e de outras apresentações, ela foi continuamente remodelada. Laura Rubizzi e Loris Malaguzzi a apresentaram em diversas ocasiões.[69] Nos Estados Unidos, foi feita uma publicação em vídeo.[70]

Outras atuações públicas nacionais e internacionais

Em março de 1985, depois que a exposição passou por Palma de Maiorca, coordenada por Maria Antonia Puyol, ela chegou a Madri, onde milhares de visitantes receberam a proposta de bom grado. Temos que agradecer, entre outros, o empenho pessoal e profissional de Francesca Majó e Paloma de Pablo, pelo sucesso dessa iniciativa. Malaguzzi realizou diversos encontros no âmbito

---

[68] Loris Malaguzzi, *Modelli e congetture. I bambini in situazioni problematiche* ["Modelos e conjecturas. Crianças em situações-problema", em tradução livre] (gravação em áudio de 31 de maio de 1985).

[69] Loris Malaguzzi, *Incontri. Il salto in lungo* (gravação em áudio de dezembro de 1987); Loris Malaguzzi e Laura Rubizzi, *Seminario rivolto agli educatori svedesi. Come i bambini inventano 2ª* ["Seminário voltado para educadores suecos. Como as crianças inventam − 2ª", em tradução livre] (gravação em áudio de 12 de maio de 1988); Loris Malaguzzi e Laura Rubizzi, *Modelli teorici pratici nell'educazione dei bambini. Seminario di studio per operatori e pedagogisti svedesi. Come i bambini inventano la loro intelligenza. Un documento sulla construtività logica in una situazione problema* ["Modelos teórico-práticos na educação infantil. Seminário de estudo para operadores e pedagogos suecos. Como as crianças inventam sua própria inteligência. Um documento sobre construtividade lógica em uma situação-problema", em tradução livre] (maio, 1989).

[70] G. Forman e L. Gandini, *The Log Jump*: a video analysis of small group projects in early education practice in Reggio Emilia, Italy. A long-term project at the Diana School in Reggio Emilia ["O Salto do Registro: uma análise em vídeo de projetações de pequenos grupos na prática de educação infantil em Reggio Emilia, Itália. Uma projetação de longo prazo na Escola Diana, em Reggio Emilia", em tradução livre]. Performanetics, 19 The Hollow, Amherst MA 01002, 1991.

dessa experiência.[71] Nessa época, o nome de Loris Malaguzzi e a experiência de Reggio Emilia já eram conhecidos em nível europeu. Várias cidades solicitavam a exposição, pediam que o próprio Loris ou outros profissionais de Reggio fossem dar cursos ou palestras. Além disso, algumas pessoas, entre elas, profissionais de certas áreas, arquitetos e políticos, desejavam ir a Reggio para ver ou viver a experiência. Reggio Emilia começava a estar no centro do interesse pedagógico europeu.

Porém, Malaguzzi continuava trabalhando com paixão e tenacidade em várias projetações em Reggio Emilia. Esses trabalhos deveriam ser apresentados em um congresso internacional, que seria realizado no Hotel Astoria de Reggio Emilia, nos dias 29, 30, 31 de maio e 1º de junho. O título, como sempre, sugestivo: *Experiências e problemas. Modelos e conjecturas teórico-práticas na educação das crianças.*[72]

A ideia desse congresso partiu de Malaguzzi e da equipe, um evento de que participaram mais de 400 profissionais de diversos países: Itália, Suécia, Dinamarca, Suíça, Luxemburgo, Alemanha e Espanha. Durante o programa,[73] educadores e pedagogos das Escolas de Reggio Emilia apresentaram diversas

---

[71] Loris Malaguzzi, *L'occhio se salta il muro* (vídeo), 1985; Loris Malaguzzi, *L'occhio se salta il muro. Propuestas* (vídeo), 1985; Menchu Rey, "Loris Malaguzzi: 'El niño tiene gran capacidad de aprendizaje'" ["Loris Malaguzzi: 'A criança tem grande capacidade de aprendizagem", em tradução livre], *Comunidad Escolar* ["Comunidade Escolar", em tradução livre] (abr. 1985), p. 13; Mario G. Castro, "Loris Malaguzzi. El niño como protagonista" ["Loris Malaguzzi. A criança como protagonista", em tradução livre], *Cuadernos de Pedagogía*, n. 125 (maio 1985), p. 57-61; F. Ponte *et al.*, *Guía de L'occhio se salta il muro* ["Catálogo de O olho salta o muro", em tradução livre] (1985).

[72] Diversos periódicos italianos noticiaram esse evento. *Vide Carlino Reggio*, 30 maio 1985; *L'Unità*, 30 maio 1985; *La Gazetta*, 30 maio 1985; *La Gazzetta di Reggio*, 31 maio 1985; *L'Unità*, 31 maio 1985; *Carlino Reggio*, 31 maio 1985; *Carlino Reggio*, 2 jun. 1985.

[73] *Vide* alguns conteúdos na publicação: *Esperienze e problemi. Modelli e congetture teorico--pratiche nell'educazione dei bambini* (Reggio Emilia: Comune di Reggio Emilia, 1985).

experiências realizadas (com intervenções contínuas de Loris Malaguzzi) e refletiram sobre elas.

Gostaríamos de relembrar alguns momentos significativos desse evento. O congresso foi aberto pelo prefeito de Reggio, seguido pelas intervenções de Carla Rinaldi e Egle Becchi. Amelia Gambetti e Giulia Notari apresentaram uma experiência sobre a autoidentificação. Simona Bonilauri, Paola Cagliari e Maria Pia Destefani narraram a projetação *O que é a cidade para a criança, como ela a percorre, vê, conta, racionaliza e representa*, um tema recorrente e importante para Loris Malaguzzi.

Com introdução de Loris Malaguzzi, Mara Davoli, Giovanni Piazza, Mirella Ruozi e Vea Vecchi, falaram sobre *Investigação, reunião e criação de imagens pelas mãos e pela mente das crianças. O grafismo das crianças.*[74] Malaguzzi defendia a realização de reflexões psicológicas, antropológicas e pedagógicas que atribuíssem uma imagem mais rica da infância. A linguagem gráfica da infância nos oferece uma possibilidade única para entender essa riqueza. Após analisar as pesquisas de Arnheim,[75] Luquet,[76] Piaget, Lowenfeld[77] e Stern,[78] propôs sair da ideia do desenho como mero entretenimento para descobrir as potencialidades

---

[74] Loris Malaguzzi, "La grafica dei bambini", *in Esperienze e problemi. Modelli e congetture teorico-pratiche nell'educazione dei bambini* (Reggio Emilia: Comune di Reggio Emilia, 1985), p. 27; Loris Malaguzzi et al., *Modelli e congetture* (gravação em áudio); *La grafica.*

[75] N. do E.: Rudolf Arnheim, psicólogo behaviorista alemão que foi um grande estudioso da Gestalt.

[76] N. do E.: Georges Henri Luquet, filósofo francês que se debruçou sobre os estudos do desenho infantil.

[77] N. do E.: Viktor Lowenfeld, professor austríaco cujas ideias sobre o desenvolvimento artístico infantil propunham que este fosse estimulado por temas e mídias adequadas, além do currículo escolar.

[78] N. do E.: Arno Stern, pedagogo e pesquisador. Viveu um período difícil durante a Segunda Guerra Mundial, quando foi refugiado na França. Seu trabalho com as crianças está imbricado à pintura que estas realizam.

inteligentes de conhecimento que ele oferece. Para Malaguzzi, desenhar e modelar é o símbolo do prazer (não no sentido psicanalítico) lúdico, fabulatório, motor, hedonístico, visual, rítmico, espacial, autoidentificatório, repetitivo, cognoscitivo, relacional, estético e simbólico.[79] Com tudo isso, Malaguzzi procurou fazer emergir a linguagem plástica e a expressão da marginalização didática em que tradicionalmente se caiu.

Outro dos grandes temas do congresso, fruto de uma pesquisa assessorada por Malaguzzi, é a relação da infância com o computador. Com o título *Aproximações ao futuro: a inteligência das crianças e as inteligências dos computadores*, Paola Cagliari, Marina Castagnetti, Elena Giacopini, Ginna Immovili e Sergio Spaggiari, com intervenções pontuais de Loris Malaguzzi,[80] narraram essa experiência. Tratava-se de um tema inovador e original na Educação Infantil italiana. Para Malaguzzi, a escola não deveria ser um obstáculo para as grandes descobertas tecnológicas da sociedade. Malaguzzi acreditava que a escola deveria investigar a forma como as crianças aprendem e a maneira pela qual as novas formas tecnológicas, como o computador, afetam a inteligência. A escola e as profissionais não deveriam ser um obstáculo para as novas formas de pensamento, sentimento e conhecimento. Essa é uma das razões pelas quais essa experiência incomum tornou-se famosa na Itália e no mundo. Uma projetação que ficou como uma das seções da exposição.

---

[79] Para um desenvolvimento mais amplo, *vide* Alfredo Hoyuelos, "Malaguzzi e l'atelier: complessità dei possibili" ["Malaguzzi e o ateliê: a complexidade das possibilidades", em tradução livre] *in* Susanna Mantovanni (organizadora), *Nostalgia del futuro* ["Nostalgia do futuro", em tradução livre] (Lama San Giustino, Edizioni Junior, 1998), p. 64-9.

[80] Loris Malaguzzi *et al.*, *Modelli e congetture, op. cit.*

AQUELES ANOS FELIZES DE 1981 A 1985 **279**

> Uma Pedagogia da pesquisa e da mudança não pode estar distante da realidade. Tudo o que gira em torno da realidade da criança deve atravessar a prática educativa para se tornar um problema e uma resposta cultural. O computador, visto como uma máquina de informação e comunicação tecnológica, permite mudanças existenciais e culturais de enorme alcance social [...].
>
> O problema não reside tanto na consideração negativa desses fenômenos, mas, sim, nas forças dinamizadoras de novos e necessários reequilíbrios que fortalecem e libertam as respostas das crianças.[81]

Esse tema[82] levaria Malaguzzi a realizar reflexões profundas[83] sobre a forma como as crianças raciocinam, as mudanças na forma de pensar, e a realizar críticas, principalmente à epistemologia piagetiana. Esses foram os anos em que Malaguzzi descobriu as fascinantes teorias dos sistemas complexos. Essas teorias, longe da Pedagogia, foram uma inspiração para refinar suas interpretações em relação ao conhecimento infantil e às suas repercussões didáticas. Foi a descoberta de autores como Prigogine,[84] que valoriza

---

[81] Loris Malaguzzi, "Bambini e computer l'incontro di due intelligenze" ["As crianças e o computador: o encontro de duas inteligências", em tradução livre], *in I cento liguaggi dei bambini, op. cit.*, p. 64.

[82] Experiência publicada em Gianni Immovili, "Quando due intelligenze s'incontrano I" ["Quando duas inteligências se encontram I", em tradução livre], *Bambini*, ano I, n. 11 (nov. 1985), p. 22-8; Marina Castagnetti, "Quando due intelligenze si incontrano II", *Bambini*, ano I, n. 12 (dez. 1985), p. 76-88; Elena Giacopini, "Quando due intelligenze si incontrano III", *Bambini*, ano II, n. 1 (jan. 1986), p. 82-7; Paola Cagliari, "Quando due intelligenze si incontrano IV", *Bambini*, ano II, n. 3 (mar. 1986), p. 71-5.

[83] Loris Malaguzzi, *L'intelligenza del bambini e l'intelligenza del computer* (transcrição de uma conferência realizada em 27 de janeiro de 1987).

[84] N. do E.: Ilya Prigogine, cientista russo que foi laureado com o Prêmio Nobel de Química em 1977. Suas ideias sobre ciência em evolução, interpretação do tempo, teoria do caos, da instabilidade, entre outras, trouxeram uma grande contribuição em debates filosóficos e epistemológicos. (MASSONI, N.T. Ilya Prigogine: uma contribuição à filosofia da ciência. *Revista Brasileira de Ensino de Física*, v. 30, n. 2, 2008. Disponível em: https://www.scielo.br/j/rbef/a/Lp8LbrmfvhLstZnfRNW9zGz/?format=pdf&lang=pt. Acesso em: 23 maio 2023.)

o desequilíbrio como fonte de energia positiva ou a descoberta da não linearidade como forma de aprendizagem.

> Talvez eu esteja tecendo elogios, ao mesmo tempo que o homem anseia por alcançar um equilíbrio com a natureza, a sociedade, as coisas, os seres humanos, seus problemas etc. [...], um equilíbrio que pode ultrapassar o limiar do equilíbrio físico e ir além, e isso significa que, nesse sentido, destaca-se a capacidade da criança e do homem de ultrapassar o mesmo limiar de equilíbrio, que, de outra forma, poderia tornar-se uma espécie de afirmação de caráter reacionário e conservador, porque a adaptação à vida significa também levar em consideração o substancial dos problemas da vida. Contudo, eu disse antes que a criança, como nós, é um portador de projetações, e não é possível que as projetações parem no limiar de um equilíbrio de natureza física, de natureza biológica em relação às coisas. E, agora, nesse momento, eu elogio o desequilíbrio [...].
>
> Outra questão que, na minha opinião, é uma das questões que mais me galvanizou e absorveu ultimamente. Falamos antes sobre equilíbrio e desequilíbrio. Bem, agora, é curioso o fato de que, além disso, ao ler ou realizar solicitações de livros sobre sistemas, ou seja, do âmbito da Pedagogia, pode-se pensar que, hoje, promovemos avisos, solicitações de ordem educativa, pedagógica, social, com base em pesquisas que, aparentemente, estão distantes da Pedagogia e que, na realidade, pertencem ao homem que pensa, que continua a pensar em si mesmo, que pensa na natureza, que pensa no universo etc.[85]

---

[85] Loris Malaguzzi, *L'intelligenza...*, *op. cit.*, p. 29, p. 36.

O programa do congresso continuou com uma palestra de Sergio Spaggiari, intitulada *Construção de fluxogramas para a projetação e programação didática*. Posteriormente, diversas pessoas, coordenadas por Tiziana Filippini, apresentaram documentações de várias situações-problema de projetações realizadas sobre probabilidade, cores, medida, números e símbolos. Malaguzzi refletiu[86] sobre essas diversas experimentações, as quais ele denominou de sondas de investigação para extrair o conhecimento infantil, para descobrir como as crianças constroem a qualidade de sua experiência. Trata-se de uma espécie de censo que fornece dados sobre como a infância procede em sua própria investigação. Essa ideia levará Malaguzzi, posteriormente, a refletir e retificar sua ideia sobre a programação e os objetivos didáticos.

O congresso terminou com uma palestra de Malaguzzi sobre *A questão da infância e as questões educacionais e institucionais*,[87] na qual ele defendeu uma intervenção política internacional em favor da infância.

Nesse mesmo ano, 1985, algumas rádios alemãs dedicaram programas sobre a experiência reggiana, realizando diversas entrevistas com Loris Malaguzzi.[88]

---

[86] Loris Malaguzzi e Giovanni Piazza, *Modelli e congetture* (gravação em áudio de 1º de junho de 1985), e Loris Malaguzzi e Carla Rinaldi, *Modelli e congetture* (gravação em áudio de 1º de junho de 1985).

[87] Loris Malaguzzi, *Modelli e congetture, op. cit.*

[88] *Vide* Radio Colonia (gravação em áudio de 24 de maio de 1985) e Radio Francoforte (gravação em áudio de 11 de agosto de 1985).

Também em 1985, os *Consigli di Gestione* foram renovados. A iniciativa, segundo Malaguzzi,[89] representava a assunção de uma corresponsabilidade forte entre as instituições e as famílias.

O *Consiglio di Gestione* que seria eleito nessa ocasião representaria a maior garantia de uma responsabilidade concreta e compartilhada entre as instituições (Creche e Escola da Infância) e as famílias que escolheriam os conteúdos e as metodologias.[90]

Em 1985, o Município de Reggio, as escolas e a Unità Sanitaria Locale (USL)[91] apresentaram uma proposta de acordo sobre a questão da integração educacional. Um tema sempre presente, como podemos lembrar, nas escolas de Reggio, mas que, naquele momento, seria absolutamente regulado[92] em termos de critérios de admissão, seleção de instituições educacionais, relações com as famílias e contratação de pessoal especializado para coordenar esse serviço e fazer atendimentos.

No entanto, também é preciso lembrar que, em 1985, Malaguzzi, aos 65 anos, funcionário municipal, foi obrigado, muito a contragosto, a se aposentar. Ele seria substituído por Sergio Spaggiari, membro da equipe. Foram momentos difíceis para Loris e para a experiência de Reggio. Existiam dificuldades legais para atribuir um papel adequado a essa figura. Ele nem mesmo tinha um local físico dentro da instituição. Após vários meses de

---

[89] Loris Malaguzzi *et al.*, *Lettere aperta ai genitori sui temi dei rinnovi dei consigli di gestione* ["Cartas abertas aos genitores sobre os temas da renovação dos conselhos de gestão", em tradução livre] (1985).

[90] *Ibidem.*

[91] N. do E.: "Unidade de Saúde Local", em tradução livre.

[92] Coordinamento Pedagogico-didattico delle Scuole dell'Infanzia e Asili Nido Comunali di Reggio Emilia ["Coordenação Didático-pedagógica das Escolas da Infância Creches Municipais de Reggio Emilia", em tradução livre], "Da Reggio Emilia una proposta di convenzione" ["De Reggio Emilia, uma proposta de convenção", em tradução livre], *Bambini*, ano I, n. 12 (dez. 1985), p. 24-7.

luta, o governo da região Emília-Romanha lhe confiou uma tarefa institucional: coordenar as exposições, inclusive, posteriormente, as em nível internacional. Essa foi a chave que lhe permitiu permanecer no projeto. Foi a chave que também lhe permitiu assessorar experiências nas escolas e viajar livremente pelo mundo, aos lugares onde a exposição fosse e a outros, para ampliar contatos e divulgar um projeto de defesa dos direitos da infância.

8.

OS ANOS 1986-1994: A SAUDADE DO FUTURO

Contexto sociopolítico até os dias atuais

Em 1983, ocorreram novas eleições antecipadas, com sucesso relativo dos socialistas. Craxi,[1] líder socialista, formou um governo pentapartidário (democratas cristãos, socialistas, republicanos, social-democratas e liberais). Novamente, uma crise institucional provocada pelo enfrentamento entre socialistas e democratas cristãos em relação à reforma constitucional e às divergências em torno da convocação de referendos sobre a reforma da justiça e o uso de energia nuclear provocaram um novo adiantamento das eleições em 1987, com os seguintes resultados: 34,3% dos votos para os democratas cristãos; 14,3% para os

---

[1] N. do E.: Bettino Craxi, do Partido Socialista Italiano.

socialistas; 26,3% para os comunistas; 2,5% para os verdes,[2] que, pela primeira vez, entraram no Parlamento. Mais uma vez, repetição do governo pentapartido, com a sucessão – no final dos anos 1980 e início dos anos 1990 – de diversos governos (Goria,[3] julho de 1987-março de 1988; Mita,[4] abril de 1988-maio de 1989; Andreotti, julho de 1989-junho de 1992; Amato,[5] junho de 1992).

O fato mais significativo da vida política italiana na década de 1980 foi a incerteza provocada pelo futuro do Partido Comunista Italiano (PCI). O colapso do comunismo mundial, além da transformação da base proletária social, na qual se apoiava naquela época, tornou esse partido uma incerteza para o futuro. Achille Occhetto[6] foi encarregado de dissolver esse partido no Congresso de Rimini, em fevereiro de 1991, e fundar o Partido Democrático de Esquerda (PDS).

Houve crise, e um problema mais importante, a máfia descontrolada, que, em 1992, desafiou abertamente o Estado, assassinando dois dos juízes mais comprometidos na luta contra essa organização criminosa: Giovanni Falcone e Paolo Borsellino. Lembremo-nos de algumas palavras do próprio Malaguzzi sobre essas mortes. Mais uma vez, uma grande esperança – apesar da tragédia – em relação às ideias e ao mundo da Educação.

---

[2] N. do E.: Federazione dei Verdi ou Federação dos Verdes.
[3] N. do E.: Giovani Goria, da Democracia Cristã.
[4] N. do E.: Ciriaco De Mita, da Democracia Cristã.
[5] N. do E.: Giuliano Amato, do Partido Democrático.
[6] N. do E.: último secretário-geral do Partido Comunista Italiano. Foi senador e deputado.

> Falcone foi assassinado pela máfia juntamente com sua esposa e outros homens. Alguns dias depois, Borsellino também morreu, outro homem semelhante a Falcone. Eram homens de justiça, de leis. Eram juízes. Mas havia e há, hoje, ainda, grandes figuras, grandes pedagogos, grandes educadores, pequenos homens que poderão ser lembrados, talvez pouco, mas cujas ideias são lembradas, assim como seu trabalho. Como Falcone e Borsellino.[7]

O mau funcionamento da administração pública questionou a função organizadora do Estado e do próprio Estado-nação, por causa da crescente influência de algumas vozes que defendiam um federalismo radical. Isso resultou em um sucesso sem precedentes da Liga Lombarda nas eleições regionais e locais de 1990 e nas eleições legislativas de 1992, assim como em um retrocesso da Democracia Cristã e do PDS. Foi a expressão de uma rebelião contra um poder central considerado ineficaz e corrupto, e contra uma redistribuição das riquezas do norte, que eram levadas para o sul. Essa crise levou à renúncia do presidente Cossiga.

A crise se intensificou, com o aumento da máfia e dos casos de corrupção, em diversos escândalos em que políticos das principais formações partidárias foram implicados. Após a renúncia de Amato, em abril de 1993, que havia formado um governo em abril de 1992, foi Ciampi,[8] ex-administrador do Banco da Itália, que montou um governo de consenso nacional. Nas eleições parciais de junho e de novembro de 1993, confirmou-se o colapso dos dois principais partidos: Democracia Cristã e Partido Socialista Italiano (PSI), com um moderado retrocesso do PDS e um considerável avanço do neofascista Movimento Social Italiano e, principalmente, da Liga Norte.[9]

---

[7] Loris Malaguzzi *in* Carlo Barsotti, *L'uomo...*, *op. cit.*

[8] N. do E.: Carlo Azeglio Ciampi, político italiano de centro-esquerda.

[9] N. do E.: Lega Norte, partido italiano de extrema-direita.

Na eleição de 1994, as opções políticas concretizaram-se em duas grandes coalizões: o Polo da Liberdade, formado pela Liga Norte, pela Aliança Nacional (reconversão do MSI) e pela Força Itália, um partido recente criado pelo magnata Silvio Berlusconi,[10] e o Polo Progressista, formado pelo PDS, pela Refundação Comunista, pelo PSI, pela Federação dos Verdes e pela Aliança Democrática. O centro político era ocupado pelos dois partidos que sucederam à Democracia Cristã (o Partido Popular) e o Partido Reformista, que formaram o Pacto pela Itália. A vitória eleitoral, por maioria absoluta, foi para a direita, o que provocou a renúncia de Occhetto. Berlusconi formou governo, mas as divergências com os outros parceiros de sua coalizão, os graves problemas com os sindicatos e o assédio dos juízes, o obrigaram a renunciar. Foi sucedido pelo governo de Lamberto Dini,[11] que se propôs a solucionar as finanças públicas, para que pudesse cumprir os requisitos da integração europeia.

Em 1996, novas eleições legislativas foram realizadas. O Polo Progressista se transformou em coalizão, A Oliveira,[12] liderada pelo líder do PDS, Massimo D'Alema. Essa coalizão incluía desde ex-comunistas e, até mesmo, setores provenientes da Democracia Cristã. Também surgiram o direitista O Povo da Liberdade e a Refundação Comunista. A Oliveira ganhou, mas sem maioria absoluta. O moderado e oliveirista Prodi[13] pôde formar o primeiro governo sem representação dos partidos de direita na Itália.

---

[10] N. do E.: foi primeiro-ministro da Itália durante diversos períodos, além de ter exercido mandatos em outros cargos. Passou pelos partidos O Povo da Liberdade e Força Itália. Bilionário e neoliberal, foi proprietário do clube de futebol Milan. Envolveu-se em diversas polêmicas, tanto na vida profissional quanto na pessoal.

[11] N. do E.: além de primeiro-ministro, exerceu diversos cargos e passou por vários partidos, o último foi O Povo da Liberdade.

[12] N. do E.: L'Ulivo, em italiano.

[13] N. do E.: Romano Prodi, do Partido Democrático.

Malaguzzi e a questão religiosa

No ano de 1986, a Comissão Episcopal da Igreja Católica tentou firmar um acordo com o Ministério da Educação italiano, liderado por Falcucci,[14] para permitir que a religião católica fosse ensinada em escolas federais e municipais para crianças cujas famílias solicitassem. Essa ideia pareceu uma aberração para Malaguzzi, que, por meio da revista[15] e de diversas reuniões, iniciou um forte debate e uma petição contra um possível decreto, que, depois, seria suspenso. Loris não aceitou que meninos e meninas fossem separados em dois grupos por questões religiosas, exigindo que as famílias marcassem uma cruz, para dividir as crianças em um grupo ou em outro. Ele criticou duramente a atuação irresponsável da ministra e a falta de debate por parte dos católicos envolvidos, que se mostraram arrogantes e prepotentes. Para ele, essa decisão estabelecia uma discriminação que violava os direitos fundamentais da Declaração da Organização das Nações Unidas (ONU).

> [...] dos mesmos conteúdos do acordo e revela muito sobre a pobreza do comportamento de um ministério do Governo da República italiana, que continua desfrutando de muitas imunidades para realizar sua política pessoal: a de privatizar as decisões, socializando as responsabilidades com fatos realizados. [...].

---

[14] N. do E.: Franca Falcucci, da Democracia Cristã.

[15] Loris Malaguzzi, "Sbagliato e arrogante e avvio della questione religiosa" ["Errado e arrogante é o início da questão religiosa", em tradução livre], *Bambini*, ano II, n. 2 (fev. 1986), p. 6; Loris Malaguzzi, "I bambini del sì e quelli del no" ["As crianças do sim e as crianças do não", em tradução livre], *Bambini*, ano II, n. 3 (mar. 1986), p. 3-5; Loris Malaguzzi, "Arroganza degli adulti e diritti dei bambini" ["Arrogância dos adultos e direitos das crianças", em tradução livre], *Bambini*, ano II, n. 4 (abr. 1986), p. 4-5; Loris Malaguzzi, "Parole e vaticinii di dubbia coerenza" ["Palavras e previsões de coerência duvidosa", em tradução livre], *Bambini*, ano II, n. 7 (set. 1986), p. 4-5; Loris Malaguzzi, "Una nuova Intesa che rispetti pedagogia e bambini" ["Um novo acordo que respeite a pedagogia e as crianças", em tradução livre], *Bambini*, ano III, n. 8 (out. 1987), p. 6-7.

Essas evidências são suficientes para entender como uma operação tão importante e valiosa, tão difícil de ser aplicada e exposta a todas as previsíveis controvérsias, na verdade, tenha se degradado, com consequências que afetarão o corpo exangue[16] da escola italiana, as relações culturais e, de forma mais geral, a convivência entre o pensamento laico, o católico e as diferentes confissões religiosas.

É inútil denunciar a pressa, a arrogância, os defeitos, as responsabilidades diretas e indiretas de Falcucci e do quadro político mais geral e chorar sobre um sistema escolar que, tramado há muito tempo, passou por tudo com a monotonia e a passividade de uma cultura da tradição.[17]

A ética psicológica das crianças tem sido objetivamente perturbada. As crianças "do sim" e as "do não" ficarão separadas e discriminadas, escravizadas às minorias e às maiorias, sujeitas a atividades paralelas e distanciadas, arrancadas de seus professores, de seus amigos, de suas salas de aula, deslocadas em espaços hierarquizados e, na maioria das vezes, inabitáveis, dadas as circunstâncias imobiliárias e ambientais. Uma violência legitimada. Inaceitável.[18]

Nesse debate, Malaguzzi elogiou os esforços do PCI pela suspensão do referido decreto, mas criticou a ideia, que parece ser aceita pelos comunistas, de que as crianças pudessem ser separadas em grupos incomunicáveis. Loris comentava que a infância exige o direito de as pessoas adultas eliminarem sua arrogância, que leva a diferenciá-las sob bandeiras opostas.

Sem entender, no entanto, que as crianças, as famílias, os professores, a Psicologia, a Pedagogia e os próprios valores laicos ou religiosos são contrários a

---

[16] N. do E.: segundo o Dicionário Houaiss, exaurido, debilitado; sem sangue.
[17] Loris Malaguzzi, "Parole e vaticinii...", *op. cit.*, p. 4.
[18] Loris Malaguzzi, "I bambini del sì...", *op. cit.*, p. 4.

OS ANOS 1986-1994: A SAUDADE DO FUTURO **291**

> qualquer rigidez e dogmatismo de divisão – ou deveriam ser. E é isso que as crianças pedem, negando o direito, ou a arrogância, dos adultos de dividi-las em crianças "do sim" e crianças "do não", e colocar mastros e bandeiras em sua cidade.[19]

O ensino da religião católica descaracterizava a proposta pedagógica e cultural da Escola da Infância e inflige violências inaceitáveis às meninas e aos meninos, às famílias e às profissionais. Era importante que as escolas mantivessem a possibilidade da liberdade de consciência, do diálogo e da confrontação de diversas culturas e religiões, a convivência entre católicos e não religiosos. Esse decreto, para Malaguzzi, demonstrava a fraqueza da Igreja e do Estado para promover uma relação adequada de convivência.

> Criar um país onde esteja assegurada a convivência civil de católicos e não religiosos, de igrejas diferentes, onde seja garantido, com liberdade de consciência, o diálogo e a coexistência das culturas.[20]

O ensino da religião também rompe com a ideia de Educação, degradando a força das aprendizagens, decompondo o conhecimento em processos separados e disciplinares. Algo inaceitável para Loris.

Também criticou o Papa, por não respeitar as *Orientamenti* de 1969, que pretendiam que a criança conhecesse outras religiões, e não apenas a católica.

Malaguzzi declarava-se laico (mas, antes de tudo, partidário da infância), embora pedisse que, na Educação, fôssemos à essência das coisas, para descobrir aspectos fundamentais, como valores éticos e culturais, que tanto não religiosos quanto católicos têm.

---

[19] Loris Malaguzzi, "Arroganza degli adulti...", *op. cit.*, p. 5.
[20] Loris Malaguzzi, "I bambini del sì...", *op. cit.*, p. 3.

> Eu, que adoro estar do lado das crianças, mesmo antes de me qualificar como laico, não tenho dúvidas: está, em particular, no capítulo das *Orientamenti* (e, acima de tudo, em seu espírito), elaborado com muito esforço, ecumenicamente respeitoso, que precisamos seguir se quisermos sair dessa história triste que recai sobre os anos mais delicados da formação e da sobrevivência ecológica da própria escola italiana [...].
>
> As crianças nos olham de perto, e, sempre de perto, olham as coisas que fazemos para conservar, o máximo que podem, esse espírito de juízo, de justiça e de liberdade, que consideram um direito e um instrumento de conhecimento das relações.[21]

Como já comentamos, esse seria um tema debatido em todos os *Consigli di Gestione*, e a ele seria dedicado um encontro no Março-Abril Pedagógico daquele ano.[22]

Após a batalha perdida, Malaguzzi mostra sua dor, humilhação, indignação e impotência. Anticonformista e não resignado, ele responsabiliza a decisão dos *Provveditori*,[23] dos *Presidi*,[24] dos fiscais, dos diretores didáticos, dos professores, dos intelectuais e da universidade (exceto a de Bolonha), que se mostraram cúmplices, com seu silêncio, diante desse acontecimento, que ele chamou de isolamento cultural e religioso.

> [...] mas o que mais quero ressaltar, porque é o que mais me dói, é, por um lado, o jogo cínico e especulativo perpetrado pela Falcucci sobre o corpo já prostrado da escola, e, por outro lado, a incapacidade da escola, como organismo, de reagir (o silêncio, o conformismo, a obediência, as soluções rotineiras, as pressões

---

[21] *Ibidem*, p. 5-6.

[22] Loris Malaguzzi *et al.*, *Marzo-abril Pedagógico-L'insegnamenteo della religione cat. 1º, 2º, 3º* ["Março-Abril Pedagógico: o ensino da religião católica – 1º, 2º, 3º", em tradução livre] (gravação em áudio de 18 de março de 1986).

[23] N. do E.: "supervisores", em tradução livre.

[24] N. do E.: "administradores", em tradução livre.

> intolerantes – salvo algumas – dos supervisores, dos administradores, dos fiscais, dos diretores e também, ainda que mais distante, dos professores, constituem um documento difícil de contestar), além do fracasso, o último de uma longa série, da Pedagogia ou daqueles que gostam de chamá-la de "ciência da Educação", com a comitiva das outras ciências humanas, [...] que a página é a mais feia das que foram escritas no Acordo. Ninguém pode me impedir de senti-la como uma humilhação do que eu sou. Como homem, cidadão, pai, avô e pedagogo. Na verdade, as políticas do Acordo [...] retiraram brutalmente minhas teorias, minhas experiências, a confiança em um projeto à altura das crianças.[25]

Em janeiro de 1986, ocorreu um Congresso Nacional dos sindicatos Confederazione Generale Italiana del Lavoro (CGIL) e Federazione Lavoratori Enti Locali (FLEL),[26] do qual Malaguzzi participou.[27] Em sua intervenção, ele incentivou os sindicatos a lutarem pela autonomia da administração escolar e por uma maior autonomia para os municípios. Ele os incentivou a lutar – esquecendo o corporativismo – pela qualidade educacional e a sair de seu provincianismo, para realizar uma confrontação internacional sobre o tema escolar.

Malaguzzi: expansão das relações internacionais e amizades

De 8 a 11 de abril, Malaguzzi viajou para Pamplona a convite da então Escola Universitária Huarte San Juan, pertencente à Universidade de Zaragoza. Em 1985, enquanto a exposição estava em

---

[25] Loris Malaguzzi, "Una nuova Intesa che ...", *op. cit.*, p. 6-7.
[26] N. do E.: "Confederação Geral Italiana do Trabalho (CGIL)" e "Federação dos Trabalhadores de Entidades Locais (FLEL)", em tradução livre.
[27] Loris Malaguzzi, *Convegno Nazionale CGIL-FLEL* (transcrição).

Madri, Antonio Eslava, um artista navarro, entrou em contato com Loris.[28] Antonio ficou fascinado pelo personagem. Seria a sua esposa, Isabel Cabanellas, catedrática de Expressão Plástica, quem – com esse primeiro contato feito – conseguiria garantir a presença do pedagogo durante aquela semana inesquecível em Pamplona. Durante aqueles dias, Malaguzzi, em sessões de manhã e tarde, apresentou a experiência reggiana em palavras e grandes documentações.

A partir desse momento, formou-se um triângulo de amizade entre Malaguzzi, Reggio Emilia e Pamplona, que levou vários profissionais que trabalhavam nas Escolas Infantis Municipais de Pamplona a viver a experiência reggiana na cidade italiana. Em 1984, as educadoras das escolas infantis puderam ver a exposição em Barcelona.

Impulsionados por Iñaki Turrillas[29] (que já havia visitado Reggio Emilia com uma delegação em 1983), diretor técnico das Escolas de Educação Infantil, construímos um projeto baseado, em parte, na abordagem pedagógica de Reggio Emilia. Um projeto que, naquela época, foi apoiado pelo próprio município, após uma visita de personalidades políticas do município e do governo de Navarra a Reggio Emilia, em 1989.[30] Fundamos a escola experimental Haurtzaro e, com muitas educadoras participantes e entusiasmadas de diversas escolas, construímos, ao longo dos anos, vários projetos, alguns com a extraordinária colaboração e direção de Isabel Cabanellas.

Desde 1986, Malaguzzi voltaria a Pamplona em outras três ocasiões, e mais profissionais de Reggio Emilia chegariam à capital navarra, a fim de ministrar diversos cursos de formação na

---

[28] Há uma carta datada de 6 de junho de 1985 que Malaguzzi enviou a Antonio Eslava.
[29] Iñaki Turrillas, "Las relaciones entre Reggio Emilia y Pamplona", *in Los cien lenguajes de Loris Malaguzzi* (4 de maio de 1994).
[30] *Vide* o relato em Maria Dolores Irujo, "Recuerdo de Loris Malaguzzi" ["Lembrança de Loris Malaguzzi", em tradução livre], *in Los cien lenguajes de Loris Malaguzzi, op. cit.*

Universidade e nas Escolas Infantis Municipais. Entre eles, podemos nos lembrar de Mariano Dolci, Laila Marani, Mara Davoli, Sergio Spaggiari, Vea Vecchi e Maddalena Tedeschi.

Também em agosto, Malaguzzi viajou para Estocolmo,[31] por ocasião de um seminário organizado em virtude da exposição, que estava na cidade sueca. Loris ia com gosto para a Suécia, porque reconhecia que, a esse país, devia grande parte do sucesso internacional da experiência.

Em maio de 1986, o Gruppo Nazionale di Lavoro e di Studio sugli Asili Nido[32] organizou o *5º Convegno Nazionale Asili Nido*,[33,34] do qual participou Malaguzzi e que também contou com a presença de Bronfenbrenner,[35] uma figura pela qual Malaguzzi sempre mostrou grande reconhecimento. Sua obra *A ecologia do desenvolvimento humano*[36] foi fundamental para Malaguzzi, que sempre foi um pedagogo sistêmico, ecológico e relacional, capaz de não simplificar os problemas. Trata-se do reconhecimento da complexidade como uma teoria interpretativa necessária para o mundo da Educação. Uma série de teorias que estão em sintonia com as ideias que ele estava ponderando. O próprio Urie Bronfenbrenner visitou as escolas de Reggio e escreveu a Malaguzzi.

---

[31] Loris Malaguzzi, *Seminario organizzato in occasione della esposizione* ["Seminário organizado por ocasião da exposição", em tradução livre] (transcrição de uma conferência de 18 de agosto de 1986).

[32] N. do E.: "Grupo Nacional de Trabalho e Estudo sobre Creches", em tradução livre.

[33] N. do E.: "Congresso Nacional de Creches", em tradução livre.

[34] Gruppo Nazionale di Lavoro e di Studio sugli Asili Nido, *Proposte. Per una definizione degli orientamenti organizzativi e culturali dell'asilo nido* ["Propostas. Para uma definição das orientações organizacionais e culturais da creche", em tradução livre].

[35] Loris Malaguzzi, "Il 5º Convegno nazionale asili nido. Un viaggio che continua con Ancona ed Urie Bronfenbrenner" ["O 5º Congresso Nacional de Creches. Uma jornada que continua com Ancona e Urie Bronfenbrenner", em tradução livre], *Bambini*, ano II, n. 5 (maio 1986), p. 15; Loris Malaguzzi, "La sfida e la seduzione di Urie Bronfenbrenner" ["O desafio e a sedução de Urie Bronfenbrenner", em tradução livre], *Bambini*, ano III, n. 5 (maio 1987), p. 4-5.

[36] Urie Bronfenbrenner, *Ecologia dello sviluppo umano* (Bologna: Il Mulino, 1986).

> Querido Loris,
>
> Receber sua carta esta semana me emocionou muito. Você deve saber que os sentimentos que você expressou nela são recíprocos. Além disso, a experiência que visitei em Reggio Emilia tem um significado especial para mim, pois representa a realização concreta de uma comunidade ideal, baseada nas relações entre crianças e famílias, que tenho evocado há muitos anos, mas que não consegui tornar uma realidade funcional.
>
> Sempre lembrarei da semana que passei na Itália sob a égide de sua inteligência criativa e de sua sensibilidade. Que se difundam.[37]

Na mesma direção de apoio à rede de Creches nacionais e internacionais, ele participou de um seminário em dezembro, em Turim, para falar sobre as possibilidades educativas dessa instituição.[38]

Em Reggio Emilia, Malaguzzi trabalhou em diversos projetos. Manteve diversos encontros de formação para os funcionários das escolas e para as famílias. Os temas parecem os mesmos, mas envolvem novas nuances e reflexões, que Loris sempre apresenta com originalidade. O desenvolvimento das linguagens expressivas da criança,[39] o desenvolvimento da linguagem plástica e sua relação com a palavra,[40] e o desenvolvimento da inteligência na criança[41] foram alguns dos temas abordados pelo pedagogo naquele momento.

---

[37] Urie Bronfenbrenner (carta enviada a Loris Malaguzzi em 11 de agosto de 1986).

[38] Loris Malaguzzi, *Sugli Asili Nido* ["Sobre as creches", em tradução livre] (transcrição de uma intervenção em dezembro de 1986).

[39] Loris Malaguzzi, *Los lenguajes expresivos* (transcrição).

[40] Loris Malaguzzi, *Sul disegno* ["Sobre o desenho", em tradução livre] (transcrição de uma intervenção realizada em 4 de janeiro de 1986).

[41] Loris Malaguzzi, *Sviluppo della intelligenza nel bambino* ["Desenvolvimento da inteligência na criança", em tradução livre] (transcrição de uma intervenção realizada em 4 de novembro de 1986).

OS ANOS 1986-1994: A SAUDADE DO FUTURO **297**

Outro assunto pendente era a duplicação da exposição, uma vez que havia uma solicitação importante e séria dos Estados Unidos para iniciar um itinerário por várias cidades desse país. Era a grande oportunidade de lançar a experiência em outro continente. Loris e alguns atelieristas mantiveram algumas reuniões[42] para discutir a remodelação e a duplicação da exposição e do catálogo, que, a partir daquele momento, seria bilíngue, em italiano e em inglês.

La città e la pioggia

Durante esse ano, Malaguzzi assessorou e coordenou outra grande projetação: *La città e la pioggia* ("A cidade e a chuva"). Uma investigação que continua outras sobre como as crianças vivem e concebem a cidade, e que foi apresentada em diversas ocasiões.[43] Posteriormente, faria parte de uma nova seção na exposição. Tratava-se de uma projetação longa, que representou um passo conceitual importante e inovador no pensamento e na obra pedagógica de Loris Malaguzzi, e, também, na experiência de Reggio. O salto estava em poder ver como as crianças se movem e como construir uma estrutura narrativa em uma projetação que tem como sujeitos de relação a infância, a cidade e a chuva.

Para a realização dessa projetação, foram muito importantes e inovadoras as hipóteses preventivas que as profissionais fizeram, as observações das pessoas adultas, também realizadas com máquina

---

[42] Reunião de 24 de outubro de 1986 e reunião de 11 de dezembro de 1986.

[43] Loris Malaguzzi, *Reunión sobre la exposición. La ciudad y la lluvia* ["Reunião sobre a exposição: A cidade e a chuva", em tradução livre] (reunião de 16 de outubro de 1986); Loris Malaguzzi, *La città e la pioggia* (manuscrito); Loris Malaguzzi, *Presentación de la ciudad y la lluvia* ["Apresentação de A cidade e a chuva", em tradução livre] (conferência de 11 de fevereiro de 1987); Loris Malaguzzi, *Esperienza monografica su la città e la pioggia* ["Experiência monográfica sobre a cidade e a chuva", em tradução livre] (1987).

fotográfica. Esse processo foi muito importante. Por volta de 1979, a máquina fotográfica se tornou um instrumento de observação não apenas de meninos e meninas, mas também da realidade sobre a qual o projeto pedagógico atua. Assim, para educar as professoras nessa linguagem, elas saíam para fotografar a realidade, a fim de observar o seu sentido. Esse processo é muito claro em *La città e la pioggia*, no qual aparecem imagens fotográficas[44] de como cada professora observou e viu a realidade da cidade sob a chuva. Dessa forma, pelas imagens, podem-se identificar alguns nós problemáticos, que permitem estabelecer as formas de observar meninas e meninos, suas teorias, suas hipóteses e suas conjecturas. Ideias que descobrem como a infância tem sua própria cultura, sua própria maneira de viver uma cidade.

> Para as crianças, a cidade e a chuva são consideradas um fato anômalo, que anima, agrada e gera sensações obscuras e contraditórias para o corpo, a razão e a fantasia.
>
> Mas também são um fato, na maioria das vezes, proibido, que deve ser visto por detrás dos vidros de casa e da escola, lugares meio protetores e meio intransponíveis.
>
> Uma situação que luta contra os desejos de aventura das crianças, de acontecimentos transgressores, de experimentar pessoalmente os efeitos e as incógnitas de uma ocasião extraordinária [...].
>
> Só depois é que a cidade e a chuva se tornarão objetos de percepção unitária, de informação diversificada, de reconsiderações subjetivas e objetivas, de descobertas de conexões hipotéticas, às quais responderão com sistematizações teóricas, na maioria dos casos, de forma arbitrária, mas coerentemente ligadas a uma lógica que se reforça e busca significados.[45]

---

[44] *Vide* o catálogo de 1987, *I cento linguaggi, op. cit.*, p. 98-107.
[45] Loris Malaguzzi, "I bambini e la città e la pioggia" ["As crianças e a cidade e a chuva", em tradução livre], *in I cento linguaggi...* (1987), *op. cit.*, p. 98, p. 100.

As inúmeras conferências, seminários e outros eventos

Chegamos ao ano de 1987. Loris Malaguzzi participou em uma assembleia geral de sócios em Bolonha no dia 17 de janeiro.[46] Durante sua intervenção, ele propôs uma atenção especial do grupo para as muitas questões sociais, sindicais e políticas que afetam as políticas infantis hoje. Ele se mostrou favorável a realizar novas reflexões sobre as relações entre as Creches, a sociedade e as transformações familiares.

No dia 30 de janeiro de 1987, ele ministrou uma conferência[47] em Reggio, para revisar as novas formas de participação e gestão social da cidadania nas escolas do Município em particular e na Educação em geral.

Em fevereiro e março, como diretor, organizou dois seminários[48] com vários atelieristas e educadores (Mara Davoli, Amelia Gambetti, Giovanni Piazza e Vea Vecchi) para discutir o tema da educação visual, da mão, da mente, pela expressão infantil. Em várias intervenções,[49] Loris abordou o tema da atividade perceptiva do ser humano e, sobretudo, de como realizar na escola uma didática coerente sobre a percepção. Também falou sobre o fracasso dos programas de alfabetização, de leitura e escrita na escola, por não serem capazes de contextualizar e dar sentido às palavras que a

---

[46] *Asili nido* ["Creches", em tradução livre], ano 3, n. 1 (abr. 1987); Loris Malaguzzi, *Asamblea nacional de Asili Nido* ["Assembleia Nacional de Creches", em tradução livre] (17 de janeiro de 1987).

[47] Loris Malaguzzi, *Conferencia de la participación bajo examen* ["Conferência sobre a participação sob avaliação", em tradução livre].

[48] *Bambini*, ano II, n. 1 (jan. 1987), p. 3.

[49] Loris Malaguzzi, *Por una teoría de la expresión de los niños* ["Por uma teoria da expressão das crianças", em tradução livre] (transcrição de 21 de fevereiro de 1987), documento n. 460 (TA-108); Loris Malaguzzi, *Sobre la percepción 1ª y 2ª* ["Sobre a percepção – 1ª e 2ª", em tradução livre] (gravações em áudio de 21 de fevereiro de 1987); Loris Malaguzzi *et al.*, *Sobre el color* ["Sobre a cor", em tradução livre] (anotações de 7 de março de 1987); Loris Malaguzzi e Vea Vecchi, *Sobre la gráfica del niño* ["Sobre o grafismo da criança", em tradução livre] (anotações de 28 de fevereiro de 1987).

300 LORIS MALAGUZZI: UMA BIOGRAFIA PEDAGÓGICA

criança aprende. Ele defendia que a infância é cheia de potencialidades, e que a escola não pode defraudá-las.

Durante o mês de março de 1987, Malaguzzi participou de um seminário para famílias intitulado *Pais e mães "tornam-se"*, no qual proferiu uma palestra chamada *Crianças e famílias perto do ano 2000*.[50] Em sua apresentação, ele tratou principalmente do tema controverso da influência da televisão e dos personagens televisivos no pensamento e no sentimento da infância, e em suas brincadeiras. Esse é um assunto que preocupava muitas escolas e Loris,[51] fiel ao seu modo de investigar, tentou afastar alguns preconceitos em relação ao problema da televisão como algo maligno e observou as novas atitudes que as crianças têm na escola, em casa e nas ruas sob a influência dessa cultura submersa. Malaguzzi argumentou que não era possível ficar preso ao problema de a televisão ser algo maligno, e que esta, nem sempre para o mal, estava mudando a forma de relação, cognição e sentimentos em meninos e meninas, às vezes, com recursos insuspeitos, que não podemos julgar. O pedagogo, em sua ética, não julgava moralmente as questões da infância e suas mudanças, pensando que sempre o passado era melhor. Sua ética tratava de observar as mudanças, *revelá-las* e refletir sobre suas propriedades, sem simplificações. Vê-se um objeto de investigação que revela uma infância diversa, desconhecida, oculta na família e na escola.

Esse tema seria fortemente unido a outro: as diferenças na forma de pensar e de agir de meninos e meninas. A partir desse momento, Malaguzzi, sensível às nuances das diferenças, abordaria o tema da

---

[50] Loris Malaguzzi, *Genitori si diventa. Bambini e famiglie in prossimità del 2000* (gravação em áudio de 10 de março de 1987).

[51] Loris Malaguzzi, *Sobre personajes televisivos* ["Sobre personagens televisivos", em tradução livre] (anotações de uma reunião em La Villetta em 15 de janeiro de 1987); Loris Malaguzzi et al., *Sobre personajes televisivos* (anotações de uma reunião em Diana em 4 de fevereiro de 1987); Loris Malaguzzi, *Sobre personajes televisivos* (anotações de uma reunião em 18 de fevereiro de 1987).

OS ANOS 1986-1994: A SAUDADE DO FUTURO **301**

diferença de gênero,[52] levando-o à própria metodologia de investigação e separando, estrategicamente, os pequenos grupos de pesquisa em meninos e meninas, algo que as próprias crianças fazem às vezes.

Em junho de 1987, Malaguzzi dirigiu e organizou, com Sergio Spaggiari e sua equipe, dois grandes seminários para educadoras suecas, para os quais 140 pessoas foram selecionadas (entre mais de 400) para participar de diversas conferências sobre a história e a filosofia educacional de Reggio Emilia, e da apresentação de várias experimentações realizadas nas escolas reggianas. As conferências ocorreram na Villa Enrichetta de Albinea.[53]

Nas diversas intervenções,[54] ele apresentou a redefinição problemática de diversas ideias e conceitos usados no campo

---

[52] Loris Malaguzzi e Tamagnini, *Storie e per diretti a maschie e femmine* ["Histórias e contos para meninos e meninas", em tradução livre] (gravação em áudio, 1987).

[53] *Vide Resto del Carlino*, 7 de junho de 1987; *L'Unità*, 9 de junho de 1987; *L'Unità*, 20 de junho de 1987.

[54] Loris Malaguzzi *et al.*, *Modelli teorici e pratici nell'educazione dei bambini* ["Modelos teóricos e práticos na educação das crianças", em tradução livre] (jun. 1987); Loris Malaguzzi e Carla Rinaldi, *Nidos y escuelas de la infância del Ayuntamiento de Reggio Emilia. Nacimiento, evolución y connotaciones organizativas y pedagógicas de la experiencia* ["Creches e escolas da infância do Município de Reggio Emilia: nascimento, evolução e características organizacionais e pedagógicas da experiência", em tradução livre] (anotações de 8 de junho de 1987); *Ibidem* (gravação em áudio); Loris Malaguzzi e Sergio Masini, *Tradición pedagógica italiana* (anotações de 8 de junho de 1987); Loris Malaguzzi *et al.*, *Seminario rivolto agli educatori svedesi. L'educazione dei bambini* 1ª e 2ª ["Seminário direcionado aos educadores suecos. Educação das crianças – 1ª e 2ª", em tradução livre] (gravações em áudio de 9 de junho de 1987); Loris Malaguzzi, *La educación de los niños. Modelos y conjeturas pedagógicas y culturales de la experiencia reggiana* ["A educação das crianças. Modelos e conjecturas pedagógicas e culturais da experiência reggiana", em tradução livre] (anotações de 9 de junho de 1987); Loris Malaguzzi, *Cómo piensan los niños en una situación problema* ["Como as crianças pensam em uma situação-problema", em tradução livre] (anotações de 10 de junho de 1987); Loris Malaguzzi e Vea Vecchi, *La folla* ["A multidão", em tradução livre] (anotações de 11 de junho de 1987); *Ibidem* (gravação em áudio); Loris Malaguzzi *et al.*, *La sombra* (anotações de 11 de junho de 1987); *Ibidem* (gravação em áudio); Loris Malaguzzi e Mara Davoli, *El color* (anotações de 12 de junho de 1987); Loris Malaguzzi e Mirella Ruozzi, *Sobre el documental dela gráfica* ["Sobre a documentação do grafismo", em tradução livre] (anotações de 19 de junho de 1987); Loris Malaguzzi, *Relación en Albinea* (anotações de 23 de junho de 1987); Loris Malaguzzi *et al.*, *Interventi ai svedesi* 1º e 2º ["Intervenções para os suecos – 1º e 2º", em tradução livre](gravação em áudio).

302 LORIS MALAGUZZI: UMA BIOGRAFIA PEDAGÓGICA

educativo, à luz das teorias da complexidade e das descobertas neurológicas. Malaguzzi colocou em cheque os estágios de desenvolvimento, defendendo a irregularidade, a complementaridade entre continuidade e descontinuidade, e a valorização do desequilíbrio. Rejeitou a aprendizagem por reprodução, que vê a infância como uma "tábula rasa", e a aprendizagem por compreensão que sempre deve estimular a criança desde o exterior. Em vez disso, ele é a favor da aprendizagem socioconstrutivista, que acredita nas potencialidades da infância como ponto de partida da ação didática. A Pedagogia, nesse sentido, é um projeto inacabado, um processo de busca curiosa e de investigação criativa.

Em julho de 1987, convidado pela Escola de Expressão de Barcelona, com a qual manteria um estreito contato, Malaguzzi realizou um seminário de formação.

E, no início de dezembro desse ano, ele foi a Pamplona pela segunda vez, para apresentar algumas experiências realizadas nas escolas de Reggio.[55]

Ademais, nesse ano, o Município de Reggio estabeleceu um convênio[56] com algumas cooperativas que, em anos diferentes, conseguiria o nascimento de três Creches em autogestão por educadoras ou famílias. Em 17 de novembro de 1990, o *Consiglio Comunale de Reggio Emilia* aprovou uma *Convenzione tra il Cumune di Reggio Emilia e a Cooperativa Ungaretti per la Gestione del Nido Giobbi.*[57] O documento estabelecia, entre outras coisas, o calendário escolar,

---

[55] Loris Malaguzzi, *Incontri. Il salto in lungo* (gravação em áudio); Loris Malaguzzi, *La folla* (transcrição de 2 de dezembro de 1987); Loris Malaguzzi, *Conversación sobre el documental* ["Conversa sobre a documentação", em tradução livre] (gravação em áudio de dezembro de 1987).

[56] *Progetto di nido d'infanzia convenzionato con il municipio di Reggio Emilia* ["Projeto de creche conveniada com o Município de Reggio Emilia", em tradução livre].

[57] N. do E.: "Convenção entre o Município de Reggio Emilia e a Cooperativa Ungaretti para a gestão da Creche Giobbi", em tradução livre.

OS ANOS 1986-1994: A SAUDADE DO FUTURO **303**

o horário, os cargos e a organização dos funcionários, as divisões, a forma de admissão das crianças e a contribuição econômica do Município por aluno matriculado. Todos esses aspectos tinham base na organização das Creches Municipais.

Do ponto de vista conceitual, o ano de 1988 foi importante. Ocorreram muitos encontros internacionais e nacionais de Malaguzzi, bem como reflexões pedagógicas e culturais e projetos de pesquisa que ele dirigiu ou assessorou.

Começando pelas projetações, já falamos sobre algumas significativas. Nesse momento, algo original surgiu:[58] as chamadas *mini-histórias*.[59] Elas, inovadoramente, tentaram documentar um indivíduo-sujeito "isolado" na construção de um processo individual ("isolado", entre aspas, porque ele está sempre em um grupo e em um contexto social de pertencimento). Para entender e explicar esse processo, foram realizados dois movimentos dialógicos e complementares: um de generalização relativa, e outro de abstração, consistindo, em alguns casos, em reproduzir e reconstruir o processo construtivo que as crianças viveram com uma situação-problema. Exemplos desse tipo de documentação, em que as mãos do profissional são fotografadas recriando o processo infantil observado, podem ser encontrados em *Nascita di due cavallini*.[60,61]

---

[58] Seguimos o relato de Vea Vecchi, na entrevista de 1º de junho de 1998, *op. cit.*

[59] N. do E.: *ministories*, no original.

[60] N. do E.: "Nascimento de dois cavalinhos", em tradução livre.

[61] *I cento linguaggi dei bambini. Catálogo de la exposición* (1996), *op. cit.*, p. 156-60; Carolyn Edwards, Lella Gandini e George Forman (organizadores), *I cento linguaggi dei...*, *op. cit.*, p. 142-47. Outros exemplos de mini-histórias que procuram revelar de forma compreensiva os processos de pensamento infantil de forma documental podem ser encontrados em Carolyn Edwards, Lella Gandini e George Forman, *op. cit.*, p. 149-231, e na versão do Catálogo da exposição *I cento linguaggi dei bambini*, *op. cit.*, p. 161-207.

L'ombra[62]

Outra etapa significativa nessa trajetória foi a projetação dedicada à sombra.[63] Esta representou novos passos conceituais e práticos na ideia do projeto reggiano. Nessa investigação, alguns processos individuais foram aprofundados de forma exaustiva, buscando capturar as diversas trajetórias individuais entrecruzadas em um grupo.

A sombra sempre foi um tema de investigação recorrente nas projetações de Reggio. Um tema tratado mil e uma vezes, narrado, revisado e refletido, presente desde a primeira exposição. Sua facilidade e sua economia de acesso, a fascinação que a infância demonstra por ele, sua insubstancialidade, sua ambiguidade, sua complexidade (não é um objeto, mas, sim, a síntese perceptiva de luz, corpo e tela de projeção) e a união antropológica de razão e imaginação, de lógica e magia fizeram esse assunto sempre renovado, sempre original.

> A fascinação pelas *sombras* é a fascinação por um mundo intermediário entre a luz e a escuridão, uma *área* que escapa do conflito e se torna um espaço com uma discrição imóvel: uma qualidade que agrada às crianças. Porém, as sombras também são agradáveis por seus paradoxos [...].
>
> As teorias das crianças sobre a sombra [...] são estas e dizem muito sobre a versatilidade de suas ideias e, principalmente, sobre sua capacidade de selecionar palavras e pensamentos para dar conotações e interpretações a um fenômeno sutil.[64]

---

[62] N. do E.: "A sombra", em tradução livre.

[63] Loris Malaguzzi, *Manuscrito sobre la sombra*; Loris Malaguzzi *et al.*, *La sombra* (anotações de 11 de junho de 1987); AA.VV., *Tutto ha un'ombra meno le formiche* ["Tudo tem uma sombra, menos as formigas", em tradução livre] (Reggio Emilia: Comune di Reggio Emilia, 1990); *I cento linguaggi...* (catálogo, 1996), *op. cit.*, p. 118-29.

[64] Loris Malaguzzi, "Ombratilità" ["Sombrabilidade", em tradução livre], *I cento linguaggi...* (catálogo, 1996), *op. cit.*, p. 118.

A sombra, segundo a interpretação original de Malaguzzi, é, para meninas e meninos, um encontro poético, curioso e cheio de mistério. Uma mistura de analogia, fabulação, mistério e simbolismo. São ingredientes suficientes para que a criança mostre seu desejo de se interrogar e se maravilhar. E a admiração, para Loris (como veremos mais adiante), é uma qualidade extraordinária da aprendizagem.

Malaguzzi ficava fascinado com as teorias que meninas e meninos faziam sobre o mundo da sombra. Teorias e metáforas que chegavam a inventar palavras. Ele criticava, nesse sentido, as teorias dos linguistas que não acreditam que crianças pequenas sejam capazes de fazer relações inéditas com a realidade e com a língua.

O atraente projeto incluía, em uma de suas partes, a investigação das sombras noturnas, e isso era incomum em uma escola. No entanto, a escola de Malaguzzi estava, intencionalmente e sempre, no âmbito do não escolar. Colocar meninas e meninos em uma praça, à noite, é quase uma heresia pedagógica. É o seu pensamento e a sua obra. À noite, as sombras são diferentes, e, também, as crianças e as suas teorias. E Loris queria conhecer, em profundidade e em extensão, o pensamento infantil. A falta de luz não era um impedimento. Deliciemo-nos com as palavras acertadas e sugestivas do próprio Malaguzzi:

> A prática sugere que as crianças são as mais ferozes inimigas do tédio, dos coquinhos que caem das árvores, das mãos e do cérebro que se movem seguindo pêndulos prescritos.
>
> As crianças são uma espécie de adivinhadores ou, melhor, investigadoras em tempo integral, incansáveis repetidoras de processos de ação, de ideias e de teorias, que são sua maneira preferida de aprender e conquistar o mundo e a vida. Ficam felizes e agradecidas se os adultos primeiro quiserem entendê-las e, depois, ajudá-las [...].

Contudo, para que esses encontros e essas confidências não corram o risco de se perder, mas, sim, continuar e crescer, é necessário ter um testemunho adulto (os adultos, um pouco loucos e, portanto, necessários, como diz Bronfenbrenner) que esteja na brincadeira, que mostre interesse e fascinação, desejo de questionar, de se tornar também um detetive e um experimentador, dando valor e prestígio à amizade e à inteligência aventureira que as crianças e as sombras, juntas, estão tentando [...].

Documentos que nos oferecem a oportunidade de reconfirmar a fecundidade do diálogo e do debate entre as crianças e uma teoria que postula como o pensamento e a inteligência não são apenas propriedade do indivíduo, mas, também, uma propriedade que floresce dos processos relacionais estabelecidos em determinadas situações sociais e culturais [...].

As crianças estão sempre balançando a árvore do conhecimento [...].

Pode ser que contribuam para esclarecer que as crianças não vivem – como ainda defendem muitos – dimensões míticas e pré-intelectuais, e que, ao em vez disso, são capazes de construir pensamentos e reflexões sobre o porquê do conhecimento, com elas e desde o nascimento, no próprio coração da vida [...].

O encontro com as sombras terminará com a chegada do inverno. Os últimos sóis serão esperados pelas crianças ao entardecer. As crianças aprenderam a desejar, como Maupassant,[65] o momento em que as sombras se alongam e criam um mundo de gigantes. Cada criança encontrava assim, pontualmente, o seu mundo.[66]

Em todas as projetações vistas até agora, faltavam dois aspectos importantes que iremos aprofundar ao longo deste livro. Vamos dar

---

[65] N. do E.: Guy de Maupassant, escritor francês do Realismo. Foi pupilo de Gustave Flaubert.
[66] Loris Malaguzzi, "L'ombra e il pallottoliere dei bambini" ["A sombra e o ábaco das crianças", em tradução livre], in *Tutto ha un'ombra...*, *op. cit.*, p. 24-8.

OS ANOS 1986-1994: A SAUDADE DO FUTURO **307**

um aperitivo. Por um lado, não se entendia completamente o papel da professora (que Malaguzzi conscientemente tentou "ocultar"),[67] e, por outro lado, não tinha sido bem documentado – para ser compreensível – como as crianças intervieram para modificar uma grande projetação. Essas questões começaram a estar presentes na projetação *La folla* ("A multidão"),[68] realizada em 1987, uma investigação de interconexões, interferências e transmissões entre imagens e linguagens diversas. O sujeito da própria pesquisa é a multidão pela qual as crianças tinham passado durante o verão.

L'arcobaleno

Uma das projetações em que vamos nos deter e que narra essa mudança é *L'arcobaleno* ("O arco-íris").[69] Depois de uma viagem de Malaguzzi aos Estados Unidos, ele traz um livro em inglês sobre experimentos físico-químicos. Ele o dá a Marina Castagnetti, professora da escola Diana, e pede que veja se há algo que possa ser feito com as crianças. Isso aconteceu em 1988.

Entre as várias experimentações, ela escolheu a de criar um arco-íris, que permitiu trabalhar como as crianças preveem eventos, constroem e reconstroem teorias e várias interpretações.

[67] Recordar as projetações *Per fare il ritratto di un leone* e *Il salto in lungo* [ou seja, o dos leões da praça e o do salto em distância].

[68] Loris Malaguzzi e Vea Vecchi (anotações de 11 de junho de 1987); Loris Malaguzzi, *La folla* (transcrição de palestra realizada em Pamplona em 2 de dezembro de 1987). Vea Vecchi, "La folla", *in I cento linguaggi* (catálogo, 1996), *op. cit.*, p. 142-55.

[69] Seguimos o relato feito por Marina Castagnetti na entrevista de 12 de junho de 1998. *Vide*, também, Scuola Diana, *L'arcobaleno* (documentação); Marina Castagnetti, "Scienza o magia?" ["Ciência ou magia?", em tradução livre], *Bambini*, ano IV, n. 10 (out. 1988), p. 62-5; Loris Malaguzzi, *Modelli teorici e pratici nell'educazione dei bambini. Giocare con l'arcobaleno* ["Modelos teóricos e práticos na educação das crianças: brincar com o arco-íris", em tradução livre] (maio 1991); Loris Malaguzzi *et al.*, *L'arcobaleno: scienza o magia?* ["O arco-íris: ciência ou magia?", em tradução livre] (1996).

A experimentação consistiu em dar às crianças uma fonte de água, uma lanterna e um espelho, e propor que, se conseguissem colocar tudo em relação de maneira adequada, poderiam criar um arco-íris.

Essa experimentação foi testada com diversas crianças (meninos, meninas, grupo misto) e, até mesmo, repetida em outras escolas durante aquele ano. Durante esse período, foram coletados os primeiros dados. Mais tarde, pela necessidade de Malaguzzi de testar e verificar novamente as coisas para ver como as crianças e suas ações mudam, a experimentação foi repetida em 1993.

O trabalho foi documentado em uma edição de estudo intitulada *L'arcobaleno: scienza o magia?*,[70] a que nos referenciamos. A proposta verbal apresentada às crianças foi cuidadosamente pensada e consensuada com Malaguzzi:

> Se vocês juntarem essas coisas de alguma forma – que vocês têm que descobrir –, podem fazer uma experimentação muito bonita [...], vocês podem criar o arco-íris. Querem experimentar?[71]

Ao escolher o pequeno grupo de crianças, foi pensado que o número "três" trazia grande complexidade e permitia que meninos e meninas estivessem imersos na situação-problema. Também foram escolhidas crianças muito diversas, com características muito diferentes. Quando lemos a documentação,[72] podemos ver que as crianças são apresentadas com características bastante claras: Nicola, o possibilista; Michele, o entusiasta; e Matteo, o cético. Havia a necessidade de que tudo ficasse bem claro aos leitores e às leitoras. Um dos aspectos importantes era ressaltar a extraordinária capacidade da infância de criar teorias e confrontá-las, como ressaltava Malaguzzi:

---

[70] Loris Malaguzzi *et al.*, *L'arcobaleno: scienza o magia?* (1996), *op. cit.*
[71] *Ibidem*, p. 12.
[72] *Ibidem*, p. 12.

OS ANOS 1986-1994: A SAUDADE DO FUTURO **309**

Sucessivamente, os meninos confrontam as teorias, debatendo juntos. Quando as teorias são tão novas e provisionais, tudo é possível. O fato de serem três com três teorias distintas legitima ainda mais a provisoriedade das próprias ideias. Na confrontação, estabelecem a importância da luz e do espelho, e surge uma frase importante de Matteo:"*Então, também, o sol bate no espelho e na água, e o arco-íris chega!*". Matteo estabelece uma relação importante entre as luzes da lanterna e a luz do Sol.[73]

E essa ideia de Matteo agradou muito a Malaguzzi, porque permitiu continuar a experimentação fora da escola, algo que Malaguzzi desejava. Mas não só isso: as crianças decidiram montar um espetáculo.

Voltemos aos três protagonistas e sua aventura com o arco-íris: eles querem se divertir e, acima de tudo, querem surpreender seus amigos. Eles decidem organizar um espetáculo:

– Vem... Vamos fazer um espetáculo e colocar as luzes...

– Sim, vamos pegar um lençol branco grande e fazer aparecer o arco-íris! [...].

No espetáculo das crianças, a professora se torna uma cúmplice divertida.

Os protagonistas estão muito animados diante do público: Matteo está nas luzes; Michele é o apresentador; Nicola é o técnico do arco-íris; Michele apresenta o espetáculo.

Michele:

– Senhoras e senhores... Bem-vindos ao espetáculo mais bonito do mundo! Vocês sonharão com ele à noite e nunca o esquecerão... Vocês podem fazer isso quando quiserem, até em suas próprias casas... Aqui está! Começa o espetáculo![74]

---

[73] *Ibidem*, p. 23.
[74] *Ibidem*, p. 36.

E essa ideia de sair e montar um grande espetáculo coincidiu, ao acaso, com os desejos de Malaguzzi. E isso o emocionou sem medidas. Além disso, o espetáculo terminou com uma grande dança do arco-íris que as crianças inventaram, com música. E, como se isso não bastasse, quando voltaram à escola, em setembro, Nicola chegou com uma grande notícia de que, durante o verão, ele encontrou o arco-íris produzido pela água e pelo sol:

> No mês de setembro, ao reabrir a escola, Nicola chegou em uma manhã mostrando uma fotografia.
> Nicola:
> – Olhem, nós nos enganamos! Basta água, não precisamos de um espelho!
> Durante o verão, Nicola encontrou um arco-íris e quis tirar uma foto para nos mostrar que o experimento nos havia levado a uma conclusão errônea. A relação com a realidade falsificou as teorias do grupo de crianças, colocando tudo novamente em questão.[75]

Esse é o último parágrafo da narrativa antes das interpretações finais, algo que Malaguzzi queria destacar, porque se relaciona com a ideia de falseabilidade de teorias,[76] uma ideia amada por Malaguzzi:

> No fim, com a última descoberta de Nicola (arco-íris com água e sol), surge uma falseabilidade das teorias encontradas. No campo científico, o que as crianças descobrem, por meio da experimentação, deveria ser considerado um sucesso, mas a introdução da falseabilidade de Karl Popper provoca uma mudança, um avanço na investigação. A falseabilidade das teorias torna-se mais importante do que as verificações.[77]

---

[75] *Ibidem*, p. 43.

[76] Recordemos que, para Popper (1974, 1977, 1986), representante da teoria da ciência, todo conhecimento factual é hipotético ou conjectural e, portanto, *refutável*. Dessa forma, ele advogava por uma visão probabilística dos eventos, que não podem estar completamente predeterminados, como é demonstrado pela ação humana.

[77] Loris Malaguzzi *et al.*, *L'arcobaleno: scienza o magia?* (1996), *op. cit.*, p. 45.

OS ANOS 1986-1994: A SAUDADE DO FUTURO **311**

Além dessa ideia, é importante recordar de outras que Malaguzzi quis explicitar concretamente nessa projetação: a capacidade autônoma de meninos e meninas; a ideia de uma escola que permite e possibilita a concretização dessa ideia; a capacidade e a possibilidade de a infância escapar de caminhos preestabelecidos; a ideia de uma experimentação que se torna um contexto vital; o fato de os papéis das crianças se modificarem no próprio fazer; a maneira como elas aceitam e enfrentam grandes desafios; a felicidade e a alegria das crianças em sua forma de atuar.

> A felicidade das crianças tem um significado de grande autenticidade. Elas sentem que estão dentro do arco-íris, sentem-se como as criadoras do arco-íris.
> As crianças crescem em tamanho, seu coração bate mais forte em seu peito [...], até mesmo a elas, que são tão pequenas, são permitidos horizontes que o despeito dos adultos nem sempre lhes concede.[78]

Ademais, para Malaguzzi, as crianças sempre deveriam sair vencedoras de seus desafios. Para isso, ele havia previsto a clássica brincadeira de "quente, morno, frio", que a professora deveria realizar para apoiar a das crianças, caso ficassem presas em algum processo, embora, nesse caso, não tenha sido necessário recorrer a ela.

Uma vez concluída a documentação, como em outras ocasiões, surgiu a oportunidade de apresentá-la em um seminário, em 15 de novembro de 1993, para profissionais suecas. Malaguzzi queria uma verdadeira encenação teatral para a apresentação e fez Marina levar o lençol e todos os elementos para fabricar o arco-íris. Além disso, ele fez levarem a música da dança e as vozes gravadas das crianças.

Loris queria que todo esse trabalho tivesse terminado em uma publicação, que nunca foi concluída. Durante as férias, em julho de 1993, Marina apresentou a Malaguzzi um primeiro esboço

---

[78] *Ibidem.*

do possível livro. A educadora narrou – talvez um pouco temerosa da possível crítica – o esforço realizado. A resposta de Malaguzzi foi muito sugestiva de sua forma de ser: *"Havia algo mais importante a fazer que não fosse trabalhar pela sua escola?"*.

I Piccolissimi del Cinema Muto

A outra projetação na qual vamos nos deter, por sua relevância, é uma das primeiras realizadas na Creche. Trata-se de *Os Pequeninos do Cinema Mudo*, realizada na Creche Gianni Rodari.[79]

Trata-se de uma projetação realizada durante o ano letivo de 1987-1988, com a assessoria de Malaguzzi, e foi a única realizada com um grupo de lactantes. O trabalho final está documentado no volume intitulado *I Piccolissimi del Cinema Muto*.[80] A narrativa da projetação foi organizada em quatro atos, como se fosse uma peça teatral, o que é significativo.

Anteriormente, algumas experimentações haviam sido realizadas em várias creches, mas não tinha sido uma projetação longa, com retroalimentações sucessivas.

A projetação começou quando Tiziana Filippini, a pedagoga da Creche Rodari, mostrou a Malaguzzi uma pequena publicação interna, intitulada *Nuota, Pesciolino!*[81] – com o objetivo de presenteá-la às famílias –, que contava a história de um grupo de meninos e meninas da Creche que saía para comprar um peixe para levar à escola, mesclada com a história de um livro chamado *Il Pesciolino Rosso* ("O peixinho vermelho"), que continha ilustrações de peixes.

---

[79] Seguimos o relato de Sonia Cipolla, Tiziana Filippini e Evelina Reververi, extraído da entrevista realizada em 6 de junho de 1998. *Vide*, também, AA.VV., *Nuota, pesciolino!* (1988); Loris Malaguzzi, *Sobre I piccolissimi del cinema muto* ["Sobre Os pequeninos do cinema mudo", em tradução livre] (1988); AA.VV., *I piccolissimi del cinema muto* (Reggio Emilia: Coi bambini a Reggio Emilia ["Com as crianças em Reggio Emilia", em tradução livre], 1991).

[80] AA.VV., *I piccolissimi del cinema muto* (Reggio Emilia, Reggio Children, 1996).

[81] N. do E.: "Nade, peixinho!", em tradução livre.

OS ANOS 1986-1994: A SAUDADE DO FUTURO **313**

Essa ideia de mesclar o real e o fictício sempre fascinou Loris Malaguzzi. Ele viu a oportunidade de realizar um projeto mais longo, para resgatar e tornar visível uma imagem da Creche e das crianças de 0 a 3 anos, algo que faltava e estava em desequilíbrio em relação às projeções realizadas nas Escolas da Infância. Os(as) bebês representavam uma oportunidade significativa para tentar realizar essa operação. Malaguzzi perguntou às educadoras se elas tinham motivação suficiente para realizar uma projeção longa e profunda, pois, em virtude da sua rigidez no trabalho, ele queria ver a disponibilidade real de educadoras que queriam trabalhar com ele. O comprometimento era absoluto.

Malaguzzi admirava a infância, mas desconhecia essas idades, já que ele frequentava muito mais as Escolas da Infância. Portanto, havia uma falta de sintonia inicial entre as educadoras e ele. Assim, em interrogatórios intermináveis, Malaguzzi fazia perguntas aparentemente banais, mas que o ajudavam a se situar na projeção. Ele perguntava como a projeção havia nascido e como as crianças estabeleciam a relação entre peixe real e peixe fictício. Desse modo, ele propôs às educadoras que oferecessem aos bebês novas possibilidades e linguagens: brincadeiras com marionetes, sombras, *slides* de mar, silhuetas de peixes etc., como se quisesse diversificar as possibilidades de relação de imagens entre peixes reais e imaginários. Além disso, como era frequente no pedagogo, fornecia indicações sobre como contextualizar as propostas em uma história e, nesse caso, o desafio era como um peixe adquiria uma história própria, múltipla, sem ser reduzido a uma anedota. Essa foi a estratégia proposta, e as retroalimentações sugeridas que as educadoras valorizavam.

Assim, o primeiro ato[82] relatava a história das crianças que descobriam o peixe em um livro da biblioteca da escola, saíam para comprar o peixe para levar à escola, as brincadeiras com o peixe no aquário e com as sombras, as silhuetas e os *slides*.

---

[82] AA.VV., *I piccolissimi del cinema muto* (1996), *op. cit.*, p. 25-51.

Com Malaguzzi, em várias reuniões, elas analisaram desenhos de peixes feitos por crianças, semelhantes aos que aparecem na publicação de 1991,[83] refletiram sobre as interpretações que as crianças fizeram, viram a possibilidade de novas propostas e materiais. Então, Loris teve a ideia de criar uma concha marinha grande de espuma com uma marionete de peixe dentro, trazendo novamente sua ideia de teatralidade e cenografia. No entanto, ele duvidava da sua projeção didática e perguntava sempre às educadoras, mais experientes, se poderia funcionar. Malaguzzi (em sua hipótese) queria ver as relações que os meninos e as meninas poderiam estabelecer entre um peixe real e um peixe não real, mas que as crianças poderiam tocar e manipular, por ser uma marionete. Ele fez Mariano Dolci construir dois peixes, um grande e outro pequeno, para que a história pudesse se complexificar. E, assim, surgiu o momento em que o peixe grande, na ficção, come o pequeno, provocando um medo irônico nas crianças, o que agradou a Malaguzzi, porque, mais uma vez, isso explicitou uma grande humanidade. Essa história é relatada no ato II.[84]

Loris interrompia constantemente as educadoras durante a narrativa para fazer perguntas. As imagens fotográficas da experiência ajudavam-no a entender melhor o que estava acontecendo, permitindo que ele captasse melhor o que estava acontecendo e lançasse novas ideias (nisso se conecta o que discutimos sobre o visual como elemento pedagógico para pensar em Malaguzzi).

As educadoras também contam que Loris esquecia a idade das crianças, e era necessário lembrá-lo de repetir algumas propostas, já que bastava uma criança ter tido uma noite ruim para que tudo mudasse. Parecia que Malaguzzi desconhecia os condicionantes dos meninos e das meninas da Creche. Era necessário sintonizá-lo frequentemente.

---

[83] *I piccolissimi del cinema muto* (1991), *op. cit.*
[84] AA.VV., *I piccolissimi del cinema muto* (1996), *op. cit.*, p. 53-7.

OS ANOS 1986-1994: A SAUDADE DO FUTURO **315**

Malaguzzi sempre insistia que fosse uma projetação em que as crianças se divertissem e que trouxesse alegria. Ele também buscava uma relação entre o real e o imaginário, e parecia não estar satisfeito com o que havia sido feito até então, até que, como relatado no ato III, um menino revela a ideia de representar, metaforicamente, que o peixe de espuma também poderia, talvez, comer os peixes reais do aquário. Contudo, o menino, que tinha suas suspeitas e temia que a ideia se transformasse em realidade, acabou jogando o peixe pela janela. Apesar disso, no ato IV, outro menino foi procurar o peixe caído, que, recuperado, fez as crianças entrarem em uma explosão de alegria e felicidade. Uma história linda que encantou Malaguzzi, pela sua humanidade e pela significativa união e mistura – já comentada – entre realidade e fantasia.

Com o rascunho do trabalho e as primeiras imagens realizadas, juntou-se à projetação Vea Vecchi, para fazer o *layout* da publicação de 1991, e Mirella Ruozzi, para realizar algumas imagens. Malaguzzi não estava satisfeito com a documentação fotográfica, que, segundo ele, não estava suficientemente clara. Foi dessa reconstrução que nasceu a publicação e a documentação final.

Fóruns transdisciplinares

No que diz respeito à formação e à autoformação de Malaguzzi, ele foi convidado para diversos fóruns interdisciplinares e transdisciplinares[85] nos quais se aprofundou sobre a repercussão

[85] Em particular, gostaríamos de destacar o congresso organizado pelo Progetto cultura della Montedison ["Projeto Cultura da Montedison", em tradução livre], que, em 1988, promoveu vários encontros sobre "La transdisciplinarietà nella scienze e i suoi riflessi nella organizzazione della ricerca dei curricola formativi" ["A transdisciplinaridade nas ciências e seus reflexos na organização da pesquisa dos currículos formativos", em tradução livre]. *Vide*, também, a referência a outro encontro importante em Loris Malaguzzi, "Velocità: il tempo dell'uomo e della scuola" ["Velocidade: o tempo do homem e da escola", em tradução livre], *Bambini*, ano IV, n. 3 (mar. 1988), p. 4-5.

das teorias dos sistemas complexos, que relatam e justificam a decadência das áreas e das disciplinas, além da ideia de um cérebro não aprisionado nem determinado pelos genes. Loris mostrou-se adepto dessa ideia de cérebro.[86]

Com todas essas reflexões, Malaguzzi realizou uma série de reuniões privadas[87] em maio de 1988 com sua equipe, para compartilhar suas reflexões sobre as novas tendências culturais e, em particular, sobre as repercussões das teorias da complexidade no mundo educacional. Desenvolvi esse tema no livro *La complejidad en el pensamiento y obra pedagógica de Loris Malaguzzi* (Editora Multimedios, México).[88]

Mantendo-se fiel a essas ideias e sempre em busca de diálogo para confrontá-las, Malaguzzi realizou vários encontros de formação[89] em Reggio com um tema comum: a observação, a investigação na escola e a projetação como "alternativas" à programação didática.

---

[86] Loris Malaguzzi, "Si può tifare (come nello sport) per un cervello più libero e democratico" ["Pode-se torcer (como no esporte) por um cérebro mais livre e democrático", tradução livre], *Bambini*, ano IV, n. 5 (maio 1988), p. 4-5.

[87] Loris Malaguzzi, *Incontro con il prof. Malaguzzi. Nuove tendenze culturali* ["Encontro com o professor Malaguzzi. Novas tendências culturais", em tradução livre] (maio/jun. 1988); Loris Malaguzzi, *Il bambino e la conoscenza* ["A criança e o conhecimento", em tradução livre] (1988).

[88] N. do E.: "A complexidade no pensamento e na obra de Loris Malaguzzi", em tradução livre.

[89] Loris Malaguzzi, *La progettazione al nido* ["A projetação na creche", em tradução livre] (anotações de 27 de março de 1988); Loris Malaguzzi, *Laboratorio sulla progettazione alla scuola dell'infanzia* ["Laboratório sobre projetação na escola da infancia", em tradução livre] (transcrição da intervenção de 28 de março de 1988); Loris Malaguzzi et al., *La progettazione nella scuola dell'infanzia* ["A projetação na escola da infância", em tradução livre] (gravação em áudio de 13 de abril de 1988); Loris Malaguzzi, *La proyectación en la escuela infantil* ["A projetação na escola da infância", em tradução livre] (transcrição da intervenção de 13 de abril de 1988; Loris Malaguzzi et al., *La progettazione nella scuola dell'infanzia 1ª e 2ª* (gravação em áudio de 13 de abril de 1988); Loris Malaguzzi, *Bozza per un discorso sulle sonde-ricerca azione* ["Rascunho para um discurso sobre sondas de investigação-ação", em tradução livre]; Loris Malaguzzi, *Progettazione scuola* ["Projetação escolar", em tradução livre] (anotações de 16 de maio de 1988); Loris Malaguzzi, *Sobre el proyecto* ["Sobre a projetação", em tradução livre] (anotações de 22 de junho de 1988).

OS ANOS 1986-1994: A SAUDADE DO FUTURO **317**

Outros encontros de formação abordaram o tema da atitude relacional profissional-criança na Creche,[90] a importância das linguagens expressivas da criança[91] e um assunto que ele aprofundaria mais, sobre as formas de comunicação e relações entre crianças, suas amizades e seus amores.[92]

Durante o ano de 1988, a participação social foi um dos principais temas e problemas de reflexão, já que se havia se tornado um tema cíclico. Um *Convegno*, intitulado *Participar: como e por quê*,[93] foi organizado pela equipe em 19 e 20 de fevereiro, no qual diversos palestrantes refletiram sobre o assunto. Nele, vários grupos (formados por cidadãos, cidadãs, trabalhadoras das escolas e pedagogas da equipe) e escolas refletiram sobre diferentes temas relacionados. Foram formados cinco grupos: *Consiglio di Gestione*; relações com as famílias; festas e encontros de trabalho; continuidade entre Creche e Escola da Infância; comunicação na Creche. Todos esses grupos aprofundaram esses temas, estabelecendo uma série de propostas estruturais que foram apresentadas e debatidas durante o congresso.

Nesse sentido, Malaguzzi refletiu sobre as mudanças nas famílias e nos jovens, já no limiar do século XXI.[94]

No que diz respeito aos encontros nacionais e internacionais de Malaguzzi, podemos destacar alguns. Em abril, nos dias 7, 8 e 9, em Taranto,[95] ele participou de um seminário de estudo intitulado *A infância no sul. Problemas e perspectivas institucionais e educativas.*[96]

---

[90] Loris Malaguzzi, *Fare al nido. Ultima parte* ["Fazer na creche. Última parte", em tradução livre] (gravação em áudio de 21 de março de 1988).

[91] Loris Malaguzzi, *Le intelligenze della mano* ["A inteligência da mão", em tradução livre] (anotações de 21 de abril de 1988).

[92] Loris Malaguzzi, *Sobre la comunicación* (anotações de 8 de novembro de 1988).

[93] *Convegno partecipare come e perché* (19 e 20 de fevereiro).

[94] Loris Malaguzzi, *Bambini e famiglie in prossimità del 2000 1º e 2º* ["Crianças e famílias perto do ano 2000 – 1º e 2º", em tradução livre] (gravação em áudio de uma conferência realizada em março de 1988).

[95] N. do E.: município do sul da Itália, localizado em província homônima.

[96] *Vide Bambini*, ano IV, n. 3 (mar. 1988), p. 57.

Nos dias 19, 20 e 21 de maio, participou do *7º Convegno Nazionale Asili Nido*, com o título *A aposta das crianças*.[97] Em outubro e novembro, Malaguzzi dirigiu um curso de formação em Pistoia para o pessoal das Creches.[98]

Em maio, juntamente com Sergio Spaggiari, Malaguzzi organizou outro seminário para educadores suecos, no qual foram apresentadas diversas investigações realizadas nas escolas de Reggio Emilia.[99]

Entre 4 a 10 de julho, ele participou da Escola de Expressão em Barcelona, onde falou principalmente sobre a identidade da escola de Educação Infantil, seus riscos, a qualidade educacional e as relações e comunicação entre crianças.[100]

Contra a Estatização

No fim dos anos 1980, a redução progressiva do financiamento estatal aos municípios e a necessidade de sanear as finanças dos próprios municípios criaram graves problemas para as instituições educacionais municipais. Muitos municípios optaram por transferir

---

[97] *Ibidem*, p. 49. Loris Malaguzzi, *La scommessa dei bambini* 1º e 2º. *Vide*, também, Loris Malaguzzi, "L'impegno del Gruppo Nazionale Asili Nido" ["O compromisso do Grupo Nacional de Creches", em tradução livre], *Bambini*, ano IV, n. 5 (maio 1988), p. 14-5.

[98] *Vide Bambini*, ano IV, n. 5 (maio 1988), p. 3; Loris Malaguzzi, *Conferenza a Pistoia* ["Conferência em Pistoia", em tradução livre] (gravação de outubro de 1988); Loris Malaguzzi, *Incontro Pistoia* ["Encontro em Pistoia", em tradução livre] (gravação de outubro de 1988); Loris Malaguzzi, *Valore ecologico e formativo della strategia, la ricerca e lo stupore come procedura e stile relazionale dei bambini. Nuove ipotesi scientificiste e cultruali per una coscienza ecologica* 1º e 2º ["O valor ecológico e educacional da estratégia, da investigação e da admiração como procedimento e estilo relacional das crianças. Novas hipóteses científicas e culturais para uma consciência ecológica – 1º e 2º", em tradução livre].

[99] Loris Malaguzzi, *Seminario di studio per operatori e pedagogisti svedesi* ["Seminário de estudo para profissionais e pedagogos suecos", em tradução livre] (maio 1988).

[100] Loris Malaguzzi, *Incontri Barcelona* ["Encontro em Barcelona", em tradução livre].

as escolas para o Estado. Malaguzzi, defensor da descentralização e das escolas municipais, criticou essas medidas e os municípios envolvidos.[101] Ele foi particularmente duro com o município de Módena, decerto, por ser uma experiência que ele ainda sentia como sua.

Naquele momento, em razão das dificuldades econômicas, o município estava tentando estatizar duas de suas Escolas da Infância. Malaguzzi considerou essa medida uma humilhação dos direitos das crianças, em uma operação meramente mercantilista. Um retrocesso, para o qual ele pediu a oposição dos sindicatos, das trabalhadoras das escolas e das forças sociais. O Gruppo Nazionale Nidi Infanzia,[102] presidido por Malaguzzi, enviou um telegrama ao prefeito de Módena, alertando-o sobre a gravidade da situação. Loris pediu que o município tornasse públicas suas decisões e reflexões sobre a diferença de qualidade das diversas instituições educacionais. Para ele, a manutenção das diferenças (entre as escolas municipais e as federais) é uma medida justa contra a homogeneidade. Ele falou sobre como essa medida poderia causar um grande sofrimento social.

> [...] nem o prefeito, nem o plenário encontraram tempo ou disposição para explicar publicamente as motivações do ato, usando palavras, olhando nos olhos, ouvindo as palavras de outrem, debatendo e refletindo juntos [...].
> Depois de deixar as propostas de uma transmutação genética das características, das qualidades organizacionais e da flexibilidade das escolas municipais como teias de aranha (palavras vagas e não cumpridas

---

[101] Loris Malaguzzi, "Come ti uccidono due scuole" ["Como duas escolas o matam", em tradução livre], *Bambini*, ano V, n. 7 (set. 1989), p. 8-11; Loris Malaguzzi, "La scuola ridotta a oggetto di scambio" ["A escola reduzida a objeto de troca", em tradução livre], *Bambini*, ano VI, n. 10 (nov. 1990), p. 6-7; Loris Malaguzzi, "Perché difenere le differenze è la prima intelligenza politica" ["Porque defender as diferenças é a primeira inteligência política", em tradução livre], *Bambini*, ano VI, n. 11 (dez. 1990), p. 6-7.

[102] N. do E.: "Grupo Nacional Creche Infância", em tradução livre.

nas escolas federais), Beccaria[103] alcançou uma segunda tese. Com o dinheiro economizado (onde e como ainda esperam uma comprovação), os transportes públicos poderiam ser ajudados.

Acredito que não seja apenas uma bandeira gigantesca, mas o objetivo ainda é grande. Os transportes públicos estão funcionando bem. Fale-nos sobre a credibilidade dessa segunda transmutação genética. E, enquanto isso, é importante que nos transportemos com *glasnost*,[104] transparência e informação [...].

Quarenta e cinco por cento das crianças italianas frequentam escolas que não são públicas, no entanto, com funções sociais que são difíceis de manter por não serem públicas. [...]

Manter o sentido das diferenças e da realidade é, na minha opinião, a primeira inteligência política. Não porque reflita como Narciso, mas porque é a única via que pode gerar outras diferenças que saibam se subtrair (ou nos subtrair) à homologação degradante e à insensata passividade que há muito tempo estagnam o país.[105]

Posteriormente, responderia às acusações de Bulgarelli do PCI em Módena,[106] para dizer que as notícias foram deturpadas. Foram justificativas que Malaguzzi não aceitou, pela falta de clareza.

A medida de federalização, para Loris, pressupunha uma degradação contra a qualidade educativa em razão da indiferença da classe política. Algumas Creches, também com graves problemas econômicos, estavam condenadas a desaparecer. No ano de 1989,

---

[103] N. do E.: Pier Camillo Beccaria foi um arquiteto italiano, além de vereador e prefeito de Módena. Em 1969, fez uma tese sobre o descontentamento nos subúrbios do município de Módena e, em 1972, realizou o plano diretor desta cidade.

[104] N. do E.: foi uma política da União Soviética, a fim de tornar o governo transparente e aberto a manter discussões. A noção do termo, para o Ocidente, pode significar "liberdade de expressão".

[105] Loris Malaguzzi, "Perché difendere le differenze...", *op. cit.*, p. 6-7.

[106] Loris Malaguzzi, "Modena: Un documento oscuro che intanto rompe il silenzo" ["Módena: Um documento obscuro que, ao mesmo tempo, quebra o silêncio", em tradução livre], *Bambini*, ano VII, n. 2 (fev. 1991), p. 5.

OS ANOS 1986-1994: A SAUDADE DO FUTURO **321**

em Roma, houve uma grande manifestação em protesto contra essas medidas econômicas e contra uma lei que impedia um financiamento adequado. Malaguzzi, amigo dos grandes eventos sociais solidários, em favor da infância, agradeceu tal gesto[107] pela repercussão política e sindical que poderia ter.

> As Creches não são meros fatos literários[108] nem meramente pedagógicos: são, antes de tudo, atos e realizações que, infelizmente, têm que desafiar, a cada dia, a qualidade e os significados do tema político e, entre eles, os de recuperar a identidade do possível e do impossível.[109]

Em Reggio, a situação criou inúmeros problemas para o próprio Município. Depois de um longo debate, a população respondeu claramente com o desejo de manter a rede criada. Com a realização do *Progetto Infanzia*,[110] o Município de Reggio,[111] convencido de manter a qualidade educativa, optou decididamente a favor da infância, contra a federalização de suas escolas. O projeto se destacou pela importância da construção de uma cidade solidária e educadora, levando em conta as mudanças sociais e familiares atuais. Além disso, propôs a criação de um fórum cidadão para a realização do referido projeto, no qual deveriam estar representados especialistas, políticos

---

[107] Loris Malaguzzi, "Manifestazione nazionale di protesta sugli asili nido" ["Manifestação nacional de protesto sobre as creches", em tradução livre], *Bambini*, ano IV, n. 1 (jan. 1989), p. 7.

[108] N. do E.: elementos que fazem algo se formalizar e se tornar gênero textual (por exemplo, o que ocorreu com a carta).

[109] Loris Malaguzzi, "Manifestazione nazionale...", *op. cit.*

[110] Municipio di Reggio nell'Emilia, *Idee e proposte della giunta comunale per un Progetto Infanzia e per un Piano di sviluppo e qualificazione dei servizi educativi a Reggio Emilia per gli anni 90-95* ["Ideias e propostas da administração municipal para um Projeto Infância e para um Plano de desenvolvimento e qualificação dos serviços educacionais em Reggio Emilia para os anos 1990-1995", em tradução livre].

[111] Eletta Bertani, "Dai Comuni allo Stato? No, grazie" ["Dos Municípios ao Estado? Não, obrigada", em tradução livre], *Bambini*, ano IV, n. 2 (fev. 1988), p. 4-5. Eletta Bertani foi membro do Conselho de Educação do Município de Reggio Emilia de 1985 a 1990.

e representantes de organizações civis. O projeto previa um plano de desenvolvimento e qualificação dos serviços educacionais reggianos, com algumas propostas de modificação legislativa, cujo objetivo era o de alcançar maior solvência econômica municipal para a manutenção e a expansão dos serviços municipais citados.

A internacionalização dos direitos da infância

Chegamos a 1989. Em fevereiro, Malaguzzi foi convidado pelo Institut Européen pour le Développement des Potentialités de Tous les Enfants,[112] sediado em Paris, para fazer parte do Comitê Científico, em reconhecimento pelo seu trabalho profissional em favor dos direitos da infância.[113] Esse comitê é composto por personalidades de renome internacional no campo pedagógico, psicológico e de pesquisa educacional, como Stambak,[114] Gérard Vergnaud,[115] Ajuriaguerra,[116] Bollea,[117] Donaldson,[118] Inhelder,[119] Mialaret,[120] Siguán[121] e Spencer.[122]

---

[112] "Instituto Europeu para o Desenvolvimento das Potencialidades de Todas as Crianças", em tradução livre.

[113] *L'Unità*, 26 de fevereiro de 1989; *Carlino Reggio*, 26 de fevereiro de 1989; *Gazzetta di Reggio*, 1º de março de 1989.

[114] N. do E.: Mira Stambak, foi diretora do Institut National de Recherche Pédagogique ["Instituto Nacional de Pesquisa Pedagógica", em tradução livre], conduzindo pesquisas sobre comunicação entre crianças.

[115] N. do E.: educador, matemático, psicólogo e filósofo francês. Foi pupilo de Jean Piaget.

[116] N. do E.: Julián de Ajuriaguerra, neuropsiquiatra, psicanalista e professor universitário.

[117] N. do E.: Giovanni Bollea, importante neuropsiquiatra infantil.

[118] N. do E.: Margaret Donaldson, proeminente psicóloga desenvolvimentista, educadora e pesquisadora.

[119] N. do E.: Bärbel Elisabeth Inhelder, psicóloga suíça que trabalhou com Jean Piaget.

[120] N. do E.: Gaston Mialaret, pedagogo e professor universitário francês. Fez grandes contribuições às Ciências da Educação.

[121] N. do E.: Miguel Siguán, psicólogo, linguista e escritor espanhol. Escreveu sobre metodologia de estudo da linguagem infantil, além de diversas obras sobre bilinguismo.

[122] N. do E.: Robert S. Spencer, ex-presidente da instituição educacional Spencer.

OS ANOS 1986-1994: A SAUDADE DO FUTURO

Os direitos da infância serão um tema que Malaguzzi abordará, em especial, na última parte de sua vida. Embora sempre falasse sobre direitos, nos últimos anos, ele deu um salto qualitativo ao reconhecer, conceitualmente, a transição da infância das necessidades para a infância dos direitos, dos quais que ele tratou em várias ocasiões, até elaborar sua famosa *Una carta per tre diritti*,[123] em janeiro de 1993.

Já em 1989, ele promoveu um encontro em Pisa,[124] no qual discutiu esse tema e apontou a importância de reconhecer a infância como "sujeito de direitos individuais, jurídicos, civis, sociais: portador e construtor de sua própria cultura".[125]

As novas orientações para as Escolas da Infância

Durante esse ano, uma comissão nacional de especialistas foi formada para elaborar um documento intermediário com as novas orientações da atividade educativa para as escolas da infância, para o qual Malaguzzi não foi especialmente convidado. No final do processo, um documento intitulado *Novas orientações para a atividade educativa nas escolas maternas federais*[126] foi produzido, abordando as mudanças na sociedade atual, tratando da infância como sujeito de direitos, dos direitos da escola, das indicações curriculares (de acordo com as áreas de experiência educativa), da didática e da organização escolar adequadas para implementar o currículo educativo.

---

[123] Loris Malaguzzi, "Una carta per tre diritti", *in I cento linguaggi* (catálogo, 1996), p. 212-3.
[124] Loris Malaguzzi *et al.*, *I diritti dell'infanzia* ["Os direitos da infância", em tradução livre] (gravação em áudio da conferência realizada em Pisa no dia 3 de junho de 1989).
[125] Loris Malaguzzi, "Una carta per...", *op. cit.*, p. 12.
[126] *Nuovi orientamenti dell'attività educativa nelle scuole materne statali* (Roma: Editrice la Scuola, 1991).

Malaguzzi refletiu criticamente sobre esse documento em diversas ocasiões.[127] Ele aproveitaria vários fóruns[128] e a revista para fazer suas próprias contribuições.[129] Ele considerou que a revista deveria se comprometer a dar ideias e propostas, a fim de proporcionar sentido à ação educativa, de forma que o professor pudesse renovar seus antigos estilos educativos, com o intuito de gerar uma mudança de atitude necessária, para se adaptar à diversidade do cotidiano e criar uma democracia solidária e uma confrontação honesta.

> O título da revista continua a ser o seu manifesto: em nome das crianças, as crianças como sujeito da nossa atenção e da nossa preocupação cultural e educativa, na família, na Creche, na Escola da Infância, na sociedade [...].
> Conhecer a criança, como ela cresce em sua relação com os outros, como se desenvolve a inteligência e como amadurecem novas e mais precisas competências: é uma consciência profissional para afinar e devolver o significado às atividades e às propostas educativas que correm o risco de cair na rotina [...].

---

[127] Quero agradecer, em particular, a Simona Bonilauri e a Tiziana Filippini, por suas contribuições na entrevista realizada em 26 de maio de 1997; Loris Malaguzzi, *Su orientamenti* ["Suas orientações", em tradução livre] (anotações de 23 de fevereiro de 1989); Loris Malaguzzi, "Teste ben fatte piuttosto che piene" ["Testes bem-feitos em vez de testes completos", em tradução livre], *Bambini*, ano V, n. 2 (fev. 1989), p. 6-7; Loris Malaguzzi, "L'oggetto intermedio" ["O objeto intermediário", em tradução livre], *Bambini*, ano V, n. 4 (abr. 1989), p. 7.

[128] Loris Malaguzzi *et al.*, *Marzo Aprile Pedagogico-I nostri bambini; teste belle... 1ª e 2ª* ["Março Abril Pedagógico: as nossas crianças, tão belas... 1ª e 2ª", em tradução livre] (gravação em áudio de 27 de abril de 1989).

[129] O suplemento da revista de dezembro de 1990 publicou um documento com o sugestivo título de *La riforma della Scuola dell'infanzia. I nuovi ordinamenti che non avremo* ["A reforma da Escola da Infância. As novas diretrizes que não teremos", em tradução livre] (Bergamo: Gruppo Editoriale Walk Over), de dezembro de 1990. Nesse documento, veio à tona um texto elaborado por um grupo de especialistas, membros da Comissão Ministerial para a revisão das orientações para a escola maternal. Esse texto foi apresentado à Comissão em 8 de novembro de 1990, mas foi impedido de ser discutido e aprovado.

OS ANOS 1986-1994: A SAUDADE DO FUTURO **325**

> É necessária uma mudança de atitude e de hábitos pessoais e profissionais. [...] Isso trouxe à tona a exigência de uma Educação na solidariedade, na cooperação, que consiga vencer as sementes da guerra, que se propagaram em cada um de nós.[130]

Loris acreditava que era necessário mudar as *Orientamenti*, totalmente obsoletas, de 1969, e criar indicações adequadas, já no limiar do século XXI. Ele elogiava a ideia de dar autonomia às escolas, para que pudessem realizar seu próprio currículo interno, e, também, o fato de que essas *Orientamenti* servissem para dar identidade à Escola da Infância pública diante da força do setor privado.

Ele também valorizava como positivo que o currículo não estivesse baseado tanto em atividades, mas, sim, em seis campos ou áreas de experiência (o corpo e o movimento; o discurso e as palavras; o espaço, a ordem e a medida; as coisas, o tempo e a natureza; as mensagens, as formas e os meios de comunicação; e eu e o outro). Para Malaguzzi, era importante que os campos não estivessem isolados, mas, sim, em contínua interação circular, uma operação difícil para uma escola que está acostumada a separar as questões culturais em disciplinas disjuntivas. Os campos de experiência deveriam representar, para Loris,[131] vozes, desejos e solicitações feitas pelas crianças, que os adultos transcrevem.

É necessário nunca perder o ponto de vista da infância, para ser capaz de incluí-lo em uma complexa rede de relações entre os campos do saber, da experiência e da metacognição. O risco das *Orientamenti* era o de que, em vez de orientarem, prescrevessem e determinassem a cultura infantil, ao passo que, para Malaguzzi, deveriam entrar em diálogo criativo com essa cultura. Para ele, era imprescindível

---

[130] Loris Malaguzzi, "Arrivederci a septiembre" ["Até setembro", em tradução livre], *Bambini*, ano VII, n. 6 (jun. 1991), p. 7.

[131] Loris Malaguzzi, *Una carta per tre diritti. Carta de presentación de la escuela Diana* ["Uma carta para três direitos. Carta de apresentação da Escola Diana", em tradução livre] (1993).

uma escola que não se preocupasse tanto em produzir, mas, sim, em conhecer e compreender a cultura infantil. Isso é um fato estético, um valor que preenche a escola de sentido e significado.

Era importante que as *Orientamenti* vissem as crianças como sujeitos de direitos, interativos com os coetâneos, com o ambiente e a cultura. Dessa forma, elas constroem sua identidade, conquistam sua autonomia e adquirem uma competência que suas próprias potencialidades lhes atribuem.

Para isso, Malaguzzi insistiu em se fundamentar nos meninos, nas meninas e nas suas ideias. Por esse motivo, eles e elas, entrevistados e observados, em muitas ocasiões, por meio de transcrições e traduções documentais, deram ideias que Malaguzzi considerava contrapostas aos campos de experiência indicados nas *Orientamenti*, além de mais representativas dos campos do saber. Dessas reflexões, originaram-se os campos de experiência segundo os meninos e as meninas:

CAMPOS DE EXPERIÊNCIA (segundo as crianças):
1. Aprender os desejos da espera e das interações.
2. Aprender a comunicar-se e a aumentar a sincronia dos códigos comunicativos.
3. Aprender a expressar afetos, sentimentos, desejos.
4. Descobrir a beleza da amizade.
5. Aprender a falar e a discutir consigo mesmo.
6. Aprender as leis da escuta.
7. Ver, sentir, expressar, conhecer com o corpo.
8. Apreciar os significados da brincadeira, do jogo e da fantasia.
9. Orientar-se no espaço e no tempo.
10. Aprender o prazer de explorar, investigar, planejar.
11. Entender como é agradável aprender pela experiência.
12. Aprender a observar, a encontrar relações e significados.
13. Buscar ideias, perguntas e respostas.
14. Buscar o pensamento que lembra, planeja e raciocina.
15. Buscar a imaginação, a fantasia, o possível.

OS ANOS 1986-1994: A SAUDADE DO FUTURO **327**

16. Antecipar eventos e soluções.
17. Aprender a não ter medo do erro e descobrir seu lado positivo.
18. Ganhar confiança e autoestima.
19. Buscar metáfora e símbolos.
20. Prever a felicidade do pensamento crítico e criativo.
21. Cooperar, agir, negociar, decidir ideias com os colegas.
22. Descobrir como as ideias nascem da relação com as coisas, as ações, como se transformam e se conectam.
23. Aprender coisas de vários pontos de vista.
24. Sentir-se dentro e fora do tempo e do espaço.
25. Buscar a utilidade dos números e das medidas.
26. Entrar no mundo da leitura e da escrita.
27. Apreciar a arte das narrativas.
28. Coletar, escutar, inventar sons, ritmos e músicas.
29. Ver para ver tudo o que ainda não é visto.
30. Ver as vozes, as palavras, as ideias, como soam e se combinam.
31. Expressar, comunicar, construir, inventar com as linguagens artísticas e não verbais.
32. Apreciar a beleza estética da ação e do pensamento.
33. Buscar o humor, a alegria, a transgressão, a explosão de palavras e imagens.
34. Serem ajudadas a ouvir criticamente os instrumentos e as mensagens multimídia.
35. Explorar a história e a vida da cidade e da natureza.
36. Aprender a amar os valores da cidade e da natureza.
37. Aprender a liberdade e os vínculos das regras morais.
38. Aprender a respeitar as ideias dos outros.
39. Aprender a procurar e a não danificar a forma das coisas.
40. Construir a própria identidade-autonomia e seus vínculos de solidariedade e interdependência.
41. Sentir que cada ato de conhecimento carrega um pedaço do mundo e da vida em suas mãos.
42. Apreciar os adultos que sabem escutar e observar.
43. Expressar gratidão às professoras, por oferecerem situações de aprendizagem e recursos para a consciência e para o conhecimento.[132]

---

[132] *Ibidem*, p. 10-1.

328 LORIS MALAGUZZI: UMA BIOGRAFIA PEDAGÓGICA

Todavia, Malaguzzi, um conhecedor perfeito da escola italiana e com os pés no chão, gostava (em parte) das *Orientamenti*, porque pareciam promissoras, em razão de seu frescor, de sua simplicidade e de sua clareza, dando algum valor às apropriações culturais da infância. Também valorizava sua decidida saída das filosofias e didáticas comportamentalistas e hipercognitivistas. Desfrutemos, detidamente, dos pensamentos hieroglíficos, sugestivos e profundos de Loris Malaguzzi nesse sentido:

> [...] a aparição de mundos retóricos, que, em nome da razão de uma ciência projetada como um catálogo imóvel da verdade, julgava cada ato distinto como um ato de coerência e de afiliação, ou de traição, ou de afastamento, degradando cada possibilidade de disputa e enfrentamento [...]. Não era tanto o currículo [...], mas, sim, a rigidez linear e metafísica dos assuntos e dos seus mecanismos operadores, a eliminação do contexto motivacional e dos múltiplos processos de investigação e desenvolvimento da organização, da aprendizagem e do conhecimento, as "ultragarantias" confiadas a canais prescritivos, estabelecendo-se na escola de eficiências apenas funcionais, e — mais além das intenções — a perda dialógica no interior da organização escolar, e o esvaziamento de sua disponibilidade de se conectar com as culturas territoriais [...].
>
> Precisamente porque se nota mais a exigência sobre a qual Bertin tanto se acalora: "A exigência de partir com os projetos educativos, de modo que possamos traçar previsões para a existência e qualidade dos vivos: onde a razão poderá ter um papel importante sempre que não renuncie à vitalidade criativa e não esgote as águas informais do conhecimento puro".[133]

Malaguzzi, no entanto, mostrou-se desconfiado de que tudo isso repercutisse, de alguma forma, na qualidade prática da escola e

---

[133] Loris Malaguzzi, "La lunga morsa dei mondi logocratici" ["A longa garra dos mundos logocráticos", em tradução livre], *Bambini*, ano VII, n. 4 (abr. 1991), p. 4. [N. do E.: o objetivo do método logocrático é apresentar pontos argumentativos, sejam eles fortes ou fracos.]

observou o risco de que pudesse permanecer em pura indiferença ou retórica, algo que odiava. O problema, segundo ele, era o fato de que a escola italiana carecia de uma organização e de uma estrutura que fornecessem suporte prático a um projeto como o que as *Orientamenti* pretendiam. O risco era o de mascarar o atraso da escola italiana com termos (puro discurso vazio) modernos.

Nesse sentido, Malaguzzi criticou a manutenção das divisões; a impossibilidade de realizar a dupla educativa ou a coletividade necessária no trabalho; a dificuldade de incluir crianças com deficiência; as dificuldades econômicas que surgiram com os cortes, destruindo direitos, necessidades e esperanças; a falta de formação continuada e de reflexão contínua do corpo docente juridicamente reduzido a nada; a ausência de um projeto de participação social das famílias; a negação à experimentação; a ausência de uma gratificação laboral para as professoras; a falta de uma programação para dar continuidade a um projeto; a falta de responsabilidades profissionais.

> Se eu puder dizer, a situação, tal como é, sequer exclui um perigo (para as crianças, sobretudo). Alguém vai gritar que é um escândalo? Os gritos. Despertará alguma consciência mais [...].
>
> Sem voltar a compreender as novas formas do contexto de coexistência e produtividade entre crianças e adultos, sem regenerar a interação com os professores, que é uma peça absolutamente necessária (descartando a hipótese de diminuição do número de crianças), sem recuperar o fôlego e a credibilidade do exercício de um compromisso educativo, sem adotar uma responsabilidade coletiva de trabalho e de reflexão, sem retomar as novas relações com as famílias que, enquanto isso, pedem uma sintonia do seu tempo e dos institucionais, sem ter subsídios de atualização e de experimentação, sobretudo juntos, sem reatribuir aos professores o dom do planejamento e do sentido gratificante do esforço

que oferece resultados, dificilmente dará satisfação aos problemas contemporâneos da Educação Infantil e de seus valores. São problemas que impõem não tanto uma primeira escola [...], mas, sim, uma escola que ofereça sua própria identidade identificando-se com a idade, as necessidades e as competências de suas crianças.[134]

O ministro, o primeiro sem carteira (no sentido de que não tem um salário), dessa longa e granítica[135] cadeia de ministros (de igual extrato político), que, com seus bolsos cheios, degradaram tudo o que poderia ser o recurso mais valioso do país, antecipa uma reforma da escola em nome da qualidade total. Um evento que poderia assumir o papel de reorganização e mudança hipotética dos silogismos superiores [...].[136]

E, enquanto isso, para além do mundo encantado e encantador, ficam, na terra com pragas purulentas, as Creches, as Escolas da Infância, sempre minoritárias, o ensino primário, que produz poucas novidades, a escola média, reduzida a cinzas, o ensino superior, que não muda, as universidades bonitas e boas por si só. E os contratos suspensos das professoras. Uma aventura sem estações para descansar e trocar os cavalos.[137]

Acima de tudo, nessa cadeia de críticas, Loris fez uma acusação contra a previsível redução do horário escolar, algo que ele acreditava ser uma violação dos direitos das famílias trabalhadoras. A redução do horário na escola pública significava uma queda violenta na qualidade educacional, indo contra a própria identidade da escola maternal. Isso representava um desperdício ético, sem

---

[134] Loris Malaguzzi, "C'era una volta la scuola materna?!" ["Era uma vez a escola maternal?!", em tradução livre], *Bambini*, ano VIII, n. 7 (set. 1992), p. 8.

[135] N. do E.: rígido como pedra.

[136] Loris Malaguzzi, "C'era una volta...", *op. cit.*

[137] Loris Malaguzzi, "Nessun pesco è mai fiorito d'autunno" ["Nenhum pessegueiro jamais floresceu no outono", em tradução livre], *Bambini*, ano IX, n. 7 (set. 1993), p. 8-9.

OS ANOS 1986-1994: A SAUDADE DO FUTURO **331**

capacidade de a escola responder às necessidades das famílias usuárias, reduzindo a funcionalidade da escola e seu potencial educativo. Tudo isso levaria a uma falha da escola pública, o que já ocorria na redução das matrículas, em favor do serviço da escola privada.

Contra essa crítica à redução do horário, algumas profissionais afiliadas a determinados sindicatos protestariam com veemência.[138] Entretanto, Malaguzzi responderia que ele estava do lado dos meninos e das meninas, não do corporativismo sindical, que poderia comprometer a própria identidade de uma escola diversa.

Todos esses elementos, entre outros, impediram a construção das bases para as novas *Orientamenti*. E, o que é pior, sem espaço para os direitos da infância, o desenvolvimento cognitivo, a inteligência criativa, a dimensão afetiva nem a conquista da identidade ou da autonomia, situação contra a qual ele se manifesta.

> O que acontece é que as *Orientamenti* não terão alternativa senão parar no Boletim Oficial. Sem orientação nem legislação nas Novas Ordenanças, elas continuarão sendo propriedade tipográfica.[139]

Um dos riscos que ele antecipava era o fato de que a escola maternal pudesse ficar subordinada à primária, tornando-se apenas uma preparação para o que viria depois, perdendo sua própria identidade.

> Que a escola maternal possa ser incluída no sistema formativo e na reflexão sobre sua continuidade com a escola primária de forma não retórica é apenas uma versão. A outra é que ela precisa de ajuda para assumir sua especificidade formativa e investigadora,

---

[138] *Vide* Loris Malaguzzi, "Una rampogna un progetto e quattro piaceri modesti" ["Uma repreensão, um projeto e quatro prazeres modestos", em tradução livre], *Bambini*, ano VIII, n. 9 (nov. 1992), p. 6-7.

[139] Loris Malaguzzi, "Gli orientamienti non orientati" ["As orientações não orientadas", em tradução livre], *Bambini*, ano VII, n. 7 (set. 1991), p. 7.

> a fim de que possa atender, antes das necessidades, aos direitos das crianças e dos adultos (começando pelos professores), muitas vezes, com novas formas desconhecidas. Direitos que podemos encontrar nos valores da subjetividade, do conhecimento criativo, da solidariedade, da interdependência e da responsabilidade.[140]

Uma escola que deveria fugir do risco do assistencialismo, da suplência, dos excessos empiristas. Uma escola que deveria saber olhar para o amanhã com um projeto de futuro. As *Orientamenti*, para Loris, deveriam saber confrontar e superar o taylorismo selvagem e a competitividade que afetava um sistema institucional e social, gerando uma violência contra a infância. Nesse sentido, as *Orientamenti* deveriam ser usadas para refletir sobre os valores que a escola potencializa ou oculta, tornando-se consciente das escolhas que faz e das que não faz, valores que, segundo algumas pesquisas, os jovens mostram quando mais perto da direita, da intolerância e do racismo.

Também porque, na Escola da Infância (e até na Creche), começam a entrar em jogo os afetos e desafetos (a escolarização e a desescolarização de que fala Lurçat)[141] em relação aos prazeres e dificuldades da aprendizagem, do conhecimento, de estar juntos: uma questão que costuma ficar esquecida entre as possíveis causas do abandono e do suicídio escolar, que chegam como pragas.

A criança anônima é mais fácil e cômoda: a criança pode ser como uma árvore de Natal qualquer, está e não está, e, enquanto isso, cada um a enche de enfeites dourados e prateados, doces, velas, estrelas, chocolates, flocos de neve, teoriza e diz como fazê-lo. Um sistema que teve seu *boom* também na Espanha.[142]

---

[140] Loris Malaguzzi, "Teste ben fatte...", *op. cit.*, p. 6.
[141] N. do. E.: Liliane Lurçat, psicóloga francesa especializada nas relações das crianças com a televisão.
[142] Loris Malaguzzi, "Teste ben fatte...", *op. cit.*, p. 6-7.

As *Orientamenti* não podiam ignorar o problema do fracasso escolar. Era necessário mudar, de verdade, uma metodologia, desenvolver a capacidade de *auto-orientação* e de investigação, que conseguisse desenterrar a escola das metodologias repetitivas e pouco criativas.

Para Malaguzzi, as *Orientamenti* deveriam ser apenas indicações. A experiência lhe mostrou que, quanto mais prescrições existiam, mais se está longe de respeitar as conotações qualificadoras de crianças e adultos.

As *Orientamenti* eram, para Loris, em parte, uma vitrine política que não levavam em conta uma inspiração adequada do mundo cultural, social, econômico, político e ecológico no qual a escola está inserida. De fato, ele acreditava que não havia financiamento adequado para tornar as diretrizes uma realidade na escola.

> Seria necessário um impulso: ter a coragem, por parte dos intelectuais da escola, quando um ministro do PPI[143] chamou para redigir um projeto de reforma, de tudo ou nada. "Chegamos a um acordo que nos permita encontrar rapidamente o quadro de medidas legislativas e financeiras necessárias, porque o projeto que nos pede tem o sentido que deve ter: o de garantir imediatamente a vida." Seria uma rebelião por uma grande e pura ecologia nacional.[144]

Novos temas e encontros de aprofundamento

Um dos temas de importância para Malaguzzi, em que ele se aprofundou naquele ano foi a comunicação entre meninos e meninas. O pedagogo já havia começado a se interessar por isso

---

[143] N. do E.: Partido Popular Italiano.
[144] Loris Malaguzzi, "Teste ben fatte...", *op. cit.*, p. 6.

334 LORIS MALAGUZZI: UMA BIOGRAFIA PEDAGÓGICA

alguns anos antes. Agora, era um assunto que o intrigava e ao qual dedicaria vários encontros[145] em vários lugares.

Outros temas importantes, os quais se tornaram objeto de formação, foram o espaço-ambiente[146] e as mudanças de papéis nas famílias de hoje.[147]

Em abril de 1989, Malaguzzi viajou novamente a Pamplona, a fim de ministrar um curso na Escuela de Magisterio.[148] Nessas intervenções, ele abordou o tema de identidade da infância em relação às expectativas e ao reconhecimento da pessoa adulta. Trata-se da imagem de uma criança que não vive sozinha, uma criança

---

[145] Loris Malaguzzi, *Relazione sulla comunicazione* ["Relatório sobre comunicação", em tradução livre] (transcrição); Loris Malaguzzi, *Incontro sulla comunicazione* ["Encontro sobre comunicação", em tradução livre] (gravação em áudio); Loris Malaguzzi, *Comunicazione* ["Comunicação", em tradução livre] (anotações de 16 de janeiro de 1989); Loris Malaguzzi, *Comunicare tra i bambini* ["Comunicar entre as crianças", em tradução livre] (transcrição de 25 de janeiro de 1989); Loris Malaguzzi, *Comunicazione* (gravação em áudio de 28 de fevereiro de 1989); Loris Malaguzzi e K. Kaye, *La dimensione interpersonal nei contesti educativi* ["A dimensão interpessoal nos contextos educativos", em tradução livre] (gravação em áudio de um congresso realizado em Arezzo, em 26 de maio de 1989); Loris Malaguzzi *et al.*, *Tavola rotonda Arezzo. La dimensione interpersonale* ["Mesa-redonda em Arezzo. A dimensão interpessoal", em tradução livre] (gravação em áudio de 26 de maio de 1989); Loris Malaguzzi e E. Becchi, *La dimensione interpersonale nei contesti educativi* ["A dimensão interpessoal nos contextos educativos", em tradução livre] (gravação em áudio realizada em Arezzo, em 27 de maio de 1989); Loris Malaguzzi, *Seminario sulla comunicazione* ["Seminário sobre comunicação", em tradução livre] (gravação em áudio de 23 de junho de 1989).

[146] Loris Malaguzzi, *Conferencia ambiente* ["Conferência sobre o ambiente", em tradução livre] (anotações de 17 de março de 1989).

[147] Loris Malaguzzi, *Madri e padri e figli: ruoli e cambiamenti nella famiglie di oggi 1º e 2º* ["Mães, pais e filhos: papéis e mudanças nas famílias de hoje – 1º e 2º", em tradução livre] (gravações em áudio de 24 de fevereiro de 1992).

[148] Loris Malaguzzi, *Resumen del curso de Loris Malaguzzi* ["Resumo do curso de Loris Malaguzzi", em tradução livre] (abril de 1989); Loris Malaguzzi, *La investigación en la escuela* ["A investigação na escola", em tradução livre] (anotações de abril de 1989); Loris Malaguzzi, *Intervención en la radio* ["Intervenção na rádio", em tradução livre] (transcrição de abril de 1989); Loris Malaguzzi, *El profesor agradece* ["O professor agradece", em tradução livre] (transcrição de 10 de abril de 1989); Loris Malaguzzi, *Incontri Pamplona* ["Encontros em Pamplona", em tradução livre] (gravações em áudio de 10 a 12 de abril de 1989); Loris Malaguzzi, *Os agradece que...* (transcrição da intervenção de 11 de abril de 1989); Loris Malaguzzi, *Charla* ["Conversa", em tradução livre] (transcrição da intervenção de 12 de abril de 1989).

OS ANOS 1986-1994: A SAUDADE DO FUTURO **335**

interativa, que busca o reconhecimento de suas potencialidades. Esse reconhecimento deve ser feito com humildade, reconhecendo o desconhecimento da infância, e isso só pode ser feito com base em uma cultura que não tenta simplificar os problemas e as potencialidades inteligentes de todos os meninos e de todas as meninas do mundo, de qualquer cultura.

Em maio, Loris participou de um congresso internacional sobre o tema do teatro na Creche, cujo título era *Bologna: Se il teatro bussa al nido.*[149,150]

Em maio e junho, organizou e participou de dois seminários, um para profissionais suecos[151] e outro para finlandeses.[152]

Em julho, participou da programação da Escuela de Expresión de Barcelona e ministrou um seminário de 10 a 14 de julho.[153] Nesses encontros, com base nas teorias da complexidade, realizou uma revisão das teorias de Piaget e de Vygotsky, e sobre a comunicação linguística.

Em outubro, nos dias 19, 20 e 21, participou de um congresso nacional em Piacenza,[154] intitulado *Com voz de Creche. Crianças e complexidade.*[155] O título da conferência de Malaguzzi foi *La progettazione al nido.*[156]

---

[149] N. do E.: "Bolonha: Se o teatro bate à porta da creche", em tradução livre.

[150] *Bambini*, ano V, n. 4 (abr. 1989), p. 3.

[151] Loris Malaguzzi *et al.*, *Seminario di studio per operatori e pedagogisti svedesi* ["Seminário de estudo para trabalhadores e pedagogos suecos", em tradução livre] (maio 1989).

[152] Loris Malaguzzi, *Seminario rivolto agli educatori finlandesi 1º, 2º e 3º* ["Seminário direcionado aos educadores finlandeses – 1º, 2º e 3º", em tradução livre] (gravações em áudio 6 de junho de 1989).

[153] Loris Malaguzzi, *Incontri Barcelona* ["Encontros em Barcelona", em tradução livre] (gravações de 10-14 de julho de 1989).

[154] N. do E.: também conhecido como "Placência", é um município da Região da Emilia-Romanha, na Itália, em província homônima.

[155] *Bambini*, ano V, n. 8 (out. 1989), p. 3.

[156] N. do E.: "A projetação na creche", em tradução livre.

I Cavalli

Em Reggio Emilia, Malaguzzi assessorou outra projetação, realizada na Creche Gianni Rodari, cujo título era *Os cavalos*.[157] Trata-se de um vídeo de uma hora de duração, dividido em duas partes, no qual três meninos e três meninas, todos com 2 anos de idade, em dois grupos diferentes, brincavam simbolicamente com elementos e materiais, como cavalinhos de pau, guarda-chuvas, feno, baldes, entre outros, em um espaço reservado para brincadeiras na Creche.

Malaguzzi, nessa ocasião, pretendia verificar as diferenças do jogo simbólico entre meninos e meninas, e a forma como eles interagem socialmente e cooperam entre si.[158] A preparação de uma encenação que não traísse os interesses da infância era algo que fascinava Malaguzzi, e, nesse caso, ele preparou elementos que sabia que eram comunicativos e, até mesmo, de grande impacto político. E as crianças gostavam de todos esses elementos lúdicos. Havia, portanto, uma grande sintonia entre as ideias de Malaguzzi e as iniciativas das crianças.

Na verdade, *I Cavalli* não era uma projetação, mas, sim, a construção de situações para tentar enfocar um tema, como a interação entre meninos e meninas, as competências e as estratégias que eles mostram ao estarem em pequenos grupos, em um contexto inicialmente oferecido, o qual devem interpretar.

Muitas imagens e processos foram gravados e analisados de acordo com as seguintes categorias de observação e de análise:

---

[157] Seguimos a entrevista realizada em 8 de junho de 1998 com Sonia Cipolla, Tiziana Filippini e Evelina Reverberi, e agradecemos a elas.

[158] Naquela época, Malaguzzi estava aprofundando-se em várias teorias sobre cooperação e aprendizagem social entre crianças, teorias como as de Willem Doise, Felice Carugati, Gabriel Mugny, Nicholas Emler, Jean-Michel Glachant, Nicolas Balacheff, Janine Beaudichon, Monteil, Claar, entre outros.

OS ANOS 1986-1994: A SAUDADE DO FUTURO **337**

reflexão sobre a situação oferecida; tempos de comunicação verbal e não verbal; tipo de atratividade dos objetos; duração do interesse; formas de comunicação entre as crianças: em pares, em trio, cooperação, conflitos, contágios etc.; elementos que mudam o interesse por algo; eco das mensagens que meninos e meninas lançam entre si; forma de intervenção profissional; quilometragem que as crianças percorrem no jogo.

Com todos esses elementos, são feitas várias análises interpretativas para tentar ver, em essência, os objetivos pretendidos. O resultado foi o vídeo mencionado, que, ainda hoje, é uma documentação de estudo inacabada e não pública.

El Centro Documentazione e Ricerca Educativa

Em 1989, foi criado o Centro de Documentação e Investigação Educacional de Reggio Emilia, por iniciativa de Loris Malaguzzi e coordenação de Laila Marani. O objetivo da instituição era coletar, organizar e promover a documentação das diversas projeções realizadas nas escolas de Reggio Emilia. Tratava-se de um local que funcionava como arquivo vivo para as trabalhadoras das escolas, a fim de que pudessem reconstruir histórias e projeções, um espaço de troca para promover novas investigações.

Malaguzzi e Marani refletiram sobre os objetivos e a estrutura desse centro,[159] que se tornou necessário em virtude da grande quantidade de *slides*, fotografias, vídeos e livros, para armazenar todo esse contingente de documentações, além de gerar reflexões, ser local de cursos de formação e receber a grande quantidade de

---

[159] Loris Malaguzzi e Laila Marani, *Incontro sul Centro di Documentazione 1º e 2º* ["Encontro sobre o Centro de Documentação – 1º e 2º", em tradução livre] (gravação em áudio de 18 de novembro de 1989).

delegações que chegavam do mundo inteiro. Atualmente, o Centro de Documentação é um dos muitos serviços de apoio e ajuda às instituições educacionais, juntamente com o laboratório de animação teatral, o centro de vídeo, o centro fotográfico, o centro de Reciclagem Criativa ReMida, entre outros.

Chi Sono Dunque Io[160]

O ano de 1990 será lembrado sobretudo pela organização em Reggio Emilia de um grande congresso internacional. Loris Malaguzzi, juntamente com outros profissionais, o Município e a Região, organizaram esse congresso com o objetivo de criar, durante alguns dias, um fórum internacional de discussão sobre as potencialidades educativas da infância. Diversos encontros preparatórios[161] foram realizados para definir os objetivos e os conteúdos do congresso. Finalmente, entre os dias 28 e 31 de março, foi realizado o Congresso Internacional de Estudo: *Quem sou eu, então? Diga-me isso primeiro (Alice). Saberes confrontados para garantir cidadania aos direitos e às potencialidades das crianças e dos adultos.*

Mais de 1.700 pessoas de todo o mundo participaram desse congresso. A qualidade dos palestrantes permite que se tenha uma ideia das relações e do impacto internacional de Loris Malaguzzi e da experiência de Reggio Emilia. Estiveram presentes – além dos reggianos Eletta Bertani (conselheira de Educação de Reggio Emilia), Giulio Fantuzzi (prefeito de Reggio), Fernando Casoli (Provveditore agli Studi[162] de Reggio Emilia), Sergio Spaggiari

---

[160] N. do E.: "Quem sou eu, então?", em tradução livre.
[161] Loris Malaguzzi, *Sul convegno 1ª e 2ª* ["Sobre o congresso – 1ª e 2ª", em tradução livre] (gravação em áudio de 7 de março de 1990); Loris Malaguzzi *et al.*, *Convegno internazionale di studio. Équipe in preparazione 1ª, 2ª e 3ª* ["Congresso internacional de estudo. Equipe em preparação – 1ª, 2ª e 3ª", em tradução livre] (gravação em áudio de 20 de março de 1990).
[162] N. do E.: "Superintendente de Estudos", em tradução livre.

OS ANOS 1986-1994: A SAUDADE DO FUTURO **339**

(diretor das Escolas da Infância e Creches de Reggio Emilia), Sergio Masini (fiscal técnico) e o próprio Malaguzzi – Aldo Visalberghi (docente de Pedagogia na Universidade de Roma e presidente do Centro Europeu de Educação), Egle Becchi (docente de Pedagogia na Universidade de Pavía), Paulo Freire (docente na Pontifícia Universidade Católica de São Paulo e na Universidade Estadual de Campinas), Peter Moss (pesquisador da Universidade de Londres e coordenador europeu da Childcare Network), Keiko Tanabe (professora de Pedagogia da Universidade Metropolitana de Tóquio), Kuno Beller (diretor do Instituto de Pedagogia Social da Universidade de Berlim), Remo Bodei (professor de História e Filosofia da Universidade de Pisa e professor na Universidade de Nova York), David Hawkins (professor emérito de Filosofia da Universidade do Colorado), Riccardo Massa (professor de Pedagogia e diretor do Instituto de Pedagogia de Milão), Alberto Munari (professor de Psicologia da Educação em Genebra), Inonge Mbikusita-Lewanika (conselheira regional para a Infância da Fundo das Nações Unidas para a Infância – Unicef), Patrizia Ghedini (responsável pelo Escritório da Infância da Região da Emília-Romanha e representante italiana na Comissão Europeia da Childcare), Mira Stambak (diretora do Centre National de la Recherche Scientifique[163] em Paris), Alessandro Rossi (responsável pelo setor de Recursos Humanos, Pesquisa e Desenvolvimento em Milão), Albert Likhanov (presidente do Fundo Soviético para a Infância, deputado do parlamento soviético, escritor e jornalista), Ernesto Balducci (diretor das Edizioni Cultura della Pace),[164] Ettore Borghi (presidente da comissão Consiliare Scuola e Cultura),[165] Marco Leonelli (diretor do *Resto del Carlino*), Miriam Mafai (*La Repubblica*), Massimo Olmi

---

[163] N. do E.: "Centro Nacional da Pesquisa Científica", em tradução livre.
[164] N. do E.: "Edições Cultura da Paz", em tradução livre.
[165] N. do E.: "Aconselhamento de Escola e Cultura", em tradução livre.

(Radio Audizioni Italiane – RAI), Silvia Vegetti Finzi (*Il Corriere della Sera*),[166] Andrea Canevaro (professor de Pedagogia Especial na Universidade de Bolonha), Luciano Corradini (professor de Pedagogia na Universidade de Milão e presidente dos Istituti Regionali di Ricerca e Sperimentazione Educativa),[167] Matilde Callari Galli (senadora e professora de Antropologia Cultural em Bolonha), Giancarlo Cerini (responsável nacional pela Escola da Infância CIDI), Walter Ferrarotti (líder pedagógico do Setor da Infância do Município de Turim), Mario Lodi (escritor, professor e diretor da revista *Il giornale dei bambini*),[168] Donata Fabbri (professora de Psicologia da Educação nas Universidades de Genebra e Friburgo), Walter Fornasa (pesquisador do Instituto de Psicologia da Universidade de Parma), Piero Sacchetto (pedagogo do Município de Bolonha), Laura Fruggeri (pesquisadora do Instituto de Psicologia da Universidade de Parma), Sergio Manghi (pesquisador do Instituto de Sociologia da Universidade de Parma), Ortensia Mele (educadora do Movimento Cooperazione Educativa), Felice Carugati (professor do Instituto de Psicologia da Universidade de Parma), Francesca Emiliani (professora do Departamento de Ciências da Educação da Universidade de Bolonha), Aldo Fortunati (responsável por projetos de formação na Região da Toscana), Franca Mazzoli (pedagoga), Emanuela Cocever (pedagoga do Istituto di Ricerca di Psicoanalisi Applicata[169] de Bolonia), Tullia Musatti (pesquisadora do Centro Nazionale di Ricerca – CNR – de Roma), Anna Tardos (psicóloga do Instituto Pikler de Budapeste), Bengt Lindqvist (ministro de Saúde e Assuntos Sociais da Suécia), Gisela Hermann

---

[166] N. do E.: "O Correio da Tarde", em tradução livre.
[167] N. do E.: "Institutos Regionais de Pesquisa e Experimentação Educacional", em tradução livre.
[168] N. do E.: "O jornal das crianças", em tradução livre.
[169] N. do E.: "Instituto de Pesquisa em Psicanálise Aplicada", em tradução livre.

(assessora de *Kindertagesstätten*[170] em Berlin) e Karin Runge (diretora da Danmarks Lærerhøjskole[171] na Dinamarca).

Para Loris Malaguzzi, esses foram momentos importantes e emocionantes, pois representavam, de certa forma, um reconhecimento internacional de seu pensamento e de sua obra. Ele conseguiu que uma pequena cidade como Reggio Emilia sediasse um grande congresso internacional com grandes personalidades. Devemos lembrar, nesse sentido, dos encontros afetuosos de Loris com Paulo Freire e David Hawkins, duas pessoas que Malaguzzi apreciava especialmente por sua vida e suas ideias. Dois personagens que Loris teve a oportunidade de entrevistar publicamente no congresso. O próprio Paulo Freire, antes de partir para o Brasil, escreveu suas impressões a Malaguzzi:

Bom amigo Malaguzzi,

Menino eterno, pede-me, antes de eu retornar ao Brasil, que escreva algumas palavras dedicadas às meninas e aos meninos italianos. Não sei se saberia dizer algo de novo a um tal pedido. O que poderia dizer ainda aos meninos e às meninas deste final de século? Primeira coisa, aquilo que posso dizer, em função de minha longa experiência nesse mundo, é que devemos fazê-lo sempre mais bonito. É baseando-me em minha experiência que torno a dizer: não deixemos morrer a voz dos meninos e das meninas que estão crescendo.[172]

Malaguzzi, animador do referido congresso em diversas ocasiões,[173] fez uma brilhante intervenção com o título *Se as potencialidades*

---

[170] N. do E.: "Creches", em tradução livre.

[171] N. do E.: "Escola Superior de Professores da Dinamarca", em tradução livre.

[172] Paulo Freire (carta a Loris Malaguzzi escrita em abril de 1990).

[173] Documentos (gravações em áudio).

e os direitos das crianças e dos homens caírem por terra.[174] Nessa intervenção, seguindo o chamado de Alice,[175] ele defendeu a ideia de erguer as crianças, dando-lhes uma forte identidade e tirando-as do anonimato em que historicamente haviam vivido. Uma identidade construída pelo maravilhamento que a inteligência infantil provoca, com uma escola capaz de se organizar para acolher a riqueza intelectual de meninos, meninas e adultos. Por fim, ele defendeu a subjetividade infantil, entendida não como individualidade, mas como liberdade, democracia e possibilidade de escolha. Uma subjetividade que fortalecesse os direitos da infância, sem vê-la apenas como sujeito de necessidades e cuidados.

Do congresso e de seu sucesso, uma infinidade de revistas e jornais[176] fizeram eco, destacando a importância internacional desse encontro.

---

[174] Loris Malaguzzi, *Convegno internazionale di studio* ["Congresso internacional de estudo", em tradução livre] (gravações em áudio de 23 de março de 1990); Loris Malaguzzi, *Una delle cose più sorprendenti* ["Uma das coisas mais surpreendentes", em tradução livre] (transcrição de 28 de março de 1990).

[175] Lewis Carroll, *Alicia en el país de las maravillas* (Madrid: Alianza Editorial).

[176] Lisa Iotti, "Al Valli. Saperi a confronto, una convegno 'kolossal'" ["Nos Vales. Saberes em confronto, uma conferência 'colossal'", em tradução livre], *Resto del Carlino* (20 de março de 1990); "Saperi a confronto dai quattro continenti" ["Saberes dos quatro continentes em confronto", em tradução livre], *La Gazzetta* (20 de março de 1990); "A Reggio pedagogisti di tutto il mondo" ["Em Reggio, pedagogos do mundo inteiro", em tradução livre], *Gazzetta di Reggio* (27 de março de 1990); "Cittadinanza ai diritti dei bambini" ["Cidadania aos direitos das crianças", em tradução livre], La Gazzetta (29 de março de 1990); Gianni Montanari, "Dalla parte dei bambini" ["Do lado das crianças", em tradução livre], *La Repubblica* (29-3-90); Ave Margini, "'Chi sono dunque io?'. Convegno sul bambino" ["'Quem sou eu, então?'. Conferência sobre a criança", em tradução livre], *L'Unità* (29-3-90); "Bimbo e adulto, quale rapporto?" ["Criança e adulto, qual é a relação?", em tradução livre], *Il Resto del Carlino* (29 de março de 1990); "Il bambino soggetto di diritti" ["A criança como sujeito de direitos", em tradução livre], *La Gazzetta* (30 de março de 1990); Glauco Bertolini, "Alla ricerca dell'infanzia perduta" ["Em busca da infância perdida", em tradução livre], *Il Resto del Carlino* (1º de abril de 1990); *Revista Escuela Española*, ano L, n. 2986 (11 de janeiro de 1990); "Al convegno di Reggio Emilia" ["No congresso de Reggio Emilia", em tradução livre], *Bambini*, ano IV, n. 3 (mar. 1990), p. 8-9.

OS ANOS 1986-1994: A SAUDADE DO FUTURO **343**

Aproveitando a circunstância do congresso, a exposição foi realizada em Reggio Emilia, depois de ter passado por Bolonha.[177] Loris Malaguzzi fez uma apresentação para o *Consigli di Gestione*.[178] Nessa intervenção pública para os cidadãos de Reggio, ele enfatizou o alcance internacional alcançado por uma cidade como aquela, que investiu no futuro por meio da infância. Um Município que participou e coparticipou da elaboração de um projeto humano de solidariedade. Esses valores, juntamente com a participação democrática e a confrontação, são aspectos que ele (sempre) destacou como constantes de sua experiência.

> Nossa exposição é, de certa forma, uma declaração pública de intenções, uma declaração de conceitos, um projeto dentro de um propósito [...].
>
> Quando a participação começa a se impregnar de outro significado? Quando os pais começam a olhar ao redor e percebem a presença de outros pais que não fazem parte do "seu grupo" [...], há uma espécie de descoberta de outras pessoas, nasce outra *dialogicidade* diferente, que amplia não apenas o âmbito ideológico, mas também o aspecto conceitual da participação [...].
>
> Essa ideia de humanidade é, fundamentalmente, o direito à participação conjunta, que é um direito permanente do indivíduo desde o momento do nascimento até o momento da morte. É um direito permanente em cada lugar geográfico, em cada localização.[179]

---

[177] Loris Malaguzzi et al., *Esposizione a Bologna della mostra "I cento linguaggi dei bambini" 1ª e 2ª* ["Exposição em Bolonha da Mostra As cem linguagens das crianças – 1ª e 2ª", em tradução livre] (gravação em áudio de 21 de fevereiro de 1990). Anteriormente, em 7 de março, ele já havia se pronunciado em uma reunião com representantes de todos os *Consigli di Gestione*: Loris Malaguzzi, *Consulta 1ª e 2ª* (gravação em áudio).

[178] Loris Malaguzzi, *I cento linguaggi dei bambini. Serata di presentazione della mostra ai Consigli di Gestione* ["As cem linguagens das crianças. Noite de apresentação da mostra aos Conselhos de Gestão", em tradução livre] (transcrição da intervenção de 12 de fevereiro de 1990).

[179] *Ibidem.*

Novos cursos e ampliação de contatos internacionais

Com argumento semelhante ao do congresso, Loris Malaguzzi e Sergio Spaggiari participaram de um seminário organizado pelo então Patronato Municipal das Escolas da Infância, que comemorava seu décimo aniversário. Assim, de 28 a 31 de maio, eles defenderam suas teorias e apresentam algumas experiências nesta cidade,[180] que apreciavam pela qualidade encontrada em suas Escolas da Infância.

> Um modelo que se afasta de um mundo de resignação, retórica e ineficácia [...].
>
> Desejamos a elas (às educadoras) que vejam suas reivindicações satisfeitas e que possam contar com a solidariedade que dê ainda mais sentido ao seu trabalho.[181]

Em setembro e outubro, Malaguzzi e outros protagonistas da experiência reggiana mantiveram diversas entrevistas[182] com alguns professores de universidades americanas que, há alguns anos, estavam interessados na experiência reggiana. Entre eles, destacam-se Carolyn Edwards (professora da Universidade de Kentucky), George Forman (professor da faculdade de Pedagogia da Universidade de Massachusetts) e Lella Gandini (professora da Faculdade de

---

[180] Loris Malaguzzi e Sergio Spaggiari, *Incontri Pamplona 1990* (gravações em áudio); Loris Malaguzzi e Sergio Spaggiari, *Incontri Pamplona 1990* (gravações audiovisuais).

[181] Loris Malaguzzi e Sergio Spaggiari, *Carta al Patronato Municipal de Pamplona* (4 de junho de 1990).

[182] Loris Malaguzzi e George Forman, *Teorie a confronto* ["Teorias em confronto", em tradução livre] (gravação em áudio de 24 de setembro de 1990); Loris Malaguzzi e George Forman, *Malaguzzi per USA libro* ["Malaguzzi pelos EUA – livro", em tradução livre] (gravação em áudio de 25 de setembro de 1990; Loris Malaguzzi e Sergio, *Forman* (gravação em áudio de 26 de setembro de 1990); Loris Malaguzzi e George Forman, *Incontri* ["Encontros", em tradução livre] (gravação em áudio, outubro de 1990); Loris Malaguzzi, *Conoscere le prime lontane radici* ["Conhecer as primeiras raízes distantes", em tradução livre] (gravação em áudio, outubro de 1990).

Pedagogia da Universidade de Massachusetts). A ideia era produzir um livro que narrasse a teoria e a prática da experiência reggiana. Dessas entrevistas, surgiu uma edição em inglês[183] de um livro, posteriormente traduzido para outros idiomas.[184] Essa obra – que inclui uma longa entrevista com Loris Malaguzzi – é, atualmente, uma das melhores compilações teóricas sobre a experiência reggiana.

Em 1991, Malaguzzi ministrou vários cursos e seminários de formação para os funcionários das Escolas da Infância e Creches. Destacam-se: uma palestra em 7 de fevereiro sobre *Novas ideias para as primeiras idades;*[185] algumas observações e reflexões públicas em 22 de fevereiro sobre uma projetação realizada sobre dinossauros;[186] e um laboratório de matemática nos dias 4[187] e 20 de novembro.[188] Em todas essas intervenções, ele reitera que as potencialidades criativas, lógicas, conceituais ou matemáticas estão dentro das crianças. Uma infância capaz de formular suas próprias conjecturas e teorias enquanto busca sentido e significado em suas próprias ações.

Fora de Reggio, entre outros lugares, ele compareceu a um congresso intitulado *Tempos Difíceis,*[189] em San Miniato,[190] no qual realizou várias intervenções sobre os direitos da infância, a pedagogia relacional e as políticas para a infância. Ele também fez uma

---

[183] Carolyn Edwards, Lella Gandini e George Forman, *The Hundred Languages of Children* ["As cem linguagens da criança", em tradução livre] (New Jersey: Ablex Publishing, 1994).
[184] Carolyn Edwards, Lella Gandini e George Forman (organizadores), *I cento linguaggi...,* op. cit. Também há edição em catalão.
[185] Loris Malaguzzi, *Nuove idee per le prime età 1ª e 2ª* (gravações em áudio de 7 de fevereiro de 1991).
[186] Loris Malaguzzi e Badobi, *Il dinosauro 1ª, 2ª, 3ª e 4ª* (gravações em áudio de 22 de fevereiro de 1991).
[187] Loris Malaguzzi, *Laboratorio matemática* (anotações de 4 de novembro de 1991).
[188] Loris Malaguzzi, *Clasificazione e seriazione* ["Classificação e seriação", em tradução livre] (transcrição de intervenção de 20 de novembro de 1991).
[189] *Bambini*, ano VII, n. 2 (fev. 1991), quarta capa.
[190] N. do E.: município da região da Toscana, na Itália.

intervenção em Berlim, em 1º de junho, quando a exposição estava na cidade.[191]

Scarpa e Metro

A projetação intitulada *Sapato e Metro*[192] foi assessorada por Malaguzzi em 1991. Trata-se de um projeto aparentemente simples, realizado com três meninos e três meninas da Escola da Infância Diana, que tentaram projetar o *design* de uma mesa para entregá-lo a um carpinteiro, a fim de que pudesse construir o móvel desejado. Sabemos que o tema da lógica-matemática, e, em particular da medida, era uma questão sempre presente no pensamento e na obra pedagógica de Loris Malaguzzi. Um assunto que, por sua formação cultural, ele dominava e que, além disso, servia como equilíbrio para que a experiência de Reggio não fosse mal interpretada como um projeto apenas artístico ou de criatividade, como às vezes acontecia.

Em *Scarpa e Metro*, pretendia-se analisar como um grupo de meninos e meninas se aproximava do conceito de medida.

Malaguzzi havia realizado, como vimos, alguns seminários sobre medida e número. Sabendo que faltava uma mesa para a escola, ocorreu à professora propor aos meninos e às meninas a possibilidade de projetá-la. Loris gostou imediatamente da ideia, porque conectava com várias questões: as suas próprias elaborações culturais naquele

---

[191] Loris Malaguzzi *et al.*, *Esposizione a Berlino della mostra "I cento linguaggi dei bambini"* ["Exposição em Berlim da mostra 'As cem linguagens da criança'", em tradução livre] (gravação em áudio de 1 de junho de 1991); Renato Cocchi, "Tra Berlino Ovest ed Est l'esperienza di Reggio Emilia" ["Entre Berlim Ocidental e Oriental: a experiência de Reggio Emilia", tradução livre], *Bambini*, ano VII, n. 8 (out. 1991), p. 5.

[192] Seguimos o relato de Marina Castagnetti (uma das educadoras que realizou a experiência) na entrevista realizada em 7 de junho de 1998, e a agradecemos. Também seguimos a publicação *Scarpa e metro. I bambini e la misura* ["Sapato e metro. As crianças e a medida", em tradução livre] (Reggio Emilia: Reggio Children, 1997).

OS ANOS 1986-1994: A SAUDADE DO FUTURO **347**

momento, a relação com um assunto epistemológico, a ideia de que era uma projetação aparentemente simples, em que as crianças tinham a oportunidade de enfrentar um problema real (longe dos problemas matemáticos dos livros como o clássico e eterno "quanto tempo leva para encher uma banheira se, por um buraco, sai tal quantidade de água..."), o desenvolvimento e o aprofundamento – naquele momento e para essa projetação – de um papel profissional desejado mais vygotskiano e a realização de uma projetação de sondagem, que o próprio Malaguzzi havia teorizado em 1988.

O trabalho de campo durou duas semanas, cujas sessões foram documentadas em *slides* por Vea Vecchi. Novamente, uma documentação que estava sendo criada, na qual Malaguzzi contribuiu com suas críticas e suas ideias, graças à sua capacidade de tornar visíveis as coisas realizadas. As conversas eram contínuas e, até mesmo, por telefone. Marina lembra-se, por exemplo, do momento de crise, em que as crianças não conseguiram chegar a um acordo sobre o uso de uma única unidade de medida e pareciam confusas e presas. Então, ligaram para Malaguzzi, que é quem lhes deu a opção de afastá-las momentaneamente da mesa e transferir o problema para outra situação.

> As crianças passaram para unidades de medida diferentes sem conseguir ainda tomar uma decisão definitiva.
> É o momento em que precisam sair da armadilha criada por uma decisão errada em relação à unidade de medida. Está começando a surgir a necessidade de usar uma medida consensual, usada por todas.
> Como apoiar o processo cognitivo em curso?
> O que é necessário, agora, é ajudá-las e, paradoxalmente, fazê-las aprofundar ainda mais a desordem que têm: talvez possa ser útil transferir o núcleo problemático de um contexto para outro, a fim de fazer surgir a contradição.

> A professora propõe fazer saltos com o próprio corpo e tentar medi-los [...].
> O que a professora propõe é poder transferir a experimentação que estava sendo feita com a mesa (em que se podia entender que tudo era mais abstrato) para fazer testes nos quais o corpo participava totalmente de forma concreta.
> A adoção de um *transfert*[193] é um processo importante, um traslado analógico para outro plano.[194]

Cotidianamente, as professoras realizavam uma síntese dos fatos ocorridos, que Malaguzzi, como já comentamos, encarregava-se de avaliar, selecionando os elementos importantes do que acontecia.

Um assunto inovador até então foi o fato de que, finalmente, Malaguzzi viu a oportunidade de explicitar o papel e a intervenção profissional. Outras questões prezadas por Malaguzzi, que indicam sua forma humana e pedagógica de pensar, eram: a importância que o grupo tem na forma de construir conhecimento; como as crianças enfrentam um problema real; a relação amorosa que surge entre duas crianças: Daniela e Tomasso.

Experimentações desse tipo, em que algumas crianças descobriram a possibilidade de medir uma mesa com um sapato, divertiam Malaguzzi, porque demonstravam, de forma competente, uma cultura da infância não esmagada pelos programas nem pela cultura adulta, que costuma ser considerada verdadeira. Por isso, quando a experiência foi registrada em uma documentação em painéis, ele quis colocar o sapato pendurado na parede e a mesa real, com as medidas, ao lado dos painéis,[195] como se, além de uma lembrança da experimentação, pudesse servir como elemento afetivo de demonstração

---

[193] N. do E.: transferência.
[194] *Scarpa e metro...*, *op. cit.* p. 26-8.
[195] *Ibidem*, p. 89.

da cultura infantil e como forma de comunicação real de algo muito importante que aconteceu. Isso o emocionava, e, de pronto, ele queria verificar o impacto em várias pessoas, em um público.

Naquela época, diversas emissoras de televisão se interessavam pelas experimentações da Escola Diana. Ele aproveitava a oportunidade para, com o sapato na mão, poder explicar essa experimentação, que o deixava emocionado. Também naquele ano foi realizado um seminário para profissionais suecas, do qual trataremos mais adiante.[196] Ele pediu novas versões, que corrigia continuamente.

Contudo, a experimentação, como tantas vezes, precisava ser testada com uma apresentação pública, para descobrir sua validade, seu impacto, sua força. Além disso, era como se, ao vê-la apresentada, novas ideias, novas interpretações chegassem até ele, talvez, porque adquiria uma distância – afetiva e conceitual –, que o levava a descobrir novas formas de ver.

Assim, ele tomava notas e oferecia novos ajustes e novas variações à documentação. Essas são algumas de suas anotações: adicionar imagens do carpinteiro na escola com as crianças,[197] porque precisava explicitar essa relação de humanidade; adicionar imagens dos instrumentos de medida na estante da escola,[198] fabricados pelos meninos e pelas meninas[199] e da mesa real, com todas as medições feitas pelas crianças,[200] nessa sua necessidade imperiosa de querer explicitar ao máximo tudo o que aconteceu, para que o(a) espectador(a) pudesse entender melhor; enfatizar mais a ideia de grupo e

---

[196] Loris Malaguzzi, *Seminario di studio per gli amici svedesi. Primi approcci alla misurazione* ["Seminário de estudo para os amigos suecos. Primeiras abordagens à medição", em tradução livre] (maio 1991).

[197] *Scarpa e metro, op. cit.*, p. 19, 84-7.

[198] *Ibidem*, p. 34.

[199] *Ibidem*, p. 44.

[200] *Ibidem*, p. 59.

suas diferenças individuais;[201] acrescentar a interpretação de alguns projetos gráficos das crianças, para que não se interpretasse, incorretamente, apenas como meras anedotas, mas que, por meio dos desenhos, as ideias e a cultura da infância fossem fortalecidas;[202] incluir na documentação alguns detalhes aparentemente banais, mas importantes para as crianças, que destacavam a originalidade do pensamento infantil, como quando mediam a mesa deitados no chão, "caminhando" com seus próprios sapatos,[203] ou quando forravam a mesa com papel, a fim de poder escrever melhor sobre ela;[204] esclarecer a ideia de criar uma votação para decidir se dariam ao carpinteiro as medidas em metros ou em sapatos;[205] e terminar a documentação com imagens da refeição das crianças com o carpinteiro, para celebrar o final bem-sucedido da projetação. Ele também queria narrar, de forma mais coerente, a ideia da professora de dar às crianças os desenhos de reconstrução da mesa, com o intuito de que pudessem pensar melhor em suas próprias ideias.

> O desenho tem o propósito de enfatizar para as crianças uma imagem concluída de seu último esforço graças ao sapato e, pela primeira vez, ver como elas construíram uma medida completa [...].
>
> A sugestão para as professoras é emprestar clareza para as crianças, um empréstimo que deve ser feito com base em uma garantia de retorno, com o avanço do conhecimento da criança, caso contrário, poderia ser um excesso de transmissão de conhecimento adulto, sem sintonia com a investigação e os processos que as crianças estão elaborando.[206]

---

[201] *Ibidem*, p. 44-5.
[202] *Ibidem*, p. 62-5.
[203] *Ibidem*, p. 66.
[204] *Ibidem*, p. 67.
[205] *Ibidem*, p. 76-9.
[206] *Ibidem*, p. 54.

OS ANOS 1986-1994: A SAUDADE DO FUTURO **351**

Em suma, uma documentação para manifestar contextos de vida, com ritmo, em uma situação real e de grande humanidade.

Após a revisão necessária, a documentação foi concluída no outono de 1991.[207] Nesse mesmo ano, Malaguzzi teve a oportunidade de apresentar a experiência pessoalmente em um Congresso Internacional organizado pelo Instituto Europeu para o Desenvolvimento das Potencialidades de Todas as Crianças (IEDPE).[208] Malaguzzi pediu a Marina que lhe contasse, mais uma vez, a experimentação, para tentar torná-la completamente sua. Ele a reescreveu por completo, enfatizando, sobretudo, a parte teórico-conceitual, com a finalidade de atestar as potencialidades das crianças.

Quem quer que tenha visto Malaguzzi apresentar uma experimentação consegue recordar de sua paixão energética, vinda da sua autenticidade, ao falar sobre os meninos e as meninas. Era quase como se as crianças, sua cultura, estivessem falando – parafraseados, com grande respeito – por Malaguzzi. As palavras, as mudanças de tom, a forma de exposição, os exemplos utilizados, as pausas para beber água ou manter a tensão, os desafios intermináveis para os(as) tradutores(as), e as suas mãos, com uma linguagem própria, criavam um clima de atenção, curiosidade e credibilidade em uma pessoa que estava "dentro" da infância, um verdadeiro amante das formas de pensá-la e fazê-la.

> No outono de 1991, o professor Malaguzzi e eu fomos a Paris, para participar do Congresso Internacional organizado pelo IEDPE [...].
> Ainda me lembro da emoção e, de certa forma, da tensão do professor Malaguzzi ao se preparar para apresentar a documentação em *slides* [...].

---

[207] *Vide* Carla Rinaldi, "Un metro per l'amicizia" ["Uma medida para a amizade", em tradução livre], *in Scarpa e metro, op. cit.*, p. 98-100.

[208] *Bambini*, ano VII, n. 9 (nov. 1991), p. 3.

Na verdade, a atenção era focada não apenas nas estratégias de aprendizagem das crianças, mas também no que tradicionalmente é definido como *o papel do adulto*, ou seja, a quantidade e a qualidade da intervenção da professora.

Como e quando intervir em uma situação, ser capaz de favorecer os processos e as trajetórias que as crianças alcançam para adquirir alguns conceitos fundamentais para sua relação com o mundo? [...]

Foi, portanto, esse tipo de consciência que levou o professor Malaguzzi a apresentar essa experimentação e, ao mesmo tempo, era a própria natureza da problemática pedagógica que gerava sua motivada preocupação.[209]

Assim, em Paris, apresentou essa experiência e, também, fez traduzir para o francês a extraordinária carta que as crianças entregaram ao carpinteiro,[210] acrescentando seus desenhos. Era como se ele precisasse que cada participante do congresso, tendo algo da projetação, algo das crianças, pudesse compreender, sobretudo com emoção, a importância do que aconteceu.

A experiência em Paris causou grande impacto e gerou uma grande discussão, na qual um dos presentes levantou a dúvida de se esse tipo de experiência faria as crianças perderem tempo, quando seria mais correto e respeitoso propor a elas que usassem um instrumento de medida desde o início, de se não pareceria, afirmou, que as crianças sofrem retrocessos desnecessários na forma de construir o mundo. Carla Rinaldi, com seu escrito, esclarece a forma de pensar de Malaguzzi e da filosofia reggiana:

---

[209] Carla Rinaldi, "Un metro per l'amicizia", *op. cit.*, p. 98-9.
[210] *Scarpa e metro*, *op. cit.*, p. 86.

OS ANOS 1986-1994: A SAUDADE DO FUTURO **353**

[...] uma pergunta destacou-se entre as demais e convidou muitos para o debate. A pergunta pode ser resumida da seguinte forma: "Não seria mais correto simplificar o processo das crianças, propondo que usassem o instrumento de medida?" [...].

Em essência, para alguns, o que aconteceu foi uma perda de tempo e energia para um resultado que poderia ter sido alcançado com menos esforço e, talvez, com mais eficácia e satisfação para as crianças [...].

Muitas vezes, [...] cumprimos a tarefa, resolvemos o problema sem uma compreensão profunda do mundo e do porquê, do sentido mais complexo de nossas ações. Manipulamos dados, informações, imagens, instrumentos de todo tipo, cada vez mais complexos e abstratos, sem dar tempo para a reflexão, para integrar os novos elementos nos esquemas de conhecimento preexistentes, isto é, para mudar nossa maneira de pensar [...].

Segundo o professor Malaguzzi [...], os processos estruturantes são [...] processos longos no tempo, compartilhados, capazes de abrigar pausas, silêncios, retrocessos, diferenças e divergências; processos que envolvem o indivíduo em sua complexidade cognitiva, emocional e relacional. O verdadeiro problema não era – e não é – quando e como explicar e oferecer o instrumento de medida às crianças (Em que idade? De que maneira?), mas, sim, questionar como criar as condições que permitam o desenvolvimento do pensamento divergente e criativo; como apoiar a capacidade e o prazer de enfrentar as ideias dos outros, em vez de aceitar a única ideia considerada verdadeira e justa, ou seja, aquela que o saber legitima, dos códigos e das áreas disciplinares. Isso é tanto mais verdadeiro e importante quanto menor for a criança: é uma questão pedagógica e didática, mas também ética e axiológica.[211]

---

[211] *Ibidem*, p. 99-100.

Há, ainda, outra lembrança. Já comentei sobre a necessidade de Malaguzzi de verificar, por si próprio, algumas questões. Marina recorda-se do momento em que, após a conclusão da projetação, Malaguzzi chegou à escola para realizar uma entrevista pessoal com uma das crianças, Tommaso, a fim de poder verificar, por si mesmo, a forma como esse menino havia compreendido os conceitos construídos. Essa entrevista[212] – felizmente, gravada e transcrita por Marina – é um documento que, de maneira metafórica, lembra, com substanciais diferenças, os debates clínicos de Piaget. A diferença residia no fato de que Tommaso havia tido uma grande experiência prévia, acompanhada por Malaguzzi, com um grupo de crianças em uma escola e em um ambiente que a facilitou.

Já comentei também – e mudando de assunto – que, em maio de 1991, Malaguzzi e outros profissionais, além de participarem, organizaram um novo seminário para profissionais suecos em Reggio, no qual Loris apresentou essa projetação, entre outras.

Boas notícias: reconhecimento da *Newsweek*

Quando parecia que 1991 estava chegando ao fim, houve uma boa notícia para Malaguzzi e Reggio Emilia. Um júri de especialistas internacionais, por meio da prestigiosa revista americana *Newsweek*, identificou a Escola da Infância Municipal Diana de Reggio Emilia como a instituição mais vanguardista do mundo em relação à Educação Infantil. A revista, em seu segundo número, de

---

[212] Loris Malaguzzi, *Conversación con un niño sobre "Scarpa e metro"* ["Conversa com uma criança sobre 'Sapato e metro'", em tradução livre].

OS ANOS 1986-1994: A SAUDADE DO FUTURO **355**

dezembro de 1991,[213] destacou as dez melhores escolas do mundo. Como programa de Leitura, o prêmio foi concedido à escola Lake Tekapo, da Nova Zelândia; de Matemática, à escola Greydamus, da Holanda; de Educação Científica, à escola Yotsuya Number Six, no Japão; de Linguagem, à escola Echnaton, na Holanda; de Artes, à escola Schenley High, dos Estados Unidos; de Escola Superior, ao Gymnasium Thusneldastraße Köln-Deutz, da Alemanha; de Escola de Formação, ao California Institute of Technology, nos Estados Unidos; de Educação para Adultos, ao Amu Center, da Suécia. E, como já mencionamos, o reconhecimento da melhor escola em Educação Infantil foi para a Escola Diana, de Reggio Emilia, na Itália.

> Até a Segunda Guerra Mundial, Reggio era mais conhecida pela qualidade de seus vinhos e seus presuntos do que pela excelência de suas escolas, mas, quando os alemães se retiraram, as mulheres de Reggio decidiram construir escolas em meio às ruínas [...]. Em 1946, um professor chamado Loris Malaguzzi chegou de bicicleta para dar uma olhada no trabalho que estavam realizando. Ele se impressionou tanto que ficou por ali. Em 1985, ele se aposentou como diretor, depois de construir um programa elogiado por educadores de primeira infância em todo o mundo por seu compromisso com a inovação. "*Uma escola precisa ser um lugar para todas as crianças*", disse ele, "*não deve ser baseada na ideia de que todos são iguais, mas, sim, de que todos são diferentes*".[214]

O importante reconhecimento da Escola Diana representou, na verdade, um reconhecimento global ao projeto municipal de

---

[213] "The Best Schools in the World" ["As melhores escolas do mundo", em tradução livre], *Newsweek* (2 de dezembro de 1991).
[214] Pia Hinckle, "Early Childhood. A School Must Rest on the Idea That all Children are Different" ["Primeira infância. Uma escola precisa se basear na ideia de que todas as crianças são diferentes", em tradução livre], *Newsweek, op. cit.*, p. XVII.

Educação Infantil de Reggio Emilia.[215] A partir daquele momento, um interesse, curiosamente, nacional e internacional atrairia uma multidão de delegações e de meios de comunicação dos cinco continentes, e levaria Loris Malaguzzi e outros profissionais de Reggio Emilia a voar pelo mundo inteiro.

Il Luna Park Per Gli Uccelini

Em 1992, Loris Malaguzzi assessorou sua última projetação, intitulada *O parque de diversões para passarinhos*.[216] Nessa longa projetação, um pequeno grupo de meninos e meninas da Escola La Villetta projetou e construiu um parque de diversões para pássaros no pátio da escola. A documentação audiovisual dessa projetação é diversa: *slides*, painéis e um vídeo em inglês, produzido por George Forman e Lella Gandini.[217] De modo mais acessível, pode ser encontrada no livro *Le Fontane*[218] e no último catálogo da exposição.[219]

---

[215] Loris Malaguzzi, *Newsweek* (gravação em áudio de 7 de outubro de 1991); Loris Malaguzzi, *Sul diconoscimento di Newsweek* ["Sobre a divulgação da *Newsweek*", em tradução livre] (gravação em áudio de dezembro de 1991). Antonella Spaggiari, "Il nostro asilo più bello del mondo" ["A nossa creche mais bonita do mundo", em tradução livre], *Bambini*, ano VIII, n. 1 (jan. 1992), p. 7.

[216] Precisamos agradecer a Amelia Gambetti e a Giovanni Piazza pelo relato da projetação, realizado na entrevista do dia 9 de junho de 1998. *Vide*, também, Loris Malaguzzi, "L'idea del luna park per gli uccelini", ["A ideia do parque de diversões para os passarinhos", em tradução livre] *I cento linguaggi dei bambini* (catálogo, 1994), *op. cit.*, p. 130.

[217] George Forman e Lella Gandini, *An Amusement Park for Birds*: A Long Term Project at La Villetta School in Reggio Emilia ["Um parque de diversões para pássaros: uma longa projetação na escola La Villetta, em Reggio Emilia", em tradução livre]. Performanetics, 19 The Hollow, Amherst.

[218] Loris Malaguzzi *et al.*, *Le fontane* ["As fontes", em tradução livre] (Reggio Emilia: Reggio Children s.r.l., 1995).

[219] Loris Malaguzzi, "L'idea del luna park per gli uccelini", *I cento linguaggi dei bambini* (catálogo, 1994), *op. cit.*, p. 130-41.

Essa projeção é importante porque, assim como em *Scarpa e Metro*, foi uma das poucas vezes em que o papel da pessoa adulta foi explicitado. Malaguzzi até mesmo escreveu claramente sobre esse assunto na publicação.[220]

Dessa forma, nessa projeção, temos a oportunidade de analisar e compreender algo que, durante muito tempo, Malaguzzi parecia relutante em oferecer, porque poderia ser interpretado como uma subtração das possibilidades autônomas da infância.

Nessa projeção, assim como nas últimas realizadas, o importante é observar como as crianças são capazes de construir teorias, como estas se originam e como são expressas pelas linguagens verbal, gráfica e relacional. É inovadora a análise de como nascem as teorias e de que forma estas surgem na relação ou na interação social ao se criar grupos de cooperação e de discussão entre as meninas e os meninos.

Durante a elaboração da projeção, coordenada pedagogicamente por Carla Rinaldi (que a sustentou com suas reflexões) e assessorada por Malaguzzi, os(as) profissionais fizeram interpretações e tiveram ideias para serem realizadas durante as sessões. Giovanni e Amelia contam que, naquele momento, Malaguzzi incentivava grandes pensamentos criativos divergentes. Quando tudo parecia se encaixar, ele vinha com a ideia – fruto de seu jogo de vida e de sua insatisfação – de inventar e criar ainda mais, para, depois, poder sistematizar sem fechar. Ele dizia: "*Hoje, é o tempo da criatividade; amanhã, será o da sistematização. É necessário dar espaço à criatividade para pensar sem limites. É importante que esses dois tempos se alternem e se misturem*".[221]

---

[220] Loris Malaguzzi, "Il che fare degli adulti" ["O que fazer com os adultos", em tradução livre], *in Le fontane, op. cit.*, p. 19-23.

[221] Testemunho de Giovanni Piazza na entrevista do dia 9 de junho de 1998.

Essa criatividade do pensamento como sinônimo de inteligência de uma reflexão em movimento era uma das estratégias éticas de Malaguzzi para buscar novas relações e diferenças insuspeitas no próprio atuar da infância.

A projetação demonstra, como em outras ocasiões, a confiança nas possibilidades infantis. Uma confiança que, para Malaguzzi, sempre parece ser pouca:

> Estar convencidos (os adultos) de que as crianças e seu trabalho cooperativo em grupo têm qualificação para realizar o projeto [...], convencidos de que elas (as crianças) têm recursos para ir mais longe do que se pensa.[222]

Nesse caso, pensando nas implicações éticas que isso acarretava, foi dada a oportunidade a um grupo de crianças de projetar um ambiente que costuma ser criado apenas por adultos. Na época, na Escola La Villetta, consideravam que o pátio era inadequado e era necessário realizar um novo projeto. Ao mesmo tempo, Forman e Gandini queriam repetir a projetação de investigação *A cidade e a chuva* em La Villetta, para aprofundar alguns aspectos, interesse que não coincidia totalmente com o de Amelia e Giovanni, professora e atelierista, respectivamente, da Escola.

Malaguzzi, curioso, perguntava quais projetações existiam na Escola naquele momento, e havia um com um grupo de famílias em que trabalhavam em um projeto de reorganização do pátio da parte posterior do centro. Também é importante lembrar que, em 1990, havia um projeto sobre *o prado ou o jardim*, no qual, ao observar, surgiu uma forte relação das crianças (que haviam registrado os sons do prado por meio de um gravador) com os animais e os fatos naturais.

---

[222] Loris Malaguzzi, "Il che fare degli adulti", *in Le fontane, op. cit.*, p. 21-3.

OS ANOS 1986-1994: A SAUDADE DO FUTURO **359**

Esse acontecimento interessou muito a Malaguzzi, que, além disso, viu como, no início do ano letivo de 1991-1992, a alguns meninos e meninas (do grupo de 5 anos, e não os que haviam protagonizado a ideia do *prado*) ocorreu a possibilidade de construir algo – e assim o pedem verbalmente – para os pássaros. Foi fabricado um pequeno poço, um local para comer e um pequeno mirante. Porém, Malaguzzi teve a ideia de pedir às meninas e aos meninos um projeto, sobretudo, para o pátio da frente da Escola.

Diversos profissionais, como professoras, atelierista, Carla Rinaldi e Loris Malaguzzi, começaram a ter as primeiras reuniões – que se estenderam a três encontros – para elaborar as primeiras hipóteses, além de uma pergunta concreta e simples para fazer às meninas e aos meninos, e que fossem as crianças as que verdadeiramente dessem início à projetação. É importante lembrar que seriam as meninas e os meninos da classe de 5 anos a quem deveriam receber informações do projeto anterior, realizado por outros colegas (para isso, utilizaram painéis documentais que narravam o ocorrido).

Ademais, nesses encontros, concordaram em coletar, como memória, a maior documentação possível de todo a projetação: *slides*, vídeos (já que sabiam do interesse de Forman e Gandini em editar uma documentação[223] da projetação), produções plásticas, gravações, observações escritas etc. Essa documentação, revisada periodicamente, permitia elaborar organogramas e mapas conceituais para analisar como o pensamento infantil se movia e se modificava.

A primeira pergunta a ser feita às meninas e aos meninos era: "*Lembram-se do que havia no parque no ano passado?*". No que tange ao restante das intervenções das professoras, isso foi deixado para Amelia pensar. O grupo analisou, de maneira crítica, essas

---

[223] Vídeo que ficou pronto em novembro de 1994.

intervenções, para descobrir quando havia invasão excessiva, quando a intervenção era adequada, quando ela provocava algo construtivo ou prejudicava o pensamento das crianças. Essa foi uma oportunidade ideal, que não havia sido suficientemente explorada antes, para revisar e discutir o papel profissional. O vídeo – indiscreto nesse sentido e, por vezes, cruel – também representou um peso para a professora, que, com grande profissionalismo, visualizava nele suas intervenções, as quais, em grupo, eram revisadas e corrigidas.

Nessa ocasião, com todo esse material, Amelia e Giovanni comentaram que foi a primeira vez que eles criaram uma documentação em *slides* no meio do processo para observar e avaliar como o próprio processo se desenvolvia. Malaguzzi pediu aos profissionais que reunissem todos os documentos, os fluxogramas, as anotações etc., e fizessem uma documentação. Era como se Malaguzzi precisasse de uma estratégia para ter algo mais definitivo, para, depois, torná-lo provisório. Realizar uma síntese, a fim de descobrir os verdadeiros nós conceituais, talvez, para conseguir extrair a essência do projeto diante de uma quantidade interminável de dados. Foi assim que ele deu a ordem de construir uma documentação que nunca passasse dos sessenta *slides*.

Foi um desafio que Amelia e Giovanni aceitaram. E, como sempre, ligeiramente temerosos, foram mostrar a Malaguzzi. Na entrevista, comentaram, com prazer, que aquela havia sido a primeira vez em que Malaguzzi parecia ter gostado do que foi feito. Tratava-se de uma documentação que ele considerava compreensível, que apenas precisava ser aperfeiçoada em alguns detalhes. Além disso, como mencionado, havia imagens que explicitavam o papel profissional, entre elas, uma muito significativa, de diversas professoras conversando e pensando juntas.

Também é preciso levar em conta que parte da documentação era apresentada às famílias em vários encontros, para que elas

OS ANOS 1986-1994: A SAUDADE DO FUTURO **361**

pudessem participar do projeto em andamento. Em uma dessas reuniões, as famílias tiveram a ideia de fazer sua própria fonte para os pássaros. Um projeto desse tipo sempre, na filosofia Reggio Emilia, tem várias direções entrecruzadas, como elemento de formação, de relação com as famílias, para expor às delegações uma imagem de infância, e sempre tendendo a exibir uma imagem de educação futura das possibilidades de homens e mulheres.

É importante ter em mente que o *Luna Park*, o parque de diversões, foi apresentado em grandes congressos internacionais e foi utilizado para discutir uma imagem da infância que não se deixa prender em uma linearidade previsível, mas, sim, que as crianças e os pensamentos delas movem-se por diversas pistas, soando como uma sinfonia que uma orquestra toca, às vezes, em *jazz*.

Projeções e, sempre, análises críticas da realidade social

Vários eventos relacionados a Malaguzzi em 1992 podem ser lembrados. Um deles, muito significativo, estava relacionado à diversidade de encontros de formação que manteve com o pessoal de escolas e delegações estrangeiras. Esses encontros, em sua possibilidade dialógica, auxiliaram a aprofundar suas próprias ideias.

Um desses temas-chave, trazido por Malaguzzi com frequência em suas reflexões e para as escolas, era o relacionado aos conceitos lógico-matemáticos.[224] Um argumento que talvez o levasse a entender melhor a forma como as crianças pensam, seu

---

[224] Loris Malaguzzi e Tiziana Filippini, *Laboratorio sulla matematica 1º e 2º* ["Laboratório de matemática – 1º e 2º", em tradução livre] (gravações em áudio de 17 de fevereiro de 1992); Loris Malaguzzi, *Sulla matematica al Diana 1º e 2º* ["Sobre matemática na (Escola) Diana – 1º e 2º, em tradução livre] (gravações em áudio de 10 de março de 1992).

pensamento e sua cultura original, era a hipótese de que a matemática estaria presente na infância, conforme já comentado. Era preciso partir dessa premissa.

Contudo, um tema, em parte, novo, que unia as reflexões com particular força, era o problema do tempo. Para Malaguzzi, o tempo[225] pertence a uma historicidade de ordem cultural, científica e humana. O tempo pressupõe uma identificação com o número e o espaço. O tempo é medida. Apresenta-se como um fluxo irreversível que nasceu antes da espécie humana. Para Loris, o tempo é puntiforme (feito de pontos), o que implica uma descontinuidade de processos. É, de certa forma, um tempo em uma época pós-industrial, é superficial e artificial, virtual. Um tempo, hoje, mais simbólico e real. Trata-se de um conceito temporal mais espiral do que circular.

> Essa percepção pontual do tempo é uma visão que coincide perfeitamente com a descoberta (ao menos, no estudo de pesquisas psicológicas sobre o comportamento da criança e seu aprendizado) de que não há continuidade absoluta, rígida, pertinente. Não pode haver continuidade; há uma descontinuidade que é tolerada em tom de continuidade.
>
> A não linearidade é uma peça-chave, uma das muitas chaves que permitem abrir algumas gavetas na busca pelo significado, pelas leis [...].
>
> Significa que existe uma não linearidade que pertence ao tempo de hoje. É estranho que haja uma coincidência entre a não linearidade como linguagem forte dos meios de comunicação de massa e a não linearidade da acumulação cognitiva da criança. É uma descoberta recente [...].

---

[225] Loris Malaguzzi, *Lo spazio, l'ordine e la misura* ["O espaço, a ordem e a medida", em tradução livre] (transcrição de uma intervenção de 4 de novembro de 1992).

> Trata-se de uma divisão contínua, em que a montagem é uma operação difícil, e só pode ser uma montagem de ordem simbólica.
>
> Atualmente, estou observando cuidadosamente a publicidade, porque acredito que ela seja o ponto mais avançado da elaboração, e, se vocês estiverem atentos, verificarão, se desmontarem tudo o que recebem, como a mensagem é transmitida [...], vocês submeterão a percepção a uma unificação de cenas, personagens e figuras que substituíram a lógica de sua expectativa, a lógica de sua interpretação.
>
> É uma operação de fragmentação contínua.[226]

Outro assunto pelo qual Malaguzzi demonstra respeito, como vimos, era sobre a história das escolas: sua origem social. Em várias ocasiões, ele fez referência a uma história de que não se esquecia, que sabia que dava substância a um projeto de vida. Naquele ano, ele também dedicou alguma reflexão a essa questão.[227]

Não obstante, Malaguzzi, ao mesmo tempo e de forma compatível, não se considerava escravo do passado. Para ele, o passado é um preconceito interpretativo (no sentido gadameriano[228] do termo) a ser desconstruído. E Malaguzzi, para evitar repetir-se, estava atento às mudanças socioculturais construídas e que, segundo ele, poderiam fazer a mente – os sentimentos, as emoções,

---

[226] *Ibidem.*

[227] Loris Malaguzzi e Loretta Giaroni, *Infanzia e scuola a Reggio Emilia 1º, 2º e 3º* ["Infância e escola em Reggio Emilia – 1º, 2º e 3º, em tradução livre] (gravações de áudio de 13 de fevereiro de 1992).

[228] N. do E.: referente à teoria hermenêutica do filósofo alemão Hans-Georg Gadamer, a qual diz que a razão não é absoluta, que a autoridade é de quem tem conhecimento, não só posição social, pois é o indivíduo que pertence à história, não o contrário. Para o filósofo, a imagem é anterior ao pensamento, e a linguagem é o instrumento utilizado para fazer manifestações. (GOMES, M. M. As contribuições da hermenêutica gadameriana para o processo ensino-aprendizagem. *Educação Pública*, 25 set. 2018. Disponível em: https://educacaopublica.cecierj.edu.br/artigos/18/19/as-contribuies-da-hermenutica-gadameriana-para-o-processo-ensino-aprendizagem. Acesso em: 2 jun. 2023.)

as interações sociais – funcionar de maneira diferente da do passado. Essa ideia o levou a retomar, mais uma vez, o argumento das mudanças familiares[229] e, por conseguinte, das mudanças nos papéis sociais que poderiam tornar tudo ecologicamente diferente.

Outro tema abordado por ele naquele ano foi uma questão básica, mas, ao mesmo tempo, difícil e espinhosa, porque Malaguzzi queria atribuir-lhe outro sentido ao conceitualizá-lo com outros pontos de vista: trata-se do argumento da criatividade. Em 14 de novembro, ele participou de um encontro de estudo, com Sergio Spaggiari, Paul Kaufman[230] e Francesco De Bartolomeis, com o título *Os potenciais da criatividade no desenvolvimento e na aprendizagem*.[231] Para Malaguzzi, nos últimos anos de sua vida, a criatividade seria algo intangível, inexistente. Preferia, como diz Paul Klee, espiá-la com curiosidade.[232] Era uma esperança, ainda que utópica, e conseguia manter válidas coisas que pareciam impossíveis.

Em 1992, um amigo de Malaguzzi, o padre Balducci, faleceu em um acidente de carro, uma pessoa que Malaguzzi apreciava por ser um defensor ferrenho da infância. Posteriormente, uma nova escola em Reggio receberia o nome dele. Malaguzzi dedicou a ele algumas palavras de lembrança e agradecimento na revista,[233] lembrando uma pessoa com uma fé enorme e pura, um

---

[229] Loris Malaguzzi, *Madri e padri e figli: ruoli e cambiamenti nelle famiglie di oggi 1º e 2º* ["Mães, pais e filhos: papéis e mudanças nas famílias de hoje – 1º e 2º", em tradução livre] (gravações em áudio de 24 de fevereiro de 1992).

[230] N. do E.: criador da série *The Creative Spirit*, nos Estados Unidos. Ele explorou o tema da criatividade como pesquisador associado da Universidade de Harvard.

[231] Loris Malaguzzi *et al.*, *I potenziali della creatività nello sviluppo e nell'apprendimento* (transcrição das intervenções de 14 de novembro de 1992).

[232] "Não me considerando tão audacioso a ponto de pensar que entendo o cerne da criatividade, apenas me sinto como um curioso que pode espiá-la, quanto mais, melhor" (Paul Klee *apud* Loris Malaguzzi *in* Carolyn Edwards, Lella Gandini e George Forman, *I cento linguaggi...*, *op. cit.*, p. 64).

[233] Loris Malaguzzi, "I bambini portatori dell'inedito. Parole di Padre Ernesto Balducci" ["As crianças portadoras do inédito. Palavras do Padre Ernesto Balducci", em tradução livre], *Bambini*, ano VIII, n. 6 (jun. 1992), p. 5.

OS ANOS 1986-1994: A SAUDADE DO FUTURO **365**

homem de grande civismo e respeito pelos outros. Uma pessoa capaz de ouvir as crianças com amor, buscando suas potencialidades inéditas, sua humanidade oculta, sempre cheio de esperança. Uma palavra mágica na qual Malaguzzi, com força e otimismo, acreditava e praticava.

No ano em questão, Malaguzzi participou de diversos seminários e congressos. Recordemos alguns deles. Em Riccione,[234] entre os dias 14 e 16 de maio, ocorreu o 8º Congresso Nacional do Gruppo Nazionale Nidi e Infanzia, com o sugestivo título, muito malaguzziano, de *Para evitar o conformismo. Crianças: processos de conhecimento, cultura e valores da infância, representações dos adultos.*[235] Malaguzzi já anunciava o congresso como um ato de otimismo e anticonformismo.[236] Valorizou o congresso como um fórum para pensar, discutir e estar juntos, algo que parece estar em desuso. Esse ato foi uma forma de solidariedade, de união, que permitiu fazer uma leitura crítica da condição infantil, das famílias, das mulheres, dos pais, do crescimento educativo, da vida, das instituições, das profissionais, dos problemas, da ética política e social.

Para Malaguzzi, o congresso deveria propor temas reflexivos, para não se deixar prender em excessivas certezas, a fim de ajudar a infância a sair da retórica e a evitar manipulações e violências de qualquer tipo. Apesar do reconhecimento da criança como sujeito ativo, competente e de direitos, há uma incapacidade para fazê-la emergir das trivialidades e considerações de "tábula rasa", que constroem mundos pré-fabricados, prescritos, currículos acadêmicos e mercantilistas, o que Malaguzzi abominava. Um congresso, dizia

---

[234] N. do E.: município costeiro da região da Emília-Romanha.

[235] *Vide* o programa no periódico *Bambini*, ano VIII, n. 4 (abr. 1992), quarta capa.

[236] Loris Malaguzzi, "La 'faciosità' del convegno di Riccione" ["A 'tendência partidária' do congresso de Riccione", em tradução livre], *Bambini*, ano VIII, n. 5 (maio 1992), p. 6-7.

366 LORIS MALAGUZZI: UMA BIOGRAFIA PEDAGÓGICA

ele, que escapasse da indiferença e do conformismo de nosso tempo, que desse forma às coisas, e não sofresse a forma das coisas. Esta é a sua mensagem:

> O que podemos desejar ao congresso? Que seja ecologicamente sectário. No sentido de fazer entender de que lado está, de oferecer elementos e hipóteses de reflexão, de aconselhar, de não se deixar aprisionar pelas inúmeras certezas [...].
>
> De ajudar a abranger a enormidade da contradição de uma criança julgada universalmente pela consciência adulta (científica e literária), ativa, competente, ávida por conhecimento e criatividade, sujeito de direitos, mas, ao mesmo tempo, como se tivesse a incapacidade de sair (e precisasse ser ajudada) dos manuais, das suas limitações e das suas tábulas rasas; de ser isolada em mundos pré-fabricados prescritos, planos de estudo sobre trilhos, ou em academias para "supercrianças", ou exilada nos guetos de crimes pequenos e grandes, ou desaparecida, sabe-se lá onde, e transformada em objetos de mercado [...].
>
> Dar forma às coisas, e não padecer das formas das coisas ainda é sua mensagem.[237]

Suas intervenções nesse congresso tiveram esses objetivos[238] e desejos.

As delegações para Reggio Emilia começaram a se multiplicar, sobretudo, as estadunidenses,[239] que buscavam nesse Município uma espécie de *Meca*, para dar sentido ao seu próprio sistema educativo. Surgiram diversas publicações em inglês sobre a experiência

---

[237] *Ibidem*, p. 7.
[238] Loris Malaguzzi *et al.*, *Convegno Gruppo Nazionale Nido 1º, 2º e 3º* ["Congresso do Grupo Nacional de Creches – 1º, 2º e 3º", em tradução livre] (gravação em áudio do congresso em maio de 1992).
[239] Loris Malaguzzi, *Delegación U.S.A.* (anotações de 6 de março de 1992).

reggiana e a solicitação de múltiplos seminários e congressos, tanto na América do Norte quanto em Reggio.

Loris tinha muita consciência, como sempre, de que as escolas que recebiam delegações deveriam trabalhar internamente, mas ter um olho externo, ser capazes de ver a imagem que comunicavam. Com esse objetivo, o Malaguzzi inconformista e visionário escreveu um documento,[240] no qual refletia sobre esse tema e propunha um debate sério sobre o assunto. Talvez começasse a perceber que o volume de trabalho que tais delegações gerariam não poderia ser assumido pelos meios organizativos disponíveis nas escolas naquele momento.

Nesse debate, era necessário refletir com base nas considerações de ordem cultural, social e política, analisando a disponibilidade de recursos e capacidades do funcionamento das instituições que multiplicariam o trabalho. Para ele, era imprescindível inventar novos recursos,[241] estabelecer uma renovação geracional, buscar novas fontes de financiamento e contar com pessoas – conhecedoras da experiência – que, aposentadas, mas jovens e com vontade, poderiam ser levadas em consideração para ajudar a organizar a recepção das delegações.[242]

Era importante, para Malaguzzi, pensar sobre a qualidade das escolas, o que elas oferececiam que não existia em outros lugares, o que era genuíno delas, e refletir sobre as relações nacionais

---

[240] Loris Malaguzzi, *Riflessioni conclusive sulla situazione* ["Reflexões conclusivas sobre a situação", em tradução livre] (dez. 1992).

[241] O projeto Reggio Children estava tomando forma em sua mente.

[242] Há muitos aposentados que, com remuneração ou de maneira voluntária, trabalham hoje em Reggio com essa ideia. Recordemos, entre outros, em particular, da Associazione Amici di Reggio Children (hoje extinta), do Centro di Riciclaggio ReMida, de Carla Rinaldi, hoje, presidente da Fundação Reggio Children, de Vea Vecchi, coordenadora de alguns projetos de pesquisa, e de vários profissionais que integraram a equipe psicopedagógica.

e internacionais multiculturais que as escolas criavam, como uma rede de consequências, em parte, previsíveis e, em parte, imprevisíveis. No entanto, para Loris, também era importante que, para Reggio, essas relações não significassem apenas oferecer algo. Era necessário vê-las como uma forma de troca de interesses teóricos, práticos e culturais, de grande riqueza humana, de que também Reggio precisava.

Nesse sentido, o pedagogo propunha fortalecer o Centro de Documentação, para organizar, orientar o sentido de cada delegação e potencializar novas pesquisas com a coordenação didático-pedagógica da equipe. Investigações e documentações que pudessem, aproveitando-se das novas tecnologias, produzir cópias e publicações em inglês que pudessem ser vendidas internacionalmente.

> Considero que a avaliação da questão em sua totalidade não tem limites, e isso pode ser ampliado também para novas soluções e perspectivas [...], que os pontos que qualificam as necessidades imediatas estejam conectados com a preparação de um projeto que leve em consideração, de forma unitária, a carga e a satisfação dos compromissos próprios de um sistema consolidado de relações internacionais e multiculturais, cuja simplificação ainda é um dado emergente [...].
> Considero necessário um projeto que permita um maior respiro e uma maior eficiência e significado. Um projeto que vá em direção à constituição de um centro de relações e intercâmbios com o exterior sobre os problemas educacionais da primeira e da segunda infância, bem como de pesquisa e documentação metodológica e didática.[243]

---

[243] Loris Malaguzzi, *Riflessioni conclusive sulla situazione, op. cit.*

A Suécia, o primeiro país interessado na experiência reggiana, também continuava, ano após ano, demandando formação. Malaguzzi, que sempre foi grato a esse país, participou e organizou, nesse ano de 1992, dois seminários: um em maio e junho[244] e outro em outubro.[245] Os seminários com as profissionais suecas eram continuados, às vezes, com as mesmas pessoas. Esse fato obrigou Malaguzzi a se esforçar para buscar novas reflexões, para matizar seu pensamento com novas ideias. Era uma pessoa acostumada a não se repetir, a inovar.

Dessa vez, já com a tranquilidade, a serenidade e a lucidez dos últimos anos, dos quais as teses audaciosas de Rita Levi Montalcini (1999) recordam, Malaguzzi ajustou as palavras e as imagens para dizer, sempre, algo novo, algo provocador, que fizesse pensar ou duvidar de nossas verdades mais arraigadas, ou para mostrar, à luz de olhos novos, o que sempre vimos. Lembrando, para ter uma ideia do que foi tratado, dos pontos ou do roteiro que Malaguzzi forneceu para uma de suas conferências:[246] distância entre teoria e prática; representações sociais da infância; as cem ocultações das crianças e as cem linguagens das crianças; a criatividade como forma de aprender e de conhecer; conhecer para produzir ou conhecer para conhecer e entender; a pobreza do ensino programado; os benefícios de aprender a aprender; a escola como pesquisa

---

[244] Loris Malaguzzi, *Seminario rivolto agli educatori svedesi* ["Seminário aos educadores suecos", em tradução livre] (gravações em áudio de maio-junho de 1992); Loris Malaguzzi, *Seminario rivolto agli educatori svedesi* (transcrição das intervenções de maio-junho de 1992); Loris Malaguzzi, *Seminario rivolto agli educatori svedesi* (escritos de maio-junho de 1992).

[245] Loris Malaguzzi e Laura Rubizzi, *Il gioco del negozio* ["O jogo dos negócios", em tradução livre] (26 de outubro de 1992); Loris Malaguzzi, *Le nostre idee sulla cultura e sulla educazione infantile* ["Nossas ideias sobre cultura e educação infantil", em tradução livre] (transcrição de uma intervenção de 27 de outubro de 1992).

[246] Loris Malaguzzi, *Le nostre idee su società, cultura, educazione infantile* ["As nossas ideias sobre sociedade, cultura e educação infantil", em tradução livre] (out. 1992).

e metacognição; a identidade, a autonomia, a competência, a criatividade da criança em relação às novas *Orientamenti*; uma pedagogia que dê forma às coisas; as referências histórico-críticas de nossa experiência; a educação como necessidade de escolha.

Em julho daquele ano, Malaguzzi foi a Barcelona para ministrar um seminário para professores no Plano Especial para Educadores de Escolas Infantis.[247] Mais uma vez, ele defendeu a constante reflexão e a pesquisa sobre o próprio trabalho, para melhorá-lo e não defraudar as enormes potencialidades da infância.

No ano de 1992, os cortes econômicos e os problemas financeiros dos municípios continuaram existindo. Um decreto de Andreotti pedia que 25% do custo das Creches pudesse ser financiado pelo Estado. Um grupo de municípios emilianos se opôs à norma e não a aplicou. Malaguzzi apoiou essa decisão dos municípios,[248] porque atentava contra os princípios da autonomia local que ele defendia. Loris instigaria que o número de municípios "rebeldes" aumentasse.

Posteriormente, ele faria uma análise da situação econômica do país.[249] Para Malaguzzi, a Itália vivia em uma época de duas faces: por um lado, a economia nacional parecia gozar de boa saúde e, por outro, a moeda, a lira, parecia desvalorizar-se. Ele pedia que se analisasse com cuidado a diferença na qualidade dos gastos das instituições educacionais gerenciadas pelos municípios

---

[247] Puri Bienés, "La escuela ha de potenciar la comunicación con la familia" ["A escola precisa potencializar a comunicação com a família", em tradução livre], *Comunidad Escolar* (15 de julho de 1992). Também publicado no periódico *Infancia*, n. 18 (mar./abr. 1993), p. 8-9.

[248] Loris Malaguzzi, "Ribelione dei sindaci emilinai agli aumenti delle rete dei nidi" ["Rebelião dos prefeitos emilianos contra o aumento da rede de creches", em tradução livre], *Bambini*, ano VIII, n. 2 (fev. 1992), p. 4.

[249] Loris Malaguzzi, "Venendo via dall'opulenza del degrado" ["Saindo da opulência do degradado", em tradução livre], *Bambini*, ano VIII, n. 8 (out. 1992), p. 8-9.

e as gerenciadas pelo Estado. O governo estava impondo um bloqueio. Para os municípios, não havia outro caminho senão a rebelião contra tal ato, que supunha uma violência contra a infância.

Enquanto isso, o Ministério da Educação afirmava que não tinha orçamento. Apenas para pagar os salários, mas nada para edifícios, laboratórios, materiais didáticos, nada para formação, e muito pouco para experimentação. A situação tornou-se paradoxal: enquanto o Ministério decretava a proibição de abrir novas escolas federais (sabendo da queda nas matrículas em suas escolas), apoiava a assunção funcional de centenas e centenas de novos professores. Além disso, o governo publicou um decreto que impunha um bloqueio à criação de novas escolas municipais ou à contratação de novos profissionais para essas escolas.

Para o pedagogo, havia um cansaço pela incompreensão gerada. As pessoas – defensoras da escola pública municipal – estavam fartas de obedecer e de serem tratadas como um corpo estranho. Ele não suportava que houvesse uma ausência de funcionários quando existia uma rede gigantesca de "liberações" do corpo docente. Segundo Malaguzzi, havia 10 mil liberações sindicais ou 14 mil profissionais emprestados para outros serviços.

> As pessoas já não querem, por exemplo, suportar que o Ministério continue a contratar pessoal apenas para manter velhos acordos ou costumes, ou lamentar a ausência de funcionários enquanto é mantida em pé (e energicamente defendida) uma enorme e vergonhosa rede de "chefias e comissões", iniciada com a inesquecível Falcucci.
>
> Alguns afirmam que são apenas 10 mil as comissões sindicais do emprego público; outros dizem que os professores emprestados para outros lugares (e para onde?) são 14 mil.

LORIS MALAGUZZI: UMA BIOGRAFIA PEDAGÓGICA

> Recordemo-nos de que, nos tempos do "vale tudo", os "emprestados" eram 20 mil.
>
> O retorno deles poderia representar uma economia de entre 3,5 e 4,5 bilhões,[250] como dizem os jornais.
>
> Milhões que, hoje, poderiam fazer todas as coisas necessárias para a escola, e que os cofres do Ministério não permitem.
>
> Cavoucando e cavoucando, percebe-se que a Pedagogia é a primogênita da capacidade de legislar e administrar da política.[251]

Malaguzzi solicitava que se tomasse consciência da dura e dramática realidade criada, para pedir justas responsabilidades que estavam levando o país a um brutalismo moral e a um desastre econômico. Para isso, ele pedia, mais uma vez, reflexão sobre os caminhos culturais que a indiferença obtia, a fim de tentar defender a escola e os serviços sociais maltratados. Com esses pensamentos, Malaguzzi acreditava, com um fio de esperança, que se pudesse encontrar inspiração para uma reforma dos costumes, da ética, da cultura e da política, com o intuito de enfrentar a austeridade imposta.

Loris reclamava da pobreza da escola italiana,[252] uma pobreza que não era apenas econômica, embora o investimento de dinheiro fosse necessário para aplicar reformas indispensáveis, entretanto, o Ministro da Educação não tinha possibilidade de manobra por falta de disponibilidade orçamentária. Por esse motivo, e pelo mau uso

---

[250] N. do E.: em 1992, 1 dólar americano valia cerca de 1.130 liras. Com a inflação ajustada da moeda estadunidense em relação ao que vale em 2023, seria o equivalente a 2,20 dólares. Isso significa que, na cotação atual, os valores apresentados no texto equivaleriam, aproximadamente, entre 34.070.800 e 43.805.310 reais.

[251] Loris Malaguzzi, "Venendo via...", *op. cit.*, p. 9.

[252] Loris Malaguzzi, "Nessun pesco...", *op. cit.*, p. 8-9.

do dinheiro, ele se mostrava pessimista em relação a mudanças substanciais na política educacional do governo, em um país no qual a economia e o desemprego se tornaram ingovernáveis.

No mesmo sentido dos cortes, um decreto posterior (9 de agosto de 1993), do Governo Ciampi, promulgou a extinção de 56 mil salas de aula, em razão do declínio da taxa de natalidade. Malaguzzi[253] antecipou uma insuportável desordem, perto de um caos de consequências inimagináveis, o que geraria resultados medíocres, mas o que surpreendeu Loris foi a indiferença da opinião pública e dos meios de comunicação. Para ele, a indiferença era um câncer a ser extirpado na sociedade, um fenômeno que reforçava os poucos valores de formação e cultura que acreditavam em um projeto de escola como apenas utilitário. Nessa operação, certos sindicatos foram cúmplices, fagocitados por operações corporativas ou interesses particulares. Malaguzzi esperava que, com a economia de 3,5 bilhões de liras, algumas reformas desejáveis pudessem ser estabelecidas, como o aumento da idade escolar obrigatória, que ainda, de forma obsoleta, em um país europeu, permanecia ancorada aos 14 anos, ou a necessária reforma do ensino secundário. Para fazer essa reforma, ele achava necessário que o Ministério da Educação se emancipasse do Ministério da Economia, deixando de ser seu servo.

---

[253] Loris Malaguzzi, "Un bubbone dallo scoppio preaunninciato" ["Uma bolha com estouro prenunciado", em tradução livre], *Bambini*, ano IX, n. 8 (out. 1993), p. 6-7.

> Se você voltar a partir desse ponto e incluir dados e estatísticas, quantidade e qualidade dos erros, dos parcelamentos, das demagogias e da retorcida fatuidade[254] com que, há décadas, a escola é governada – desperdiçando milhões, inteligências e profissionalismos –, você conseguirá entender tanto a alta cota de responsabilidade direta quanto a alta taxa de cumplicidade que o poder e a sedução criaram, quase obrigando até mesmo os sindicatos a se deixarem comprometer ou a serem fagocitados por tentações e operações de sabotagem corporativa ou de interesses "particulares" [...].
>
> Há aqueles que esperam que os 3,5 bilhões de liras economizados sirvam para as reformas da escola [...].
>
> A necessidade impõe que a escola rejeite um estatuto dependente de um Ministério, que, por sua vez, é dependente e servil, em primeiro lugar, e atrasado e assistencial por vocação.
>
> E, finalmente, decolar com a autoridade e a independência adequadas, deixando a lagoa onde seus barquinhos de papel ou seus veleiros teleguiados encalharam com bastante frequência na costa, descentralizando e modernizando-se.[255]

O prêmio Lego

O ano terminou com um novo e grande reconhecimento para Malaguzzi. Ele recebeu, em 11 de novembro, o prestigioso prêmio Lego.[256] Instituído em 1985, esse prêmio busca distinguir,[257] a cada ano, pessoas, organizações ou associações que, por meio de pesquisa, tenham contribuído para aprofundar o conhecimento e a compreensão das condições de vida da infância, com a finalidade de

---

[254] N. do E.: de acordo com o Dicionário Houaiss, presunção, vaidade.

[255] Loris Malaguzzi, "Un bubbone...", *op. cit.*, p. 7.

[256] Compartilhado com a escola Iuventa, na Eslováquia, em Bratislava, um centro de pesquisa e desenvolvimento para atividades de lazer de crianças e jovens.

[257] Yggdrasil. *Il Premio Lego 1992*, p. 2.

OS ANOS 1986-1994: A SAUDADE DO FUTURO **375**

melhorar o seu desenvolvimento; que, por meio de iniciativas concretas, tenham evidenciado as condições da infância e os problemas de crescimento e de desenvolvimento; que, por meio de uma atividade pedagógica qualificada, tenham influenciado positivamente a vida da infância; e que, por meio de escritos, voz ou audiovisualmente, tenham contribuído para aumentar a atenção aos problemas da infância, à sua situação e à sua condição.

O prêmio[258] foi concedido a Malaguzzi como reconhecimento de sua atividade tenaz e inovadora em prol das crianças e do seu desenvolvimento na Educação Infantil.

> "A infância está cheia de recursos. Se a limitarmos, também limitaremos os nossos." Mais ou menos assim se expressa o pedagogo e simpático avô italiano, Loris Malaguzzi, para o correspondente romano da televisão dinamarquesa, Alfredo Tesio, em uma entrevista com Yggdrasil, em 1986.
>
> Agora, seis anos depois, aos 72 anos, Loris Malaguzzi recebe o Prêmio Lego, como reconhecimento por sua atividade tenaz e inovadora em prol das crianças e do seu desenvolvimento em sua idade pré-escolar, que, juntamente com seus colaboradores, doaram seu trabalho por quase duas gerações na planície padana,[259] norte da Itália. Aqui, a cidade de Reggio Emilia, há muito tempo, escreveu, com letras grandes, no mapa da pedagogia mundial. Sua fama espalhou-se de tal maneira que a autoridade escolar local teve que garantir e regular, há anos, as visitas de profissionais estrangeiros, defendendo também os tempos e as atividades das crianças e das professoras.[260]

---

[258] Peter Ambeck-Madsen, "Non si deve porre limite all'infanzia" ["Não se deve impor limites à infância", em tradução livre] *in* Yggdrasil. *Il Premio Lego 1992*, *op. cit.*, p. 13-9; "A Loris Malaguzzi il 'Premio Lego 92'", *Bambini*, ano VIII, n. 2 (dez. 1992), p. 9; *A Loris Malaguzzi il "Premio Lego" 92* (comunicado de imprensa de 11 de novembro de 1992); Francesco Tonucci, "Il Lego a Loris", *op. cit.*, p. 10-2; Biel Dalmau, "Loris Malaguzzi, Premio Lego 1992", *Infancia*, n. 18 (mar./abr., 1993), p. 2-3.

[259] N. do E.: referente à planície do Rio Pó.

[260] Peter Ambeck-Madsen, "Non si deve...", *op. cit.*, p. 13.

O prêmio, simbolizado em Yggdrasil (árvore da vida, na mitologia dinamarquesa), consistia em 1 milhão de coroas dinamarquesas.[261] A parte que coube a Malaguzzi foi usada para fortalecer a criação de um novo centro de estudo e investigação sobre as potencialidades das crianças na Reggio Emilia, que posteriormente seria a Reggio Children, da qual tratarei em breve.

Sempre a guerra

O ano de 1992 foi de alegria para Malaguzzi, mas, na Bósnia-Herzegovina, começou uma terrível guerra civil após a sua independência da Federação Iugoslava, o que provocou a divisão territorial do país entre sérvios, croatas e muçulmanos.[262] Ao longo de 1993, os confrontos intensificaram-se, com bombardeios indiscriminados brutais, sobretudo em Sarajevo, e toda a operação de "limpeza étnica" executada por alguns sérvios. Vários planos de pacificação falharam pela complexidade das aspirações territoriais dos três grupos beligerantes.

Malaguzzi sofreu com essa guerra e, principalmente, com as notícias das escolas bósnias bombardeadas com as crianças dentro delas. Era o reconhecimento da impotência diante da guerra, uma guerra incivilizada e cruel, que seu projeto educativo e humanitário tentava deixar de fora. Ele propôs,[263] então, o Prêmio Nobel da Paz

---

[261] N. do E.: em 1992, 1 dólar americano valia cerca de 6,4 coroas dinamarquesas. Com a inflação ajustada da moeda estadunidense em relação ao que vale em 2023, seria o equivalente a 2,20 dólares. Isso significa que, na cotação atual, o valor apresentado no texto equivaleria, aproximadamente, a 1.718.750 reais.

[262] Segui o suplemento I ** da *Gran Enciclopedia Larousse* (Barcelona: Editorial Planeta, 1998), p. 144-45.

[263] Loris Malaguzzi, "Una firma, tante firme per i bambini di Sarajevo" ["Uma assinatura, muitas assinaturas pelas crianças de Sarajevo", em tradução livre], *Bambini*, ano IX, n. 8 (out. 1993), p. 1.

OS ANOS 1986-1994: A SAUDADE DO FUTURO **377**

para as crianças de Sarajevo, testemunhas diárias de cenas terríveis. Um Nobel que poderia ser o símbolo para deter uma guerra fratricida. Um Nobel para uma esperança. A ideia desse prêmio foi apoiada pela Unicef e por cem parlamentares europeus. Malaguzzi e a revista queriam dar todo o seu apoio e toda a sua força, solicitando assinaturas para aumentar a solidariedade que não toleraria a indiferença ante um fato tão grave.

> Porque lhes foi concedido o Prêmio Nobel da Paz. As crianças de Sarajevo, as que estão mortas, as que estão vivas, testemunhas de uma cena terrível. As do corpo destroçado. As feridas, que poderão se curar caso sua evacuação da cidade [...] seja imediata e caso abram as portas dos hospitais europeus.[264]

As notícias da guerra perturbaram Malaguzzi. Em um extraordinário e doloroso artigo,[265] quase jornalístico e revelador da sua personalidade, ele narrou seu estado mental de incompreensão diante da guerra. A notícia era de 9 de novembro de 1993. Os sérvios lançaram algumas granadas sobre uma escola com crianças dentro dela. Nove mortos e vinte feridos. Um professor morto. Malaguzzi reconheceu sua dificuldade de falar de paz, de encontrar as palavras justas, adequadas, oportunas. Loris quis escapar.

Loris Malaguzzi foi à biblioteca buscar um livro de educação fascista dos anos 1930, talvez, em busca de uma explicação para tamanha loucura. Depois, encontrou a história de Benjamin, um diretor de uma editora que fora brutalmente agredido, sem saber o sentido de todos os seus atos, apenas queria compartilhar a forma como recebera a notícia.

---

[264] *Ibidem*.

[265] Loris Malaguzzi, "Al di là della notizia immonda" ["Além da notícia repugnante", em tradução livre], *Bambini*, ano IX, n. 10 (dez. 1993), p. 3.

> Hoje, 9 de novembro, outra notícia horrível chegou de Sarajevo. Se é possível dizer, mais horrível do que as outras. Os sérvios lançaram granadas sobre a cidade desfigurada pelo sangue, pela fome e pela destruição, atingindo, intencionalmente, uma escola de crianças. Nove crianças foram mortas e vinte ficaram feridas. O professor também morreu.
>
> Se já não bastasse o cenário macabro, agora, também a escola, com suas crianças, seu jovem professor, suas carteiras, seus livros e seus cadernos ainda abertos. A tragédia se apoderou de tudo: da realidade e dos símbolos [...]. As descobertas e as armadilhas do ego e do subconsciente pedem para serem transferidas para qualquer outro lugar.[266]

Esse documento triste revela o pensamento e a personalidade de Loris Malaguzzi. Devemos lembrar que era dezembro de 1993, um mês antes de sua morte. Foi o testemunho de um homem que, como durante toda a sua vida, busca relações inesperadas aos eventos. O relato de uma pessoa que sempre se perguntava: "Por quê?". Um porquê longe das respostas fáceis e visíveis. Um porquê filosófico e epistemológico. A empatia de Malaguzzi não suportava a injustiça inumana de uma guerra, qualquer guerra, que atentava contra os menores, sua educação ou seus professores e suas professoras. Um projeto educacional que, por sua vez, acredita que pode – com esperança – mudar o mundo que algumas pessoas adultas construíram e brutalmente destruíram sem respeito.

Projetos até o fim

Vamos rebobinar. Vejamos, aos poucos, os acontecimentos de 1993 com Loris Malaguzzi.

---

[266] *Ibidem.*

Alguns grupos, entre eles, o *fiorentino*,[267] dedicaram-se a coletar assinaturas para promover um projeto de lei[268] de iniciativa popular, para definir a Creche como um serviço educacional e social de interesse público, a fim de que deixasse de ser um serviço apenas para a demanda individual. Malaguzzi, emocionado, agradeceu essa coleta de assinaturas em nome de todo o Gruppo Nazionale Nidi e Infanzia, um detalhe de que ele gostava, porque criava uma sensibilidade social necessária.

> O Gruppo Nazionale Nidi e Infanzia agradece com gratidão a Daniela Lastri e seu grupo florentino, por serem os incomparáveis patrocinadores e incansáveis provocadores dessa impressionante coleta de 150 mil assinaturas, e expressa um sentimento de reconhecimento a todos os trabalhadores e pais que, em cada cidade e em cada país, conduziram a empresa com impulso e força que superaram qualquer previsão.[269]

Em Reggio Emilia, ocorreram muitos encontros, seminários e intercâmbios públicos naquele ano. Vejamos alguns para entender os pontos nos quais Malaguzzi quis incidir intencionalmente.

No dia 3 de fevereiro, ele participou de um encontro sobre música.[270] Em 4 de abril, ele interveio em um encontro com Dennie Wolf, professora da Universidade de Harvard (junto com Howard Gardner), promotora do Project Zero,[271] com o tema *A valorização dos serviços educacionais*.

---

[267] N. do E.: grupo de profissionais dessa região italiana para reivindicar uma lei para as Creches, ou seja, a crianças de 0 a 3 anos.

[268] *Vide* Aldo Fortunati, "L'avventura continua...", *Bambini*, ano IX, n. 4 (abril, 1993), p. 2-3; "Proposta di legge di iniziativa popolare: L'Asilo Nido un diritto delle bambine e dei bambini" ["Proposta de lei de iniciativa popular: creche, um direito das meninas e dos meninos", em tradução livre], in *Gazzetta Ufficiale*, n. 171 de 22 de julho de 1992.

[269] Loris Malaguzzi, "Gratitudine" ["Gratidão", em tradução livre], *Bambini*, ano IX, n. 4 (abr. 1993), p. 2.

[270] Loris Malaguzzi e R. Neulichedl, *Incontro preliminare sulla musica 1ª e 2ª* ["Encontro preliminar sobre música – 1ª e 2ª", em tradução livre] (gravação em áudio de 3 de fevereiro de 1993).

[271] Dennie Wolf e Loris Malaguzzi (anotações de 4 de abril de 1993).

Em 24 de abril, ele participou de um congresso regional em Turim, cujo título era *A Creche: um direito das meninas e dos meninos*.[272]

No dia 26 de abril, ele fez uma intervenção em uma reunião com a americana Louise. Eles buscavam desvendar e aprofundar o sucesso conhecido hoje como Reggio Approach, uma abordagem educacional aplicada em várias partes do mundo, principalmente, em algumas escolas dos Estados Unidos, com base na experiência de Reggio.

Em 11 de maio, ele participou de um encontro[273] com Lilian Katz, professora do Departamento de Pedagogia e diretora do ERIC/EECE da Universidade de Illinois, no qual se deu continuidade ao encontro anterior, sobre a valorização qualitativa dos serviços educacionais.

No dia 3 de junho, ele recebeu uma delegação americana,[274] com a qual aprofundou temas como a observação, a auto-observação e a autoaprendizagem.

Em 3 de junho, Malaguzzi participou de um encontro no Centro Documentazione[275] sobre as interpretações que os adultos fazemos das diversas imagens das crianças e sobre como estas buscam sentido e significado em suas ações, os quais são flexíveis e mutáveis de acordo com os contextos.

No dia 9 de julho, Loris realizou um encontro com a Escola Diana sobre as relações adulto-criança,[276] aprofundando o conceito de interação intencional como uma necessidade vital do ser

---

[272] *Vide Bambini*, ano IX, n. 3 (abr. 1993), p. 5.

[273] Loris Malaguzzi e Lilian Katz, *La valutazione nei servizi per l'infanzia* ["A avaliação nos serviços para a infância", em tradução livre] (gravação em áudio de 11 de maio de 1993).

[274] Loris Malaguzzi (anotações de 3 de junho de 1993).

[275] Loris Malaguzzi (anotações de 9 de junho de 1993).

[276] Loris Malaguzzi, *Incontro Diana. Approfondimenti. Sulla relazione adulto-bambino 1ª e 2ª* ["Encontro em Diana. Aprofundamento. Sobre as relações adulto-criança – 1ª e 2ª", em tradução livre] (gravações em áudio de 9 de julho de 1993).

OS ANOS 1986-1994: A SAUDADE DO FUTURO **381**

humano para construir uma relação de reciprocidade ou de convivência. A professora deve construir interpretações que são o que dá força e sentido à sua profissionalidade, interpretações que não são conclusões. Quando o adulto interpreta, ele se interpreta a si mesmo, porque também busca seu próprio sentido.

Em 4 de outubro, realizou um encontro com as escolas Diana e La Villetta.[277] Nesse encontro, falou sobre a escola como um espaço *coevolutivo*, um ambiente de comunicação individual e social, um lugar de experiências de vida convencionais e não convencionais, uma identidade que deixa marcas e um lugar de participação. Escola como um instrumento de educação transicional de relações e de interações ativas entre diversos sujeitos e protagonistas ativos, de uma experiência em que buscam sentido para sua própria identidade.

Enquanto isso, como Malaguzzi me comentou em diversas ocasiões, ele dedicava-se incansavelmente a estudar e a aprofundar suas ideias. Nunca foi um grande "estudante curricular", mas, naqueles anos, tinha o tempo, a tranquilidade e a serenidade necessária para estudar com mais afinco, e foi nisso que dedicou suas energias e seu tempo.

Também são dignos de destaque, ao longo desse ano, os diversos encontros[278] que dedicou às equipes, incluída a *allargata*[279] (membros da equipe mais um representante de cada escola). Parece que, também em pequenos grupos – quase confidencialmente – ele precisava transmitir e aprofundar algumas ideias e considerações. Nessas reuniões, ele abordou dois temas em especial.

---

[277] Loris Malaguzzi, *Incontro Diana-Villetta* (anotações de 4 de outubro de 1993).

[278] Loris Malaguzzi, *Intervento all'incontro di équipe allargata* ["Intervenção na reunião da equipe estendida", em tradução livre] (anotações de 19 de abril de 1993); Loris Malaguzzi, *Équipe* (anotações de outubro de 1993); Loris Malaguzzi, *Équipe* (anotações de 1º de outubro de 1993); Loris Malaguzzi, *Équipe* (anotações de 8 de outubro de 1993); Loris Malaguzzi, *Équipe* (anotações de 18 de outubro de 1993).

[279] N. do E.: estendida, ampliada, em italiano.

O primeiro deles era sobre a apresentação da ideia de criar uma fundação (que se tornaria a Reggio Children) para manter e construir uma relação internacional e multidimensional, em uma situação que, em virtude do número de solicitações, estava se tornando incontrolável. Ele convocou a refletir acerca desse fenômeno e revelar o genuíno projeto de Reggio Emilia, um projeto que queria ser importado e imitado por diferentes partes do mundo e diferentes culturas.

Por sua vez, o segundo tema era sempre, precisamente, repetitivo: a participação social. Malaguzzi, de fato, concentrava-se na dimensão política desse conceito, o qual deveria entrar nas famílias como um sentido de pertença à escola, em que ninguém deve sentir-se alheio. Essa pertença – como um ato de reconhecimento – deve tornar-se a própria ética da participação, em uma escola na qual todos e todas têm o direito de sentir-se protagonistas e *coconstructores* subjetivos de projetos de vida.

Com esse tema de participação (com a consciência de sempre seria uma força, passada, presente e futura, da experiência), ele impulsionou uma conferência pública sobre a participação[280] para refletir sobre as próximas eleições para os *Consigli di Gestione*.

Em junho, ele organizou um seminário para profissionais estadunidenses e participou deste, no qual tratou da imagem da infância como ponto de partida da Educação.[281]

Os seminários com os amigos suecos continuavam sendo uma tradição. Naquele ano, Malaguzzi, além de participar, organizou

---

[280] Loris Malaguzzi e Sergio Spaggiari, *Partecipazione-consigli-elezioni 1ª e 2ª* ["Participação: conselhos – eleições – 1ª e 2ª", em tradução livre] (gravações em áudio de 20 de outubro de 1993).

[281] Loris Malaguzzi, "Your Image of the Child: Where Teaching Begins", ["Sua imagem da criança: o ponto em que o ensino começa", em tradução livre] *Child Care Information Exchange* ["Intercâmbio de informações sobre cuidados infantis", em tradução livre], n. 96 (mar./abr. 1994), p. 52-61.

OS ANOS 1986-1994: A SAUDADE DO FUTURO **383**

e impulsionou dois cursos de formação: um em maio[282] e outro em novembro.[283] Em ambos os seminários, ele se aprofundou em ideias como a Educação como conexão complexa e ecológica de múltiplos contextos e a escola como um ambiente de provocação de indignação social.

Ademais, entre os dias 25 e 27 de outubro, ele participou, em Brescia,[284] de um congresso com o título *Rosa Agazzi na cultura pedagógica italiana e na realidade educativa da escola maternal*. Mais uma vez, em sua intervenção, Malaguzzi deu sentido ao que significa um congresso, do qual esperava a esperança do otimismo. Detenhamo-nos um momento em suas palavras:

> A espera das crianças está aqui: aqui não há crianças; elas estão fora, esperando, também, o que pode surgir de um congresso como este.
>
> A espera é um grande sinal.
>
> Se as crianças sabem esperar, sabem atravessar todos os tempos da construção da espera, de aguardar, de esperar, porque algo tem que acontecer, algo bonito, algo extraordinário. Pode acontecer, também, o contrário, mas não se pode bloquear a espera, pois está ligada à esperança: se não houvesse nenhuma esperança, não haveria nenhuma espera.
>
> E nós chegamos, hoje, à conclusão das três jornadas de estudo sobre a experiência agazziana e sobre a realidade da criança de hoje em dia, com a esperança e com a espera, ou com a espera ou com a esperança.[285]

---

[282] Loris Malaguzzi, *Seminario rivolto agli educatori svedesi. Modelli e cogetture teorico pratiche nella educazione dei bambini* ["Seminário voltado para educadores suecos. Modelos e conjecturas teórico-práticas na educação das crianças", em tradução livre] (gravações de maio de 1993); Loris Malaguzzi, *Seminario rivolto agli educatori svedesi. Modelli e cogetture teorico pratiche nella educazione dei bambini* (transcrição da intervenção de 19 de maio de 1993); Loris Malaguzzi, *Seminario rivolto agli educatori svedesi. Modelli e cogetture teorico pratiche nella educazione dei bambini*.

[283] Loris Malaguzzi *et al.*, *Seminario svedesi* ["Seminário sueco", em tradução livre] (gravações em áudio de novembro de 1993); Loris Malaguzzi *et al.*, *Seminario svedesi* (transcrição de 11 de novembro de 1993).

[284] N. do E.: município da região da Lombardia.

[285] Loris Malaguzzi, "Con l'attesa e con la speranza" ["Com a espera e com a esperança", em tradução livre], *Bambini*, ano X, n. 3 (mar. 1994), p. 8-9.

Durante 1993, ainda mais, se fosse possível, a experiência de Reggio disparou em pedidos para ser conhecida. As solicitações de visitas, as assessorias e os cursos de formação para aplicar a abordagem reggiana eram inúmeros e difíceis de administrar. Jornais nacionais e internacionais faziam eco desse fenômeno. Para entender o acontecimento, bastam duas manchetes dos jornais daquele ano: *Escola maternal, corrida por visitas. Associação para a acolhida*[286] e *Os filhos de Clinton*[287] *estudarão como os emilianos.*[288]

O ano de 1993 seria um ano de um novo reconhecimento internacional. Malaguzzi viajou para Chicago, nos Estados Unidos, para receber o prêmio da Kohl Foundation 1993. Um prêmio para Malaguzzi e as escolas de Reggio Emilia, pelo seu trabalho educativo em prol dos direitos da infância. No discurso de agradecimento do prestigioso prêmio, Malaguzzi falou da mundialmente conhecida "nostalgia do futuro", uma metáfora para assinalar o significado profundo do mundo da Educação.

Entretanto, nem todas as notícias eram boas. No final de outubro, Malaguzzi sofreu com a morte de sua esposa e de seu único irmão. Um forte golpe emocional, com o qual ele conviveria, sozinho, voltando a estudar e a trabalhar nas escolas pelo projeto em que acreditava.

Assim, chegamos ao triste ano de 1994.

No último editorial, Malaguzzi escreveu na revista, na sua revista, *Com os jovens de 1993.*[289] Nele, narrou como milhares de jovens ocuparam as ruas e praças das cidades (para Malaguzzi, lugares oportunos e pertinentes) para protestar pelo estado da escola, pela sua intolerável degradação, pela defraudação. Queriam poder

---

[286] *L'Unità* (22 de fevereiro de 1993).
[287] N. do E.: referência a Bill Clinton, ex-presidente dos Estados Unidos (1993-2001).
[288] *La Repubblica* (14 de abril de 1993).
[289] Loris Malaguzzi, "Coi ragazzi del '93", *Bambini*, ano X, n. 1 (jan. 1994), p. 8-9.

OS ANOS 1986-1994: A SAUDADE DO FUTURO **385**

participar da necessária mudança da escola. Criticavam as pessoas adultas, por sua indiferença, por lavarem as mãos, a universidade, por sua ausência, e os professores, por sua amnésia e seu medo.

É a crítica contra o mundo adulto, que trai a esperança das novas gerações. Os(as) jovens reclamam uma escola que garanta a sua cultura, colocando no centro a sua dignidade. Os adultos devem entender tudo o que une o drama e as questões das novas gerações, as reformas dos conteúdos, as formas de estudos e as batalhas por uma democracia limpa e alegre.

> E, lá fora, na sociedade mais ampla já oprimida por milhares de sofrimentos, pelo volume de incompetência e pela insensibilidade no que tange à escola, aos seus deveres, à sua decadência, às suas obrigações traídas por ter se colocado ao lado de medos, também há questionamentos e esperanças dos jovens [...].
>
> Eles resistiram à sugestão estratégica de força e grupos, reinventando-se com corajosa autonomia e prolongando planos de aliança. As ruas, as praças, as noites de ocupação têm sido lugares dispersos, longe das antigas sedes, para medir sua raiva e sua maturidade [...].
>
> Sabemos exigir, com força absoluta, a garantia de sua cultura e de sua democracia, recolocando o centro das questões e dos direitos, da responsabilidade e da dignidade dos sujeitos que crescem e aprendem.[290]

Ao longo do mês de janeiro, Malaguzzi decidiu visitar diversas instituições educacionais que recebiam delegações nacionais e estrangeiras, com o objetivo de avaliar a situação. Durante essas visitas, ele observou aspectos de que gostou, mas outros que não o agradaram, sobretudo em relação ao excessivo conformismo de algumas instituições. Para um inconformista, como ele, era insuportável perceber situações excessivamente acomodadas.

---

[290] *Ibidem*, p. 8-9.

Em 27 de janeiro, Malaguzzi realizou uma reunião[291] com membros da equipe e representantes de todas as instituições educacionais, na qual fez reflexões e críticas com base em suas observações. Ele pediu uma reflexão sobre a própria organização das escolas para ver se seria uma organização obsoleta em relação aos tempos em que viviam. Ele insistiu na construção de investigações sobre diversas situações, a fim de evitar a rotina improvisada. Para Malaguzzi, era necessário que as escolas se antecipassem, com projetos de futuro, e não ficassem presas ao passado. Ele afirmou que a escola obriga sempre a olhar para o futuro, pois as crianças de hoje são os homens e as mulheres do amanhã. Acima de tudo, ele queria poder refletir sobre os diversos temas sem simplificações culturais e com um olhar sempre amplo.

A infância, para ele, tem necessidade de encontrar sentido em sua experiência; essa é a sua própria sobrevivência e dignidade. É nesse ponto em que as escolas devem estar situadas. As escolas e os adultos devem permitir que a criança exerça sua capacidade de projetar o futuro com otimismo e sem passividade, sempre mantendo uma energia crítica que fuja da aceitação da mediocridade. Para isso, é necessário encontrar uma sensibilidade solidária que una a cidade em uma rede transnacional, ultrapassando o típico provincialismo italiano. Talvez, seja necessário inventar novas formas de ver contemporâneas, para apreciar as relações invisíveis e promover diversas perguntas, como destacou Malaguzzi. As conexões com outros países não devem ser vistas como uma colonização, mas como uma oportunidade de confrontação e de discussão com a própria abordagem pedagógica que Reggio construiu. O risco é o de que as escolas se tornem obsoletas e caiam em uma retórica que não sabe unir teoria

---

[291] Loris Malaguzzi, *Incontro con le istituzioni che hanno ospitato le delgazioni 1ª e 2ª* ["Encontro com as instituições que receberam as delegações", em tradução livre] (gravações em áudio de 27 de janeiro de 1994); Loris Malaguzzi, *Incontro con le istituzioni che hanno ospitato le delegazioni* (transcrição da intervenção de 27 de janeiro de 1994).

e prática. É importante abandonar certas seguranças e investigar territórios inexplorados que respeitem melhor os direitos da infância. Malaguzzi também falou do privilégio único da dupla educativa, do Ateliê, do atelierista e da participação social. O problema e o crime – criticou o severo Malaguzzi – é trabalhar abaixo das possibilidades que a organização permite e oferece. A palavra adequada, em todos os momentos, é *exigência*, estar em guarda para dar o máximo. A exigência chega, entre outras coisas, por meio da confrontação e do debate público. E, nesse debate, é necessário incluir o profissional incômodo e impertinente criado por ele: o atelierista.

Em 30 de janeiro, domingo, após um infarto, Malaguzzi faleceu. Ele estava, como sempre, estudando. Curioso, folheava um livro de Paul Klee. No sábado, ele jantou com amigos de longa data. Falaram sobre política e do projeto de ir para São Francisco, nos Estados Unidos. No dia seguinte, ele começou a se sentir mal. Foi inicialmente atendido por sua nora e, depois, por seu filho, Antonio. Ele foi levado ao hospital e faleceu às 14h30. A imprensa internacional noticiou o trágico acontecimento e milhares de telegramas e mensagens de condolências de todo o mundo chegaram a Reggio. E Reggio, sua cidade, prestou-lhe homenagem na famosa sala Tricolore do Município, nomeada assim porque foi lá que nasceu a bandeira italiana.

No fim de fevereiro (brincadeiras do correio), alguns amigos e eu recebemos uma longa carta – escrita em 26 de janeiro –,[292] na qual ele se despediu de nós com uma frase: "[...] e que sejam sempre as crianças a dar forma às coisas mais do que as coisas a darem forma às crianças". Naquele momento, como agora, sentimos que seu enorme coração ainda está batendo.

---

[292] Loris Malaguzzi, *Carta* (26 de janeiro de 1994), endereçada a Isabel Cabanellas, Antonio Eslava e a mim.

9.

AS REFERÊNCIAS CULTURAIS

Loris Malaguzzi, como um homem curioso, lia e estudava de tudo. Sua biblioteca pessoal e narrativas culturais demonstram isso. Ele seguia, em parte, a máxima que repetia muitas vezes: "*Se você quiser fazer uma boa pedagogia, deve fechar os livros de Psicologia, de Pedagogia e de Didática*".

Laura Artioli,[1] que revisou sua biblioteca pessoal, descreveu a diversidade de temas e origens dos diferentes volumes. Grande parte deles, provavelmente, pertencia à biblioteca resgatada do Centro Médico Psicopedagógico. Outros vinham dos escritórios das Escolas e das Creches. Havia, também, livros do Circolo Culturale E. Curiel, da Associação Itália-URSS,[2] da biblioteca da Unione Donne Italiane (UDI) e do Centro Provincial do Teatro. Além

---

[1] Laura Artioli, *La cultura dell'infanzia, op. cit.*

[2] N. do E.: Associazione Italia-URSS, em italiano. A Associação Italiana para as Relações Culturais com a União das Repúblicas Socialistas Soviéticas foi criada em 1946. Incluía pessoas e instituições interessadas em aprofundar o conhecimento da sociedade soviética, em desenvolver relações amistosas entre os dois povos, em intercâmbios culturais entre os dois países.

disso, havia muitas obras presenteadas a Malaguzzi pela grande rede internacional de encontros e amizades (algumas com dedicatórias) que ele tinha. Outros eram, provavelmente, livros adquiridos em vários países – sobretudo nos Estados Unidos –, em virtude das múltiplas colaborações com experiências estrangeiras. Havia, ainda, outros livros de Malaguzzi que eram símbolo de sua própria caminhada, com suas inúmeras inquietações, e vários recortes de jornais e revistas que ele guardava como uma crônica crítica da atualidade.

Para Malaguzzi, os livros eram sujeitos com os quais pensar, mas também contêineres de fragmentos de vida. Entre suas páginas, havia recortes, cartas e manuscritos que, por diversas razões, haviam sido reunidos, em relações misteriosas, nas páginas dos livros.

Malaguzzi era um estudante rebelde. Sua maneira de ler e estudar já revelava uma forma de ser. Ele era um *devorador* de livros, os quais guardavam a memória de sua paixão, de sua curiosidade e de sua impaciência. Estão cheios de sublinhados (a maioria, a lápis), notas nas margens ou entre as linhas, em algumas partes, com críticas implacáveis. Há, também, diversas anotações ou chamadas para assinalar ideias importantes. Nos livros, especialmente importantes, todas essas marcações se acumulam e se aglomeram.

A leitura e o estudo, para Malaguzzi, significavam confrontar criticamente as ideias dos autores e das autoras com as suas próprias. Carla Rinaldi[3] revelou-nos sua forma de estudar e de "usar" os autores. Escritores e escritoras que eram sistemática e imediatamente problematizados, entrando em uma espiral de confrontação e de interlocução, para fazer com eles uma espécie de coquetel, um ensopado ou uma mestiçagem, em que os autores, já ruminados por Malaguzzi, eram apenas em parte reconhecíveis, mas

---

[3] Testemunho de Carla Rinaldi obtido em 15 de setembro de 1998 *in* Istoreco, *La cultura dell'infanzia, op. cit.*

AS REFERÊNCIAS CULTURAIS **391**

desconhecidos em seu uso ou no contexto em que Loris os utilizava. Ele gostava de transgredir, e essa operação é notável em suas leituras. Em certo sentido, alguns autores eram desconstruídos, desmontados e remontados em um novo sistema interpretativo. Em relação a outros autores, ele permanecia fiel, mas, com todos, ele provocava uma metabolização emocional e cognoscitiva.

> *Às vezes, gosto de defini-lo [...] como uma espécie de [...] pirata, no sentido mais bonito da palavra: ele pega o melhor, com a licença para pegá-lo, reorganizá-lo, remastigá-lo, desafiá-lo, utilizá-lo, problematizá-lo. Uma das coisas que mais nos desorientava com ele ao iniciar o trabalho, depois, transformava-se em um prazer, e era precisamente porque ele dizia uma coisa em um dia, e, no seguinte, quando, finalmente, a pessoa tinha feito e o tinha metabolizado, percebia que ele o tinha convertido em um problema, e, depois, via-se discutindo com ele e comentando o que ele tinha argumentado no dia anterior e que tinha tentado desmontar [...], e faziam isso com ele, mas ele fazia também com todo mundo. Ele fazia com os autores, com os livros [...]; é estupendo, porque ele consegue encontrar ou intuir, conhecendo a pessoa, o ritmo exato de sua problematização, seus acordos e desacordos, suas questões, as páginas marcadas, as anotações. As notas também foram feitas à mão, manipuladas mais de uma vez, até se tornarem um produto completamente novo, com a liberdade que, volto a dizer, atinge-lhe até certo ponto, de certa vida.[4]*

Escrevia e fazia anotações em diversos "cadernos reversíveis" (pode-se escrever de um lado e do outro, girando-os), nos quais registrava o pensamento dos autores, mas traduzidos para a sua língua. Eram notas para recorrer − sua fonte − em momentos muito diferentes, para usos muito distintos. Os livros, para Malaguzzi, eram a possibilidade da liberdade e da transgressão, não correntes ou amarras para nenhum pensamento. Ele odiava o que chamava de

---

[4] *Ibidem.*

"citacionistas", sobretudo o citacionismo acadêmico universitário, e, em algumas ocasiões, foi criticado por não citar suas fontes.

> *Não acredito que faltasse reconhecimento à pesquisa ou ao estudo sério ou metódico. Contudo, houve dois tipos de discussões. Um deles em relação à academia como poder e sua superioridade preconcebida no conhecimento teórico diante da ação. Nesse ponto, acredito que a dicotomia teoria-práxis, a elaboração gramsciana [...] e muitos outros discursos foram, portanto, a ação como geradora da teoria e da práxis como um dos possíveis fundamentos. Eu acredito que, em Malaguzzi, havia uma rebeldia no que tange ao acadêmico quando se tornava poder absoluto, e não se abria a uma dialética interna e externa de renovação da situação [...]. Acredito que Malaguzzi tinha um grande respeito e veneração [...] por aqueles que eram autores [...], autores de vida, que iam além de sua própria existência [...], sempre abertos à dialética comparativa. No entanto, o que acho que foi muito questionado é precisamente que a universidade, infelizmente, representou em muitas ocasiões, e ainda representa às vezes, reinos de taifas,[5] mundos fechados, potentados, e acredito que [...] uma das grandes instituições para ele [...] o crédito para a criança significava o crédito para a professora [...]. Portanto, não citar, o que também é uma prática que tenho [...]. Por exemplo, no meu caso, tenho um grave problema de memória; tenho uma memória que se censura antecipadamente, que se irrita com as citações, não suporto pessoas que estão constantemente citando, e, além disso, [...] a memória é realmente frágil, ou filha de uma história em que a ideia e seu autor foram tomados, oferecidos e manipulados como lugar de encontro e discussão. Porque, decerto, Malaguzzi, por sua curiosidade, era um grande leitor; leitor da vida, das histórias dos homens, leitor de livros [...], sempre estava lendo, mas sempre, continuamente. Ele lia de tudo [...]. Daí que a essência que ele tomava a colocava novamente em circulação.[6]*

---

[5] N. do E.: segundo o Dicionário Houaiss, marinheiros; grupos que cuidam da proteção do navio em caso de abordagem.

[6] Testemunho de Carla Rinaldi obtido em 15 de setembro de 1998 *in* Istoreco, *La cultura dell'infanzia, op. cit.*

AS REFERÊNCIAS CULTURAIS **393**

Podemos dizer que Malaguzzi estabelecia um diálogo socrático com os autores, no sentido de construir com eles uma dúvida metódica, uma dialética, uma discussão ou uma troca de razões e emoções.[7]

Como mencionamos, não são muitas as ocasiões em que Malaguzzi explicitou suas fontes. Uma dessas concessões encontramos na entrevista publicada em *I cento linguaggi dei bambini*.[8] Foi um daqueles momentos em que Loris nos revelou suas fontes culturais.

> Quando alguém nos pergunta como nascemos, de onde viemos, quais são nossas fontes de inspiração etc., só podemos exibir uma extensa nomenclatura.
>
> Quando contamos o quão humildes e excepcionais são nossas origens e tentamos fazer entender que de lá emprestamos parte das teorias que ainda sobrevivem, despertamos muito interesse, e não pouca incredulidade. É curioso (mas não sem motivos) o quão potente ainda é a crença de que as ideias e as práticas educativas só podem nascer e ser deduzidas de modelos oficiais e de teorias e experiências de autores.
>
> De qualquer forma, acrescentamos imediatamente que também viemos de uma cultura e que estamos imersos na história, nas doutrinas e nos fatos políticos, econômicos, científicos, humanos, com os quais sempre está aberta uma negociação e uma sobrevivência difícil e árdua.
>
> Por esse motivo, também sofremos, corrigimos, modificamos (mas, no final, a sorte nos poupou de investimentos, traições ou compromissos vergonhosos) nosso caminho.
>
> A Pedagogia, quando desfruta da liberdade suficiente e, também, de boa sorte, pode correr entre adoções e restaurações, suportar erros e aventurar-se com intuições e decisões originais.

---

[7] *Vide* Platão, *Protágoras* (Barcelona: Editorial Humanitas, 1983).

[8] Carolyn Edwards, Lella Gandini e George Forman, *I cento...*, *op. cit.*, p. 62-7.

Por sua vez, é importante que não seja prisioneira de grandes ou numerosas certezas, a fim de estar sempre pronta para perceber a relatividade de seus poderes, das extremas dificuldades de transformar em prática as formulações ideais.

Piaget já advertia que os erros e males da pedagogia provêm de uma falta de equilíbrio entre os dados científicos e as aplicações sociais.

Para dar uma indicação esquemática e resumida dos polos culturais que nos interessaram (uma vez evitado o risco de sermos esmagados, no início dos anos 1950, pelos enfrentamentos extremos das ideologias e das políticas opostas, que não deixavam muitas brechas culturais), dizemos que as principais referências foram, em primeiro lugar, as de Rousseau, Locke, Pestalozzi, Fröebel, da escola ativa de Bovet[9] e Ferrière, de Dewey e da escola de Chicago, depois do movimento italiano de Cooperação Educacional, Decroly, Gramsci, Freinet, Wallon, Claparède, Makarenko, Erikson, Piaget, Wertheimer,[10] Vygotsky, Bruner, Freire, Fromm,[11] Bronfenbrenner, Maslow, Rogers,[12] Hawkins. A partir dos anos 1980, as referências se concentraram em nomes como Carr, Gardner, Kagan,[13] Schaffer,[14] Kaye[15] e muitas outras correntes de Psicologia Social, e em teorias da complexidade de Bateson, Morin, Prigogine, von Foerster,[16] Varela[17] e das neurociências, em especial, na versão da escola de Edelman.

---

[9] N. do E.: Pierre Bovet, psicólogo e pedagogo suíço.

[10] N. do E.: Max Wertheimer, psicólogo tcheco que descreveu o movimento phi, no qual há um aparente movimento em uma imagem, dependendo de sua disposição.

[11] N. do E.: Erich Fromm, psicólogo social, psicanalista, filósofo humanista e sociólogo alemão, voltado à social-democracia.

[12] N. do E.: Carl Rogers, psicólogo estadunidense de abordagem humanista.

[13] N. do E.: Spencer Kagan, reconhecido autor estadunidense que escreveu sobre a aprendizagem cooperativa.

[14] N. do E.: Heinz Rudolph Schaffer, psicólogo do desenvolvimento.

[15] N. do E.: Kenneth Kaye, psicólogo estadunidense que estudou o desenvolvimento humano.

[16] N. do E.: Heinz von Foerster, cientista nascido na Áustria cujo trabalho combinava a Física e a Filosofia.

[17] N. do E.: Francisco Varela, importante biólogo chileno.

AS REFERÊNCIAS CULTURAIS **395**

Esse é precisamente o esquema das leituras e dos interesses que persegui sozinho ou com amigos e colegas, e que, juntos, tentamos transferir para a construção da experiência [...].

No entanto, existe um segundo quadro de referência – *não mencionado* – que contém autores e concessões que não coincidem (sobre os falsos ativismos, sobre as teorias behavioristas reducionistas e devastadoras, sobre a ingenuidade do naturalismo, sobre os abusos autoritários recorrentes, sobre a prepotência dos cientistas, dos maniqueístas, da verdade onipotente, das violências burocráticas, do imobilismo das ideias etc.) cujo conhecimento era – e é – necessário para uma refutação mais explícita [...].

Nos anos 1960, o tema da escola de Educação Infantil e da necessidade de uma ampliação de sua rede eram o centro das discussões políticas mais acaloradas [...]. Em contrapartida, toda a temática educacional era retrógrada, após vinte anos de fascismo, que haviam surpreendido o estudo das Ciências Sociais, incluindo a Psicanálise, e limitada às fronteiras da teorização e das experiências europeias e anglo-saxãs; Freud começou a renascer ao passo que Skinner, Bruner e Piaget estavam prestes a surgir nesse cenário.

Um rápido despertar com comentários e discussões, em maioria, fecundas, viciadas pelo excesso de ideologias e políticas. Um despertar, porém, suficiente, por meio, sobretudo, do pensamento de Dewey, das teorias da escola ativa de Claparède, Bovet e Ferrière, para dar início às primeiras tentativas de elaboração que contemplavam a aplicação das leis da Psicologia Genética na educação das crianças. A escola ativa negava a escola tradicional e projetava ideias e reformas de enorme sugestão, que foram apropriadas por uma considerável parte de estudiosos e de movimentos e associações de docentes laicos.

Ferrière dizia: "A criança ama a natureza, e a colocaram em salas fechadas; gosta de se mover, e a obrigaram a ficar imóvel; gosta de falar, e foi obrigada a ficar em silêncio; queria raciocinar, e apenas apelaram para sua memória; queria seguir sua imaginação, e a induziram a fugir dela; queria ser livre, e ensinaram-na a obedecer passivamente".

Como se pode ver, é uma mensagem que, na época, estava dotada de esmagadores frescor e provocação. Essa mensagem nos acompanhou nos primeiros anos de nossa experiência. Em grande parte, continuamos fiéis ao seu espírito posteriormente.

A tradição italiana confiava em Rosa Agazzi e em Maria Montessori, duas grandes figuras do início do século XX [...].

Algumas pessoas talvez se surpreendam com nosso esquema de referências que inclui homens, teorias e disciplinas que parecem ter pouco a ver com o que tradicionalmente pertence às mesas de estudo próprias da Educação. Isso é um efeito da crescente intensidade das perguntas sobre as definições e as conexões entre Educação, Ciência, Filosofia e Epistemologia. Se a Filosofia precisa da Pedagogia, e vice-versa, se a Filosofia é uma teoria geral da Educação, se a Ciência tem que ser o princípio determinante da Educação, se a Pedagogia é algo além de uma bifurcação das Ciências Sociais, se a Filosofia pode aceitar a ciência empírica da Educação, se a instrução é autônoma em relação à Educação, e assim sucessivamente [...].

E há o importante argumento das conexões com as investigações epistemológicas: a normativa, a cognitiva, a analítica, a construtiva, a socioconstrutiva, a sistêmica, a ecológica, a experimental, e assim por diante [...].

E, aqui, não se fala tanto de Piaget, mas de Popper, Bachelard, Lorenz,[18] Bronowski,[19]

---

[18] N. do E.: Konrad Lorenz, zoólogo, ornitólogo e etólogo austríaco. Foi agraciado com o Prêmio Nobel de Fisiologia ou Medicina em 1973, dividido com outros dois cientistas, por sua contribuição em padrões sociais e individuais.

[19] N. do E.: Jacob Bronowski, matemático nascido na Polônia que desenvolveu uma abordagem humanística para a Ciência.

Wittgenstein, Heisenberg,[20] Arnheim, Gombrich, que, agora, adicionamos ao nosso esquema.

Trata-se de um alargamento necessário que disponibiliza um amplo terreno de cultura e propõe a nova complexidade (que é testemunho do nosso pensamento contemporâneo) de teorias e práticas educativas reduzidas em seu vínculo tradicional de autossuficiência e códigos rituais que favorecem o imobilismo [...].

São contribuições que, além das diferenças, somam conjuntos de um mesmo argumento, relativo ao modo do conhecimento.

Simplificando muito, diremos que se trata de teorias que, por meio de concessões feitas desde o princípio da indeterminação introduzida pela Física Quântica, que proclama a imprevisibilidade do comportamento das partículas subatômicas, e, portanto, os fundamentos da matéria, projetam a crise daquele mundo ordenado, previsível, reconfortante descrito pelas ciências tradicionais e que toca tanto os assuntos da natureza como os humanos. É a crise do ideal determinista.

A previsibilidade é apenas um espectro da possibilidade, como diz o matemático René Thom,[21] e um mapa da evolução e das possíveis transformações.[22]

---

[20] N. do E.: Werner Heisenberg, importante físico alemão, ganhador do Prêmio Nobel em 1932.

[21] N. do E.: renomado acadêmico, que recebeu diversos prêmios por seu trabalho.

[22] Loris Malaguzzi *in* Carolyn Edwards, Lella Gandini e George Forman, *I cento...*, *op. cit.*, p. 62-7.

10.

A PERSONALIDADE DE LORIS MALAGUZZI

Sou muito teimoso, obstinado, gosto de brigar, discutir. E nunca quero perder as batalhas. Eu quero ganhar. Meu caráter, talvez, não seja sempre fácil. É um caráter que tem grandes ambições, lida com muitas coisas de altura, que não tolera a mediocridade das coisas, pela qual sinto uma grande repugnância. A mediocridade das pessoas ao meu redor me faz sofrer enormemente. É uma violência que não suporto, assim como não suporto aqueles que se contentam com pouco no trabalho em uma experiência como esta.[1]

Somos várias as pessoas que, pouco ou muito, direta ou indiretamente, por meio de escritos, testemunhos ou entrevistas, demos nossa versão sobre a personalidade, o pensamento e a obra de Loris Malaguzzi. Realizei uma pesquisa sistemática e exaustiva das diversas opiniões emitidas sobre esse extraordinário personagem e que demonstram a rede nacional e internacional de amizades e relações de Loris.

---

[1] Loris Malaguzzi *in* Carlo Barsotti, *L'uomo di Reggio...* (transcrição e tradução para o espanhol de Alfredo Hoyuelos), *op. cit.*

Do que foi escrito até agora, pudemos fazer um retrato, um perfil das linhas que compõem seu rosto. Agora, vou tentar dar cor a essa personalidade tão complexa. Não poderia fazê-lo senão pela amizade que nos uniu por anos. O mais curioso é que cada um de nós tem uma imagem de Malaguzzi, uma pessoa capaz de *estar* de forma diferente com cada amigo, em cada relação humana.

A amizade com Malaguzzi não é fácil. É uma amizade cheia de responsabilidades. O compromisso de confrontar criticamente com ele as ideias, porque ele gostava de discutir, mas, sobretudo, com as pessoas que apreciava. Em algumas ocasiões, ele chegava, até mesmo, a ignorar e evitar outras relações que considerava que não valiam a pena. Sua amizade é um desafio, um desafio para construir, a cada momento, ideias novas, originais e interessantes.

O que Malaguzzi não suportava eram as meias palavras. Um apaixonado, como ele, pela vida e pelo trabalho, não aceitava o banal, o *light*. Essa exigência – primeiro consigo mesmo e, depois, com os outros – o tornava inconformista, intransigente e, às vezes, ditatorial.

Eu o conheci como amável, agradável e compreensivo. Outras pessoas me contaram sobre um Malaguzzi impiedoso em suas críticas, com cuja forma ele não se preocupava, nem em público, nem em particular, porque, para ele, quando se falava de infância, devia-se dar o máximo, e ele oferecia a reflexão mais crítica, pois acreditava que era a melhor maneira de elevar a imagem potencial da criança.

Na infância, Loris procurou essa *nostalgia do futuro*, uma nova humanidade perdida. Foi um homem que frequentou a infância, gostou e apreciou sua cultura, suas ideias para construir sua própria personalidade.

Porém, Malaguzzi tinha algo especial, uma magia inexplicável. Era uma pessoa sedutora e fascinante, encantadora, porque atraía por sua relação estética, por sua emoção ao narrar os acontecimentos, uma emoção que, ao mesmo tempo, era sentida, sincera e legítima. Mesmo quando seus pensamentos eram hieróglifos, ininteligíveis, vimos várias pessoas segui-lo sem pestanejar. Isso é fascinante, porque revela uma verdade: a de sua própria experiência. Uma realidade que está nas escolas, nas crianças. Suas palavras, suas imagens sempre têm o aval sólido de uma cidade, de escolas que existem.

Ele era um artista, no sentido de que era capaz de deter seu olhar em algo e poder ver isso como ninguém, com outro significado, com diferentes nuances. Nesse sentido, ele era um criador. Criador, segundo Marina (1997), como aquele que é capaz de construir intencionalmente surpresas eficazes, ligadas ao seu aspecto de divergência de poder fazer emergir o oculto e colocar em cheque o evidente por meio da discordância, nunca em nível pessoal, mas, sim, no que tange às suas atuações ou às suas obras.

Esse homem, fumante inveterado, pescador, amante da boa comida e da boa mesa como símbolo de humanidade, era – ao mesmo tempo – humilde e reservado: foi capaz de separar sua vida familiar e privada de sua vida profissional. Fora do trabalho, ele poderia ser brincalhão e festeiro, no melhor sentido da palavra, mas, no trabalho, era intransigente. Ele se mostrava desatento com questões que ele considerava banais, como dinheiro ou dirigir seu carro, contudo, era rigoroso nos detalhes que considerava importantes. Contaram-me sobre sua fúria e seus gritos quando verificava os banheiros das crianças e não encontrava papel higiênico, se via uma toalha fora do lugar ou uma torneira pingando descuidadamente.

Sua personalidade o tornava atraente, um sujeito não neutro, paradoxal, de amor e ódio. Uma pessoa que não passava despercebida, que capturava as pessoas com seu olhar, com gestos e palavras, com suas metáforas, porque víamos e sentíamos com ele algo diferente, novo.

Tinha a postura de um gênio, por sua divergência transgressora, e de líder,[2] por sua iniciativa, sua força e sua energia vital. Um ser que corria riscos, que via a vida sempre como uma aventura fora da rotina, que aceitava o erro que tinha uma causa justa. Um inovador, capaz de criar um clima de discussão. Ao mesmo tempo, uma pessoa que transmitia segurança e confiança, que desafiava e estimulava, que comunicava suas ideias com seriedade lúdica. Um homem que envolvia com seus pensamentos emocionados. E Malaguzzi respondia a esse retrato de líder, de certo modo, visionário e antecipador de muitas questões e problemas. Diversas pessoas próximas dele, em muitos testemunhos, contaram-me como foram *obrigadas* a fazer coisas, depois de grandes discussões, e reconhecer, posteriormente, que Malaguzzi tinha razão, porque ele, ao que parecia, sempre estava um passo à frente, embora também soubesse, fielmente, estar com as pessoas que apreciava, a quem não abandonava.

Era um criador que era estimulado pela desarmonia, pelo discrepante, pelo paradoxal e contraditório. Como diz Rof Carballo (1964), era o ser fascinado pelo paradoxo, pelos perfis irregulares das coisas. Divertido e divergente, gostava das ideias incômodas, das rupturas sistemáticas, das complexidades criativas, da normalidade de loucuras e de chegar ao limite do impensável. O que inevitavelmente atraía em Loris era seu poder de pensar grande, com utopias sustentáveis, de se abalar no terreno movediço do possível e torná-lo necessário, realidade palpável.

Era uma pessoa sábia, segundo a ideia de Varela (1992), como aquela pessoa que sabe o que está certo e o coloca em prática espontaneamente, com capacidade de colocar tudo em dúvida e de confrontá-lo imediatamente.

---

[2] Sobre esse tema, *vide* Ann Lewin, "Un ecosistema humano...", *in* Susanna Mantovani (organizadora), *Nostalgia del futuro...*, *op. cit.*, p. 173-80.

E Malaguzzi precisava, inevitavelmente, colocar suas ideias em ação, experimentar seus pensamentos para, por meio de sua práxis com meninos e meninas, ruminá-los, desmontá-los, configurá-los, reconstruí-los, desarticulá-los, articulá-los ou restaurá-los. Dessa forma, ele verificava, elaborava e descobria possibilidades insuspeitas. Assim, estabelecia um desfoque da realidade, para ter uma nova visão das coisas.

Seus amigos o chamavam de Loris. No trabalho, alguns o chamavam de Malaguzzi, outros, de Malagoz (em dialeto reggiano), de *professore*, de *il vulcano*, de *dottore*, mas a maioria, apesar dos anos de trabalho com ele, tratava-o por "senhor". Ele impunha respeito e uma distância natural que era o espaço necessário para trabalhar até a exaustão, sem falsas amizades nem corporativismos, o que ele odiava. Todas essas formas de chamá-lo indicavam a relação diversa que as pessoas tinham com ele, que, como nos foi contado, tinha uma enorme habilidade psicológica para tratar cada pessoa de forma diferente, para extrair o máximo de cada um. Era um grande observador da natureza humana e sabia como agir de forma diversa com cada pessoa, a fim de criar uma relação que pudesse levar ao potencial máximo.

Ele gostava de estar nas ruas, com as pessoas, nos mercados, cercado pelos barulhos da infância, e odiava as distâncias entre as classes sociais ou culturais implícitas que a vida reproduzia. Por isso, não suportava ir a restaurantes onde o garçom lhe servisse o vinho na taça. Assim, em infinitas histórias, contaram-me como, de maneira sistemática, quebrava os formalismos, como o dia em que levou um ministro, inesperadamente e fora do programa, para um bar "menos limpo" de uma cidade para tomar algo e misturar-se com "outras" pessoas.

Podemos reconhecer em Malaguzzi um gênio, mas, acima de tudo, ele era um estudante e um trabalhador incansável. Ele agiu, durante toda a vida, como quando perguntaram a Picasso o que era a inspiração, e ele disse: "Não sei muito bem o que é, mas se aparecer, que me encontre trabalhando".

11.

LORIS MALAGUZZI E REGGIO EMILIA: ONTEM, HOJE E AMANHÃ

De setembro de 1981 a junho de 1987,[1] haviam chegado a Reggio Emilia 111 delegações de toda a Itália, com um total de 1.086 visitantes, e 241 delegações estrangeiras, com 3.132 pessoas. Essas delegações vieram da Argentina, da Coreia do Sul, da Dinamarca, da Finlândia, da França, da Alemanha, do Japão, da Grã-Bretanha, da Islândia, de Luxemburgo, de Moçambique, da Noruega, da Espanha, da Suécia, dos Estados Unidos e da Suíça. Além dessas delegações, muitas pessoas passaram períodos de formação em diferentes escolas.

Como já comentamos, a Mostra viajou por dois continentes: Europa e América.

---

[1] Municipio di Reggio Emilia, *Cenni di storia, dati e informazioni* (set. 1987), p. 14. Para obter mais dados, visite: https://www.reggiochildren.it/.

Até 1993,[2] um total de 552 delegações (7.560 visitantes) haviam chegado de toda a Itália, e de outros países: Argentina, Áustria, Austrália, Dinamarca, Finlândia, França, Alemanha, Japão, Grã-Bretanha, Índia, Israel, Islândia, Luxemburgo, México, Moçambique, Noruega, Espanha, Estados Unidos, Suécia, Suíça, Tailândia, Turquia, Hungria e Rússia. Durante o ano letivo de 1993-1994, houve 53 solicitações de delegações estrangeiras, das quais apenas 12 puderam ser atendidas. Toda essa atividade cultural trouxe receitas para a cidade e as escolas, que foram avaliadas em 600 milhões de liras em 1993.[3]

Além disso, tinham sido editadas 16 publicações na Europa sobre a experiência de Reggio Emilia, e o famoso livro de Carolyn Edwards, Lella Gandini e George Forman, *The Hundred Languages of Children*,[4] havia sido lançado com grande sucesso internacional. Também foram realizados 46 seminários no exterior e 18 na Itália para professores de outros países.[5]

De uma ideia de Loris Malaguzzi, a Reggio Children foi criada em 11 de março de 1994,[6] com a finalidade de gerenciar as relações internacionais da experiência e obter mais fundos para esta.

Em 17 de setembro de 1993, o conselho municipal aprovou a promoção da Reggio Children, um centro internacional para a

---

[2] *Gazzetta di Reggio* (13 de julho de 1993).

[3] N. do E.: em 1993, 1 dólar americano valia cerca de 1.600 liras. Com a inflação ajustada da moeda estadunidense em relação ao que vale em 2023, seria o equivalente a 2,13 dólares. Isso significa que, na cotação atual, os valores apresentados no texto equivaleriam, aproximadamente, a 3.993.750 reais.

[4] N. do E.: *As cem linguagens da criança*.

[5] Para ter acesso às publicações, visite: https://www.reggiochildren.it/.

[6] *Proposta di convenzione tra Comune di Reggio Emilia e Reggio Children s.r.l. per la valorizzazione dell'esperienza educativa degli asili nido e delle scuole dell'infanzia comunali* ["Proposta de convênio entre o Município de Reggio Emilia e a Reggio Children para a valorização da experiência educacional das creches e escolas da infância municipais", em tradução livre] (mar. 1994).

defesa e a promoção dos direitos e das potencialidades de todas as crianças, e, no dia 24 daquele mês, seus estatutos foram legitimados.[7] O Partido Democrático da Esquerda (PDS), o Partido Socialista Italiano (PSI) e Partido Socialista Democrático Italiano (PSDI) votaram a favor (maioria), ao passo que a Democracia Cristã (DC) – que alegou que a prefeitura discriminava sistemática e financeiramente as escolas católicas –, o Movimento Social Italiano (MSI), a Lista Cívica[8] e a Federação dos Verdes votaram contra. O Partido da Refundação Comunista, a Liga Norte e o Partido Republicano Italiano (PRI) estavam ausentes.

A Reggio Children é uma sociedade limitada. Seu capital inicial (400 milhões de liras)[9] foi dividido entre o Município de Reggio Emilia (que contribuiu com a maioria de 220 milhões),[10] a Fundação Pietro Manodori, a Associação Amici di Reggio Children, que reunia mais de 800 voluntários (famílias, trabalhadores das escolas, cidadãos, cidadãs, amigos e amigas), a Cooperativa Elios e a Cooperativa Italiana Ristorazione, além de mais de 50 sócios particulares.

Essa instituição nasceu para promover o grande e prestigioso patrimônio da experiência reggiana em Educação Infantil. Como projeto, busca promover a confrontação, o aprofundamento e a

---

[7] Comune di Reggio Emilia, *Estratto del Verbale di Seduta dal Consiglio Comunale* ["Trecho da ata da sessão do Conselho Municipal", em tradução livre] (24 de setembro de 1993); Reggio Children, *Statuto* (out. 1993). Esses estatutos foram modificados posteriormente, em 17 de fevereiro de 1995, *vide* Comune di Reggio Emilia, *Estratto del Verbale di Seduta del Consiglio Comunale* (17 de fevereiro de 1995).

[8] N. do E.: quando não há partido.

[9] N. do E.: em 1993, 1 dólar americano valia cerca de 1.600 liras. Com a inflação ajustada da moeda estadunidense em relação ao que vale em 2023, seria o equivalente a 2,13 dólares. Isso significa que, na cotação atual, o valor apresentado no texto equivaleria, aproximadamente, a 2.662.500 reais.

[10] N. do E.: em 1993, 1 dólar americano valia cerca de 1.600 liras. Com a inflação ajustada da moeda estadunidense em relação ao que vale em 2023, seria o equivalente a 2,13 dólares. Isso significa que, na cotação atual, o valor apresentado no texto equivaleria, aproximadamente, a 1.464.375 reais.

investigação sobre uma nova cultura da infância, capaz de valorizar as potencialidades e a criatividade das crianças.

Dessa forma, a Reggio Children se propôs a responder, de maneira eficaz, às inúmeras solicitações de pessoas que desejavam conhecer e estudar a experiência de Reggio Emilia.

Em 25 de novembro de 1993, a vereadora da Educação, Sandra Piccinini, com Agostino Cavagnari e Loris Malaguzzi, como membros do *Comitato Promotore*,[11] escreveram uma carta explicando a função social da Reggio Children.[12]

> Uma experiência acompanhada por um antigo e prolongado afeto por parte de dezenas de milhares de pais e crianças, que, depois, aumentou, graças à originalidade e frescor de sua abordagem, à centralidade de sua fidelidade aos recursos construtivos e criativos do pensamento infantil, à força dos conteúdos e formas de ação da pesquisa que permaneceram nas mãos dos sujeitos, ao valor das relações entre diferentes interações sociais, construções ativas do conhecimento, elaborações do julgamento crítico e moral. Um projeto orientado para defender e promover os direitos e as potencialidades da infância, confiado à inteligência e à sensibilidade aliadas das professoras e dos pais [...].
>
> Um evento afortunado, que fez da nossa região um lugar de peregrinação de milhares de visitantes e amigos, de encontros e intercâmbios privilegiados de diferentes culturas. Um lugar que exporta o que tem de melhor em sua história original e feliz, que preserva e reforça seu laboratório de ideias, investigações,

---

[11] N. do E.: "Comitê Promotor", em tradução livre.

[12] Loris Malaguzzi, Sandra Piccini, Agostino Cavagnari, *Reggio Children* (25 de novembro de 1993). *Vide* também, Fausto Giovanelli, "Reggio Children, occasione per utta la città" ["Reggio Children, uma oportunidade para toda a cidade", em tradução livre], *L'Unità* (23 de setembro de 1993), e Eletta Bertani, "Che cos'è e cosa vuole la società "Reggio Children"?" ["O que é e o que deseja a sociedade 'Reggio Children'?", em tradução livre], *Notiziario A.N.P.I.*, n. 8/1993.

experimentações, projetações que os esforços generosos e ilustrados de muitas pessoas, junto com o Professor Malaguzzi e seus colaboradores, transformaram, hoje, em um movimento cultural no centro de uma extensa e densa rede de referências e animações, com um papel importante no âmbito internacional que estuda e pesquisa o campo da Educação Infantil [...].

Uma sociedade cujos objetivos são os seguintes:

- Consolidar e potencializar a organização e o funcionamento de serviços que garantam os direitos e as demandas das crianças, e uma participação coletiva ativa das famílias nas decisões e na gestão do ato educativo.
- Reforçar o patrimônio teórico e prático da experiência pela disponibilidade de meios mais importantes, permitindo a realização de projetos de investigação, documentação e verificação.
- Contribuir, com maior força, para a difusão de uma cultura e de uma educação que tenda ao reconhecimento e ao pleno desenvolvimento dos recursos fortes e do potencial de todas as crianças e de cada uma delas [...].

O fato de o Município ter a maioria das cotas sociais, buscar a outra parte do capital privado por meio das contribuições de cidadãos, associações e entidades, e prever o reinvestimento dos lucros em benefício da experiência enfatiza a amplitude do sentido da operação. A iniciativa exalta todos os valores de recursos culturais extraordinários e dos recursos financeiros que esta pode gerar em benefício da cidade inteira.[13]

Esse é o melhor legado e testamento visionário e antecipador que Malaguzzi deixou para sua cidade.

A partir desse momento, pôde-se observar por que a experiência de Reggio Emilia continuou crescendo.

---

[13] Loris Malaguzzi, Sandra Piccini, Agostino Cavagnari, *Reggio Children*, op. cit.

Vamos saborear, como exemplo, alguns dados.[14]

O Município de Reggio Emilia tinha 13 Creches, para um total de 835 crianças matriculadas, representando 25,21% dos meninos e das meninas residentes. Além disso, havia 6 Creches cooperativas, com 10,14% das crianças, 5 da Federazione Italiana Scuole Materne Cattoliche (FISM),[15] que atendiam 2,20%, e havia uma creche de uma associação de famílias que, com uma porcentagem de 0,45%, atendia a 15 meninas e meninos.

Havia 21 Escolas da Infância Municipais para 1.508 crianças matriculadas, que representavam 40,01% da população infantil em Reggio; o Estado tinha 11 escolas, com 17,51%; havia 21 escolas da FISM, com 34,81% das crianças; 1 escola cooperativa, para 0,71% delas; e outra escola, para 1,61%.

As escolas funcionam de 1 de setembro a 30 de junho (com a possibilidade de acessar um serviço de verão para famílias que precisem), das 8 h às 16 h, com a possibilidade de entrar às 7h30 e sair às 18h20 para famílias que justifiquem tal necessidade. Os funcionários têm um calendário anual de 24 de agosto a 13 de julho.

Quanto ao balanço econômico, podemos fornecer os dados a seguir, referentes a 1998.

As Creches tinham um orçamento total de 12.273.620.000 liras,[16] dos quais 22,90% eram fornecidos pelas famílias, de acordo

---

[14] Dados de dezembro de 1999. Comune di Reggio Emilia, *I Nidi e le Scuole dell'Infanzia del Comune di Reggio Emilia. Cenni di storia, dati e informazioni* ["As creches e as Escolas da Infância Municipais de Reggio Emilia. Breve histórico, dados e informações", em tradução livre] (Reggio Emilia: Centro Documentazione e Ricerca Educativa Nidi e Scuole dell'Infanzia ["Centro de Documentação e Pesquisa Educacional para Creches e Escolas da Infância", em tradução livre], 1999). Para obter mais dados, visite: http://www.scuolenidi.re.it/.

[15] N. do E.: "Federação Italiana das Escolas Maternas Católicas", em tradução livre.

[16] N. do E.: em 1998, 1 dólar americano valia cerca de 1.750 liras. Com a inflação ajustada da moeda estadunidense em relação ao que vale em 2023, seria o equivalente a 1,88 dólares. Isso significa que, na cotação atual, o valor apresentado no texto equivaleria, aproximadamente, a 65.926.875 reais.

com determinadas faixas de renda, 2,63% eram fornecidos pela região, e o restante (74,47%) era fornecido pelo Município. O investimento médio anual por criança era de 15.399.000 liras,[17] com um investimento médio anual familiar de 3.528.690[18] liras por criança.

As Escolas da Infância tinham um orçamento total de 14.751.023.000[19] liras, dos quais 19,75% eram fornecidos pelas famílias, de acordo com determinadas faixas de renda,.6,03% eram fornecidos por outras fontes e o restante (74,20%) era responsabilidade da caixa municipal. O investimento médio anual por criança era de 10.402.700 liras,[20] com um investimento médio anual familiar por criança de 2.054.640 liras.[21]

Imediatamente depois do falecimento do animador e idealizador dessa experiência, o Prêmio Internacional Hans Christian Andersen foi concedido às Creches e às Escolas da Infância Municipais de Reggio Emilia, em memória de Loris Malaguzzi,[9] pelo trabalho de sua vida para a infância. Idêntico reconhecimento foi

---

[17] N. do E.: em 1998, 1 dólar americano valia cerca de 1.750 liras. Com a inflação ajustada da moeda estadunidense em relação ao que vale em 2023, seria o equivalente a 1,88 dólares. Isso significa que, na cotação atual, o valor apresentado no texto equivaleria, aproximadamente, a 82.715 reais.

[18] N. do E.: em 1998, 1 dólar americano valia cerca de 1.750 liras. Com a inflação ajustada da moeda estadunidense em relação ao que vale em 2023, seria o equivalente a 1,88 dólares. Isso significa que, na cotação atual, o valor apresentado no texto equivaleria, aproximadamente, a 18.955 reais.

[19] N. do E.: em 1998, 1 dólar americano valia cerca de 1.750 liras. Com a inflação ajustada da moeda estadunidense em relação ao que vale em 2023, seria o equivalente a 1,88 dólares. Isso significa que, na cotação atual, o valor apresentado no texto equivaleria, aproximadamente, a 79.234.070 reais.

[20] N. do E.: em 1998, 1 dólar americano valia cerca de 1.750 liras. Com a inflação ajustada da moeda estadunidense em relação ao que vale em 2023, seria o equivalente a 1,88 dólares. Isso significa que, na cotação atual, o valor apresentado no texto equivaleria, aproximadamente, a 55.880 reais.

[21] N. do E.: em 1998, 1 dólar americano valia cerca de 1.750 liras. Com a inflação ajustada da moeda estadunidense em relação ao que vale em 2023, seria o equivalente a 1,88 dólares. Isso significa que, na cotação atual, o valor apresentado no texto equivaleria, aproximadamente, a 11.040 reais.

412 LORIS MALAGUZZI: UMA BIOGRAFIA PEDAGÓGICA

concedido pela Mediterranean Association of International Schools (MAIS)[22] às instituições educativas para crianças do Município de Reggio Emilia, em memória de Loris Malaguzzi.

> O prefeito de Odense, ao entregar o Prêmio para Antonella Spaggiari (prefeita de Reggio Emilia), expressou os muitos motivos que o levaram a conceder esse reconhecimento a Loris Malaguzzi, por ter promovido uma filosofia e uma prática educativa que concedeu legitimidade a todas as linguagens das crianças e aos seus direitos de serem reconhecidos como portadoras e construtoras de sua própria cultura, e, portanto, sujeitos e protagonistas ativos do seu próprio crescimento. E, para reforçar esse direito de cada criança como indivíduo, em cada país da Terra, o prefeito de Odense lembrou-se do apoio dado por Loris Malaguzzi (incluindo as páginas desta revista) à proposta de conceder o Prêmio Nobel da Paz às crianças de Sarajevo.
>
> Hoje, todos sentimos sua falta, em tantos países geograficamente distantes e, ainda assim, tão próximos no pensamento e na amizade em relação a Loris Malaguzzi, sua ampla visão, seu rigor, sua insaciável curiosidade.[23]

De janeiro de 1981 a junho de 2000,[24] as Escolas Municipais de Reggio receberam mais de 600 delegações de todo o mundo e mais de 12.500 visitantes.

Chegaram educadores, pedagogos, pesquisadores, professores universitários, políticos e administradores, atraídos por essa cidade educacional original.

---

[22] N. do E.: "Associação Mediterrânica de Escolas Internacionais", em tradução livre.

[23] Mara Davoli, "Premio...", *op. cit.*

[24] *I Nidi e le Scuole dell'Infanzia...*, *op. cit.*, p. 23. *Vide* dados mais concretos no anexo que se encontra no volume desse material.

Essa experiência educacional é, hoje, objeto de múltiplos seminários de estudo e aprofundamento, realizados tanto em Reggio como em outros países. É um fenômeno que envolve muitas publicações, teses, monografias, transmissões televisivas, documentários e filmes realizados na Itália e em outros países. Em muitos lugares, há interesse em investigar a abordagem que Reggio Emilia dá à Educação Infantil e, também, ao Ensino Fundamental (conhecido internacionalmente como Reggio Approach).[25]

Algumas delegações vêm de países com uma grande tradição de intercâmbio com Reggio, como Suécia (entre outros países escandinavos), Alemanha, Espanha e Estados Unidos.

Porém, novas delegações têm visitado a cidade, de todos os cinco continentes e praticamente de todos os países do mundo. Nos últimos anos, o intercâmbio intensificou-se com a Austrália, a Ásia, o Extremo Oriente e os Bálcãs.

Com o surgimento da Reggio Children, tem sido possível ajudar – orientando e coordenando – a criação e o apoio de várias experiências que desejavam basear sua *Pedagogia* na Reggio Approach. A Reggio Children oferece: vários cursos de formação por meio de seminários; cursos de pós-graduação; promoção de pesquisas em colaboração com universidades e centros de pesquisa nacionais e internacionais; aconselhamento pedagógico; gerenciamento de exposições e diversas publicações em diferentes idiomas.[26]

Assim, em 1994, a Reggio Children escolhe o Model Early Learning Center[27] de Washington como o primeiro exemplo de uma Escola da Infância inspirada com coerência na Reggio Approach.

---

[25] N. do E.: Abordagem Reggio.

[26] *Vide* um exemplo em Reggio Children, documento n. 680 (BT-671).

[27] N. do E.: "Centro de Aprendizagem Inicial Modelo", em tradução livre.

No mesmo caminho, outras instituições e sistemas escolares no mundo foram reconhecidos: as Escolas Experimentais Infantis de Estocolmo, na Suécia, a Escola de Tirana, na Albânia, algumas escolas de St. Louis, Ohio e Califórnia, nos Estados Unidos e algumas escolas particulares em Bangkok, na Tailândia.

Em 1995, a União Europeia deu à Reggio Children orientação pedagógica para a gestão do Centro para a Infância Clovis, em Bruxelas, na Bélgica. Além disso, nesse ano, houve outros encontros importantes e fundamentais para o futuro da experiência educativa de Reggio: com o professor Jerome Bruner e com o titular do Ministério da Educação, Luigi Berlinguer.[28] O Ministério, que, após 30 anos, reconheceu o valor dessa experiência inovadora e vanguardista, propôs construir alguns programas para o desenvolvimento da formação de educadores em todo o país, com o objetivo de promover a Educação Infantil italiana. Nesse acordo, também foi estabelecido um convênio com a prefeitura de Nápoles, para trocar diversas experiências.

Vejamos, como exemplo, algumas iniciativas e projetos realizados pela Reggio Children de 1994 a 1999:[29]

---

[28] Luigi Berlinguer e Jerome Bruner, *La cultura dell'educazione. I nuovi orizzonti della scuola* ["A cultura da educação. Os novos horizontes da escola", em tradução livre] (Reggio Emilia: Comune di Reggio Emilia, 1996). Também é importante lembrar que o próprio presidente italiano da época, Oscar Luigi Scalfaro, visitou a experiência de Reggio Emilia em 30 de janeiro de 1995, no aniversário da morte de Malaguzzi: Massimo Sesena, "Scalfaro: 'Io resisto'" ["Scalfaro: 'Eu resisto'", em tradução livre], *Gazzetta di Reggio* (31 de janeiro de 1995); "Il plauso di Scalfaro alla scuola reggiana" ["O aplauso de Scalfaro à escola de Reggio Emilia", em tradução livre], *Carlino Reggio* (31 de janeiro de 1995).

[29] Reggio Children, *op. cit.* Dados atualizados em: https://www. reggiochildren.it/.

- Cinquenta e sete delegações e seminários de estudo em Reggio Emilia para um total de 4.150 participantes de diversos países de todo o mundo.
- Primeiro Summer Institute da Reggio Children em Reggio Emilia, em julho de 1996, para 220 pessoas de 11 países.
- Primeiro Winter Institute em Reggio Emilia, em janeiro de 1997, para 150 pessoas de 18 países.
- Segundo Winter Institute em Reggio Emilia, em janeiro de 1998, para 210 pessoas de 24 países.
- Primeiro Summer Institute nos Estados Unidos, em Columbus, Ohio, em julho de 1997, para 350 pessoas de 35 estados do país, e da Coreia do Sul, da Guatemala, da Suécia e da Austrália.
- Segundo Summer Institute nos Estados Unidos, em Oakland, Califórnia, em julho de 1998 para 350 pessoas de 24 estados dos Estados Unidos, do Japão, da Suécia, do Canadá, da Austrália, da Itália, da China e da Tailândia.
- Participação em assessorias e seminários nos Estados Unidos, na Austrália, em Taiwan, na Alemanha, na Suécia, na Dinamarca, na Finlândia, na Espanha e em Portugal.
- Primeiro e segundo mestrado em Ciências da Educação para 12 graduados, selecionados e financiados pelo Fundo Social Europeu e pela Região da Emília-Romanha.
- Acordos com diversas editoras para tradução e publicação de livros (Suécia, Alemanha, Holanda, Taiwan, Coreia do Sul e Albânia).
- Acordos de colaboração com o Council for Early Childhood Education[30] em Washington (D.C.), nos Estados

---

[30] N. do E.: "Conselho de Educação Infantil", em tradução livre.

Unidos, o Reggio Emilia Institutet, em Estocolmo, e com a Nordic Network (formada por Dinamarca, Noruega, Islândia, Finlândia e Estônia).

- Desde 1996, a revista bilíngue *Rechild* é publicada em italiano-inglês.
- Projeto de investigação sobre ambientes para a infância em colaboração com a Domus Academy (Milão) e publicação do livro que reúne a pesquisa *Bambini, spazi, relazioni* em abril de 1998.
- Projeto de qualificação do sistema pré-escolar albanês, promovido pela Reggio Children e pelo Município de Reggio Emilia, em colaboração com o governo albanês, o Ministério da Educação albanês e o Fundo das Nações Unidas para a Infância (Unicef).
- Iniciativas de solidariedade com instituições da Bósnia, do Kosovo e de Cuba, em colaboração com o Município de Reggio Emilia.
- Pesquisas promovidas em colaboração com o Município de Reggio Emilia: *A construção sociocultural das relações escola/família: Reggio Emilia e a Itália de hoje*, juntamente com a Universidade de New Hampshire, a Fundação Spencer dos Estados Unidos e a Universidade Estadual de Milão; *A documentação e avaliação nos processos educacionais da infância*, juntamente com o Project Zero, da Universidade de Harvard.
- Colaboração entre a Presidência do Conselho de Ministros e o Departamento de Assuntos Sociais e a Prefeitura de Reggio Emilia para a realização de três itinerários formativos destinados à promoção da criatividade juvenil, para 40 jovens desempregados.

- Iniciativas de formação dentro do projeto NOW *Mulheres e campo educacional. Promoção da ocupação feminina qualificada na Europa*, financiado pela União Europeia; *Profissão educar*, curso de qualificação para educadoras; *Mestrado para a inovação e experimentação de serviços educacionais para a infância.*
- No âmbito do projeto NOW *Mulheres e campo educativo. Promoção da ocupação feminina qualificada na Europa*, o Município de Reggio Emilia confia um serviço educacional inovador para construir uma nova empresa social, constituída por participantes dos cursos de formação profissional da Reggio Children.
- Nascimento da cooperativa social Panta Rei e criação de um serviço de Creche-Escola para 64 crianças.
- Em setembro de 1999, estabeleceu-se um acordo cultural com a editora Feltrinelli para a presença da Reggio Children nas maiores livrarias italianas, para apresentação de livros, distribuição editorial e elaboração de exposições.
- Colaboração com a IKEA Itália para realizar assessoria e cursos de formação para a empresa.
- Curso de qualificação para atelieristas, para realização de projetos e coordenação de oficinas de expressão multimídia para crianças e jovens, e para a realização de iniciativas culturais na cidade. Financiamento da União Europeia e da Província de Reggio Emilia.
- Assessoria para construir três centros Remida, em Nápoles, e iniciativas de formação para trabalhadores das escolas de Educação Infantil dessa cidade.

Durante o ano 2000, de acordo com a revista *Rechild*,[31] vários projetos de investigação estavam em andamento:

- *Tornando a aprendizagem visível: crianças que aprendem individualmente e em grupo*, em colaboração com o Harvard Project Zero.[32]
- *A construção sociocultural das relações escola/família: Reggio Emilia e a Itália de hoje*, em colaboração com a Universidade de New Hampshire e a Universidade de Estudos de Milão-Bicocca.
- *Reggio Toda. Um guia das crianças para a cidade*, realizada pelos pedagogos e educadores de todas as Creches e Escolas da Infância.
- *Trânsitos culturais, trânsitos tecnológicos. Notas para refletir sobre as possíveis ideias e abordagens informáticas das crianças e educadoras*, realizada por pedagogos e educadores das escolas 8 Marzo e La Villetta.
- *A dimensão religiosa e moral na escola: como crianças e adultos podem construir juntos os valores que regulam a convivência*, realizada por pedagogos e educadores das escolas Anna Frank, XX Aprile, Balducci, Belvedere, Diana, Girotondo, Neruda, Tondelli e por funcionários do Centro di Documentazione.

---

[31] *Rechild*, n. 4 (maio 2000), p. 5.

[32] Em dezembro de 2000, foram publicados os resultados desta investigação na obra *Making Learning Visible: Children as Individual and Group Learners* [publicado no Brasil pela Phorte Editora].

Ainda segundo a revista *Rechild*,[33] também havia previsão de diversas atividades:

- Duas visitas de estudo em Reggio Emilia. Uma entre 28 de maio e 2 de junho, para um grupo de 250 participantes dos Estados Unidos, outra para um grupo de 140 italianos, entre 8 e 10 de junho.
- A versão europeia da exposição *I cento linguaggi dei bambini* estaria em Bristol, Bradford, West Midlands (Inglaterra), Escócia e Blois (França). A versão estadunidense visitaria o Mills College, em Oakland (Califórnia).
- Também seria realizado o Summer Institute, para 350 participantes, em Boulder (Colorado), e um Summer Institute do Harvard Project Zero em Cambridge (Massachusetts), em que seriam apresentadas as conclusões da investigação realizada nas Creches e Escolas da Infância de Reggio: *Tornando a aprendizagem visível: crianças que aprendem individualmente e em grupo.*
- Além disso, seriam realizadas conferências e seminários em Singapura (16-19 de maio), Islândia (12-15 de junho), Alemanha (30 de junho-9 de julho) e Salerno, Itália (6-8 de julho).

Se olharmos do século XXI, podemos pensar que muitos anos se passaram desde aquele distante 1945, quando Malaguzzi pegou sua bicicleta para ver a escola de Cella. Hoje, como amanhã, sabemos que, mesmo assim, pedalando com força para avançar sem cair, quem sabe um dia, talvez, ganhe um Giro.[34]

---

[33] *Rechild*, n. 4 (maio 2000), p. 13.
[34] N. do E.: referência à competição de ciclismo Giro d'Itália (Volta da Itália), realizada anualmente desde 1909.

Eu conheci Loris Malaguzzi apenas por meio de suas palavras, por meio das Escolas de Reggio Emilia, que ele inspirou e ajudou ao longo de sua vida.

Essas escolas, admiradas em todo o mundo civilizado, são um tributo impressionante à sua imaginação, à sua solidariedade e à sua visão de tudo o que é possível na vida e na cultura humana.

Todavia, visitar essas escolas este ano foi, para mim, muito mais do que um testemunho da prática de uma bela Pedagogia.

É verdade que eu admiro a Pedagogia, os processos maravilhosos elaborados que, partindo de sua inspiração, foram ideados ao longo dos anos para acolher as crianças no mundo das possibilidades humanas. Contudo, não foi apenas a representação visível das escolas que visitei (Diana e Villetta) que me impressionou tão profundamente, foi, também, o espírito que ele deixou nelas, a humanidade que ele legou, como uma rica herança.

É sobre esse espírito e essa humanidade que eu gostaria de falar ao homenagear Loris Malaguzzi, este homem que eu nunca conheci pessoalmente, mas cuja presença senti tão viva durante minha visita a Reggio Emilia.

O primeiro sentimento que experimentei nas escolas foi o respeito pelos seres humanos, sejam as crianças, sejam os professores, sejam os pais, seja a comunidade como um todo. A maneira mais profunda de representar o respeito entre os seres humanos é pelo coração, levando a sério o significado que cada um de nós busca criar mediante nossas próprias experiências no mundo: o mundo das coisas é o mundo das pessoas da mesma maneira [...].

Depois de algumas horas interagindo e observando as crianças nas escolas, em geral, você se sente estranhamente cansado, um pouco exausto. Confesso que não me senti assim nesse caso: senti-me renovado.

Lá no meio de tudo isso está o espírito de Loris Malaguzzi, que se manifesta nos leões da Praça San Prospero, nos desenhos das crianças, não apenas nos leões reais, mas também nos transformados, nos imaginados, que se encontram no livro de Loris às crianças.[35]

Bem, trabalhos como esse o tornam um homem não apenas conhecido, mas também amado. Agradecemos a esse homem por nos ajudar a entender o que é possível na vida das crianças.[36]

---

[35] Nota nossa: Loris Malaguzzi, *Volpino, ultimo ladro di galline* ["Volpino, o último ladrão de galinhas", em tradução livre] (Bergamo: Edizioni Junior, 1995).

[36] Jerome Bruner, *I processi di conoscenza dei bambini e l'esperienza educativa di Reggio Emilia* ["Os processos de conhecimento das crianças e a experiência educacional de Reggio Emilia", em tradução livre] (Reggio Emilia: Centro Documentazione e Ricerca Educativa Nidi e Scuole dell'Infanzia, 1996), p. 25-9.

REFERÊNCIAS

"Brillante succeso della prima rassegna del disegno e del lavoro infantile riservato ai bambini delle scuole materne", *Il Comune*, n. 48 (1963), 7-8.

Orientamenti dell'attività educativa nelle scuole materne statali. D.P.R. 10 de septiembre de 1969, n. 647. Brescia: Editrice la Scuola.

Nuovi orientamenti dell'attività educativa nelle scuole materne statali. Roma: Editrice La scuola, 1991.

"Progeo Premiato dalle scuole dell'infanzia con il leone di Piazza S. Prospero", Progeo, n. 396 (abril, 1995).

AA.VV., *Bruno Ciari e la nascita di una pedagogia popolare in Italia*. Firenze: Centro Studi e Iniziative B. Ciari, 1971.

AA.VV., *L'occhio se salta il muro*. Reggio Emilia: Comune di Reggio Emilia, 1981.

AA.VV., *L'occhio se salta il muro*. Madrid: Ministerio de Educación y Ciencia, 1985.

AA.VV., *Mer om Hundra Språk*. Stockholm: Moderna Museet, 1986.

AA.VV., *Le intelligenze si trovano usandole*. Bergamo: Ed. Juvenilia, junio de 1987.

AA.VV., *I cento linguaggi dei bambini*. Reggio Emilia: Comune di Reggio Emilia, 1987.

AA.VV., *Le intelligenze si trovano usandole*. Bergamo: Juvenilia, 1990. (Trad. Cast. La inteligencia se construye usándola. Madrid: Morata, 1995).

AA.VV., *Tutto ha un'ombra meno le formiche*. Reggio Emilia: Comune di Reggio Emilia, 1990.

AA.VV., *Gran Enciclopedia Larousse*. Barcelona: Planeta, 1990.

AA.VV., *Le fontane*. Reggio Emilia: Reggio Children, 1995.

AA.VV., *I cento linguaggi dei bambini*. Ed. Reggio Children S.r.l. Reggio Emilia, 1996.

AA.VV., *Paura non abbiamo...* Reggio Emilia: Il nove, 1996.

AA.VV., *I piccolissimi del cinema muto*. Reggio Emilia: Reggio Children, 1996.

AA.VV., *I cento linguaggi dei bambini*. Reggio Emilia: Comune di Reggio Emilia, 1996.

AA.VV., *Scarpa e metro*. Reggio Emilia: Ed. Reggio Children S.r.l., 1997.

AA.VV., *A Reggio Emilia mi sento cittadino del mondo*. Jerome Bruner. Reggio Emilia: Comune di Reggio Emilia, 1997.

AMBECK-MADSEN, P., *The LEGO Prize, Press Release*. The LEGO Group. Denmark, 1992.

ARTIOLI, L. (a cura di), "Che io infilassi la strada dell'insegnare", *Ricerche Storiche*, n. 84 (mayo, 1998), 41-54.

BALAGUER, I., "Palabras de homenaje a Loris Malaguzzi", *Infancia*, n. 29 (enero--febrero, 1995), 45.

BALDUCCI, E., "I bambini portatori dell'inedito" (con introducción de Loris Malaguzzi), *Bambini*, Anno VIII, n. 6 (junio, 1992), 5.

BAMBINI, "I cento linguaggi dei bambini in giro per il mondo", *Bambini*, Anno V, n. 8 (octubre, 1989), 111.

BAMBINI, "Al convegno a Reggio Emilia", *Bambini*, Anno IV, n. 3 (marzo, 1990), 8-9.

BAMBINI, *La riforma della Scuola dell'infanzia. I nuovi ordinamenti che non avremo*. Bergamo: Gruppo Editoriale Walk Over, diciembre, 1990.

BAMBINI, "A Loris Malaguzzi il 'Premio Lego '92'", *Bambini*, Anno VIII, n. 10 (diciembre, 1992), 9.

BAMBINI, "146.595 firme e altre ancora" (Incluye "Proposta di legge di iniziativa popolare: L'asilo nido un diritto delle bambine e dei bambini), *Bambini*, Anno IX, n. 4 (abril, 1993), 8-12.

BAMBINI, "Ciao Loris", *Bambini*, Anno X, n. 2 (febrero, 1994), 1.

BARSOTTI, C., *L'uomo di Reggio Emilia* (film), 1994.

BARAZZONI, R., *Mattone su mattone. Storia della scuola per bambini "XXV Aprile" di Cella*. Reggio Emilia: Assessorato alle scuole dell'infanzia e nidi comunali di Reggio Emilia, 1985.

BENOZZO, M., "Ciao Loris", *Bambini*, Anno X, n. 2 (febrero, 1994), 1.

BERTANI, E., "Un punto cruciale per la scuola dell'infanzia", *L'Unità*, 2 octubre, 1973.

REFERÊNCIAS **425**

BERTANI, E., "Dai Comuni allo Stato? No, grazie", *Bambini*, Anno IV, n. 2 (febrero, 1988), 4-5.

BERTOLINI, G., "Alla ricerca dell'infanzia perduta", *Il Resto del Carlino*, 1 de abril de 1990.

BIENES, P., "La escuela ha de potenciar la comunicación con la familia. Entrevista a Loris Malaguzzi", *Comunidad Escolar* (15 de julio de 1992), 9.

BIENES, P., "Conversación con Loris Malaguzzi", *Infancia*, n. 18 (enero-febrero, 1993), 8-10.

BOCCHI, G., y CERUTI, M. (a cura di), *La sfida della complessità*. Milano: Feltrinelli, 1985.

BOIARDI, F. (a cura di), *Omaggio a Gigetto Reverberi*. Reggio Emilia: Associazione i Teatri di Reggio Emilia, 1991.

BONAZZI, R., "Il valore di questa Rassegna", *1. Rassegna del Disegno e del Lavoro Infantile*. Reggio Emilia: Municipio di Reggio Emilia, 22-29 de mayo de 1966.

BORDOGNA, F. "Ricordando Loris", *Bambini*, Anno X, n. 3 (marzo, 1994), 2.

BORGHI, B. Q., "A Loris Malaguzzi", en *Prospettiva EP* (enero-marzo, 1994), 119-120.

BORGHI, B. Q., "Caro diario. La documentazione come memoria", *Bambini*, Anno XII, n. 6 (enero, 1996), 36-38.

BORGHI, B. Q., "Loris Malaguzzi e la documentazione: il diario di sezione nei primi anni delle scuole dell'infanzia di Modena", en MANTOVANI, S. (a cura di), *Nostalgia del futuro*. Lama San Giustino: Junior, mayo, 1998, 185-196.

BORGHI, B. Q., "Guardare al passato per pensare al futuro. Loris Malaguzzi: visti da vicino", en *Bambini*, Anno XIV, n. 1 (enero, 2000), 46-48.

BREDEKAMP, S., "Loris Malaguzzi", *Innovations in early education*, v. 2, n. 1 (invierno, 1994).

BRONFENBRENNER, U., *Ecologia dello sviluppo umano*. Bologna: Il Mulino, 1986.

BRUNER, J., "Per onorare e celebrare l'anniversario della sua morte". En MANTOVANI, S. (a cura di), *Nostalgia del futuro*. Lama San Giustino: Ed. Junior, mayo, 1998, 201-202.

CABANELLAS, I., "Carta a Loris", *Infancia*, n. 26 (julio-agosto, 1994), 3.

CANOVI, A., "Sologno, e poi Parigi. Per una topologia della formazione malaguzziana", *Ricerche Storiche*, n. 86 (diciembre, 1998), 31-51.

CARLINO REGGIO, 30 de mayo de 1985.

CARLINO REGGIO, 31 de mayo de 1985.

CARLINO REGGIO, 2 de junio de 1985.

CARLINO REGGIO, 26 de febrero de 1989.

CARLINO REGGIO, "In ricordo di Malaguzzi", 26 de enero de 1995.

CARLINO REGGIO, "Loris? Crea asili in Paradiso", 1 de febrero de 1995.

CARROLL, L., *Alicia en el país de las maravillas*. Madrid: Alianza Editorial, 1979.

CARUGATI, F., y MUGNY, G., "La teoría del conflicto sociocognitivo". En MUGNY, G., y PÉREZ, J. A., *Psicología del desarrollo cognitivo*. Barcelona: Anthropos, 1988, 79-94.

CASTAGNETTI, M., "Scienza o magia?", *Bambini*, Anno IV, n. 10 (octubre, 1988), 26-65.

CASTRO, M., "Loris Malaguzzi", *Cuadernos de Pedagogía*, n. 125 (mayo, 1985), 57-61.

CAVINA, G.; GHEDINI, P., y LUPI, F., "Entrevista a Loris Malaguzzi". En FRABBONI, F., *La scuola incompiuta*. Milano: Ed. Franco Angeli, 1683, 190-192.

CIPOLLONE, L., y ALTRI, "Ricordando Loris", *Bambini*, Anno X, n. 4 (marzo, 1994), 3.

COCCHI, R., "Tra berlino Ovest ed Est l'esperienza di Reggio Emilia", *Bambini*, Anno VII, n. 8 (octubre, 1991), 5.

COMUNE DI REGGIO EMILIA, *Scuole dell'infanzia e Asili Nido ieri e oggi*. Reggio Emilia: Comune di Reggio Emilia Assessorato Istruzione, 1994.

CORRADINI, L., "Scuola materna e gestione sociale", *Scuola Materna*, n. 5, inserto speciale (25-11-72), 281-292.

CREMASCHI, F., "Ricordando Loris", *Bambini*, Anno X, n. 2 (febrero, 1994), 1.

CUADERNOS DE PEDAGOGÍA, "Si el ojo se salta el muro", *Cuadernos de Pedagogía*, n. 125 (mayo, 1984), 10-13.

DALMAU, B., "Loris Malaguzzi, Premio Lego 1992", *Infancia*, n. 18 (marzo–abril, 1993), 2-3.

DAVOLI, M., y FERRI, G., *Reggio tutta*. Reggio Emilia: Reggio Children, 2000.

DIANA, "Conversazione su rapporto tra adulto e bambino. Intervista a Loris Malaguzzi". En *Il rapporto adulto-bambino*. Reggio Emilia: Scuola Comunale dell'infanzia "Diana" (noviembre, 1982), 35-60.

DOISE, W., "El desarrollo social de la inteligencia". En MUGNY, G., y PÉREZ, J. A., *Psicología del desarrollo cognitivo*. Barcelona: Anthropos, 1988, 47-64.

DOLCI, M., "Loris Malaguzzi è stato uno tra i grandi pedagogisti del secolo. Ma l'esperienza delle scuole di Reggio Emilia ha avuto riconoscimenti solo all'estero", *Il Manifesto*, 16 de febrero de 1994, 11.

DOLCI, M., "Il potere della fantasia. Storia di un maestro che ascoltava i bambini", *Il Manifesto*, 16 de abril de 1994.

EDWARDS, C.; GANDINI, L., y FORMAN, G., *The Hundred Languages of Children*. New Jersey: Ablex Publishing, 1994.

REFERÊNCIAS **427**

EDWARDS, C.; GANDINI, L., y FORMAN, G., *I Cento linguaggi dei bambini*. Pedrengo: Edizioni Junior, 1995.

EDWARDS, C.; GANDINI, L., y FORMAN, G., "La storia, le idee, la cultura. Intervista a Loris Malaguzzi", en *I cento linguaggi dei bambini*. Bergamo: Edizioni Junior (febrero, 1995).

ESCUELA ESPAÑOLA, año L, n. 2986, 11 de enero de 1990.

FORMAN, G. E., y GANDINI, L., *The Long Jump: A video Analysis of small group projects in early education practice in Reggio Emilia, Italy*. A long-term project at the Diana School in Reggio Emilia. Performanetics, 19 The Hollw, Amherst, MA 01002, 1991.

FORMAN, G. E., y GANDINI, L., *A message from Malaguzzi*, Available through: Performanetics Press, 19. The Hollw, Amhers, MA 01002, 1993.

FORTUNATI, A., "L'avventura continua...", *Bambini*, Anno IX, n. 4 (aprile 1993), 2-3.

FORTUNATI, A., "Ciao Loris", *Bambini*, Anno X, n. 2 (febrero, 1994), 1.

FORTUNATI, A., "Loris Malaguzzi", *Innovations*, v. 2. n. 1 (invierno, 1994).

GABBI, L., "Ci tirava la giacca perché amassimo i bimbi", *La Gazzetta*, 2 de febrero de 1994. Fichero: BT-145.

GABBI, L., "Una vita per l'infanzia", *Gazzetta di Reggio*, 27 de enero de 1994.

GAMBETTI, A., y PIAZZA, G. (a cura di), *Perche fare il ritratto di un leone*. Reggio Emilia: Comune di Reggio Emilia, 1987.

GAZZETTA DI REGGIO, 1 de marzo de 1989.

GAZZETTA DI REGGIO, 13 de julio de 1993.

GAZZETTA DI REGGIO, "Era destinato a Malaguzzi il premio Andersen 1994", 4 de febrero de 1994.

GAZZETTA DI REGGIO, "Loris Malaguzzi in un film", 13 de junio de 1994.

GAZZETTA DI REGGIO, "Omaggio a Malaguzzi: genio guida di Reggio", 14 de junio de 1994.

GAZZETTA DI REGGIO, "I diritti dei bambini. Un vero testamento pedagogico", 29 de enero de 1995.

GAZZETTA DI REGGIO, "Loris, un Anno dopo", 29 de enero de 1995.

GAZZETTA DI REGGIO, "Un albero per Malaguzzi", 30 de enero de 1995.

GAZZETTA DI REGGIO, "Sarà un angelo e farà una scuola in cielo", 1 de febrero de 1995.

GAZZETTA DI REGGIO, "Una pianta invernale a ricordo di Loris", 1 de febrero de 1995.

GAZZETTA UFFICIALE DELLA REPUBBLICA ITALIANA, Legge 18 de marzo de 1968, n. 444. *Ordinamento della scuola materna statale.*

GAZZETTA UFFICIALE DELLA REPUBBLICA ITALIANA, D.P.R. 10 de septiembre de 1969, n. 647.

GAZZETTA UFFICIALE DELLA REPUBBLICA ITALIANA, D.P.R. 15 de diciembre de 1971, n. 316, 7.942-7.943.

GHIDINI, A., "Dall'asilo Margherita di Savoia alle scuole dell'infanzia Ghidoni". En *L'educazione infantile a Correggio*. Reggio Emilia: Comune di Correggio, 1994, 19-57. Fichero.

GHIGGINI, P., "Portò la fantasia al centro del mondo", *Bambini*, Anno X, n. 2 (febrero, 1994), 1.

GIARONI, L., "Scuole fantasma del governo per l'infanzia", *L'Unità*, 5 de enero de 1974.

GIORGI, S., "Loris Malaguzzi, Il paradosso di un pedagogo 'invisibile'", *Il Manifesto*. 1 de febrero de 1994.

GOMBRICH, E. H., *Arte e ilusión. Estudio sobre la psicología de la representación pictórica*. Barcelona: Gustavo Gili, 1979.

HOUK, P., "Loris Malaguzzi", *Innovations*, v. 2, n. 1 (invierno, 1994).

HOYUELOS, A., "El proyecto pedagógico y organizativo de las Escuelas Infantiles de Reggio Emilia (Primera parte), Itaca n. 5 (diciembre, 1989), 47-53.

HOYUELOS, A., "El proyecto pedagógico y organizativo de las Escuelas Infantiles de Reggio Emilia (Segunda parte), *Itaca*, n. 6 (abril, 1990), 14-18.

HOYUELOS, A., "Cartas a Loris", *Infancia*, n. 26 (julio-agosto, 1994), 3.

HOYUELOS, A., "Malaguzzi e l'atelier: complessità dei possibili". En MANTOVANI, S., *Nostalgia del futuro*. Lama San Giustino: Junior, mayo de 1998, 64-69.

IMBERNON, F., *Il movimento de cooperazione educativa*. Barcelona: Editorial Laia, 1982.

IMMOVILI, G., "Quando due intelligenze si incontrano", *Bambini*, Anno I, n. 11 (noviembre, 1985), 22-28.

INNOVATIONS IN EARLY EDUCATION, "Loris Malaguzzi", invierno de 1994.

IOTTI, L., "Al Valli. Saperi a confronto, un convegno kolossal", *Resto del Carlino* (20 de marzo de 1990).

KINDER, H., y HILGEMANN, W., *Atlas histórico mundial*. Madrid: Istmo, 1980.

KLEINDIENST, B., *Adieu Barbiana* (película), 1994.

LANE, M., "Loris Malaguzzi's one hundred languages", *Scholastic Early childhood today*. v. 8, n. 2 (68-69). Octubre, 1993.

LA GAZZETTA, 30 de mayo de 1985.

LA GAZZETTA, "Saperi a confronto dei cai quattro continenti", 20 de marzo de 1990.

LA GAZZETTA, "Cittadinanza ai diritti dei bambini", 29 de marzo de 1990.

REFERÊNCIAS **429**

La Gazzetta, "Il bambino soggetto di diritti", 30 de marzo de 1990.

La Gazzetta di Reggio, 31 de mayo de 1985.

La Gazzetta di Reggio, "A Reggio pedagogisti di tutto il mondo". 27 de marzo de 1990.

La Verità, 30 de septiembre de 1945.

La Verità, 1 de julio de 1951.

Lambertini, L., *Il Resto del Carlino*, 2 de septiembre de 1976.

L'Unità, "Giornate di studio sulla scuola materna", 11 de marzo de 1971.

L'Unità, "Un libro sulle scuole reggiane, 24 de mayo de 1971.

L'Unità, "Con un treno pitturato hanno invaso San Polo", 26 de enero de 1973.

L'Unità, "I bambini degli asili scoprono la «grande musica»", 14 de marzo de 1973.

L'Unità, "Teatro gioco e vita nella scuole infanzia", 21 de noviembre de 1973.

L'Unità, 30 de mayo de 1985.

L'Unità, 31 de mayo de 1985.

L'Unità, 9 de junio de 1987.

L'Unità, 20 de enero de 1987.

L'Unità, 26 de febrero de 1989.

L'Unità, "Scuole materne, corsa alle visite. Associazione per l'accoglienza", 22 de febrero de 1993.

L'Unità, "Ricordando Loris", 8 de febrero de 1994.

L'Unità, "L'eredità di Malaguzzi. Per ricordarlo un albero in ognuno de suoi nidi", 26 de enero de 1995.

L'Unità, "Sicuramente adesso è un angelo", 1 de febrero de 1995.

Lewin, A., "Loris Malaguzzi", *Innovations*, v. 2, n. 1 (invierno, 1994).

Lewin, A., "Un ecosistema umano a sostegno dei bambini". En Mantovani, S. (a cura di), *Nostalgia del futuro*. Lama San Giustino: Ed. Junior, 1998, 181-184.

Lorda, J., *Gombrich: una teoría del arte*. Barcelona: Ediciones Internacionales Universitarias, Eiunsa, S. A., 1991.

Lorenzi, O.; Borghi, E., y Canovi, A., *Una storia presente. L'esperienza dell scuole comunali dell'infanzia a Reggio Emilia*. Reggio Emilia: Reggio Children (febrero 2001).

Lyon, S., "Loris Malaguzzi", *Innovations*, v. 2, n. 1 (invierno, 1994).

Maccari, C., "Ciao Loris", *Bambini*, Anno X, n. 2 (febrero, 1994), 1.

Mancini, L., "Ciao Loris", *Bambini*, Anno X, n. 2 (febrero, 1994), 1.

Mata, M., "Loris Malaguzzi salta el muro", *Comunidad Escolar*, 16 de febrero de 1994.

MAZZAPERLINI, M., *Storia delle scuole materne reggiane. Origini e sviluppi dell'educazione pre-scolare a Reggio Emilia*. Reggio Emilia: Ed. Futurgraf, 1977.

MALAGUZZI, L., "La madunina d'la Muntagna", *Il solco fascista*. Reggio Emilia, 28 de junio de 1942.

MALAGUZZI, L., "Compagno operaio", *La Verità*. Reggio Emilia, 15 de septiembre de 1945.

MALAGUZZI, L., "A mezzo settembre", *La Verità*. Reggio Emilia, 10 de febrero de 1946.

MALAGUZZI, L., "Alla più bella", *Il Progresso d'Italia*. Reggio Emilia, 22 de junio de 1947.

MALAGUZZI, L., "Una nostra inchiesta", *Il Progresso d'Italia*, 28 de mayo de 1950.

MALAGUZZI, L., *Il centro medico psico-pedagogico per un'igiene mentale infantile*. Reggio Emilia: Collana di studi psico-pedagogici, 1951.

MALAGUZZI, L., *Il disegno come strumento per la conoscenza del fanciullo*, Estratto dall'opusculo della Mostra Internazionale del Disegno Infantile, C.O.I. Reggio Emilia, 25 de mayo de 1953.

MALAGUZZI, L., "Il mestiere dei genitori. En *Lezioni ai genitori*, n. 1, Scuola dei genitori, Consultorio-Medico Psico-Pedagogico Comunale-ONMI. Reggio Emilia: Edizioni tipografia Morini, marzo de 1957.

MALAGUZZI, L., "Le 11 serate in fila. Alla rassegna Maria Melato di Reggio Emilia", *Ridotto. Rassegna di teatro per gruppi di arte drammatica a cura della Società Italiana Autori Drammatici*. Reggio Emilia, diciembre de 1957.

MALAGUZZI, L., *Il bambino che si succhia il pollice e si mangia le unghie. Lezioni ai genitori 7°*, Scuola dei genitori, Consultorio-Medico Psico-Pedagogico Comunale--ONMI. Reggio Emilia: Edizioni tipografia Morini, enero de 1958.

MALAGUZZI, L., "Edmonda Aldini", *Premio Provincia di Reggio Emilia*. Reggio Emilia: Assessoratto alla Pubblica Istruzione Cultura e Sport della Provincia di Reggio Emilia, 1961, 9-10/26-27.

MALAGUZZI, L., "Teatro anno zero? A Reggio anno uno!". En *Programma attività teatrali*. Autunno 1961. Reggio Emilia: Comune di Reggio Emilia, 1961.

MALAGUZZI, L., "Nella città del dopoguerra". In *Omaggio a Gigetto Reverberi*. Reggio Emilia: Associazione i Teatri, abril de 1961, 81-90.

MALAGUZZI, L., "L'alunno, la classe, il maestro nella dinamica educativa secondo le esperienze della psicopedagogia". En CONSULTORIO MEDICO-PSICOPEDAGO-GICO (a cura di), *Atti del simposio sui rapporti tra psichiatria, psicologia e pedagogia*, 1963, 27-45.

MALAGUZZI, L., "Nuovi orientamenti per la riorganizzazione dei servizi sociali nelle case di vacanze". Atti del convegno di studio del 9 maggio 1964. En *La casa di vacanza come servizio sociale*. Municipio di Reggio Emilia.

REFERÊNCIAS **431**

MALAGUZZI, L., "I nuovi orientamenti della scuola per l'infanzia", *Convegno circondariale sulla scuola ed i nidi per l'infanzia*. Rimini: Municipio di Rimini, 8 de noviembre de 1969, 54-61.

MALAGUZZI, L., "Un convegno di fatti e di esperienze". En MALAGUZZI, L. (a cura di), *Esperienze per una nuova scuola dell'infanzia. Atti del seminario di studio tenuto a Reggio Emilia il 18-19-20* (marzo, 1971). Roma: Editori Riuniti. Roma, 1971, 9-11.

MALAGUZZI, L., "Una nuova sperimentazione". En MALAGUZZI, L. (a cura di), *Esperienze per una nuova scuola dell'infanzia. Atti del seminario di studio tenuto a Reggio Emilia il 18-19-20* (marzo, 1971). Roma: Editori Riuniti. Roma, 1971, 173-180.

MALAGUZZI, L., "La nuova socialità del bambino e dell'insegnante attraverso la esperienza della gestione sociale nella scuole dell'infanzia". En *La gestione sociale nella scuola dell'infanzia*. Roma: Editori Riuniti, 1972.

MALAGUZZI, L., "Un treno e una camminata per stare insieme", *La Provincia di Reggio Emilia*. Reggio Emilia: Amministrazione provinciale di Reggio Emilia, julio de 1973.

MALAGUZZI, L., "Perchè e giusto lavorare per una scuola dell'infanzia che tenti di realizzare non solo una nuova scuola del bambino, ma una diversa concezione di intendere e di fare educazione", *Incontri sui problemi dell'educazione infantile*. Comitati di "scuola e città", 4 de marzo de 1974.

MALAGUZZI, L., *Contenuti e finalità dell'educazione del bambino nell'esperienza emiliana. Relazione al Convegno Regionale su "Il bambino oggetto e fonte di diritto nella famiglia e nella società. Bologna, 21-22 aprile 1975*. Reggio Emilia: Comitati Scuola e Città, 1975.

MALAGUZZI, L., "Parlano i protagonisti. Conclusioni", *Ieri e oggi: gli uomini e la loro storia*, 1975, 10.

MALAGUZZI, L., "Risposte a domande proposte da un amico", *Esperienza. Idee fatti delle scuole comunali dell'infanzia e dei nidi. Periodico di lavoro* n. 2. Reggio Emilia: Comune di Reggio Emilia. Assessorato scuole e servizi sociali, febrero de 1975, 62-67.

MALAGUZZI, L., "Contenuti, programmi e finalità degli asili nido e della scuola dell'infanzia". En *Il bambino soggetto e fonte di diritto nella famiglia e nella società. Generalizzare l'asilo nido e la scuola dell'infanzia come centri di formazione e promozione individuale e sociale. Atti del Convegno. Bologna, 21 e 22 Aprile 1975*. Bologna: Regione Emilia-Romagna. Sezione Regionale dell'ANCI, abril de 1975.

MALAGUZZI, L., "Il gioco delle parti", *Zerosei*, Anno 1, n. 1 (octubre, 1976), 6-9.

MALAGUZZI, L., "Cristo si è fermato a Eboli e a Salamanca", *Zerosei*, Anno 1, n. 10 (junio, 1977), 6-7.

MALAGUZZI, L., "Non è più solo austerità", *Zerosei*, Anno 1, n. 6 (marzo 1977), 7.

MALAGUZZI, L., "Caro Don Nesi", *Zerosei*, Anno 1, n. 10 (julio, 1977), 2.

MALAGUZZI, L., "Quando la fotografia si fa documento e strumento di esperienza e di educazione", *Esperienza e ricerca dei bambini alla scoperta di sè e del mondo. Mostra fotografica. Sala delle esposizioni dell'isolato di San Rocco*. Reggio Emilia, 3/18 de diciembre de 1977.

MALAGUZZI, L., "Una occasione da no perdere", *Riforma della scuola* (diciembre, 1978), 18-20.

MALAGUZZI, L., Tre brecce aperte per la scuola del bambino. La riforma della secondaria. Le modifiche all'università. La legge sul precariato", *Zerosei*, Anno 3, n. 7 (febrero, 1979), 6-7.

MALAGUZZI, L., "Nemmeno le riviste possono scegliersi", *Zerosei*, Anno 3, n. 11/12 (junio, 1979), 6-7.

MALAGUZZI, L., "Con Bruno Ciari", *Zerosei*, Anno 5, n. 2 (octubre, 1980), 6-7.

MALAGUZZI, L., "Educazione visiva e costruzione della immagine. Ambiguità di una mostra e di una pedagogia della visione", *Zerosei*, Anno 6 (1981), 8-10.

MALAGUZZI, L., "Tutto più difficile se lo stato no c'è. Per cambiare la 444", *Zerosei*, Anno 5, n. 8 (marzo, 1981), 2-3.

MALAGUZZI, L., "La storia incompiuta degli asili nido a dieci anni dalla legge 1044", *Zerosei*, Anno 6, n. 1 (septiembre, 1981), 9-15.

MALAGUZZI, L., "Una tegola in più per un labirinto barocco", *Zerosei*, Anno 6, n. 2 (octubre, 1981), 2-3.

MALAGUZZI, L., "Significati e finalità della gestione sociale", *La gestione sociale come progetto educativo. Partecipazione e corresponsabilità da subito*. Reggio Emilia: Municipio di Reggio Emilia, noviembre, 1981.

MALAGUZZI, L., "Premessa", *Io chi siamo*. Reggio Emilia: In FORMA edizioni, 1982, 7-13.

MALAGUZZI, L., "Quale immaginazione al potere? L'articolo 3 del decreto 786", *Zerosei*, Anno 6, n. 7 (marzo, 1982), 4.

MALAGUZZI, L., "La seragrafica gravità del decreto Andreatta", *Zerosei*, Anno 6, n. 8 (abril, 1982), 2-3.

MALAGUZZI, L., "Guadi e trame per la scuola dei bambini", *Zerosei*, Anno 6, n. 9 (mayo, 1982), 2-3.

MALAGUZZI, L., "La tela di Penelope: chi la fa e chi la disfa", *Zerosei*, Anno 6, n° 10 (junio, 1982), 2-4.

MALAGUZZI, L., "Il significato del Convegno". In *Asilo nido e Famiglia nello sviluppo del bambino. Cultura e politica dei nidi a dieci anni della legge istitutiva*. Milano: Gruppo Editoriale Fabbri, 1983, 3-6.

REFERÊNCIAS **433**

MALAGUZZI, L., "La storia incompiuta degli asili nido a dieci anni dalla legge 1044". In *Asilo nido e Famiglia nello sviluppo del bambino. Cultura e politica dei nidi a dieci anni della legge istitutiva*. Milano: Gruppo Editoriale Fabbri, 1983, 39-49.

MALAGUZZI, L., "Il destino del nido". In *Asilo nido e Famiglia nello sviluppo del bambino. Cultura e politica dei nidi a dieci anni della legge istitutiva*. Milano: Gruppo Editoriale Fabbri, 1983, 121-123.

MALAGUZZI, L., "Che posto c'è per Rodari?". En DE LUCA, C. (a cura di), *Se la fantasia cavalca con la ragione. Prolungamenti degli itinerari suggeriti dall'opera di Gianni Rodari*. Bergamo: Ed. Juvenilia, 1983.

MALAGUZZI, L., "Nuove concezioni per il Nido in una società in crisi e in cambiamento", *Zerosei*, Anno 8, n. 2 (octubre, 1983), 10-15.

MALAGUZZI, L., "L'educazione dei cento linguaggi dei bambini", *Zerosei*, Anno 8, n. 4/5 (diciembre, 1983), 4-7.

MALAGUZZI, L., *La gestione sociale significati e finalità*. Roma: Editori Riuniti, 1984.

MALAGUZZI, L., "Il posto dell'Infanzia. L'esperienza educativa dentro il nido". In *Questioni calde del nido*. Bergamo: Ed. Juvenilia, 1984, 3-6.

MALAGUZZI, L., "Per 75.000 che con Gulliver apprendono l'arte del capire". In *Noi bimbi e lui Gulliver*. Reggio Emilia: Centro Stampa Litograf 5, 1984, 7-9.

MALAGUZZI, L., "Per una pedagogia della visione". In *Convegno di lavoro. Esperienze e problemi. Modelli e congetture teorico-pratiche nell'educazione dei bambini*. Reggio Emilia: Comune di Reggio Emilia, mayo, 1985, 1-12.

MALAGUZZI, L., "A Venezia: vitalità e ostinazione dei nidi", *Zerosei*, anno 8, n. 11/12 (junio, 1984), 4-5.

MALAGUZZI, L., "Quando la notizia arrivò". En BARAZZONI, R., *Mattone su mattone. Storia della scuola per bambini XXV Abril*. Reggio Emilia: Assessorato alle scuole dell'infanzia e nido comunali di Reggio Emilia, 1985.

MALAGUZZI, L., "L'occhio se salta il muro. Quattro ragioni perché la Mostra di Reggio Emilia giri il mondo", *Bambini*, Anno I, n. 5 (mayo, 1985), 5.

MALAGUZZI, L., "Da Reggio Emilia una proposta di convenzione", *Bambini*, Anno I, n. 12 (diciembre, 1985), 24-27.

MALAGUZZI, L., "Sbagliato e arrogante e avvio della questione religiosa", *Bambini*, Anno II, n. 2 (febrero, 1986), 6.

MALAGUZZI, L., "I bambini del sì e quelli del no", *Bambini*, Anno II, n. 3 (marzo, 1986), 3-5.

MALAGUZZI, L., "Arroganza degli adulti e diritti dei bambini", *Bambini*, Anno II, n. 4 (abril, 1986), 4-5.

MALAGUZZI, L., "Il 5° Convegno nazionale asili nido", *Bambini*, Anno II, n. 5 (mayo, 1986), 15.

MALAGUZZI, L., "Quando il filo esce dalla favola". In *Dieci anni di nido Arcobaleno*, junio, 1986, 5-9.

MALAGUZZI, L., "Parole e vaticinii di dubbia coerenza", *Bambini*, Anno II, n. 7 (septiembre, 1986), 4.

MALAGUZZI, L., "Una nuova intesa che rispetti pedagogia e bambini", *Bambini*, Anno II, n. 8 (octubre, 1986), 6-7.

MALAGUZZI, L., *I cento linguaggi dei bambini*. Modena: Ed. Copotip, 1987.

MALAGUZZI, L., "La sfida e la seduzione di Urie Bronfenbrenner", *Bambini*, Anno III, n. 5 (mayo, 1987), 4-5.

MALAGUZZI, L., "Velocità: il tempo dell'uomo e della scuola", *Bambini*, Anno IV, n. 3 (marzo, 1988), 4-5.

MALAGUZZI, L., "Si può tifare (come nello sport) per un cervello più libero e democratico", *Bambini*, Anno IV, n. 5 (mayo, 1988), 4-5.

MALAGUZZI, L., "L'impegno del Gruppo Nazionale Asili Nido", *Bambini*, Anno IV, n. 5 (mayo, 1988), 14-15.

MALAGUZZI, L., "Manifestazione nazionale di protesta sugli asili nido", *Bambini*, Anno V, n. 1 (enero, 1989), 7.

MALAGUZZI, L., "Teste ben fatte piuttosto che piene", *Bambini*, Anno V, n. 2 (febrero, 1989), 6-7.

MALAGUZZI, L., "L'oggetto intermedio", *Bambini*, Anno V, n. 4 (abril, 1989), 7.

MALAGUZZI, L., "Come ti uccidono due scuole", *Bambini*, Anno V, n. 7 (septiembre, 1989), 8-11.

MALAGUZZI, L., "Una mostra a Torino. 10 anni di satira di Francesco Tonucci", *Bambini*, Anno VI, n. 9 (octubre, 1990), 57.

MALAGUZZI, L., "La scuola ridotta a oggetto di scambio", *Bambini*, Anno VI, n° 10 (noviembre, 1990), 6-7.

MALAGUZZI, L., "Perchè difendere le differenze è la prima intelligenza politica", *Bambini*, Anno VI, n. 11 (diciembre, 1990), 6.

MALAGUZZI, L., "L'ombra e il pallottoliere dei bambini". In *Tutto ha un'ombra meno le formiche*. Reggio Emilia: comune di Reggio Emilia, 1990, 24-28.

MALAGUZZI, L., "Storia di pesci coi bambini del cinema muto". In *I piccolissimi del cinema muto*. Reggio Emilia: Ed. Coi bambini a Reggio Emilia, 1991, 10-13.

MALAGUZZI, L., "Modena: Un documento oscuro che intanto rompe il silenzio", *Bambini*, Anno VII, n. 2 (febrero, 1991), 5.

MALAGUZZI, L., "La lunga morsa dei mondi logocratici", *Bambini*, Anno VII, n. 4 (abril, 1991), 3-4.

REFERÊNCIAS **435**

MALAGUZZI, L., Gli orientamenti non orientati", *Bambini*, Anno VII, n. 7 (septiembre, 1991), 7.

MALAGUZZI, L., "Arrivederci a settembre", *Bambini*, Anno VII, n. 6 (junio, 1991), 7.

MALAGUZZI, L., "La grammatica della fantasia", *Bambini*, Anno VII, n. 9 (noviembre, 1991), 13-15.

MALAGUZZI, L., "Ribellione dei sindaci emiliani agli aumenti delle rette dei nidi", *Bambini*, Anno VIII, n. 2 (febrero, 1992), 4.

MALAGUZZI, L., "La faziosità del convegno di Riccione", *Bambini*, Anno VIII, n° 5 (mayo, 1992), 6-7.

MALAGUZZI, L., "C'era una volta la scuola materna?!", *Bambini*, Anno VIII, n. 9 (septiembre, 1992), 8-9.

MALAGUZZI, L., "Venendo via dall'opulenza del degrado", *Bambini*, Anno VIII, n. 10 (octubre, 1992), 8-9.

MALAGUZZI, L., "Una rampogna, un progetto e quattro piaceri modesti", *Bambini*, Anno VIII, n. 11 (noviembre, 1992), 6-7.

MALAGUZZI, L., "Gratitudine", *Bambini*, Anno IX, n. 4 (abril, 1993), 2.

MALAGUZZI, L., "Quanto è dura la rivista", *Bambini*, Anno IX, n. 7 (julio, 1993), 6-7.

MALAGUZZI, L., "Nessun pesco è mai fiorito d'autunno", *Bambini*, Anno IX, n. 9 (septiembre, 1993), 8-9.

MALAGUZZI, L., "Una firma, tante firme per i bambini di Sarajevo", *Bambini*, Anno IX, n. 10 (octubre, 1993), 1.

MALAGUZZI, L., "Un bubbone dallo scoppio preannunciato", *Bambini*, Anno IX, n. 10 (octubre, 1993), 6-7.

MALAGUZZI, L., "Al di là della notizia immonda", *Bambini*, Anno IX, n. 12 (diciembre, 1993), 5.

MALAGUZZI, L., "Con i ragazzi del '93", *Bambini*, Anno X, n. 1 (enero, 1994), 8-9.

MALAGUZZI, L., "Con l'attesa e con la speranza", *Bambini*, Anno X, n. 3 (marzo, 1994), 8-9.

MALAGUZZI, L., "Your Image of the Child: Where Teaching Begins", *Child Care Information Exchange* (pp. 52-61). Marzo–abril de 1994.

MALAGUZZI, L., "L'idea del luna park degli uccelini e delle fontane". In *Le fontane*. Reggio Emilia: Reggio Children, 11-13, 1995.

MALAGUZZI, L., "Lettera a commeto del diario". En BORGHI, Q., "Caro diario. La documentazione come memoria", *Bambini*, Anno XII, n. 6 (junio, 1996), 37.

MALAGUZZI, L., "Che io infilassi la strada dell'insegnare". En ARTIOLI, L. (a cura di), "Che io infilassi la strada dell'insegnare", *Ricerche Storiche*, n. 84 (mayo, 1998), 44-54.

MALAGUZZI, L.; IANNUCCELLI, C., y MONTANINI, M., *Un biennio di attività del consultorio Medico-Psico-Pedagogico*. Reggio Emilia: Poligrafica reggiana, 1954.

MALAGUZZI, L.; IANNUCCELLI, C., y MONTANINI, M., *Ricerche sul comportamento sociale dei dimmessi dalla Colonia-Scuola Marro nel decennio 1930-1940*. Reggio Emilia: Poligrafica reggiana, 1954.

MALAGUZZI, L.; IANNUCCELLI, C., y MONTANINI, M., "Esperienza sulla Scuola dei Genitori", *Infanzia anormale. Rivista bimestrale di Psichiatria Psicologia Pedagogia Assistenza Sociale*. Roma, 1956.

MALAGUZZI, L.; IANNUCELLI, C.; MONTANINI, M., y FORMICA, C., "L'influenza dell'ambiente sul grado di maturità sociale nell'età evolutiva. Esperienze con la Scala di Maturità Sociale di Doll", *Rivista bimestrale di Psichiatria Psicologia Pedagogia Assistenza Infanzia anormale*. Roma, 1958, 457-468.

MALAGUZZI, L., y altri, *Note collaterali alla Mostra L'occhio se salta il muro. Ipotesi per una didattica visiva*. Reggio Emilia: Comune di Reggio Emilia, mayo, 1981.

MALAGUZZI, L.; GAMBETTI, A., y PIAZZA, G., *Per fare il ritratto di un leone* (video). Reggio Emilia, junio, 1987.

MALAGUZZI, L., y TOCNUCCI, F., "La fantastica: una chiave per rifare il mondo", *Zerosei*, Anno 5, n. 1 (septiembre, 1980), 3-4.

MANTOVANI, S. (a cura di), *Nostalgia del futuro*. Lama San Giustino: Junior, mayo, 1998.

MARGINI, A., "'Chi sono dunque io'. Convegno sul bambino", *L'Unità*, 29 de marzo de 1990.

MAZZAPPERLINI, M., *Storia delle scuole materne reggiane*. Reggio Emilia: Ed. Futurgraf, 1977.

MONTANARI, G., "Dalla parte dei bambini", *La Repubblica*, 29 de marzo de 1990.

MUGNY, G., y PÉREZ, J. A. (eds.), *Psicología social del desarrollo cognitivo*. Barcelona: Anthropos, 1988.

MUNICIPIO DI REGGIO EMILIA, *Il Comune*, n. 48 (junio, 1966).

MUNICIPIO DI REGGIO EMILIA, *Regolamento delle scuole comunali dell'infanzia*, 1972.

NEWSWEEK. "The 10 best schools in the world, and what we can learn from then", December 2, 1991, 50-59.

NOI DONNE, 1 de diciembre de 1944.

NOVARA, D., "Ciao Loris", *Bambini*, Anno X, n. 2 (febrero, 1994), 2.

OPERATORI SERVIZI PER L'INFANZIA DI AREZZO, "Ricordando Loris", *Bambini*, Anno X, n. 3 (marzo, 1994), 3.

PANIZZI, S., "Il teatro club: un'esperienza d'avanguardia". En BOIARDI, F. (a cura di), *Omayo, a Gigetto Reverberi*. Reggio Emilia: Associazione i Teatri di Reggio Emilia, 1991.

REFERÊNCIAS **437**

Pasotti, P., "Una nuova scuola dell'infanzia. Le idee e le esperienze in Emilia ed in altre regioni dal 1965 al 1985", *Orientamenti Pedagogici*, 45 (1998), 254-276.

Piccinini, F., "I bambini di Clinton studierAnno all'emiliana", *La Repubblica*, 14, abril, 1993.

Popper, K. R., *Conocimiento objetivo. Un enfoque evolucionista.* Madrid: Tecnos, 1974.

Popper, K. R., *Búsqueda sin término.* Madrid: Tecnos, 1977.

Popper, K. R., *El universo abierto. Un argumento a favor del indeterminismo.* Madrid: Tecnos, 1986.

Progeo (supplemento a "Il Lavoratore dei Campli" n. 16), abril, 1985, 3.

Penta, L., "La forza delle radici. Intervista a Liliano Famigli", *Bambini*, Anno XIII, n. 4 (abril, 1997), 16-22.

Piccinini, S., 'Un'intera vita dedicata ai bimbi", *Gazzetta di Reggio*, 29 de enero de 1995.

Rankin, B. *et al.*, "Loris Malaguzzi", *Innovations*, vol 2, n. 1 (invierno, 1994).

Reggio 15, "I piccoli dipingono", 12 de junio de 1966.

Regione Emilia Romagna, *Legge regionale 7 marzo 1973*, n. 15.

Regione Emilia Romagna, *Regolamento di esecuzione della legge regionale 7 marzo 1973*, 27 de diciembre de 1973, n. 51.

Regione Emilia Romagna, *Legge regionale 21 junio, 1978*, n. 17.

Resto del Carlino, 7 de junio de 1987.

Resto del Carlino, "Bimbo e adulto, quale rapporto?", 29 de marzo de 1990.

Resto del Carlino, "Giornate di studio sulla scuola dell'infanzia", 9 de noviembre de 1971.

Rey, M., "Loris Malaguzzi: El niño tiene gran capacidad de autoaprendizaje", *Comunidad Escolar* (abril, 1985), 13.

Rinaldi, C., "L'elaborazione comunitaria del progetto educativo". En Vianello, R. (a cura di), *Stare con i bambini. Il sapere degli educatori.* Bergamo: Juvenilia, 1985, 176-188.

Rinaldi, C., "Conversazione", en *Una storia presente. L'esperieza dell scuole comunali dell'infanzia a Reggio Emilia.* Reggio Emilia: Reggio Children, febrero, 2001.

Rodari, G., "Perchè ho dedicato il mio ultimo libro alla città di Reggio". In *Incontri sui problemi dell'educazione infantile.* Reggio Emilia: Comitati "Scuola e Città", 17 de abril de 1974.

Rodari, G., *Gramática de la fantasía.* Barcelona: Reforma de la Escuela, 1979.

Rodari, G., *Ejercicios de fantasía.* Barcelona: Aliorna, S. A. Editorial, 1987.

Rossi, L., "Scuole materne, corsa alle visite Associazione per l'accoglienza", *L'Unità*, 22 de febrero de 1993.

Rossi, L., *Il comune educatore*. Verona: Bertani Editore, 1988.

Rossi, L., *Infanzia: educazione e complessità*. Bologna: Franco Angeli, 1988.

Rossi, L., *Infanzia e scuola a Reggio Emilia*. Supplemento a Ricerche Pedagogiche, n. 99 (abril-junio, 1991).

Rossi, L., *Psicologia e scienze dell'educazione*. Roma: Clitt, 1996.

Rossi, L., y Carnevali, "Le scuole comunali dell'infanzia di Reggio Emilia: riflessioni per un'indagine storico sociologica", *Ricerche Pedagogiche*, n. 68-69 (julio-diciembre, 1983), 75-76.

Rossi, L., y Carnevali, "Una indagine storico-sociologica sulle scuole comunali della Infancia di Reggio Emilia. Linee programatiche", *Ricerche Pedagogiche* 68-69 (julio-diciembre, 1983), 75-79.

J. S., "Encuentro con Malaguzzi", *Comunidad Escolar*, 20 de abril de 1995.

Salvadori, M., "Ricordando Loris", *Bambini*, Anno X, n. 3 (marzo, 1994), 3.

San Miniato, Educatrici, "Ciao Loris", *Bambini*, Anno X, n. 2 (febrero, 1994), 1.

Savio, D., "Il co-costruzionismo e l'idea di bambino di Loris Malaguzzi", *Bambini*, Anno XII, n. 6 (junio, 1996), 13-15.

Scuola Diana, "Le intelligenze si trovano usandole", *Bambini*, Anno III, n. 6 (junio, 1987), 50-66.

Serenella, S., "A Loris Malaguzzi", en *Prospettiva EP* (enero-marzo, 1994), 121-122.

Smargiassi, M., "Come Crusoe nell'isola dei bambini", *La Repubblica*, 27 de enero de 1995.

Spaggiari, A., "Il nostro asilo più bello del mondo", *Bambini*, Anno VIII, n. 1 (enero, 1992), 7.

Spaggiari, A., "Loris Malaguzzi ci ha lasciato", *Bambini*, Anno X, n. 2 (febrero, 1994), 1.

Spaggiari, A., "Loris Malaguzzi" en AA.VV., *L'educazione infantile a Correggio*. Reggio Emilia: Ed. Comune di Correggio. Reggio Emilia, 1994, 133-135.

Tonucci, F., "Il lego a Loris", *Bambini*, Anno VIII, n. 10 (diciembre, 1992).

Tromellini, P., "Quando Loris mi insegnava il mestiere", *La Voce di Reggio*, 23 de febrero de 1994.

Varela, F. J., *Un know-how per l'etica*. Bari: Laterza, 1992.

Vicentini, S., "A Loris Malaguzzi il premio Andersen", *L'Unità*, 1 de marzo de 1994.

Weissmann, P., "A profile of dr. Loris Malaguzzi, founder of the Reggio Emilia early childhood", *Innovations*, v. 2, n. 1 (invierno, 1994).

Yggdrasil, *Il Premio Lego 1992*, p. 2.

SOBRE O AUTOR

Alfredo Hoyuelos

- Especialista em Formação de Professores de Educação Geral Básica pela Escuela Universitaria de Magisterio Huarte de San Juan, em Pamplona, Espanha (1985).
- Licenciado em Filosofia e Ciências da Educação pela Universidad Pública de Navarra, Espanha (1993).
- Em 2001, com sua tese intitulada *El pensamiento y obra pedagogica de Loris Malaguzzi y su repercusion en la educacion infantil*, obteve o grau de Doutor Europeu em Filosofia e Ciências da Educação. A tese foi realizada mediante um convênio de colaboração com Reggio Children e a Prefeitura de Reggio Emilia, na Itália.
- Entre outros importantes prêmios, recebeu o primeiro Prêmio Loris Malaguzzi, concedido em 2004 pela Associação Internacional Amigos de Reggio Children.
- Autor de diversos livros, artigos e conferências sobre Educação e Pegagogia.

SOBRE O LIVRO
Formato: 14 x 21 cm
Mancha: 9,7 x 16 cm
Papel: Offset 90g
nº páginas: 440
1ª edição: 2023

EQUIPE DE REALIZAÇÃO
Assistência editorial
Liris Tribuzzi

Edição de texto
Gerson Silva (Supervisão de revisão)
Roberta Heringer de Souza Villar (Preparação do original e copidesque)
Fernanda Fonseca (Revisão)

Editoração eletrônica
Évelin Kovaliauskas Custódia (Adaptação de capa, projeto gráfico e diagramação)

Impressão
BMF Gráfica